Inhalt

39,90

MEDIENKRITISCHE REIHE

Gero Kalt (Hg.)

Schlecht informiert

Wie Medien die Wirklichkeit verzerren. Eine Fallsammlung.

Wolfgang Kanert,
Lessingstr. 41
61184 Karben

Institut für Medienentwicklung und Kommunikation GmbH
in der Verlagsgruppe Frankfurter Allgemeine Zeitung GmbH

IMK

CIP-Titelaufnahme der Deutschen Bibliothek

Schlecht informiert : wie Medien die Wirklichkeit verzerren ; eine Fallsammlung / Institut für Medienentwicklung und Kommunikation GmbH in der Verlagsgruppe Frankfurter Allgemeine Zeitung GmbH. – Frankfurt am Main : IMK, 1992

(Medienkritische Reihe ; 3)

ISBN 3-927282-10-3

NE: Kalt, Gero [Hrsg.]; Institut für Medienentwicklung und Kommunikation < Frankfurt, Main >; GT

Die „Medienkritische Reihe" wird herausgegeben von Dietrich Ratzke.

Umschlaggestaltung: Robert Jungmann, Frankfurt am Main

Druck: Union-Druck, Halle

Die Verantwortung für die einzelnen Beiträge liegt bei den jeweiligen Autoren.

4. Tarifpolitik

5. Börse

6. Banken

7. Energiewirtschaft

Zu diesem Buch

Dieses Buch belegt die Vermutung kritischer Bürger, daß sie von vielen Journalisten oft „schlecht informiert" werden. Erstmals werden Beispiele mangelhafter Medienberichterstattung in umfassender Form aufgespürt und publik gemacht. Die Autoren, erfahrene Fachjournalisten und Experten aus verschiedenen Bereichen, haben ungezählte Behauptungen der Medien nachrecherchiert. Hier werden sie dokumentiert, analysiert und vor allem kritisiert.

Dazu mußten die Kritiker keineswegs in die Mottenkisten längst vergangener Jahre greifen. Die Lektüre macht in erschreckender Weise deutlich, daß wir täglich – in Zeitungen und Zeitschriften, von Hörfunk und Fernsehen – Artikel und Sendungen präsentiert bekommen, die jeder Vorstellung von einem fairen und informativen Journalismus widersprechen.

Erschreckende Beispiele

An verschiedenen Beispielen wird aufgezeigt, wie Menschen diffamiert werden. Als Zielscheiben regelrechter Kampagnen, die nicht selten in Rücktrittsforderungen enden, bevor auch nur die Spur eines Beweises vorliegt, sind sie dem Rufmord jeweils andersdenkender Journalisten oder skandalfreudiger Medien ausgesetzt. Dies gilt für Sozialisten wie Gregor Gysi ebenso wie für bürgerliche Politiker von Helmut Kohl bis Rita Süssmuth.

In anderen Fällen deckt dieses Buch gezielte Manipulationsversuche auf, bei denen Journalisten den Bürgern eine vorgefertigte Sicht der Ereignisse vermitteln wollen. Da arbeiten bekannte Fernsehmoderatoren mit Geschichtsklitterung, persönlichen Gefühlsappellen und dramatisierenden Filmbeiträgen; da machen sich Sympathisanten radikaler Kreise in auflagenstarken, überregionalen Tageszeitungen für Terroristen stark; da muß sich ein bekanntes Nachrichtenmagazin den mehrfach belegbaren Vorwurf falscher Berichterstattung gefallen lassen.

Es wird dargestellt, wo mangelnde Recherche zu Übertreibungen und verzerrender Einseitigkeit führt, die mit objektiver Information nichts mehr zu tun haben. Solche Beispiele finden sich vor allem bei ökologischen Themen. Nicht selten dienen ungeprüfte Zahlen und dubiose Spekulationen als Grundlagen für gewagte Schreckensszenarien, die einer wissenschaftlichen Überprüfung nicht standhalten. Da werden Ängste geschürt und Katastrophen prophezeit, bei denen Experten nur mit dem Kopf schütteln können.

Doch nicht immer sind die Verfehlungen der Medien so gravierend. Häufig führen Nachlässigkeit, die Grenzen redaktioneller Möglichkeiten, technische oder personelle Zwänge dazu, daß der Bürger „schlecht informiert" wird. So ist der Wirtschaftsberichterstattung in vielen Fällen vorzuwerfen, daß sie für Durchschnittsbürger unverständlich ist. Den öffentlich-rechtlichen Fernsehanstalten, die ihre Gebühren für die Grundversorgung erhalten, muß der Vorwurf gemacht werden, daß sie grundlegende Probleme unserer Gesellschaft in vielen Fällen ignorieren.

Macht der Medien

In einer Gesellschaft, in der die Medien als „vierte Gewalt" bezeichnet werden, dürfen solche Erscheinungen nicht unkommentiert bleiben. Denn: Journalisten sind privilegierte Menschen. Nicht selten können sie ihre Themen nach persönlichen Interessen auswählen und einer breiten Öffentlichkeit vorstellen. Durch Auswahl von Bildern, Interviewpartnern, Fakten sowie durch ihre kommentierende Wortwahl haben sie die Möglichkeit, ihren Beiträgen eine subjektive Richtung zu geben, diese aber als objektive Wahrheit „zu verkaufen". Via Bildschirm und Titelseiten verbreitet, finden sie dann große Beachtung und können zu einer gerade laufenden Diskussion beitragen – sie gelegentlich sogar beeinflussen.

Diese Möglichkeiten haben die von einer verzerrenden Berichterstattung Betroffenen nicht. Natürlich können verärgerte „Opfer" ein Flugblatt drucken, eine eigene Zeitschrift herausgeben oder gar eine Gegendarstellung erwirken. Doch mit welchem Erfolg? Meist verhallen die Proteste ungehört. Die Chance, ein angemessenes Gegengewicht zu einseitigen Berichten zu schaffen, besteht kaum.

Kontrolle der Kontrolleure

Die vorliegenden Fallsammlung besteht aus drei Hauptkapiteln – „Politik", „Wirtschaft" und „Wissenschaft/Umwelt/Medizin". Diese wurden wiederum thematisch untergliedert, so daß der Leser die Möglichkeit hat, nur die ihn interessierenden Themenschwerpunkte auszuwählen.

Die abgedruckten Analysen und Kommentare stammen aus dem wöchentlich erscheinenden Fachinformationsdienst „Medien-Kritik", der im „Institut für Medienentwicklung und Kommunikation" in Frankfurt am Main erscheint. Sie wurden in den vergangenen beiden Jahren geschrieben und müssen stets vor dem Hintergrund der Faktenlage verstanden werden, die zum Zeitpunkt der Veröffentlichung vorlag.

Die „Medien-Kritik" hat es sich zur Aufgabe gemacht, den Vertretern der „vierten Gewalt" sorgfältig auf die Finger zu schauen. Sie stellt Öffentlichkeit her, wenn Darstellungen nicht haltbar sind. Die „Medien-Kritik"

– macht Kontrollinstanzen in den Rundfunkgremien aufmerksam;

– sensibilisiert die redaktionell Verantwortlichen;

– will das Bewußtsein der Journalisten schärfen und sie anregen, sorgfältig zu arbeiten;

– möchte die Bürger aufklären, sie auf Schwachstellen in der Berichterstattung aufmerksam machen und ihre kritische Haltung fördern;

– versucht, Anregungen für die Ausbildung junger Journalisten zu geben.

Journalistische Grundsätze

Grundsätzlich orientieren sich die Kritiker an den Grundregeln journalistischer Arbeit, wie sie im Pressekodex des Deutschen Presserates, in den Programmrichtlinien der Fernsehanstalten und in den Medienstaatsverträgen festgelegt sind. Allgemein anerkannt ist dabei der Grundsatz: Die Medien erfüllen eine wichtige Aufgabe in der Gesellschaft. Indem sie den Bürger informieren, fördern sie dessen Möglichkeit, sich ein Bild über die Ereignisse zu machen. Unerwünscht ist ein Journalismus, der im Dienst der eigenen Profilierung oder eines einzelnen Interessenten steht. Daraus lassen sich Kriterien ableiten:

– Der Journalist soll seine Informationen nach bestem Wissen und Gewissen auswählen und bearbeiten. Die Quellen sollten gekennzeichnet sein, Behauptungen müssen im Rahmen des Zumutbaren sorgfältig überprüft werden.

– Die Darstellung sollte es dem Leser/Zuschauer erleichtern, sich ein möglichst umfangreiches Bild von der Problematik zu verschaffen. Einseitigkeiten und tendenziöse Darstellung dienen diesem Ziel nicht.

– Gezielte Dramatisierung oder Übertreibung, die nicht der Information, sondern der Emotionalisierung dienen, sind zu vermeiden. Dies gilt auch für Fotos und Filmbeiträge. Betroffenheitsjournalismus verstellt den Blick für die Fakten. Unangemessene Dramatisierung oder Panikmache dient nicht der sachlichen Informationsvermittlung.

– Niemand darf wegen seines Aussehens, der Zugehörigkeit zu einer ethnischen, religiösen, sozialen oder nationalen Gruppe diskriminiert werden.

– Vorverurteilungen sind im Rechtsstaat zu unterlassen, bis der Betroffene gerichtlich verurteilt ist. Der Journalist ist weder Staatsanwalt, Richter noch Henker. Es gilt der Grundsatz „in dubio pro reo".

– Die Berichterstattung muß, unter Berücksichtigung des jeweiligen Publikums, verständlich sein.

– Veröffentlichte Meldungen, die sich im nachhinein als falsch erwiesen haben, müssen unverzüglich und in angemessener Weise richtiggestellt werden.

Konstruktive Kritik

Wer dieses Buch liest, der mag den Eindruck gewinnen, daß die meisten Medien in Deutschland unzuverlässig berichten, daß vielen Journalisten nur daran gelegen ist, ihre politischen oder wirtschaftlichen Interessen durchzusetzen. Natürlich gibt es bei der Vielzahl von Publikationen und Sendern in unserer pluralistischen Gesellschaft schwarze Schafe. Doch dies darf nicht zu einer grundsätzlichen Verdammung unserer Medien führen. Das wird auch mit dieser Fallsammlung nicht bezweckt. Im großen und ganzen muß man der überwiegenden Zahl deutscher Journalisten ein Lob zollen. Die kontinuierliche, kritische Medienanalyse zeigte nämlich auch: In den meisten Redaktionen wird gründlich und vorbildlich gearbeitet, werden Informationen zuverlässig bearbeitet und verbreitet.

In diesem Sinne soll dieses kritische Buch verstanden werden – nicht als Pranger für die Sünder, sondern eher als Ansporn für alle, die ihr Handwerk gewissenhaft ausüben. Und: Es soll dem Leser die Notwendigkeit vermitteln, in Zukunft etwas kritischer zu sein, selbst wenn bekannte Journalisten oder renommierte Medien berichten.

Unser Standpunkt: Wer keine staatliche Kontrolle der Medien möchte, muß eine kritische Selbstkontrolle und eine möglichst große Transparenz akzeptieren. Dazu gehört auch, daß unabhängige Fachjournalisten die Medienberichterstattung beobachten und kritisieren.

Gero Kalt

Frankfurt am Main, im Dezember 1991

I.
Politik

Trendjournalismus

„Affäre Süssmuth“

Voreilige Schlüsse führten zu falscher Berichterstattung

Einen ausgemachten Skandal glaubte der *„stern“* in seiner Nr. 12/91 aufgedeckt zu haben. Professor Dr. Hans Süssmuth, der Ehemann der Bundestagspräsidentin, sei jahrelang unberechtigt mit dem bundeseigenen Dienstwagen gefahren. Auf Staatskosten soll er zu Unrecht Benzinquittungen abgesetzt haben.

Doch anstatt die *„Affäre“* an rechtlichen Fakten festzumachen, zitierten die Autoren Hans Peter Schütz und Dieter Wonka Rita Süssmuth mit dem moralischen Anspruch: *„Was wir an Glaubwürdigkeit überbringen, hängt in allererster Linie von unserem persönlichen Beispiel ab.“* Ohne die Prüfung der Bundestagsverwaltung oder des zuständigen Haushaltsausschusses abzuwarten, kamen sie zu dem Schluß: *„In der Dienstwagen-Affäre wäre … ein Rücktritt fällig.“*

Lawine an Vorverurteilungen

Die noch vor Erscheinen des *„stern“* bekanntgemachte Geschichte rief sofort auch andere Blätter auf den Plan. *„Bild“* suggerierte am 13. März in dem Leitartikel *„Zahlen Sie alles zurück, Frau Süssmuth“* das Ende der politischen Karriere der Präsidentin: *„Die Wahrheit: Die Debatte war längst beendet. Im Publikum, darunter mehrere Bundestagsabgeordnete, gab es sofort Spekulationen über einen möglichen Rücktritt der Bundestagspräsidentin.“*

Einen Tag später gab *„Bild“* bekannt, die Affäre würde sich ausweiten. Weil alle Dienstwagen vergeben gewesen seien, hätte die Bundestagsverwaltung sogar teure Mietwagen anmieten müssen; und möglicherweise wäre ja auch die Tochter mit dem Wagen gefahren. Vorwürfe, die in der Folge nicht zu halten waren.

Wie vorschnell *„Bild“* urteilte, zeigt die Ausgabe am 15. März. An dem Morgen, an dem der Haushaltsausschuß des Bundestags erst die Vorwürfe prüfen wollte, diskutierte Mainhard Graf Nayhauß in seiner Bonner Klatsch-Kolumne bereits die möglichen Nachfolger – so als wäre die Schuld schon lückenlos bewiesen. Vor allen Dingen *„Gerhard*

Stoltenberg ... oder ‚Ritas' Stellvertreter Johnny Klein (CSU), der gewiß einen souveränen Präsidenten abgäbe", wurden vorgeschlagen.

Doch nicht nur *„Bild"* mußte sich den Vorwurf der Vorverurteilung gefallen lassen. Auch die *„Frankfurter Neue Presse"* (FNP) kannte bereits die Nachfolger von Frau Süssmuth, bevor eine mögliche Schuld überhaupt von den zuständigen Gremien geklärt worden war. Unter der Überschrift *„Der Nachfolger Süssmuths könnte Stoltenberg heißen"* brachte die FNP sogar eine eigene Variante ins Gespräch. *„Als weiterer Kandidat für die Süssmuth-Nachfolge ist der Justitiar der Unions-Fraktion, Franz Möller, im Gespräch. Er sei ein ‚Mann mit reiner Weste', dem es gelingen könnte, dem Präsidentenamt wieder Glanz zu geben."*

Beendet wurden sämtliche Spekulationen, als der Haushaltsausschuß am Freitag, dem 15. März, tagte. Doch auch hier vermittelten viele Medien ein völlig verzerrtes Bild der Situation. Es entstand der Eindruck, das Blatt habe sich endgültig zugunsten von Frau Süssmuth gewendet. Übereinstimmend berichteten viele Medien: *„Bundestagspräsidentin Süssmuth hat nicht gegen geltende Richtlinien verstoßen, weil ihr Mann einen Parlaments-Dienstwagen benutzte. Dieser Überzeugung ist die Mehrheit im Haushaltsausschuß des Bundestages nach einer Sondersitzung"* (FNP).

Doch so einfach lag der Fall auch wieder nicht. Das generelle Medienecho suggerierte, daß die Affäre Süssmuth mit der Sondersitzung des Haushaltsausschusses so gut wie beendet sei. Auch im *„Spiegel"* des darauffolgenden Montags wurde der Eindruck erweckt, der Ausschuß stünde hinter Frau Süssmuth.

Ausschuß falsch interpretiert

Diese Interpretation stimmte aber nur bedingt. So wurde der teils entlastende Bericht der Bundestagsverwaltung zur Dienstwagen-Verwendung der Bundestagspräsidentin und ihres Mannes von den Haushaltsexperten des Parlaments lediglich *„zur Kenntnis genommen"*. Wer sich mit der Sprache der Bonner Politiker auskennt weiß, daß diese Stellungnahme durchaus auch deutliche Zweifel signalisieren kann.

In keinem Fall war aber eine definitive Wertung des Falles Süssmuth abgegeben worden und erst recht keine Zustimmung zu den Fahrten des Herrn Süssmuth. So erklärt es sich auch, daß der Bundesrechnungshof als unabhängiges Gremium beauftragt wurde, bis Mitte Mai eine Stellungnahme zu den Vorfällen zu geben. Die Überprüfung der Dienstwagen-Ordnung ganz allgemein ist so nur eine Draufgabe zur eigentlichen Fragestellung. Rein formal war die Affäre Süssmuth also noch völlig offen. db

(MK 13/91, 25. 3. 1991)

Diffamierungskampagne

Voreilig verurteilt

„Bild am Sonntag" druckte Stasi-Vorwürfe gegen Ralf Hirsch

Einen politischen Knaller wollte *„Bild am Sonntag" („BamS")* seinen Lesern am 8. April 1991 präsentieren. Exklusiv und auf der ersten Seite. *„Der lange Schatten des Stasi fällt jetzt bis in das Büro des Regierenden Bürgermeisters von Berlin"*, hieß es dort. *„Walter Mompers Ost-Berater Ralf Hirsch (29) soll jahrelang bezahlter Stasi-Agent gewesen sein."* Millionen Lesern wurde der *„Stasi-Agent"* dann auch per Foto vorgeführt – öffentlich an den Pranger gestellt.

„BamS" berief sich auf einen *„ehemaligen Oberleutnant der Politischen Polizei der DDR"*. Dieser hatte behauptet, Hirsch habe dem Stasi Namen von Mitgliedern der Friedensbewegung verraten, er soll dem Stasi geholfen haben, *„Bürgerrechtler heimlich zu filmen und zu fotografieren"*. Der Redaktion reichten die Aussagen des ehemaligen Stasi-Offiziers aus, um Ralf Hirsch bloßzustellen.

Sowohl Text als auch Aufmachung des Beitrags mußten den Leser glauben machen, die Vorwürfe seien sorgfältig geprüft worden: Zu deutlich hatte *„Bild"* den vermeintlichen Agenten auf der ersten Seite bloßgestellt, zu detailliert war die Beschreibung der Untaten durch den *„Bild"*-Zeugen *„Bodo"*. Im Artikel wimmelte es dann auch von Unterstellungen und vermeintlichen Querverbindungen. Nach anfänglichen wörtlichen Zitaten des aussagenden Oberleutnants ging *„BamS"* von der wörtlichen und indirekten Rede zu klaren Feststellungen über.

Unter der Überschrift *„Ralf verriet seinen Freund Eppelmann an den Stasi"* war zu lesen: *„Das politische Kommissariat machte zunächst Abdrücke, stellte dann aber fest, daß sich daraus keine Nachschlüssel fertigen ließen. Schließlich brachten die staatlichen Schnüffler Eppelmanns Schlüssel zu Stahlberg, dem bekanntesten Schlüsseldienst Ost-Berlins. Über Hirsch gingen die Originale an ihren Eigentümer zurück."*

Wer derart schwere Geschütze gegen einen Bürger auffährt, seinen Ruf und die berufliche Existenz gefährdet, muß schon gewichtiges Beweismaterial zur Verfügung haben. Die Beschuldigungen eines früheren Stasi-Offiziers dürften dafür einer seriös arbeitenden Redaktion nicht ausreichen.

Um so erstaunlicher waren die Meldungen, die zwei Tage später in Rundfunk und Presse bekannt wurden. Die *„Frankfurter Rundschau"* (11. April) schrieb unter der Überschrift *„Ralf Hirsch kein Stasi-Spitzel"*: *„In der zentralen Personenkartei des früheren DDR-Ministeriums für Staatssicherheit (Stasi) in Ost-Berlin gibt es keine Hinweise dafür, daß der 1988 aus der DDR abgeschobene Bürgerrechtler Ralf Hirsch ein bezahlter Spitzel war."* Die *„tageszeitung"* (11. April) zitierte Hirschs Anwalt Peter Danckert, der es als *„völlig ausgeschlossen"* bezeichnete, daß weitere Dokumente auftauchen könnten, die die Vorwürfe bekräftigen würden. Berlins Regierender Bürgermeister Walter Momper erklärte: Die Vorwürfe hätten sich als haltlos erwiesen und seien offenbar auf eine *„Desinformationskampagne früherer Stasi-Mitarbeiter"* zurückzuführen. Auch ARD und ZDF bestätigten diese Meldungen.

In ihrer Ausgabe vom 15. April versuchte *„BamS"* den Fehlgriff auf andere abzuwälzen: *„Der Berliner Senat hätte den Verdacht aufklären können, ehe er an die Öffentlichkeit gelangte ."*

Trotzdem verurteilte das Landgericht Berlin die Zeitung zu 50 000 Mark Schmerzensgeld und zu einer umfassenden Gegendarstellung.

(MK 17/91, 23. 4. 1991) gka

Ausfallend und beleidigend

„Der Spiegel“ verspottete Helmut Kohl wegen seines Aussehens

Die Methode ist bekannt und dennoch mies: Wenn man inhaltlich nicht weiter weiß, nimmt man die körperlichen Schwächen des anderen aufs Korn. Man macht sich lustig, daß der andere zu klein oder zu lang, glatzköpfig, schielend oder zu dick sei. Wenn dann noch versucht wird, die körperliche Schwäche als Symptom für psychologische Defekte darzustellen, haben Journalisten ihre Kompetenzen sicher überschritten.

„Dann sieht er aus wie eine Birne“

Ähnlich verfuhr der *„Spiegel“*. In einem Beitrag über Bundeskanzler Helmut Kohl am 9. April 1990 zählte nicht mehr die politische Auseinandersetzung, galt nicht mehr das sachliche Argument. Hans Halter nahm sich Kohls Statur aufs Korn. Was dann als *„Kinetik, die Lehre von der Körpersprache“*, getarnt wurde, hatte folgendes Niveau:

„Seine Hamsterbäckchen sind zweigeteilt, das Kinn gibt es gleich dreifach. Weiter unten verteilt sich der Speck ganz gleichmäßig, Brust und Bauch bilden ein sanft gewölbtes Kontinuum. So was nennt man zu Recht ‚harmonische Fettsucht‘.“

„Wenn kein verbaler Gegenangriff möglich ist, zieht Kohl den Kopf an seinen massigen Leib heran – dann sieht er wirklich aus wie eine Birne.“

„Mancher ist Übersprung-Trinker, unser Kanzler ist ein Übersprung-Putzer. Wenn er einen langen Bart hätte, würde er den glatt streichen. Und dabei lächeln.“

„Bei den großen, für die Geschichte inszenierten Auftritten ist Kohl eine Fehlbesetzung … Kohls guter Wille wirkt, zumal an Stätten des Todes, immer ein wenig linkisch. Vielleicht ist er wirklich zu groß und zu dick?“

„Alle reden vom Übergewicht, niemand redet vom großen Hunger. Kohl schleppt keinen Kummerspeck durch die Landschaft. Er ist nur von Natur aus mit einem riesen Appetit gesegnet … In Österreichs Bergen hat er, in handli-

chen Portionen, schon seinen ganzen Leib zurückgelassen, sine effectu. Spätestens in acht Wochen ist alles wieder angefuttert."

Ähnlich geschmacklos sind die abgedruckten Fotos. Da erwischte der Fotograf einen verstrubbelten Kohl, der verschmitzt grinst und auf der Unterlippe eine aufgeplatzte Blase hat. Das Nasenloch sieht retuschiert aus. Wer, wie der *„Spiegel"*, 23 500 Fotos des Kanzlers im Archiv hat, kann ein solches Bild nur mit der Absicht der persönlichen Verunglimpfung ausgewählt haben.

Was, so muß sich der Leser fragen, wollte der *„Spiegel"* mit dem Beitrag aussagen? Was hat dieses Niveau eines schlecht gemachten Satiremagazins in einem *„Nachrichtenmagazin"* zu suchen? Da jeder Bundesbürger das Äußere Kohls kennt, hatte der Hinweis auf sein Übergewicht einen Informationswert von Null. Die psychologische Analyse war indiskutabel und lediglich vorgeschoben.

Tölpel, Trümpel, Tolpatsch

Daß der unfaire Umgang mit dem Kanzler nicht zufällig war, beweisen zahlreiche Ausgaben des Magazins. Es fällt eine Kontinuität von Geschmacklosigkeiten auf, die zu der Unterstellung Anlaß geben: Die Verunglimpfung Kohls hat beim *„Spiegel"* Methode.

Welches (Feind)-Bild der *„Spiegel"* von Kohl hatte, weiß der Leser schon lange. Kurz vor der DDR-Wahl (Nr. 9/90) schrieb der Herausgeber Rudolf Augstein seine persönliche Abneigung gegenüber Kohl nieder. Am 26. Februar hieß es in einem Kommentar über den Kanzler und seinen Berater Horst Teltschik:

„Tölpel am Werk – Da ist es denn traurig, in Bonn einen Kanzler zu sehen, der sich seinen eigenen Tölpel hält, damit er nicht zu merken gezwungen ist, daß er selber ein Tölpel ist."

Zwei Wochen später, am 12. März, schrieb Augstein: *„Er kann es wirklich nicht. Es ist immer ein außerordentliches Unglück, wenn ein dazu nicht fähiger Mensch eine richtige Sache betreibt. Da die Vereinigung der beiden deutschen Staaten daherkommt ‚wie ein Dieb in der Nacht', ist es um so notwendiger, einen Vermittler der Geschichte zur Hand zu haben. Der heißt aber nicht Kohl ... Kohl, dem Kanzler, ist es hingegen gelungen, alle Welt gegen sich aufzubringen, indem er in Sachen Oder-Neiße-Grenze das deutsche*

Wesen und den deutschen Tolpatsch hervorkehrte. Allenthalben wird er nun wieder als außenpolitischer Trümpel herumgereicht ...“

Was Augstein persönlich von Kohl hält, ist damit klar. Die Redaktion gesteht zwar in der Ausgabe nach der Wahl *„Kohls Triumph“* ein. Augstein selbst schrieb einen Kommentar unter der Überschrift *„Wir werden lange unbeliebt sein“.*

Nur wenn es relevant ist

Wie weit darf eigentlich eine Publikation gehen? Gibt es Grenzen, an denen auch Journalisten halt machen müssen? Der *„Deutsche Presserat“* bleibt zwar sehr undeutlich, in seinen Richtlinien heißt es aber immerhin: *„Die Presse achtet das Privatleben und die Intimsphäre des Menschen.“*

Selbst der frühere Chefredakteur Erich Böhme forderte bei den *„Mainzer Tagen der Fernsehkritik“* im letzten Jahr: *„Es gibt ganz wenige Grenzen, die von der Intimsphäre des Menschen gezogen werden. Ich respektiere sie auch. Nur wenn es relevant ist, und es hat eine Auswirkung aufs Allgemeinwesen, dann muß es geschrieben werden.“* gka

(MK 16/90, 17. 4. 1990)

„Bild“-Zeitung

Gefälschte Dokumente präsentiert

Das Blatt mußte Angriffe gegen Gregor Gysi zurücknehmen

Wiedergutmachung am PDS-Vorsitzenden Gregor Gysi mußte die *„Bild“*-Zeitung am 12. April 1991 leisten. Mit einem Aufmacher auf der ersten Seite entschuldigte sich das Boulevard-Blatt für die Veröffentlichung verschiedener Behauptungen und Dokumente, die sich im nachhinein als falsch erwiesen hatten.

So hatte *„Bild“* den PDS-Vorsitzenden im vergangenen Frühjahr mit Schlagzeilen wie *„PDS baut sich einen neuen Geheimdienst auf“* oder *„Wir* *kommen wieder an die Macht"* angegriffen. Schließlich glaubte man sogar, *„das Protokoll, das ihn verrät"*, abdrucken zu können.

Zahlungen verzögern

Das falsche Material enthielt unter anderem ein Protokoll vom 5. März 1990. Danach seien die Namenslisten der Stasi-Mitarbeiter so verändert worden, daß im Fall der deutschen Einheit keine Gefahr für sie bestehe. Gysi habe PDS-Bezirksvorständen versichert, bei der zentralen Erfassungsstelle für DDR-Verbrechen in Salzgitter würden alle belastenden Akten vernichtet. Genossen sollten sich vor Führungspositionen in der Wirtschaft *„nicht drücken. Sie werden später gebraucht"*. Wer in anderen Organisationen untergetaucht sei und den Kontakt zur PDS abgebrochen habe, müsse namentlich gemeldet werden.

Auch eine von *„Bild"* veröffentlichte Niederschrift eines Geheimtreffens sei gefälscht gewesen. Danach soll Gysi einen baldigen *„sehr gewalttätigen Klassenkampf"* vorausgesagt und mitgeteilt haben: *„67 Prozent der Arbeitsämter sind in unserer Hand."* PDS-Funktionäre in diesen Behörden sollten Zahlungen verzögern, um den Unmut der Arbeitslosen zu schüren.

Außerdem hatte *„Bild"* berichtet, Gysi wolle einen neuen Geheimdienst mit dem Namen *„Dienst Kommission für Sicherheit"* unter der Leitung des Ost-Berliner PDS-Vorsitzenden Dr. Adolphi aufbauen. 50 auf Gysi eingeschworene Funktionäre sollten vor allem den politischen Gegner bis ins Privatleben hinein bespitzeln.

„Bild" verschwieg Gerichtsverfahren

Doch jetzt mußte *„Bild"* zugeben: *„Diese Berichte basieren auf Unterlagen, die ‚Bild' zugespielt worden waren. Gysi hat ihren Inhalt immer bestritten. Zu Recht, wie sich herausstellt ... ‚Bild' bedauert die Veröffentlichung."*

Was *„Bild"* verschwieg: Einen Tag vor der Veröffentlichung hatte sich der 3. Zivilsenat des Hanseatischen Oberlandesgerichts (Hamburg) in zweiter Instanz mit dem Fall befaßt. Eine Verurteilung vermied das Blatt lediglich durch einen Vergleich, der zum einen den Abdruck des Widerrufs enthielt und zum zweiten die Übernahme der Verfahrenskosten. Für Gysi sei eine redaktionelle Richtigstellung an prominenter

Stelle vorteilhafter als eine Verurteilung, die lediglich einen schlechtplazierten Widerruf in Juristendeutsch bringe. Von dem Gerichtsstreit war in *„Bild"* allerdings keine Rede. Hier hieß es lediglich: *„Nach neuen Überprüfungen sind wir zu dem Schluß gekommen: Dies muß gefälschtes Material gewesen sein."* gka

(MK 17/91, 22. 4. 1991)

„Schalck-Connection"

Verdacht ohne Beweise

ZDF mußte Beschuldigungen gegen Minister Waigel zurücknehmen

Der frühere DDR-Devisenbeschaffer Alexander Schalck-Golodkowski gibt der deutschen Öffentlichkeit Rätsel auf. Erst bruchstückhaft gelang es den Medien, über die Tragweite seiner Geschäfte zu informieren. Einen neuen Aufklärungsversuch unternahm die ZDF-Sendung *„Die Schalck-Connection – Bayerische Verbindungen des SED-Staates"* von Egmont R. Koch (25. Juli 1991). Dabei setzte Koch unter anderem Bundesfinanzminister Theo Waigel dem Verdacht aus, er habe unlautere Geschäfte bayerischer Fleischfabrikanten mit der DDR gedeckt. Diesen Vorwurf mußte das ZDF öffentlich zurücknehmen.

Keine neuen Erkenntnisse

Egmont R. Koch stellte eine umfangreiche Recherche über die Geschäftsbeziehungen Schalck-Golodkowskis vor: Zwischen ihm und CSU-Politikern – vor allem Franz Josef Strauß – habe es intensive persönliche Kontakte gegeben, als Vermittler und Kuriere hätten die bayerischen Fleischunternehmer März und Moksel fungiert. Nutzen der Beteiligten: Kredite für den SED-Staat, geschäftliche Vorteile für die Fleischhändler, die Schlachtvieh zu Dumpingpreisen aus der DDR bezogen, politischer Gewinn für Strauß. Die Verquickung geschäftlicher und persönlicher Interessen habe auch den Milliardenkredit für die DDR ermöglicht.

Erstmalig würden diese Fakten enthüllt, behauptete ZDF-Autor Koch. Die *„Süddeutsche Zeitung"* (27./28. Juli) sah das anders: *„Manchmal dient es der Aufklärung nur mäßig, wenn sich der Aufklärer allzusehr in die Brust wirft. Vielleicht hätte also das ZDF in manchen Punkten ein wenig sorgfältiger recherchieren und nicht unbedingt behaupten müssen, es habe ‚zum ersten Mal' gewisse Dossiers des Herrn Schalck-Golodkowski der Öffentlichkeit zugänglich gemacht. Wahr ist nämlich, daß schon seit einem halben Jahr bekannt ist, was der sogenannte Devisenbeschaffer der DDR nach diversen Gesprächen mit Franz Josef Strauß seinem Chef Erich Mielke im Jahre 1983 und später zu Protokoll gab; wahr ist, daß beispielsweise im ‚stern' schon im Dezember 1990 zu lesen war, was Strauß dem Geschäftsfreund Schalck über die neuesten MBB-Raketen ‚für die Bekämpfung von Überwasserzielen' erzählt hatte und darüber, warum Kohl (‚er ist etwas feige und ein Spießbürger') dagegen sei, daß die Bundeswehr Atomwaffen bekomme."*

Vom Vorwurf zum Dementi

Doch nicht nur die vorschnelle Ankündigung neuer Fakten brachte dem ZDF Kritik ein. Hauptgrund der Schelte: Kochs Mutmaßung, Minister Waigel habe Ermittlungen der Zollbehörden gegen die Strauß-Freunde März und Moksel unterdrückt. Im Film zeigte Koch Computerformulare des Zolls, auf denen der Vorgang dokumentiert sein sollte. Der Zoll habe gegen März / Moksel ermittelt und einen *„Schlußbericht"* angefertigt. Koch zitierte eine Pressemitteilung des Finanzministeriums: *„Die Zollfahndung hat Vorermittlungen durchgeführt. Für eine Abgabenerhebung war eine Rechtsgrundlage nicht gegeben."* Kochs Kommentar: Die Aussage sei falsch, der Zoll habe schließlich einen *„Schlußbericht"* angefertigt, das Verfahren sei aber *„auf Weisung des Bundesfinanzministeriums totgemacht"* worden. Einen Beweis für sein Urteil blieb Koch schuldig. Statt dessen stellte er die rhetorische Frage: *„Hat das Ministerium des CSU-Vorsitzenden Theo Waigel die bayerischen Fleischfabrikanten begünstigt?"*

Der Protest des Finanzministers folgte prompt. In einer Pressemitteilung stellte das Ministerium fest, daß Koch das Schreiben des zuständigen Referats *„nicht vollständig und daher irreführend zitiert" habe.* Der volle Wortlaut sei gewesen: *„Sehr geehrter Herr Koch, der Zollfahndungsdienst hat im Rahmen von Vorermittlungen festgestellt, daß westdeutsche Fleischhändler größere Mengen Rindfleisch, u.a. aus der CSFR, in der ehemaligen*

DDR eingelagert haben. Die Einfuhren (in die DDR) sind formal richtig nach damals geltendem DDR-Recht abgewickelt worden. Für eine Abgabenerhebung war eine Rechtsgrundlage nicht gegeben. So hat auch die EG-Kommission entschieden und die Auflage angefügt, daß das Fleisch weder in die Intervention noch in den Genuß von Ausfuhrerstattung gelangen dürfe."

Der Einspruch gegen das verkürzte Zitat und die Verdächtigung fand ein großes Presse-Echo. *Die „Frankfurter Allgemeine Zeitung"* (27. Juli) berichtete, daß sich – nach Angaben des Finanzministeriums – herausgestellt habe, *„daß der Vorgang im Finanzministerium ‚nicht einmal auf die Abteilungsleiterebene' vorgedrungen sei"*. Die *„Welt"* (27. Juli) ergänzte, Waigel habe beantragt, *„daß sich der Fernsehrat mit dieser Sendung befaßt"*.

Eine peinliche Situation für das ZDF, Chefredakteur Klaus Bresser mußte korrigieren. In der *„heute"*-Sendung am nächsten Tag (26. Juli) stellte die Nachrichtenredaktion klar: *„Das ZDF erklärte heute dazu, es sei nicht beabsichtigt gewesen, den Eindruck von Einflußnahme durch Bundesfinanzminister Theo Waigel zu erwecken. In dem Beitrag, der sich auf den Schlußbericht der Zollfahndung stützte, sei leider nicht ausreichend zum Ausdruck gekommen, daß das Bundesfinanzministerium keine rechtliche Möglichkeit gesehen hat, die von den Zollbehörden ermittelten Abgaben zu erheben."* Und gegenüber *„Bild"* (27. Juli) äußerte sich ZDF-Chefredakteur Klaus Bresser: *„Wir bedauern es, wenn der Eindruck erweckt worden sein sollte, daß Begünstigung im Spiel sei."*

Kampagne der „taz"

Die *„taz"* (26. Juli) hatte die ZDF-Recherche und die Verdächtigung Waigels inzwischen schon längst zur Kampagne ausgebaut. Ebenso wie ZDF-Filmautor Koch unterstrich die *„taz"*, daß ein *„Schlußbericht"* der Zollermittler vorgelegen habe: *„Doch der versickerte folgenlos im Bonner Finanzministerium, dem die Zollverwaltung untersteht. Herr des Hauses ist CSU-Chef Theo Waigel, der sich als Straußnachfolger auch um die Weiterführung der Schalck-Verbindung mühte."*

„Auf der politischen Achse buhlte der neue CSU-Chef Theo Waigel um die Fortführung der Geheimkontakte nach drüben", schrieb die *„taz"* und setzte auch Helmut Kohl auf die Anklagebank: *„Kanzler Kohl persönlich drängte in die Rosenheimer Loge!"* Als *„Beleg"* für diese Erkenntnis zitierte das Blatt einen *„Report"* Schalcks. Schließlich die rasante Vor-

verurteilung (wobei der Kommentator das Finanzministerium mit dem Wirtschaftsministerium verwechselte): *„Auch nach Straußens Tod wollten seine politischen Erben die ‚bewährten Kontakte zur DDR' fortführen. Der Ost-West-Clan sollte alle Mitglieder auch weiterhin reichlich nähren. Wie anders läßt sich erklären, daß ein Abschlußbericht der westdeutschen Zollfahnder über eine 17 Millionen schwere Steuerhinterziehung der eigenen Mittelsmänner sang- und klanglos im Wirtschaftsministerium des CSU-Spitzenpolitikers versickern konnte?"* Wie sich der von Koch geschilderte Vorwurf wirklich erklären ließ, hatte die *„taz"* wohl nicht nachprüfen wollen.

MH

(MK 32/91, 5. 8. 1991)

„Der Spiegel"

„Fragwürdige Gestalten"

Wie Politiker im Nachrichtenmagazin dargestellt werden

„Indem der ‚Spiegel' allen genannten Spitzenpolitikern von CDU/CSU, FDP und SPD überwiegend negative Motive und Gefühle zuschrieb, erweckte er den Eindruck, die führenden Politiker ... seien ausgesprochen fragwürdige Gestalten. Sie zeigten Gefühle, die in der jeweiligen Situation nicht angebracht waren, sie waren von unbeherrschten Emotionen getrieben oder täuschten Gefühle vor. Sie hatten minderwertige Motive, stimmten anderen etwa nur aus Opportunismus zu, äußerten sich herablassend, autoritär, wollten andere von oben herab belehren."

Dies sind einige der interessanten Ergebnisse, die die Mainzer Publizistin Simone Christine Ehmig in einer Studie mit dem Titel *„Parteilichkeit oder Politikverdrossenheit? Die Darstellung von Motiven und Emotionen deutscher Politiker im ‚Spiegel'"* herausfand. Die Autorin – ihr Aufsatz ist in der Zeitschrift *„Publizistik"* (Heft 2/91) veröffentlicht – hatte 579 Beiträge aus den Jahren 1980 bis 1983 (also während der Wende) ausgewertet und darin insgesamt 3273 Zitate und deren Einbindungen folgender neun Politiker untersucht: Helmut Kohl, Hans-Dietrich Genscher, Helmut Schmidt, Franz Josef Strauß, Heiner Geißler, Gerhart

Baum, Günter Verheugen, Oskar Lafontaine und Willy Brandt.

Fundamentale Systemkritik

Frau Ehmig stellte fest: Der *„Spiegel"* erweckte den Eindruck, die Äußerungen der führenden Politiker seien *„von Selbstüberschätzung und Überheblichkeit geprägt; sie enthielten Ironie, Spott und Zynismus. Die Politiker zeigten selten Bereitschaft, einen Diskurs über ihre Aussagen oder Widerspruch zuzulassen"*.

Den Redakteuren hält sie zugute, sie seien sich möglicherweise über den Umfang und die Tragweite ihrer Arbeit nicht bewußt. Aber die ausgesprochen negative Charakterisierung *„stellte letztlich eine fundamentale Systemkritik dar"*. Man könne diese Systemkritik auch als Ausdruck einer wiederholt behaupteten Politikverdrossenheit betrachten, die möglicherweise unter Journalisten weit verbreitet sei.

Banale Aussagen, wirksam eingebunden

Als theoretische Grundlage ihrer empirischen Untersuchung hatte die Autorin zahlreiche Sprachstudien über das Hamburger Magazin aufgearbeitet. Speziell zur Verwendung von Zitaten stieß sie auf interessante Erkenntnisse. So publiziere der *„Spiegel"* wie kein anderes deutsches Medium Zitate, denn diese vermittelten den Eindruck großer Authentizität, weil sie den geltenden Konventionen nach prinzipiell prüfbar seien. Das Blatt erwecke den Eindruck, immer dabeigewesen zu sein und über unzweifelhafte Detailinformationen zu verfügen.

Aber: *„Bei genauer Betrachtung enthalten die Zitate häufig nur banale Aussagen, die zudem kaum nachprüfbar sind – allerdings durchaus plausibel erscheinen. Auch wenn es nicht so gesagt wurde, hätte es so gesagt werden können."*

Wichtiger als die Zitate selbst sind aber die sogenannten *„Zitateinbindungen"*, die die eigentlich wirkenden Botschaften enthalten. Denn die meisten Zitate stehen natürlich nicht isoliert im Text, sondern sind durch hinführende Bemerkungen eingebunden. Diese enthielten beim *„Spiegel"* deutliche Hinweise auf die angeblichen Absichten und Gefühle der Sprecher. Obwohl aber den Aussagen damit immer eine subjektive Einordnung und damit Interpretationshilfe beigefügt wird, seien sie *„nicht oder nur äußerst schwer wahrheitsfähig. Niemand kann in* *der Regel nachprüfen, was die Sprecher tatsächlich bewegte und was sie tatsächlich empfanden".*

Frau Ehmig weiter: *„Sie suggerieren die Annahme, bestimmte Politiker würden positive Absichten besitzen und von positiven Gefühlen geleitet werden, während andere Politiker negative Absichten besitzen und von negativen Gefühlen geleitet werden, wobei dem Leser durch die Nähe zum Zitat der Eindruck vermittelt wird, daß er Tatsachen erfährt, während es sich in Wirklichkeit um Meinungsäußerungen handelt."*

Keine parteipolitischen Präferenzen

Die Untersuchung konnte nicht bestätigen, daß das Hamburger Magazin bestimmte Politiker oder Parteien unterstützt. Im Gegenteil wurden alle Politiker ähnlich – nämlich deutlich negativ – charakterisiert.

Je wichtiger aber ein Politiker war, um so eher hatte er mit negativer Bewertung zu rechnen. So machte sich das Blatt jeweils gerne zum Anwalt der innerparteilichen Opposition. *„Indem er* (der *„Spiegel"* – die Red.) *so verfuhr, wirkte er als Motor des Wandels innerhalb der Partei, zugleich stellte er jedoch ein permanentes Störpotential dar."* Die Autorin glaubt, darin zwei mögliche Motive erkennen zu können: *„Politische Motive, die auf die Destabilisierung oder zum permanenten Wandel drängen, oder aber journalistische Finesse, den Lesern immer neue politische Dramen mit einer festliegenden Rollenverteilung zu präsentieren."* gka

(MK 32/91, 5. 8. 1991)

Medien und Demoskopie

Wie ist die Stimmung im Osten wirklich?

Gegensätzliche Meinungsbilder in „Spiegel" und „Bild am Sonntag"

Welchem bundesdeutschen Medium ist sie nicht Leitbild der politischen Berichterstattung – die objektive Darstellung der Realität. Erst sie verleiht Kommentaren und Interpretationen die nötige Überzeugungskraft.

Zum besonders beliebten Überzeugungs-Instrument avancierten dabei Meinungsumfragen. Sie sollen mittels Empirie die Urteile der gesamten Bevölkerung (oder exakt bestimmter Zielgruppen) abbilden und so die eigenen Berichte und Urteile stützen. Dabei wird jedoch oftmals durch geschickte Fragen die Realität der eigenen Berichterstattung angepaßt, statt umgekehrt. Beispiel: Umfragen von Emnid (*„Spiegel"*, 20/91) und FORSA (*„Bild am Sonntag"*, 14. April 1991) zur Stimmungslage im Osten Deutschlands.

„Spiegel": Einheit in Frage gestellt

Die Meinungsforscher von Emnid führten für den *„Spiegel"* in der zweiten Aprilhälfte eine Erhebung mit 1000 Befragten aus dem Osten und *„zwei Wellen mit je 1000 Befragten"* aus dem Westen durch. Das Fazit der Erhebung klang dramatisch (*„Spiegel"*, 20/91): *„Zwischen Elbe und Oder/Neiße hat sich ein politischer Erdrutsch ereignet, von dem bislang kein Leser irgendeiner Tageszeitung und kein Zuschauer irgendeines TV-Programms erfahren hat."*

Im Bewußtsein, eindeutiges Datenmaterial zusammengetragen zu haben, machte der *„Spiegel"* die für das ZDF tätigen Demoskopie-Kollegen der *„Forschungsgruppe Wahlen"* für das Informationsloch verantwortlich: *„...weder im ‚Politbarometer' (zuletzt am 26. April) noch in einem Beitrag speziell mit Ost-Ergebnissen (im ‚Blickpunkt' am 28. April) war von dem ostdeutschen Erdrutsch die Rede."* Unausgesprochen, aber deutlich zwischen den Zeilen zu lesen, blieb die Frage, ob die *„Forschungsgruppe Wahlen"* nur mangelhafte Arbeit leistete oder bewußt Umfrageergebnisse unterdrückte.

Der *„Spiegel"* stellte fest: Die *„Vereinigung bringt mehr Sorgen als Freu-*

de". Nur 45 Prozent der Westdeutschen und 47 Prozent Ostdeutsche empfänden *„Freude, daß die Teilung überwunden ist"*. Dagegen hegten 54 Prozent der Bürger im Westen und 52 Prozent im Osten vor allem *„Sorge über die Probleme, die damit verbunden sind "*.

Weiter erkundigte sich Emnid nach der Einschätzung der gegenwärtigen Situation: *„30 Prozent der ostdeutschen Befragten erklärten, sie lebten schlechter als früher. Weiteren 28 Prozent geht es nach eigener Einschätzung so wie vor der Wende, und 40 Prozent fanden, ihr Leben habe sich verbessert."*

Den Tenor der Stimmung interpretierte der *„Spiegel"* ausschließlich negativ und setzte sie gegen Einschätzungen Helmut Kohls ab: *„Wer wie Kohl angesichts der ostdeutschen Tristesse von einem bald blühenden Land spricht, trifft die Stimmung im Osten nicht. Mehr noch. Wer so redet, dem glaubt man nicht. Der Kontrast zwischen Alt-BRD und Ex-DDR ist noch größer geworden. „*

Das Dortmunder FORSA-Meinungsforschungsinstitut war für *„Bild am Sonntag"* (14. April) in der Woche vom 2. bis 10. April demoskopisch aktiv. Befragt wurden 1002 Bürger aus den fünf neuen Bundesländern und Ost-Berlin. Im Gegensatz zum *„Spiegel"* förderte FORSA eine positive Stimmungslage zutage: *„Das überraschende Ergebnis: Sie ist viel positiver, als es das bisherige Meinungsbild wiedergibt."*

„Bild am Sonntag" ließ nach Hoffnungen für die Zukunft fragen. Ergebnis: *„60 Prozent der Bürger in den neuen Bundesländern glauben, daß sich ihre persönlichen Lebensverhältnisse in den nächsten Jahren verbessern werden. 38 Prozent sagen, es gehe ihnen jetzt schon besser als vor der Vereinigung. 44 Prozent der Bürgerinnen und Bürger geben selbstkritisch zu, sie verhielten sich zu passiv und abwartend beim wirtschaftlichen Neuaufbau."*

„Allensbach": Positiver Stimmungsumschwung

Das renommierte Allensbacher *„Institut für Demoskopie"* stellte – ähnlich wie FORSA – im Mai einen *„überraschend starken Stimmungsaufschwung"* fest. Anfang des Monats ging das Institut der Stimmung in den fünf neuen Bundesländern auf den Grund. Fazit: Die Stimmung sei *„wieder fast so hoffnungsvoll wie im letzten Herbst kurz vor der Herstellung der Einheit"*.

Wem soll der Leser glauben?

Der Vergleich der mediengesteuerten Umfragen stiftet beim Leser Verwirrung. Wem soll er glauben, den Forschern von Emnid, FORSA oder Allensbach?

Zweifel an der objektiven Aussagekraft der Meinungsumfragen sind angebracht. Schon allein wegen ihrer Entstehung: Nach Auskunft des *„Spiegel"* bestimmt das Blatt als Auftraggeber Inhalt, Termin und Umfang der Umfragen selbst. Kriterium der Themenauswahl sei das *„politische Interesse"*. Den Emnid-Mitarbeitern sei dann die Gestaltung der Erhebung überlassen. Ebenso verhält es sich bei *„Bild am Sonntag"*.

Die *„Spiegel"*-Umfrage stellte stets den Vergleich zwischen den Erwartungen der ostdeutschen Interviewpartner vor der deutschen Einheit und ihrer aktuellen Situation her. Kein Wunder, daß ein Tenor der Enttäuschung herauskam. *„Bild am Sonntag"* fragte dagegen nach Hoffnungen für die Zukunft. Ebenso tat es Allensbach. Hier schlugen – auch wenig verwunderlich – positive Töne durch. Die Antworten folgten den Fragen zwangsläufig. Sie bestätigten selbstverständlich die Berichterstattung und Haltung ihrer Auftraggeber. MH

(MK 24/91, 10. 6. 1991)

„Super! Zeitung"

Motor und Hochofen der inneren Teilung

Auch Burdas Boulevard-Blatt setzt auf Hetze gegen die „Wessis"

Die ostdeutsche Zeitschrift *„Super Illu"* schürt rücksichtslos die Gegensätze zwischen 0st und West, mußte die *„Medien-Kritik"* in ihrer Ausgabe Nr. 21 1991 feststellen. Aber: Im Vergleich zum neuen Boulevard-Blatt *„Super! Zeitung"*, das ebenfalls aus dem Burda-Verlag stammt, ist die Illustrierte noch harmlos. Ihre geistigen Väter, die Verleger Hubert Burda und Rupert Murdoch, rechnen offenbar mit einer haltbaren inneren Teilung Deutschlands und sind entschlossen, mit *„Super!"* daran zu verdienen.

Die *„Super! Zeitung"* begnügt sich nicht damit, die innere Teilung zu dokumentieren, sondern nährt täglich Neid- und Haßgefühle. In reißerischer Manier nimmt das Blatt Ressentiments dankbar auf, siedet sie Richtung Haß und bejubelte schließlich sogar einen Mord: *„Super!"* ist nicht bloß Manifest psychologischer Trennung, sondern vor allem publizistischer Motor und Hochofen negativer Stimmungen.

Mord zur Stimmungsmache mißbraucht

Die Themen-Mixtur ist denkbar einfach und gilt für sämtliche Publikationen, die Burda für den ostdeutschen Markt konzipieren ließ *(„Super Illu", „Super TV", „Super! Zeitung"):* Verklärende Rückblicke auf die Vorzüge der alten DDR, Abrechnung mit SED und Stasi, Lebenshilfe, Aufklärungs- und Sex-Geschichten, barbusige Titelmädchen in Farbe und vor allem: *„Ossis gegen Wessis"*.

Und gleich mit der zweiten Ausgabe (3. Mai) trieb *„Super!"* die zum Geschäftsprinzip erhobene innerdeutsche Konfrontation auf die Spitze, verharmloste und bejubelte einen Mord: *„Angeber- Wessi mit Bierflasche erschlagen"*, titelte das Blatt und stellte in der Unterzeile fest: *„Er protzte mit seinem BMW herum, beschimpfte seine Mitarbeiter als doofe Ossis. Ganz Bernau ist glücklich, daß er tot ist."*

Unfähige Beamte und Politiker

Die Boulevard-Zeitung meldet täglich aus dem Westen nichts Gutes. Politiker und Beamte sind bevorzugtes Objekt der *„Super!"*-Schmähungen: Mit einem Beamten aus dem Westen und einem aus dem Osten groß im Bild, fragte *„Super!"* (3. Mai): *„Dieser West-Beamte verdient 3950 Mark mehr – ist er es wert?"*

Wenig später prangerte das Blatt einen anderen Beamten an: *„Regierungs-Wessi nahm Mecklenburger Bauern das Land weg"* (8./9. Mai). Selbstverständlich kommt auch die Treuhand nicht ungeschoren davon (14. Mai): *„Treuhand entläßt 417 000 Metaller. Zynisch sprechen die Bosse vom ‚Großflugtag'."*

Bonner Politikern unterstellte die Redaktion (4./5. Mai) Minderwertigkeitskomplexe, Eitelkeit, Eifersucht, Profilneurosen und persönliche Abrechnungen, derweil im Osten Arbeitslosigkeit, steigende Mieten, Gewalt, Umweltverschmutzung und gestiegene Lebenshaltungskosten die Bürger belasteten.

Die Arbeitslosigkeit treibe immer mehr Frauen *„in Clubs, auf die Straße"*, klagte *„Super!"* (14. Mai) und fragte: *„Wie verzweifelt muß eine anständige Frau sein, wenn sie für Liebe Geld nimmt."* In der Serie *„Nachtreport. Die geheimen Orte der Lust von Rostock bis Suhl"*, berichten die *„Super!"*-Reporter derweil genüßlich, detailliert und voyeuristisch über die Bordell-Szene.

Zugleich spielt sich *„Super!"* als selbstloser Anwalt der Menschen in den fünf neuen Bundesländern auf: *„‚Super!' gibt mir neuen Mut"* oder *„‚Super!' – eine Zeitung wie man sie sich wünscht"*, sind die Leserbrief-Rubriken überschrieben, in der sich die Zeitungsmacher applaudieren lassen.

Die *„Super! Job-Börse"* bietet Ausbildungs- und Arbeitsplätze an. Mitarbeiter der *„Super!"*-Druckerei in Vogelsdorf werden unter der Schlagzeile *„Dank ‚Super!' habe ich es geschafft"* vorgestellt. *„Andere nörgeln. ‚Super! Zeitung' & Bahn handeln jetzt: 4100 neue Lehrstellen"*, jubelte das Blatt am 17. Mai. Ein junger Mann mit dem Namen *„Detlef Müller"* verriet in der Pfingstausgabe: *„Um 9 Uhr ‚Super!' gekauft, um 12 Uhr hatte ich den Job!"*

Wenige Wochen nach ihrem erstmaligen Erscheinen ist *„Super!"* inzwischen aber augenscheinlich um Mäßigung bemüht. Die Kritik von allen Seiten, vor allem der eigenen Konkurrenz, scheint Wirkung zu zeigen: Nachdem *„Super!"* das Eierbombardement Helmut Kohls in Halle mit *„Klatsch, Klatsch. Das saß!"* kommentiert hatte, ließ sich die Redaktion (13. Mai) eine besonders naiv anmutende Richtigstellung der eigenen Überschrift einfallen: *„Wenn Eier fliegen, dann klatscht es. ‚Super!' beschrieb den Vorgang. Und klatschte nicht Beifall für Chaoten und Vermummte."*

„Veränderung der politischen Kultur"

Ebenso beispiellos wie der *„Super!"*-Inhalt ist der Preis-Krieg, den Burda und Murdoch mit dem *„Kampfpreis"* von nur 30 Pfennig pro Exemplar entfacht haben. Nur die Technik kam nicht ganz mit: Mit knapp einer Million Exemplaren wollte Burda starten, wegen drucktechnischer Probleme kam nur eine Auflage von 500 000 Stück zustande. Drei Wochen nach dem Startschuß bekannte sich der Verlag zu einer Auflage von *„über 300 000"*. Die Schätzung der Konkurrenz: 220 000 bis 260 000 Stück.

Trotz solcher Berichte verkündete Hubert Burda in der ersten *„Super!"*-Ausgabe den hehren moralischen Anspruch des Massenblatts: *„,Super! Zeitung' ist da. Warum? Weil die Menschen im Osten keine Spagat-Zeitungen wollen, die im Westen anders schreiben als im Osten. ,Super! Zeitung' ist da, weil die Menschen hier ein Sprachrohr brauchen. Für ihre Sorgen und ihre Freude. Für ihr Glück und ihre Tränen. ,Super! Zeitung' freut sich, daß sie da ist."*

Für nicht erwähnenswert hielt Burda den Spagat, den er mit den verschiedenen Publikationen seines Verlages vollführt. Er brachte ihm allseits Kritik ein. Der *„stern"* (21/91) meinte, Burda lasse in *„seinem neuen Zentralorgan den Haß der Ost- auf die Westdeutschen schüren"*. Von *„Häme und einem klaren Feinbild gegenüber dem Westen"* schrieb *„Die Welt"* (16. Mai). *„Die Zeit"* (22/91) stellte fest: *„Die Untaten der Wessis sind Tageskost für die ,Super'-Leser."* Die *„Süddeutsche Zeitung"* karikierte die *„Super!"*-Redaktion: *„Bei ,Super' sitzen 60 als Ossies verkleidete West-Journalisten und artikulieren (,Gottschalk beleidigt uns') die Aggressionen gegen den Westen, von denen sie denken, daß sie ihre ostdeutschen Leser gerne artikuliert sähen."* Die *„tageszeitung"* kommentierte: *„Kein Zweifel: wenn die Mischung Erfolg hat, dann ändert sich nicht nur der Zeitungsmarkt, dann ändert sich auch das, was immer so feierlich ,politische Kultur' genannt wird."* Im September 1991 rügte der Deutsche Presserat ausdrücklich die Berichterstattung von Burdas neuer Zeitung. MH

(MK 23/91, 3. 6. 1991)

Stasi-Berichte

Kronzeuge und Schuldiger

ARD und ZDF berichteten mit gegenteiligem Tenor

„Bei ARD und ZDF sitzen Sie in der ersten Reihe", verkünden die öffentlich-rechtlichen Fernsehanstalten in ihrer Eigenwerbung einmütig. Doch wenn sich die Zuschauer aufgrund dieses Schulterschlusses eine

gleichmäßige politische Aufklärung versprechen, dann liegen sie falsch. Natürlich: Berichte zu ein und demselben politischen Thema können immer verschieden kommentiert sein. Aufhorchen muß man aber, wenn dieselbe Sachlage unterschiedlich dargestellt wird: Beispiel *„Stasi-Aufklärung"*.

Am Mittwoch, dem 26. September 1990, eröffnete das Magazin *„Studio 1"* (ZDF) die abendlichen politischen Hintergrundinformationen. Hariolf Reitmaier und Alois Theisen folgten den Spuren der Stasi-Aufklärer, um einen Verdacht zu erhärten, den Bodo H. Hauser zu Beginn der Sendung andeutete: Mit der *„Aktenhölle"* der Stasi werde inzwischen *„politischer Druck"* ausgeübt.

Reitmaier und Theisen nahmen die Akten-Kontrolleure unter die Lupe und nährten gezielt den Verdacht, daß Stasi-Ehemalige hier die Fäden zögen. Sie konfrontierten Werner Fischer, den ehemaligen Stasi-Beauftragten des Ost-Berliner Magistrats, und den früheren Regierungsbeauftragten Dankwart Brinksmeier mit der unbequemen Frage, warum sie die Minister Diestel und Steinberg öffentlich mit der Stasi in Verbindung brachten, ohne Beweise zu liefern.

Fischer gab zu, aus politischen Gründen an die Öffentlichkeit gegangen zu sein. Brinksmeier ließ sich unwidersprochen den Vorwurf gefallen, Diestel die Existenz von Kontroll-Listen mit den Namen von *„Offizieren im besonderen Einsatz"* (OibE) aus dem Innenministerium verschwiegen zu haben. *„Einzelne Namen"* habe er Diestel genannt, versuchte sich Brinksmeier vor der Kamera zu retten. Er konnte sich vor der Kamera aber an keinen Namen erinnern.

Die Glaubwürdigkeit der Befragten war schnell dahin. Für den Zuschauer drängte sich der Eindruck auf: Die ehemalige Staatssicherheit übt im Tarnkleid der Vergangenheitsbewältigung politischen Druck aus. Diesen Schluß legte auch das Fazit von *„Studio 1"* nahe: *„Jetzt rächt sich, daß fast die gesamten elektronischen Datenträger zerstört wurden – ausgerechnet von den Bürgerkomitees, die heute lautstark die schleppende Aufklärung beklagen."*

Mit Aussagen zufriedengegeben

Eine Dreiviertelstunde später behandelte die ARD-Sendung *„Im Brennpunkt"* dasselbe Thema. Titel: *„Die Last der Einheit. Scheitert die Bewältigung der DDR-Vergangenheit?"* Joachim Wagner beschwor die historische Gefahr des *„Stasi-Traumas“*, seherisch skizzierte er die Seelenlage der Noch-DDR-Bevölkerung: *„Der Unrechtsstaat DDR hinterläßt eine menschlich aufgewühlte Gesellschaft.“* Für die ARD hatten sich Wolfgang Landgräber und Andreas Orth des Themas in einem Bericht angenommen – doch der wach gebliebene Ex-ZDF-Zuschauer wurde überrascht.

Zwar glichen Drehorte, Kameraschwenks und Interviewpartner denen des ZDF. Doch der Bericht hatte eine völlig andere Tendenz, kam zu einem anderen Ergebnis. Wieder waren es Fischer und Brinksmeier, die als Experten gehört wurden. Dieses Mal verlangten die Journalisten keine Beweise für die Vorwürfe gegen Diestel und Steinberg. Die Minister wurden als Schuldige akzeptiert. Wie im ZDF wies Brinksmeier auf den Bericht hin, den er Innenminister Diestel bei dessen Amtsantritt übermittelt habe. Diestel habe die Arbeit der Ausschüsse kräftig behindert. Das bestätigte auch Joachim Gauck vom Bündnis '90. Auf die (ZDF)-Idee, auch die Aussagen der öffentlichen Ankläger könnten von der Stasi gespeist sein, kamen die ARD-Journalisten nicht. Bei ihnen lag die Schuld nicht bei den Bürgerkomitees, sondern bei den Ministern.

Welche Journalisten haben die richtigen Fragen gestellt, die Hintergründe genauer ausgelotet und recherchiert? Hatte man sich am Anfang ein Urteil gebildet und den Bericht dann darauf zugeschnitten? Nach eigenen Aussagen hatte der ZDF-Mann Alois Theisen die Arbeit Fischers und Brinksmeiers über drei Monate begleitet. *„Sie haben keine ernsthafte Aufklärung geleistet“*, urteilt Theisen. Die Angriffe Brinksmeiers gegen Diestel sieht der ZDF-Journalist vor dem Hintergrund einer *„persönlichen Fehde“*.

Ganz anders schätzte Wolfgang Landgräber vom NDR die Aussagen des SPD-Mannes Brinksmeier ein. Bestätigung für dessen Vorwürfe hätten die Bürgerkomitees signalisiert. Außerdem habe Joachim Gauck die Haltung Brinksmeiers wenig später gestützt. Diese sei daher *„äußerst glaubwürdig“*. Von einer Kontroll-Liste über OibEs im DDR-Innenministerium habe Brinksmeier nicht berichtet. Deren Existenz hatte er gegenüber Theisen im ZDF allerdings indirekt eingeräumt.

So mußte der an Fakten interessierte Zuschauer vermerken: Die Journalisten von ARD und ZDF gaben sich bei denselben Interviewpartnern die Klinke in die Hand und recherchierten zeitgleich. Mit dem Ergebnis: Sie glaubten, Schuldige präsentieren zu können. Allerdings: Die Schuldigen im ZDF waren die Kronzeugen der ARD. MH

(MK 41/90, 8. 10. 1990)

DDR-Wahl

„Der Spiegel" in Schieflage

Über Fehlurteile des Nachrichtenmagazins

Wenn *„Spiegel"*-Herausgeber Rudolf Augstein zur Feder greift, dann ist das allemal amüsant zu lesen. Eine Orientierung bietet er selten. Als Tölpel, der sich seine Tölpel halte, *„damit er nicht zu merken gezwungen ist, daß er selber ein Tölpel ist"*, bezeichnete er Bundeskanzler Helmut Kohl (26. Februar 1990). Kohls Intellekt reiche zwar aus, die Macht in seiner Partei *„zu betonieren"*, sie reiche jedoch nicht dazu, *„die Regierungsgeschäfte in schwierigen Zeiten zu handhaben"*. Immer wieder brilliere er als *„der sprachlose Schwätzer, der er seit seinem Aufstieg zu Kanzler-Höhen wurde"*. Augstein über Kohls Deutschlandpolitik (12. März 1990): *„Er kann es wirklich nicht ... er begreift auch sonst nichts ..."*

Am Abend der DDR-Wahl im *„Wahl-Treff"* von RTLplus, als ihn Stefan Aust mit diesem Kommentar konfrontierte, reagierte Augstein auf sein Urteil von gestern nicht, sondern bescheinigte Kohl, das Geschehen in der DDR richtig als politisches *„Naturereignis"* eingeschätzt zu haben. Augstein nun zu Kohls Deutschlandpolitik: *„Kohl hat es richtig getan. Jawohl. Und er ist auch für die DDR wahrscheinlich der Kanzler, den sie sich wünscht ..."*

Falsche demoskopische Ergebnisse

Über Meinungen ist nicht zu richten, auf den Prüfstand gehört jedoch die Urteilskraft, die Fähigkeit zu treffsicheren Analysen, auf denen Meinungen basieren. *„Derzeit hat die SPD drüben gute Chancen, stärkste*

Partei zu werden, und sogar einige Aussicht, die absolute Mehrheit zu gewinnen", schrieb der *„Spiegel"* am 26. Februar 1990. Und in derselben Ausgabe hieß es: *„Nicht nur von Emnid in der Bundesrepublik, sondern auch vom Leipziger Zentralinstitut für Jugendforschung in der DDR ließ der ‚Spiegel' fragen, welche Bonner Partei kompetent sei, die Vereinigungsprobleme zu lösen. Die Befragten in der Bundesrepublik nannten CDU/CSU und SPD gleich oft (je 47 Prozent), die Befragten in der DDR setzen in die Bonner SPD weit größere Hoffnung als in die CDU/CSU (74 gegenüber 20 Prozent)."*

Diese Aussagen erscheinen vor dem Hintergrund des DDR-Wahlergebnisses nicht weniger monströs als jene, die der *„Spiegel"* am 18. Dezember 1989 veröffentlichte: *„Nur 27 Prozent der Deutschen zwischen Elbe und Oder/Neiße wollen, daß die DDR ‚mit der BRD einen gemeinsamen Staat bildet'. 71 Prozent hingegen meinen, daß die DDR ‚ein souveräner Staat bleiben' solle."*

Diese Feststellung basiert auf einer Umfrage Ost-Berliner Meinungsforscher, die mit dem Bielefelder Emnid-Institut und der Mannheimer Forschungsgruppe Wahlen kooperierten. Auftraggeber waren der *„Spiegel"* und das ZDF. Zwar wies der *„Spiegel"* auf Schwierigkeiten bei diesen Umfragen hin, zum Beispiel darauf, daß unter den Befragten SED-Mitglieder überrepräsentiert waren. Berichtet wurde auch über Verfahren, wie diese Fehlerquellen auszuschalten wären. Doch über den wichtigsten Einwand gegen die Umfragen in damaliger Zeit informierte der *„Spiegel"* nicht: In einer noch von Stasi-Ängsten beherrschten Öffentlichkeit konnten die Meinungsforscher nicht darauf setzen, von den Befragten ehrliche Antworten zu erhalten. So mußte die Meinungsforschung zur Wahrsagerei verkommen. Die Mannheimer Forschungsgruppe Wahlen publizierte nach der Dezember-Umfrage keine weiteren Ergebnisse – im Gegensatz zum *„Spiegel"*.

Schlimmer noch. In der Titelgeschichte nach der DDR-Wahl *„Kohls Triumph"* (19. März 1990) entschuldigte sich die Redaktion nicht etwa für ihre Fehlinformationen, ging überhaupt nicht auf die bisherigen Veröffentlichungen ein, die Meinung gemacht hatten, da unzählige andere Medien im Vertrauen auf die Seriosität des *„Spiegel"* die Ergebnisse kritiklos übernommen hatten. Bieder schrieb das *„Nachrichtenmagazin"*: *„Keines der west- und ostdeutschen Befragungsinstitute hatte dieses Resultat vorhergesagt. Alle Umfragen erwiesen sich als Makulatur. Die demoskopisch unerkundete DDR wurde zum Waterloo der Meinungsforscher. Bei der Erstellung der Wahlprognosen hatte Dieter Roth, Vor-*

standsmitglied der Mannheimer Forschungsgruppe Wahlen, nur wenige Tage vor dem Urnengang über seine Kollegen gespottet, hätte man auch würfeln können: Das ‚wäre ein sehr viel billigeres Verfahren' gewesen."

Fehl-Analysen der Stimmungslage

Die Schieflage des *„Spiegel"* beim präsentierten demoskopischen Befund wird ergänzt durch eine nicht minder gravierende Fehleinschätzung der DDR-Realität in drei Titelgeschichten: *„DDR: Gefahr für die Mark – Teures Vaterland"* (12. Februar 1990); *„Katzenjammer. Angst im Osten – Ärger im Westen" (19.* Februar 1990); *„Preis der Einheit – Das Ende der Bundesrepublik"* (12. März 1990).

Wer diese Analysen für bare Münze nahm, der mußte auch annehmen, daß die SPD bei relativ geringer Wahlbeteiligung die absolute Mehrheit erringen werde. Die Titelgeschichten suggerierten, das Magazin gebe die Mehrheitsmeinung in der DDR wieder, analysiere die Stimmungslage der DDR-Bevölkerung akribisch. Intoniert wurden die Befunde durch die Behauptung, die Bundesregierung plane eine *„tollkühne Wirtschaftsoperation"*, bereite ein *„Wirtschaftsabenteuer"* vor, gegen das die Währungsreform im Jahre 1948 *„ein vergleichsweise einfacher Akt war"*. Angst breite sich in beiden Teilen Deutschlands aus. *„Warnungen der Fachleute und düstere Ahnungen der Minister vor den Gefahren der raschen Vereinigung, vor Milliarden Defiziten und einer langen Durststrecke machten die Gemüter bang. Doch eine Alternative fiel niemandem ein."*

Hysterie drohe

Die Angst vor der Vereinnahmung durch die selbstbewußten *„Wessis"* mache sich seit Wochen in Büros und Firmen, Hotels, Kneipen und Ferienplätzen breit, *„die Angst vor Mietwucher, Sozialabbau und Geldentwertung"*. Rentner gerieten in Panik, Hysterie drohe. Auch die Mieter fühlten sich schon verloren. *„Jede Wirtschafts- und Währungsreform, das ist ihnen klar, wird drastische Mieterhöhungen mit sich bringen ... Die Miete einer Drei-Zimmer-Neubauwohnung, die bisher etwa 125 Mark kostet, könnte leicht auf 500 Mark im Monat hochschnellen – unbezahlbar für Otto Normalverbraucher (Ost)."*

Zitiert wird der Direktor der Ost-Berliner Hochschule für Ökonomie, Professor Dr. Rudolf Streich, der drei Millionen Arbeitslose prophezeit, wenn die DDR-Industrie der Weltmarktkonkurrenz ungeschützt ausgesetzt werde.

Garniert wurden diese Aussagen durch Zitate, die generelles Mißtrauen signalisieren sollten. *„Für 'n Appel und 'n Ei woll'n die uns koofen, schußreif machen woll'n die die DDR."* So zitierte der *„Spiegel"* einen *„45jährigen Ostberliner, der auf einer Sparkasse am Alex sein Geld durch Abheben in Sicherheit bringen wollte"*. Und ein Magdeburger Schlosserlehrling kam so zu Wort: *„Volkswagen und Bayer werden hier das große Geld abzocken, Wohnungsspekulanten die Mieten hochdrücken und unsere Handwerker sich mit Jobs im Westen 'ne Goldene Nase verdienen. Aber die Arbeiter werden wieder auf der Strecke bleiben."*

Die Schlußfolgerung der Analysen: *„Aufbruchstimmung ist nur bei wenigen zu spüren, Mut- und Kraftlosigkeit greifen um sich."* Dazu *„Spiegel"*-Reporter Jürgen Leinemann über Ängste und Hoffnungen von DDR-Bürgern (19. Februar 1990) unter der Überschrift *„Wenn das Kapital kommt ..."*: *„Das erzeugt Ratlosigkeit wie Angst. Das Gefühl, einem undurchschaubaren Geschehen ausgeliefert zu sein, wird als lähmende Ohnmacht erlebt. Eine fast hysterische Dämonisierung der Überreste des Vergangenen wechselt mit angstvoller Faszination bei den ersten Anzeichen des Künftigen. Dazwischen geht die Gegenwart verloren ..."*

Ängste angeheizt

In seiner letzten Ausgabe vor der DDR-Wahl am 12. März 1990 heizte der *„Spiegel"* in der Titelgeschichte *„Preis der Einheit. Das Ende der Bundesrepublik"* die Ängste nochmals kräftig an: *„Gewohnt an einen sicheren Arbeitsplatz, an niedrige Mieten, Kindergartenplätze und subventionierte Grundbedarfsgüter, fällt es den Bürgern zunehmend schwer, der Westpropaganda zu glauben, Mark und Markt würden alles schnell richten."* In der DDR stünden *„Besitzstände, Traditionen, Gefühle, Sicherheiten, Stolz und Würde in Frage – aber nicht zur Aufgabe an"*.

CDU/CSU wollen der DDR *„ein Muster von der westlichen Stange verpassen"*, ähnlich wie die Amerikaner den Westdeutschen am Ende des Nazi-Reichs die Demokratie verkauften. Doch die *„Revolutionäre der Ersten Stunde"* in der DDR hätten anderes im Sinne gehabt: *„In ihrem Staat wollten sie Freiheit und Demokratie erkämpfen und müssen jetzt erleben, ‚wie die Mitläufer und Mitschweiger sich dem Westen in die Arme werfen' ..."*

„Kohls Triumph“

Wenige Westler, mehr aus dem Osten, so resümierte der *„Spiegel“*, träumten von einer echten Vereinigung, bei der jeder Partner seine Vorzüge einbringe, Fehler korrigiere und Gleichberechtigung verspreche. *„Ist denn wirklich – fragten zuvörderst die in Ost wie West verbliebenen Intellektuellen – die Bundesrepublik die beste aller Welten, nicht verbesserungsbedürftig, Spitze? Wäre nicht die Nach-Wahl-Zeit in der DDR der richtige Moment, innezuhalten und die eigene Überheblichkeit zu überprüfen?“*

In der Nach-Wahl-Titelgeschichte *„Kohls Triumph“* ging die Redaktion mit keinem Wort auf ihre Fehlinterpretationen ein. In einem Absatz des neunseitigen Artikels trat jedoch zutage, für welches politische Milieu die *„Spiegel“*-Analysen zutrafen. Das überraschend gute Wahlergebnis für Gregor Gysi und Hans Modrow, die Chefs der PDS alias SED, wurde so interpretiert: *„Verängstigte DDR-Wähler – das Schreckgespenst von Sozialabbau und aufgezwungener Wiedervereinigung zu Westkonditionen vor Augen – machten die Partei des demokratischen Sozialismus zur starken Opposition in der ersten frei gewählten Volkskammer ...“* sp

(MK 13/90, 26. 3. 1990)

Wiedervereinigung

Urteilsvermögen auf dem Prüfstand

Was Politiker und Journalisten gestern sagten

Heinz Klaus Mertes, Chef von „Report“-München, wagte sich am 20. Februar 1990 auf vermintes Polit-Gelände. Ein Beitrag seines Magazins beschäftigte sich mit Politikeraussagen über die Wiedervereinigung – den gestrigen und den heutigen. Mertes:

„Parteien, die nicht für die deutsche Einheit sind, haben bei dieser Wahl (DDR-Wahl am 18. März 1990, die Redaktion) keine Chancen, denn in dieser

Einheit liegt die ganze Hoffnung der Bevölkerung auf ein besseres, freies und sinnvolles Leben. Daß es jemals wieder in greifbare Nähe rücken könnte, das wollten viele nicht glauben und schmähten oft die, die es glaubten, als Reaktionäre. Die scheinbaren Realitäten der Teilung und des SED-Staates anzuerkennen, das galt noch vor kurzem als fortschrittliche Politik. Besonders in der SPD."

Unter dem Titel *„Trendwende"* faßte Holger Lösch dann zusammen, was die SPD nicht erfreuen kann. Willy Brandt, heute Trommler für das *„Zusammenrücken der Deutschen"*, wird aus seinen Memoiren zitiert, die kurz vor der Maueröffnung erschienen waren: *„Ich muß bekennen, daß ich aufgehört habe, über die Wiedervereinigung nachzudenken. Sie ist die spezifische Lebenslüge der zweiten deutschen Republik."*

Dann kommt Egon Bahr an die Reihe. Heute sagt er: *„Die deutsche Einheit ist von einer Utopie zu einer praktischen Aufgabe befördert worden."* Bahr gestern: *„In der Teilung gibt es deutsche Chancen. Es gibt keine Chance, die beiden deutschen Staaten zusammenzuführen."*

Momper heute: *„Wir Deutschen sind heute das glücklichste Volk auf der Welt..."* Momper gestern: *„Ich bin jemand, der immer gegen das Wiedervereinigungsgequatsche gewesen ist..."*

Leitartikler zu Honeckers Besuch in Bonn

So interessant eine solche Auflistung ist, noch interessanter wäre eine Gegenüberstellung der Urteile prominenter Journalisten und Publizisten aus der Gilde der meinungsbildenden Leitartikler und Kommentatoren. Noch gibt es eine solche Dokumentation nicht. Hier ein Ansatz, der an wenigen Beispielen zeigt, wie groß die Unterschiede im Urteilsvermögen sind. Hierzu wählten wir Äußerungen aus, die Mitte 1987 im Vorfeld des Honecker-Besuches in Zeitungen erschienen sind.

Rupert Scholz, Professor für Staatsrecht und damals Berliner Senator für Justiz und Bundesangelegenheiten, schrieb als Gast-Kommentator am 13. August 1987 in der *„Welt"* unter der Überschrift *„Der 13. August"* im Hinblick auf den regen Besucherverkehr aus der DDR:

„Politisch steht hinter dieser Entwicklung nicht nur der Erfolg einer ebenso konsequenten wie beharrlichen Deutschlandpolitik der Bundesregierung, sondern vor allem auch die Einsicht, daß die mit dem 13. August 1961 begonnene DDR-Politik der strikten Abgrenzung von der Bundesrepublik

und der strikten Teilung der Deutschen selbst mittelfristig kaum noch durchzuhalten, längerfristig mit Sicherheit zum Scheitern verurteilt ist…

Honecker weiß, daß er in Bonn nicht die Anerkennung der deutschen Teilung bzw. die völkerrechtliche Anerkennung der DDR einkassieren kann. Er weiß, ebenso wie wir, um die unveränderte Offenheit der deutschen Frage …"

Friedrich Karl Fromme schrieb am selben Tag in der *„Frankfurter Allgemeinen Zeitung" („Die Mauer war ein Fehlschlag"):*

„Nach 26 Jahren, bei der deutschen Ungeduld ist das eine lange Zeit, sind die Spaltungsabsichten der Führung in Ost-Berlin ohne Erfolg. Die große Mehrzahl der Bewohner der DDR fühlt sich als Teil der deutschen Nation …

26 Jahre nach dem Versuch, eine Nation auf mechanistische Weise zu trennen, lebt die Nation weiter, mit dem der Mehrheit selbstverständlichen, von rationalen Einschränkungen nicht aufgehobenen Ziel, daß die Nation dereinst in einem Staat leben soll. Deutschland ist in zwei Staaten geteilt, aber um das aufrechtzuerhalten, ist eine Mauer nötig. Und sie hat kein sicheres Fundament."

Im Gegensatz zu diesen Urteilen aus dem liberal-konservativen Lager stehen Beurteilungen von Publizisten, die als linksliberal bezeichnet werden dürfen. Hans Heigert schrieb am 17. Juli 1987 in der *„Süddeutschen Zeitung":*

„Für die Politiker der westdeutschen Konservativen wird der Besuch im September neues Beschwer mit sich bringen. ‚Eigentlich', meinen sie, sollte es die DDR gar nicht geben. Die Zeitungen des Springer-Konzerns schreiben das Kürzel weiterhin und konsequent in Anführungszeichen. Da dürfte es noch viele griesgrämige Kommentare geben. Es ist auch anzunehmen, daß Honecker seine Vorstellung von einer besonderen mitteleuropäischen Abrüstung, einem atomwaffenfreien Korridor vortragen wird. Auch dies wird die Union, ohnehin in den Abrüstungsfragen zerstritten, in neue Schwierigkeiten bringen.

Der Staatsgast wird das in sein Kalkül nehmen und ausspielen. Die vergangenen Jahre haben Honecker als einen auch international kundigen Politiker gezeigt. Er kennt seine Grenzen, schreitet sie aber auch aus. Für ihn ist der Besuch in der Bundesrepublik auch ein Schub für weitere repräsentative Auftritte in der Welt. Die Bundesrepublik braucht das nicht zu stören, wenn sie bereit ist, den zweiten deutschen Staat, wenn schon nicht als legitim, so doch als souverän anzuerkennen. Auf andere Weise kann nichts gewonnen werden."

Theo Sommer: „Bis dahin mögen 50 Jahre verstreichen ...“

Theo Sommer, Chefredakteur der *„Zeit“*, schrieb am 4. September 1987 unter der Überschrift *„Deutschland: gedoppelt, nicht getrennt? – Honeckers Besuch in Bonn: worum es geht“*:

„Es ist gut, sich gegen Überschwang zu wappnen: Der Besuch Erich Honeckers in der Bundesrepublik und das ‚Papier‘ der SPD und der SED über den ‚Streit der Ideologien und die gemeinsame Sicherheit‘ werden die Welt der Deutschen nicht grundstürzend verändern. Aber trotzdem haben beide Ereignisse ihr politisches Gewicht. Sie markieren einen historischen Einschnitt ...

Die Welt darf es zufrieden sein ... Die beiden deutschen Staaten ... sind zu Faktoren der Mäßigung geworden ... sie haben die ‚deutsche Frage‘, die bis weit in die sechziger Jahre hinein das Ost-West-Verhältnis belastete, von der aktuellen Tagesordnung gestrichen. Die deutsche Frage ist heute eine Frage an die Geschichte, nicht an die operative Politik.“

Honecker, als Exponent einer behutsamen Öffnungspolitik, er folge da *„dem Diktat der eigenen Staatsraison wie der Raison des eigenen Herzens“*, meint Sommer. Zugleich aber schaffe das gemeinsame Papier der SPD-Grundwertekommission und der Akademie der Gesellschaftswissenschaften beim SED-Zentralkomitee so etwas wie eine theoretische Ausgangsposition für die nächste Etappe deutsch-deutscher Politik.

Zustimmend zitiert Sommer die folgenden Sätze aus dem SPD/SED-Papier: *„Beide Seiten müssen sich auf einen langen Zeitraum einrichten, währenddessen sie nebeneinander bestehen und miteinander auskommen müssen. Keine Seite darf der anderen die Existenzberechtigung absprechen. Unsere Hoffnung kann sich nicht darauf richten, daß ein System das andere abschafft. Sie richtet sich darauf, daß beide Systeme reformfähig sind ... Koexistenz und gemeinsame Sicherheit gelten also ohne zeitliche Begrenzung.“*

Sommer zur deutschen Einheit: *„Sie steht auf unüberschaubare Zeit nicht ernsthaft zur Debatte.“* Abrüstung sei die dringlichste Aufgabe, Stabilität auf niedrigerem Niveau:

„Das wird eine Generation dauern, bis sich danach die Pakte auflösen, kann noch einmal eine halbe Generation vergehen. Und dann bleiben immer noch die unterschiedlichen politischen und wirtschaftlichen Systeme. Näherten sie sich – worüber wiederum viel Zeit ins Land gehen wird – einander an, so hätten wir wohl die von vielen ersehnte ‚europäische Friedensordnung‘. Bis dahin mögen fünfzig Jahre verstreichen, vielleicht Gorbatschows hundert

Jahre. Wer kann wissen, ob die deutsche Einheit dann möglich wird – oder den Deutschen selbst unnötig erscheint?"

Sommer irrte sich fundamental, seine Lagebeurteilung war grundfalsch. Doch er erklärte seinen Irrtum den Lesern nicht, sondern schrieb am 27. Oktober 1989 unter der Überschrift *„Schafft Krenz den neuen Anfang? – Seine schwierigere Aufgabe. Aufräumen, abräumen, umräumen":*

„Eine politische Notschlachtung: Anders läßt sich Erich Honeckers Entmachtung nicht bezeichnen. Am 40. Gründungstag der DDR hatte der Staatsratsvorsitzende und SED-Generalsekretär noch einmal die Fassaden seines Potemkin-Sozialismus vorführen dürfen; elf Tage später nur wurde er unzeremoniell und mit kargem Dank verabschiedet. Egon Krenz übernahm das Ruder und verkündete alsbald eine ‚Wende' ... Egon Krenz hat einen schweren Anfang, aber sein Start war nicht schlecht ... Wer wollte ausschließen, daß mehr, daß anderes in Egon Krenz steckt, als das Klischee von dem im Apparat grau gewordenen Berufsjugendlichen vermuten läßt?"

Sommer schließt seinen Leitartikel so: *„Das Ziel des Egon Krenz muß es sein, in dem anderen deutschen Staat ‚eine Gesellschaft aufzubauen, die langsam die Mauer überflüssig macht' (Christoph Hein) ..."*

„0 Freiheit! kehrest Du zurück?"

Wiederum irrte Sommer. Dann schrieb er am 29. Dezember: *„... Die 40-Jahr-Feier des SED-Staates am 7. Oktober war schon mehr ein Requiem als ein Jubelakt; der Ruf ‚wir sind das Volk' fegte erst Erich Honecker und seine Mafia hinweg, bald auch den kraftlosen Nachfolger ... Auch Egon Krenz, eine schwache Übergangsfigur."*

Und schon am 17. November 1989 hatte Sommer in den allgemeinen Jubel eingestimmt. Die Überschrift seines Leitartikels: *„‚0 Freiheit! kehrest Du zurück?' – Vom Aufbruch in der DDR zum Durchbruch der Mauer – Wie weiter in Deutschland?"* Dazu im Text: *„In den Herzen der Deutschen läuten die Glocken. Die Nation lebt, ihr Zusammengehörigkeitsgefühl ist ungebrochen; die größte Wiedersehensfeier des 20. Jahrhunderts hat es aller Welt kundgetan. Die Mauer steht noch, aber sie ist vielfältig durchlöchert, ein Bauwerk auf Abbruch ..."*

Und wiederum verzichtet Sommer auf eine Erklärung seiner Wende. Statt dessen attackiert er die CDU/CSU:

Wenn sie die deutsche Frage zum Wahlkampfthema Nummer eins machen wolle, dann *„bitte, sehr"*. Sie würden sich dabei in die Finger schneiden, *„denn es werde dann zur Sprache kommen, wer sich eigentlich am häufigsten in den Jagdrevieren der kommunistischen Bonzen in Osteuropa tummelte; wer mit dem Gauner Schalck-Golodkowski Milliarden-Kredite einfädelte; wer beim Klinkenputzen in Leipzig und Ost-Berlin die tiefsten Diener vollführte. Und es wird sich unabweislich die Frage erheben, ob denn, wenn die deutsche Einheit nun unversehens käme, das neu vereinte Deutschland wirklich einer Union anvertraut werden darf; die nicht den Mut hat, die politische Westgrenze als endgültig anzuerkennen – und die damit Wasser auf die Mühlen aller Revisionisten leitet."* sp

(MK 10/90, 5. 3. 1990)

DDR-Berichterstattung

Medien-Wendehälse

Heute wird angeprangert, was gestern tabu blieb

Sind die *„kritischen"* Journalisten wirklich immer kritisch und mutig, innerlich unabhängig von den jeweils Mächtigen und ihrer Politik? Ein Rückblick auf die DDR-Berichterstattung der ARD, des ZDF und anderer Massenmedien in den vergangenen Jahren erlaubt keine bejahende Antwort.

Auf der Basis ihrer langfristigen Programmbeobachtung beurteilte *„Medien-Kritik"* (Nr. 37/7. September 1987) anläßlich des Honecker-Besuches in Bonn die Lage so:

„Fernsehberichterstattung aus der DDR, das ist immer gefilterte Wirklichkeit, von Korrespondenten vermittelt, die Wohlverhalten, vorauseilende Anpassung an die indirekte Zensur praktizieren müssen, wenn sie ihre, die Karriere fördernde Akkreditierung behalten wollen. Und so erscheint Honecker auf den Bildschirmen so, wie er sich dargestellt sehen möchte. Das Bild des Mannes verdrängt das Bild des Systems, das er repräsentiert. Was sich in der DDR wirklich abspielt, das bleibt den Fernsehkameras unzugänglich. Die

Nomenklatura steht im Rampenlicht, ihre Opfer bleiben im Schatten. Der Schein verdrängt das Sein."

Und was für das Fernsehen galt, das bestimmte meist auch den Tenor der Berichterstattung anderer Massenmedien nach dem Motto: Honecker darf nicht gereizt, die Ostpolitik der *„kleinen Schritte"* durch Offenheit nicht gefährdet werden.

Heute klingt unglaublich, was gestern bundesdeutsche Fernsehwirklichkeit war. ZDF-*„heute"* berichtete über Erich Honeckers 75. Geburtstag am 25. August 1987 so: *„Geschenke und Blumen, Aufmerksamkeiten für den Mann, der seit Herbst 1976 das neue Bild der DDR entscheidend mitprägt, dessen Wirtschafts- und Sozialpolitik den Bürgern der DDR relativen Wohlstand beschert hat."*

Nicht anders die ARD: Zu Fernsehberichten über die *„Nummer 1 der DDR"* hieß es im Pressedienst: *„Er prägte seinen Staat wie kein anderer. Er verschaffte der DDR Stabilität und einen relativen Wohlstand."*

Klartext erst nach Honeckers politischem Tod

Erst nachdem Honecker politisch tot war, beschrieb der *„Spiegel"* (Nr. 47/20, November 1989) die realen Verhältnisse in der DDR ungeschminkt, wie dies bis heute im Fernsehen nicht geschah:

„Erich Honecker und sein Wirtschaftslenker Günter Mittag haben die DDR mit eiserner Konsequenz in den Ruin geführt. Es ging in den letzten Jahren nicht mal mehr im Schrittempo nach oben; es ging, im internationalen Vergleich, zielstrebig nach unten ... Den Alt-Stalinisten der SED bricht das Herz, den Alt-Linken in der Bundesrepublik raubt es die letzten Illusionen – aber es hilft alles nichts: Es gibt kein auf Staatseigentum beruhendes Wirtschaftssystem, das automatisch Wohlstand für alle, Demokratie und soziale Gerechtigkeit hervorbringt. Nur wenn die DDR dem Plan abschwört und den Markt zuläßt, wird sie ohne dauerhafte und zunehmende Verschuldung wirtschaften, wird sie genügend Dienste und Güter bereitstellen."

Fakten, die schon seit vielen Jahren die Realität der DDR bestimmen, die aber auch für ARD und ZDF lange kein Thema waren: *„Karl Marx hat endgültig ausgedient ... Die Marx-Wirtschaft verhalf den Menschen nicht zu mehr Freiheit, sondern sie zwang zur totalen Unterwerfung ... Die Industrienation DDR ist in fast allen Wirtschaftszweigen auf den Stand eines*

Entwicklungslandes zurückgefallen ... Firmen, die westlichen Qualitäts- und Produktivitätsstandards entsprechen, sind heute an einer Hand abzuzählen...“

Der *„Spiegel“* weiter: *„Da das subventionierte Brot im Laden billiger ist als das Getreide, das den Bauern abgekauft wird, füttert man in der DDR die Hühner mit Brot statt mit Getreide. Neue, teure Maschinen werden nicht dort eingesetzt, wo sie am meisten Arbeit sparen und die Produktion am stärksten erhöhen, sondern da, wo Planungsbeamte sie – häufig aus Prestigegründen – hinbestellen.“*

Fakten wurden totgeschwiegen

Was da im *„Spiegel“* als Neuigkeit verkauft wurde, hätte bereits im Mai 1987 von den Massenmedien aufgegriffen werden können. Die von Wissenschaftlern erarbeiteten *„Materialien zum Bericht zur Lage der Nation im geteilten Deutschland 1987“* der Bundesregierung (MK Nr. 22/25. Mai 1987) enthüllten, was sich in der DDR wirtschaftlich wirklich tat.

Da hieß es beispielsweise: Durch die Aufstellung und Durchsetzung der zentral dekretierten Volkswirtschaftspläne entscheide das Politbüro des ZK auch über die Einkommen der Bevölkerung, *„und zwar sowohl über die Höhe der Geldeinkommen als auch über die diesen gegenüberstehende Warenmenge. Löhne und Gehälter werden nicht, wie in der Bundesrepublik Deutschland, vereinbart, sondern staatlich festgesetzt, ebenso auch die Sozialrenten. Damit kann die staatliche Plankommission für den größten Teil der Bevölkerung die Höhe des Geldeinkommens in der Planungsperiode als feste Größe einsetzen“.*

Keine moralische Verurteilung

Und in den *„Materialien“* standen auch Fakten, die seltsamerweise weder von den Massenmedien publiziert noch von den Gewerkschaften der Bundesrepublik Deutschland moralisch angeprangert wurden: *„Arbeitszeit und Jahresurlaub sind gesetzlich geregelt. Als Normalarbeitszeit gelten seit 1967 43 3/4 Arbeitsstunden bei einer Aufteilung auf eine Fünf-Tage-Arbeitswoche. Der Grundurlaub beträgt 18 Arbeitstage.“* *„Medien-Kritik“* (Nr. 22/25. Mai 1987) schrieb damals dazu:

„Da der FDGB offiziell die Aufgabe hat, ‚Schule des Sozialismus‘ zu sein, hat er keinen Einfluß auf die zentral festgelegten Arbeits- und Ent-

lohnungsbedingungen. Der FDGB hat sich vielmehr für den ‚sozialistischen Wettbewerb' einzusetzen. Mit Hilfe dieses Wettbewerbs soll ‚eine dauerhafte Erhöhung der Leistung des gesamten Arbeitskollektivs erreicht werden'. Auch der sozialistische Wettbewerb orientiert sich an den Planzielen und den Entwicklungsperspektiven des Betriebes. Mit anderen Worten: Bei unverändertem Lohn soll mehr geleistet werden."

Unbeachtet blieben damals auch die folgenden alarmierenden Feststellungen der *„Materialien"*: *„Die industrielle Produktion in der DDR erreichte 1983 etwa ein Viertel der Erzeugung in der Bundesrepublik Deutschland, benötigte dafür aber relativ doppelt soviele Arbeitskräfte, d. h. die Arbeitsproduktivität liegt im Vergleich nur bei etwa 50 vH …*

Das durchschnittliche Nettoeinkommen der Arbeitnehmer-Haushalte in der DDR betrug 1970 64 vH, 1983 nur noch 46 vH des Haushaltseinkommens von Arbeitnehmern in der Bundesrepublik Deutschland. Ein Rentner-Haushalt der DDR hatte 1970 etwa 32 vH, 1983 nur noch 24 vH des Einkommens, das jeweils einem Rentner-Haushalt der Bundesrepublik Deutschland zur Verfügung stand …

Der um Kaufkraftunterschiede bereinigte Einkommensrückstand von Arbeitnehmer-Haushalten in der DDR gegenüber denen in der Bundesrepublik Deutschland hat sich von reichlich 40 vH (1970) auf mehr als 50 vH (1983) vergrößert."

Diktatur der „Nomenklatura" nicht angeprangert

„Nomenklatura – die herrschende Klasse der Sowjetunion", das Buch des sowjetischen Dissidenten Professor Michael S. Voslensky erschien bereits 1980 (Verlag Fritz Molden), doch die Massenmedien ignorierten bis 1989 den Begriff und seine Bedeutung. Voslensky:

„Die Diktatur der Nomenklatura mit ihrer riesigen Polizeimaschinerie hält seit sechzig Jahren die Bevölkerung in Angst, so daß die Nomenklaturisten in der Innenpolitik sich ziemlich mühelos alles leisten können. Durch ihr totales politisches, wirtschaftliches und ideologisches Herrschaftsmonopol hat sich die Nomenklaturaklasse so abgesichert und von der Bevölkerung isoliert, daß sie es einfach nicht mehr braucht, im Interesse der Gesellschaft etwas zu tun, um am Ruder zu bleiben: Das schafft sie durch den Mechanismus der Diktatur. Sie vergeudet Arbeitskraft und Material, um ihren Klasseninteressen zu dienen: die gigantische Kriegs-, Polizei- und ideologische Maschinerie, die Politik der Expansion über die Grenzen des Landes hinaus."

Erst nach dem Sturz Honeckers wurde in den deutschen Medien der parasitäre Charakter der *„Nomenklatura"* angeprangert. So beispielsweise der *„Spiegel"* (Nr. 45/6. November 1989):

„Die Bonzen, verlangten Bürger allüberall, sollten ihre luxuriösen Feriendomizile dem ganzen Volk zur Verfügung stellen und von westlichen Dienstwagen auf bescheidenere Gefährte aus dem Osten umsteigen. Das Kur- und Erholungsheim des FDGB-Bundesvorstandes in Graal-Müritz müsse Patienten eines nahen Sanatoriums zugänglich gemacht werden, forderten dessen Mitarbeiter ..."

Und der *„Spiegel"* ging in derselben Ausgabe auch auf das bisher von den Massenmedien tabuisierte Thema ein, wie die Nomenklatura ihre Macht bisher stabilisiert hatte:

„Etwa einhunderttausend haupt- und nebenberufliche Schnüffler des allgegenwärtigen Staatssicherheitsdienstes haben die Bürger-Aktivitäten im Visier – eine Überwachungsdiktatur, die sich jeder (parlamentarischen oder gerichtlichen) Kontrolle entzieht. Sie wird ergänzt durch ein Blockwartsystem alter Prägung – der Große Bruder Staat blickt über ‚Hausbücher', die von Beauftragten in Häusern und Wohnblocks geführt werden, in die Wohn- und Schlafstuben ..."

Einen Rechtsweg im westlich-liberalen Sinne gebe es nicht. *„Persönliche Verfehlungen – oder was der Staat, der Vorgesetzte, die Partei, die Kaderleitung dafür halten – kommen in die Kaderakte und können für lange unkontrollierbar die eigene Karriere, schlimmer noch: Fortkommen und Chancen der Kinder hemmen; Sippenhaft gehört zur schlechten Tradition."* Und das schon seit dem Mauerbau, wie jeder wissen mußte.

Menschenrechte relativiert

Doch für Honeckers Regierungszeit galt, was Jürgen Wahl im *„Rheinischen Merkur"* (24. November 1989) schrieb: Wenn jemand von *„SED-Regime"*, Verbrechen in Honeckers Zuchthäusern oder Absurditäten des DDR-Wirtschafts-Systems sprach, da ging *„in ARD und ZDF der Zeigefinger hoch"*, der auf *„Kalte Krieger"* und *„Entspannungsfeinde"* deutete.

Als am 14. Dezember 1981 über das in Polen ausgerufene Kriegsrecht im deutschen Fernsehen berichtet wurde, das den Widerstand der Arbeiterbewegung Solidarität brechen sollte, da kommentierte Hans-jürgen Rosenbauer, damals Leiter des Auslandsressorts beim WDR-Fernsehen, das Ereignis in den „*Tagesthemen*" so:

„*... Vielleicht rettet der Schritt der Militärs sogar einen Teil dieser im kommunistischen Osteuropa ungewöhnlichen Freiheiten und Rechte. So viel Verständnis für eine Militärdiktatur, die sich selbst Militärrat der nationalen Errettung nennt, nicht der sozialistischen Errettung, mag manchen von Ihnen empören. Doch Wutgeschnaube vom sicheren Hort, vorschnelle Boykottdrohungen helfen niemandem. Für Polen, für die Nation und für die Menschen ist es wichtig, daß es nicht zur Konfrontation, zum Bürgerkrieg kommt. Polen, darüber darf sich niemand hinwegmogeln, muß im östlichen Bündnis bleiben – und sozialistisch. Sonst gerät das gesamte europäische Machtgefüge durcheinander. Alles andere sind politische Utopien ...*"

Kennzeichnend für den Tenor der DDR-Berichterstattung zurückliegender Jahre sind auch Formulierungen, die Günter Gaus, ehemals SWF-Programmdirektor, „*Spiegel*"-Chefredakteur, dann unter den Bundeskanzlern Brandt und Schmidt Staatssekretär im Bundeskanzleramt und Leiter der Ständigen Vertretung der Bundesrepublik bei der Regierung der DDR, als Journalist in der ARD-Sendung „*Pro und Contra*" am 24. November 1983 zum Maßstab seiner Beurteilung der DDR machte:

„*Könnten wir nicht einsichtig werden dafür, daß die ideologische Fixierung auf einen Anti-Kommunismus die Züge eines totalitären Weltbildes trägt, ... weil das, was wir da dämonisieren, weder im besonderen den vielschichtigen Wirklichkeiten des Lebens im anderen deutschen Staat entspricht, noch allgemein die morgigen Probleme unserer Welt, wenn sie weiter existiert, angemessen beschreibt?*"

Und in einem Gespräch mit dem damaligen Altbischof von Berlin-Brandenburg, Albrecht Schönherr, in der ARD-Sendung „*Deutsche*" vom 8. Januar 1984, sprach Gaus von in der DDR „*anders definierten bürgerlichen Menschenrechten*" .

Die Folge: Unwissen

Kann es angesichts dieser Medienberichterstattung über die DDR, die ängstlich und anpaßlerisch jede Konfrontation mit dem Honecker-Regime vermied, überraschen, was das Institut für Demoskopie Allensbach im Oktober 1988 feststellte: Nur 55 Prozent der westdeutschen Jugendlichen verneinen die Behauptung, die DDR sei ein Rechtsstaat. Jeder Dritte findet, beide Systeme seien rechtsstaatlich organisiert, fußten eben nur auf unterschiedlichen Grundsätzen. Jeder Fünfte meint, man könne gleichzeitig für Kommunismus und Demokratie eintreten. sp

(MK 49/89, 4. 12. 1989)

Polizeieinsatz in Hamburg

150 Anwohner oder 1000 vermummte Gewalttäter ?

Zeitungen berichteten mit deutlich unterschiedlicher Tendenz

Die Hamburger Polizei räumte am Dienstag, dem 23. Juli 1991, den sogenannten *„Flora-Park"* im Stadtteil St. Pauli. Auf dem Gelände sollen jetzt 42 Sozialwohnungen gebaut werden. Mehrere hundert Jugendliche aus der alternativen Szene, die auf dem Gelände ohne rechtliche Grundlage das Jugendzentrum *„Rote Zora"* eingerichtet hatten, versuchten, dies zu verhindern. Es kam zu gewaltsamen Auseinandersetzungen. Durch das Auslassen von Informationen, unterschiedlichen Zahlenangaben und geschickt gewählten Adjektiven entstand in verschiedenen Printmedien am nächsten Tag (24. Juli) eine abweichende Darstellung der Ereignisse.

Polizisten knüppelten Jugendliche nieder

Für die linksalternative Berliner *„tageszeitung"* lag die Schuld für die Gewalt eindeutig bei den Beamten. Die Schlagzeile auf der ersten Seite klagte an: *„Hamburger Polizei zertrampelt den ‚Flora'-Park. 1500 Polizisten räumten brutal den Park neben dem Jugendzentrum ‚Rote Flora'."* Im Text beschrieb das Blatt eine aggressive Übermacht der Beamten: *„Mit brutalem Einsatz geräumt hat die Polizei gestern in den frühen Morgenstunden den ‚Flora'-Park im Hamburger Schanzenviertel. Rund 150 Anwohner hatten sich auf dem kleinen Areal versammelt, 1500 Polizisten standen ihnen gegenüber. Augenzeugen beobachteten, daß Polizisten Demonstranten regelrecht in eine Ecke getrieben und zusammengeknüppelt hatten."*

Dann berief man sich auf einen Anwohner, der – von AP verbreitet – auch von anderen Zeitungen zitiert wurde: *„Andere sahen, wie einzelne Beamte gezielt mit ihren Schlagstöcken von unten gegen den Unterleib von Protestierern hieben."* Für die *„taz"* standen sich völlig ungleiche Gegner gegenüber, es sei mit unverhältnismäßigen Mitteln vorgegangen worden: *„Die Polizei marschiert unaufhaltsam … Obwohl die Menschen ausnahmslos nur passiven Widerstand leisten, schlagen einige Polizisten ungehemmt mit Knüppeln auf die Köpfe."*

Keine rechtliche Grundlage

Die Aggression sei also deutlich von den Beamten ausgegangen, die Demonstranten wehrten sich nur. Die „*taz*" erweckte den Eindruck, als sei der Einsatz rechtswidrig gewesen. „*Vergebens versuchen in diesen Morgenstunden Rechtsanwälte, den Einsatz abzuwenden, weil für das von der ‚Roten Flora' genutzte Gelände kein gültiger Räumungstitel vorliege. Doch der Dialog wird vom Einsatzleiter Richard Peters schnell abgebrochen. ‚Hier wird jetzt nicht mehr debattiert. Los Leute, vorrücken'.*" Die Beschreibung der Jugendlichen ist dagegen von Sympathie getragen. „*Die Jugendlichen der ‚Roten Flora' hatten in den vergangenen Monaten den rund 4000 Quadratmeter großen Park neben ihrem Jugendzentrum liebevoll angelegt.*"

Einen ähnlichen Tenor wie die „*taz*" schlug die „*Frankfurter Rundschau*" an, die sich aber lediglich auf Agenturmeldungen (speziell einen kritischen AP-Bericht) berief. In der Unterzeile hieß es: „*Jugendliche verteidigen ‚ihren' Park.*" Im Gegensatz zur „*taz*", die von „*150 Anwohnern auf dem Gelände*" gesprochen hatte, werden es in der FR aber schon „*300 Jugendliche*". Und auch die rechtliche Situation wird hier schon anders dargestellt. „*Am Nachmittag lehnte das Hamburger Verwaltungsgericht und Landgericht einen Einspruch des ‚Vereins Flora' gegen die Räumung ab.*"

Anders lasen sich dagegen die Berichte von „*Welt*" und F.A.Z., die eigene Korrespondenten vor Ort hatten. Die F.A.Z.: „*Junge Leute, überwiegend aus der autonomen Szene, haben auf dem ‚Flora'-Areal ein Kulturzentrum eingerichtet und rund 4000 Quadratmeter Fläche zu einem ‚Park' umgestaltet, ohne daß die Stadt dagegen Schritte unternommen hat. Angesichts der erheblichen Wohnungsnot in Hamburg hatte der Senat kürzlich beschlossen, auf etwa 1000 Quadratmetern der ‚Park'-Fläche Sozialwohnungen zu bauen. Dieses Vorhaben stieß beim ‚Rote-Flora-Plenum' ... auf Unverständnis – es handele sich um einen ‚politischen Angriff' der Stadt. Da die autonomen Gruppen im Schanzenviertel mit den Bewohnern von der Hafenstraße sympathisieren, hatte die Polizei 1000 Beamte aufgeboten, um die Bauarbeiter zu schützen.*"

Über den Ausbruch der Gewalt schrieb die F.A.Z.: „*Morgens um 5 Uhr ging die Polizei mit Wasserwerfern gegen überwiegend vermummte Demonstranten vor, die eine Barrikade errichtet hatten, mit Steinen und Flaschen warfen sowie Signalmunition verschossen.*" Und weiter: „*Dreitausend Quadratmeter ‚Park' und das ‚Kulturzentrum' bleiben vorerst unangetastet.*"

Die Stadt hätte den Bewohnern des Viertels angeboten, ein Nutzungskonzept zu entwickeln, aber die Benutzer des Zentrums hätten dies abgelehnt.

Juristisch abgesichertes Projekt

Die Beobachtungen des *„Welt"*-Autors Uwe Bahnsen stellten nun den größten Gegensatz zur *„tageszeitung"* dar. *„Obwohl die Polizei sich zunächst an eine deeskalierende Einsatztaktik hielt, kam es schnell zu schweren Auseinandersetzungen mit mehreren hundert Gewalttätern. Rund 1000, zumeist vermummte Sympathisanten des alternativen Stadtteilzentrums ‚Rote Flora', hatten sich in der Nacht auf dem Gelände versammelt ... Nachdem die Demonstranten die Aufforderung, sich von der Freifläche zurückzuziehen, nicht befolgt hatten, sondern die Beamten mit Pflastersteinen, Flaschen und Signalmunition attackierten, setzte die Polizei Wasserwerfer und Schlagstöcke ein."* Auch die *„Welt"* informierte über die juristische Seite: *„Der Einspruch gegen die polizeiliche Räumung des Geländes wurde gestern vor Gericht zurückgewiesen."* Und: Der Bau der Sozialwohnungen *„ist ein juristisch abgesichertes Wohnungsprojekt"*. gka

(MK 32/91, 5. 8. 1991)

Krawalle in Berlin

„Bullenstaat verrecke"

Das ZDF-„heute-journal" desinformierte über Krawalle

In der Nacht vom 14. auf den 15. November 1990 brannte es in Berlin. Kriminelle Chaoten und gewalttätige Randalierer, so die meisten Berichte, bauten Barrikaden und bombardierten die Polizei mit Geschossen und Steinen. Die Journalisten schätzten die Lage weitgehend gleich ein. Nur das ZDF scherte aus.

„Generalstabsmäßig geplant" schrieb die F.A.Z., der *„Hessische Rundfunk"* berichtete in den Morgennachrichten von *„professioneller Durch-*

führung" und von Wachposten mit *„Walky-Talkies"*, die *„Süddeutsche Zeitung"* (SZ) informierte über *„festungsmäßig ausgebaute Häuser"*.

Die Meldungen und Kommentare der Medien stimmten weitgehend mit den *„Tagesthemen"* des Abends überein. Moderator Hanns-Joachim Friedrichs verglich die Lage mit *„einem schlechten Tag in Beirut"* und meinte, *„einen solchen Tag hat der Osten Berlins noch nicht gesehen"*. Manfred Dziemballa zeigte ein Bild der Verwüstung. Er informierte: *„Die Altbauten sind in der Mehrzahl eine Katastrophe. 25 000 Wohnungen verrotten."* Der Reporter nannte auch die Ursachen: *„Das Ergebnis einer SED-geführten Wohnungspolitik und nicht das Werk von Spekulanten."*

Bislang unbekannte kriminelle Energie

Die Kommentatorin vor Ort, Barbara Friedrichs vom *„Sender Freies Berlin"*, verurteilte die Randalierer. *„Der harte Kern der Autonomen wechselte in den scheinbar rechtsfreien Raum nach Osten. Es bedeutet für sie, sich einen Dreck um Recht und Ordnung zu scheren ... Professionell wurde eine Straßenschlacht organisiert, wie sie in ihrer Gewalttätigkeit und kriminellen Energie selbst in Berlin selten war."* Frau Friedrichs forderte: *„Keine Zugeständnisse für kriminelle Chaoten, gerade auch, um den Gutwilligen die Chance für alternative Lebensformen offenzuhalten."*

Die *„Tagesthemen"*-Reportage informierte auch über zahlreiche Bemühungen der Verwaltung, die Lage von Besetzern zu verbessern. *„Rund 4200 Altbauwohnungen werden derzeit in Ostberlin saniert. Im 2. Halbjahr dieses Jahres stehen 570 Millionen Mark zu Verfügung. Soviel wie noch nie in der Vergangenheit."* Und es wurde die sogenannte „Berliner Linie" erläutert, mit der die Stadt Kompromißbereitschaft zeigte. Sie funktioniert nach dem Schema *„Nutzungsverträge wo möglich, Räumung wo nötig"*.

Transparente verdeutlichten politischen Hintergrund

Doch die Randalierer und Chaoten ließen sich von den politischen Bemühungen um friedliche Lösungen nicht beeindrucken. Die *„Tagesthemen"* zeigten, daß es um ganz andere Dinge ging: *„Transparente zeigen an, wohin die Reise vieler Besetzer gehen soll."* Da war beispielsweise zu lesen: *„Bullenstaat verrecke"*, *„Gegen das vereinte Europa der Kapitalisten"*, *„Antifaschistische Selbsthilfe organisieren"*, *„Deutschland, wir lieben dich brennend"* oder *„Antiimperialistische Front"*.

Auch andere Medien sahen einen politischen Hintergrund: Der Kommentator der SZ warnte: *„Die Krawalle in Berlin haben das Beunruhigende an sich, daß sie ideologiefähig sind ... Wenn auch die Mitglieder der Schlägertrupps keinen einzigen Satz dazu zu sagen wissen – das tun andere für sie."* Ein Journalist der *„taz"* berichtet: *„Die Meinungen der Anwohner gehen bis dahin, russische Panzer herbeizuwünschen."* Die *„Welt"* verlangte härtere Maßnahmen gegen die *„marodierenden und vermummten Horden"*.

Gewalttäter in Schutz genommen

Selbstverständlich berichtete auch das ZDF über die Krawalle. Immerhin ist der öffentlich-rechtliche Sender zur umfangreichen Berichterstattung über die aktuellen Themen verpflichtet. Und die Berliner Krawalle waren an diesem Tag das Thema Nummer eins. Doch was die wichtigste Hintergrundsendung – das *„heute-journal"* – dem Zuschauer bot, unterschied sich deutlich von anderen Berichten. Ruprecht Eser hatte offenbar kein gutes Gefühl bei dem, was er seinen Zuschauern ankündigte. In seiner Anmoderation klang es fast wie eine Entschuldigung, als er sagte, man wolle doch einmal die Hintergründe beleuchten.

Heraus kamen zwei Interviews mit Hausbesetzern, die beide die Besetzungen und die Gewalttaten beschönigten und verteidigten. Man habe eigene Vorstellungen und wolle hier Lebensraum aus eigener Kraft schaffen. Reporter René Charlet, der offenbar gute Kontakte zur Szene hatte, filmte in den besetzten Häusern und informierte darüber, daß die Besetzer ja doch das eine oder andere renoviert hätten und bei einer Räumung obdachlos würden.

Die Gegenseite kam nicht zu Wort

Dann wurde der Psychoanalytiker Hans Joachim Maatz interviewt, von dem nicht klar wurde, was ihn als einzigen Befragten auszeichnete. Er rechtfertigte die Randale mit jahrelanger Unterdrückung durch das SED-Regime, sprach von *„berechtigtem Zorn und berechtigter Empörung"* und verteidigte die, *„die dort um ihr Recht kämpfen"*. Maatz: *„Ich bin zwar nicht von der PDS, aber ich sympathisiere mit den Hausbesetzern."* Den Hinweis Esers, die Chaoten seien ja gar nicht in erster Linie unterdrückte Ex-DDRler, beantwortete der Interviewte mit der Feststellung, auch im Westen herrschten *„autoritäre und repressive Strukturen"*, und Gewalt erzeuge nun mal Gegengewalt.

Im *„heute-journal"* erhielten die Chaoten ein breites Forum, das sie dankbar nutzten. Nicht zu Wort kam die andere Seite, wie es zumindest die journalistische Pflicht geboten hätte. Keine Einblendung in die am selben Tag abgehaltene Pressekonferenz, bei der Innensenator Pätzold die rechtliche Lage und die Bemühungen der Stadt erläuterte und das Vorgehen der Polizei rechtfertigte. Auch Vertreter der anderen Parteien kamen nicht zu Wort: Weder die heftige Kritik der CDU noch der eher verhaltene Protest der Grünen bekamen ein ähnliches Forum. Statt dessen lud man den PDS-Funktionär Patrice Poutrus vor das Mikrophon – ein Träger jener Partei, die sich als Nachfolgerin der SED versteht, die jene katastrophale Lage erst herbeigeführt hatte. Scheinheilig redete er von *„friedlichen Lösungen"* und forderte die Verantwortlichen auf, die Situation endlich gewaltfrei zu lösen.

Fazit: Die Berichterstattung des Reporters Charlet und die Auswahl der Interviewten vermittelte ein völlig verzerrtes Bild der Lage. Die kriminellen Aktionen wurden verteidigt, die Gegenseite kam nicht zu Wort. Mit dieser Sendung erfüllte das *„heute-journal"* seinen Auftrag nicht, sondern machte sich zum Sprachrohr politischer Interessen. gka

(MK 47/90, 19. 11. 1990)

Rechtsradikalimus

„Empörende Verknüpfung"

ARD warf rechtsextreme Gewalttäter und Vertriebene in einen Topf

Die Bilder waren furchterregend. Mit brennenden Fackeln in der Hand standen junge Neo-Nazis in der DDR um ein knisterndes Sonnenwendfeuer im Harz und sangen alte Lieder: *„Deutschland, Deutschland, über alles ...", „Flamme empor".* Junge, kurzgeschorene Männer in Kampfstiefeln, die rechte Hand zum Hitler-Gruß erhoben, grölten deftige Parolen: *„Ausländer raus", „Tod den Juden", „Deutschland den Deutschen".*

Der Film *„Deutschland erwache... Die Wiedervereinigung der Neo-Nazis"* von Tilmann Achtnich und Erich Schütz, den die ARD am Donnerstag, dem 9. August 1990, ausstrahlte, dokumentierte Erschreckendes. Von *„faulen Polen"* war da die Rede, von *„Türken in die Türkei"*, *„deutschem Blut"*, *„deutschem Fleiß"*. Es werde Zeit, daß sich eine rechte Front mit der rechten Gesinnung formiere. Natürlich fehlten auch West-Nazis wie der vielfach verurteilte Michael Kühnen oder der Österreicher Gottfried Küssel nicht.

„Immer bereit, Gewalt anzuwenden"

Einer der jungen Fanatiker: *„Im Namen des deutschen Wesens soll die Welt genesen ... Polen sind faul, die lassen alles verkommen."* Ein anderer: *„Wir werden die Ausländer, ich muß schon sagen, wenn die erst einmal bei uns sind, dann werden die schon sehen."* Küssel, einer ihrer Führer: *„Unsere Kameraden sind selbstverständlich immer bereit, Gewalt anzuwenden, weil dieser Staat mit Mitteln und Methoden arbeitet, die ebenfalls Gewalt darstellen, und von unserer Seite wäre das, falls es passiert, lediglich als Notwehr zu sehen."*

Natürlich wurden auch die Konzentrationslager verleugnet: *„Krieg und so, ist doch ganz logisch, daß da Leute umgekommen sind, und sicherlich von amerikanischen und englischen Bomben werden auch Juden umgekommen sein, die man später dann auf irgendeine Auschwitz-Liste gesetzt hat. Auf jeden Fall, ich möchte das ausdrücklich sagen, es gab keine Massentötungen."*

Flugblätter und Parolen waren zu lesen: *„Für Rasse und Nation"*, *„Asylanten raus"*, *„Das System hat keine Fehler, das System ist der Fehler"*, *„NS-Verbot aufheben"*.

Gleitender Übergang

Eingebettet in das radikale Getöse – mit einem kurzen *„Szenenwechsel"* – wurde plötzlich eine ganz andere Gruppe: Oberschlesier sowie Funktionäre der Vertriebenenverbände. Die Autoren hatten bei ihnen eine ähnliche Forderung, Unmut gegen die Oder-Neiße-Grenze ausgemacht und gliederten ihre Anliegen nun so in die Reportage ein, daß der Zuschauer sich des Eindrucks nicht erwehren konnte, daß es hier fundamentale Übereinstimmungen mit denen geben mußte, über die der Film eigentlich berichtete: mit jungen Rassisten, mit Schlägern, mit Schändern jüdischer Friedhöfe, mit Ausländerhassern, mit gewalttätigen Demokratiefeinden.

Dabei hätte die Aussage des Generalsekretärs des *„Bundes der Vertriebenen"*, Hartmut Koschyk, den die Autoren befragt hatten, zeigen müssen, daß es sich bei den aus der Heimat Vertriebenen um Anliegen auf einer ganz anderen Ebene, um völlig andere politische Grundpositionen handelte. Koschyk: *„Ich bin gegen eine nationalstaatliche knallharte Lösung der Oder-Neiße-Frage... Ich meine, Deutsche und Polen sollen sich am Beginn des 21. Jahrhunderts mehr zu sagen haben als, wo ihre Grenzen liegen; sie sollten die Gebiete zu einer europäischen Brücke zwischen beiden Völkern entwickeln."*

Auch die *„Charta der deutschen Heimatvertriebenen"* gibt keinen Anlaß, den Eindruck einer Kumpanei zwischen Rechtsradikalen und den *„Schlesiern schlechthin"* zu erwecken. Darin heißt es, der Verzicht auf Rache und Vergeltung sei *„uns ernst und heilig im Gedenken an das unendliche Leid, welches im besonderen das letzte Jahrzehnt über die Menschheit gebracht hat"*. Und an anderer Stelle: *„Wir werden jedes Beginnen mit allen Kräften unterstützen, das auf die Schaffung eines geeinten Europas gerichtet ist, in dem die Völker ohne Furcht und Zwang leben können."*

Deshalb gleich Neonazis?

Trotzdem stellte der Film die Beziehung her. Die *„Süddeutsche Zeitung"* fragte am 11. August: *„Und was schließlich sollte der Blick nach Polen, wo die Oberschlesier ihre Lieder sangen? Unterdrückte Minderheiten, wie es die Deutschstämmigen hier waren, neigen zu Radikalisierung – aber sind sie deshalb Neonazis?"*

Die Reaktion des *„Bund der Vertriebenen"* ließ nicht lange auf sich warten. So nannte Pressesprecher Horst Egon Rehnert den Beitrag eine *„üble Angelegenheit"*, die *„an Verleumdung grenzt"*. Der Bundesvorsitzende der Landsmannschaft Schlesien, Dr. Herbert Hupka, schrieb an den Intendanten des *„Süddeutschen Rundfunks"*, Hermann Fünfgeld:

„Die Landsmannschaft Schlesien erhebt Protest gegen die Einbeziehung der deutschen Oberschlesier in eine Sendung, die sich mit dem Neonazismus eines Michael Kühnen und seiner Anhängerschaft ... befaßt." Der Eindruck, die Oberschlesier würden sich zum Neonazismus bekennen, *„ist empörend und unverantwortlich"*.

gka

(MK 34/90, 20. 8. 1990)

Terrorismus

Persil-Scheine für RAF-Häftlinge

Die „taz" verteidigt konsequent inhaftierte Terroristen

Mittlerweile in der dritten Generation bekämpfen die Terroristen der *„Rote Armee Fraktion"* (RAF) das demokratische System der Bundesrepublik. Morde, Entführungen und Bombenattentate erachten sie als legitime Mittel ihres *„politischen"* Feldzugs. Parallel zu ihren Anschlägen versorgen die Terrorkommandos die deutsche Öffentlichkeit mit *„sachlichen"* Begründungen für ihre Straftaten in Form sogenannter *„Bekennerschreiben"* und versuchen, Politiker und Medien für ihre Pläne einzusetzen.

Seit der Ermordung Detlev Karsten Rohwedders bringen ihnen Zeitungen und Magazine wieder verstärkte Aufmerksamkeit entgegen. Der Grund: Es geht um den Verdacht der Beteiligung inhaftierter RAF-Terroristen bei der Planung mehrerer Attentate und die Rolle ihrer Anwälte bei der Nachrichtenübermittlung. Umstritten ist, ob die Zusammenlegung einiger inhaftierter RAF-Terroristen rückgängig gemacht werden sollte oder nicht.

Sich verdichtende Anzeichen für eine aktive planerische Beihilfe der RAF-Häftlinge bei den jüngsten Morden der Terror-Truppe wurden von Presse und Fernsehen als Indizien der Ermittlungsbehörden publiziert. Diesem Informationsfluß steuert eine Zeitung jedoch konsequent in zahlreichen Artikeln entgegen: die alternative *„tageszeitung"* aus Berlin. Verschiedenste Autoren vertraten die Ansicht, daß Politiker und Justiz das Thema nur hochspielten, um schärfer gegen die Terroristen durchgreifen zu können.

Argumente des Ex-Terroristen

Nach der Ermordung Detlev Karsten Rohwedders druckte die *„taz"* (20. April 1991) beispielsweise eine Beurteilung der Diskussion um die Zusammenlegung der RAF-Häftlinge ab. Ihr Autor: Klaus Jünschke, ehemaliger RAF-Terrorist und nach 16 Jahren Haft im Jahre 1988 (nach einer Öffentlichkeitskampagne der *„taz"*) aus dem Gefängnis entlassen, seitdem unregelmäßiger aber häufiger Interviewpartner und Autor der *„taz"*.

Er vertrat die Ansicht, *„daß die Justiz wesentlich mitverantwortlich dafür ist, daß man sich 1991 immer noch mit dem Thema RAF auseinanderzusetzen"* habe. Seine Argumentation: Nach der Festnahme der ersten Terroristen-Generation, dem Scheitern des Versuchs, *„mit militärischen Mitteln linke Politik zu machen"* – wie Jünschke es nennt –, hätte es ohne die *„Isolationshaft"* keine *„Antifolterkomitees"* und damit kein *„Rekrutierungsfeld für die neue RAF"* gegeben.

Den tödlichen Anschlag auf Detlev Karsten Rohwedder wertete Jünschke als *„Hinweis": „Die RAF hat mit der Ermordung Rohwedders erneut auf den Zusammenhang von Haftbedingungen* und *Fortexistenz der RAF verwiesen."* Als *„Begründung"* der jüngsten Mordanschläge halten für Jünschke also die Haftbedingungen her. Sein Vorwurf: *„Die RAF hat auf der Gegenseite in den Parlamenten, beiden Sicherheitshehörden, der Justiz und den Medien ganz offensichtlich die bornierten Partner, die sie unbedingt braucht, um nach 20 Jahren Terrorismus wenigstens noch die 30 voll zu machen."* Essenz: Die RAF existiert nur noch als Reaktion auf die Haftbedingungen der einsitzenden Terroristen. Ohne die bestehenden Haftbedingungen gäbe es die RAF längst nicht mehr.

Der *„Spiegel"* (25/17. Juni 1991) unterbreitete jedoch gegenteilige Erkenntnisse über das Verhalten der in Kleingruppen inhaftierten RAF-Mitglieder. Es sei *„nach Ansicht von Sicherheitsexperten ‚eindeutig', daß die einsitzenden Terroristen mittlerweile aus den Gefängnissen heraus die Führung der bombenden und schießenden Komplizen übernommen haben. Mehrere Anwälte der Häftlinge leisten dabei nach Erkenntnissen der Ermittler Kurierdienste"*. Ähnliches hatten zuvor schon das Fernsehmagazin *„Panorama"* (14. Mai), die *„Frankfurter Allgemeine Zeitung"* (5. Juni), die *„Welt"* (16., 23. Mai, 10. Juni) und die *„Süddeutsche Zeitung"* (5., 10. Juni) berichtet. Die Urteile beruhten auf Kassiber-Funden, die allein 7000 Blatt Papier umfaßten.

Die Aufmerksamkeit der Medien auf die Kassiberfunde nahm die *„taz"* nun wiederum zum Anlaß, die Argumente der Ermittler in Frage zu stellen. Ohne auf den Inhalt der Papiere einzugehen, forderte der *„taz"*-Kommentar am 8. Juni: *„Wenn es stimmt, daß die Gefangenen wieder voneinander isoliert werden sollen, dann sind die dafür Verantwortlichen im Begriff, die vierte RAF-Generation zu zeugen."* Weiter: *„Der Staatsschutz muß wissen, was er tut. Später klage niemand, wenn die Frequenz der Anschläge wächst."*

Täter als Opfer der Gesellschaft

Die *„taz"* verfolgt bei ihrer RAF-Berichterstattung eine konsequente Linie. Vor fünf Jahren druckte sie einen offenen Brief Klaus Jünschkes, der damals noch in Haft saß (20. Oktober 1986). Nach seiner Entlassung machte Jünschke im *„taz"*-Interview (10. Juni 1988) deutlich, daß sich seine Ansichten nicht umgekehrt hatten. Er äußerte sein Verständnis der Ursachen der RAF-Gewalt, meinte, es sei falsch, *„die ganze Verantwortung dieser Geschichte auf die Leute zu legen, die gesucht werden oder in Haft sind. Das ist eine Verkehrung der Kräfteverhältnisse"*.

Die *„längst überfällige Begnadigung"* (*„taz"*, 10. Juni 1988) war der *„taz"* aber nicht genug. Grenzenlos selbstsicher und zynisch gegenüber den RAF-Opfern, sprach das Blatt Jünschke vom Mordvorwurf frei und entrüstete sich: *„Als ob man die (Angehörigen der Opfer) auch noch, 16 Jahre danach, um ihre Stellungnahme zu einer Begnadigung von Klaus Jünschke befragen müsse, zumal Jünschke gar nicht der Schütze war."* Wenig später (18. Juni 1988) besann sich die *„taz"* wenigstens darauf: *„Ob das ehemalige RAF-Mitglied Klaus Jünschke je auf einen Polizisten schoß, ist auch heute, nach 16 Jahren verbüßter Haft, nicht zweifelsfrei geklärt."*

Zwischen den Anschlägen diskutieren

„Herr Weizsäcker, wann begnadigen Sie?" forderte das Blatt (18. Juni 1988) den Bundespräsidenten zu weiteren Freilassungen auf. Als der Ex-Terrorist Manfred Grashof ein halbes Jahr später tatsächlich begnadigt wurde, reichte das für Jünschke im Interview der *„taz"* (6. Dezember 1988) wieder nicht aus: *„Die Entlassungen als Signal zu werten, wäre weltfremd."* Mitte 1990 veröffentlichte der RAF-Aussteiger einen weiteren *„offenen Brief"* in der *„taz"* (22. Juni 1990), gerichtet an Hans-Jochen Vogel und Otto Schily. Gemeinsame Verfasser waren Klaus Jünschke und Christiane Ensslin, Schwester der RAF-Terroristin Gudrun Ensslin, die 1977 in Stuttgart-Stammheim zusammen mit Andreas Baader und Jan Carl Raspe Selbstmord beging: *„Die RAF-Aussteigerinnen und -Aussteiger müssen freigelassen werden."*

Jünschke empfahl auch jetzt (*„taz"*, 20. April 1991) den öffentlichen Dialog mit der RAF: *„Der einfachste Weg ... wäre, sie direkt zu Wort kommen zu lassen. Es gibt auch Journalistinnen und Journalisten, die das versuchen. Ich weiß, daß es welche gibt, die die Zusage von Gefangenen aus der RAF für ein Interview haben."*

So als ob die RAF ihre Mordanschläge eingestellt habe und sich in aller Ruhe über ein historisches Phänomen beraten ließe, argumentierte Jünschke: *„Wenn es überhaupt eine Gruppe in dieser Republik gibt, die Einfluß auf das RAF-Kommando nehmen kann, dann sind es diese Gefangenen. Sie sollten daher die Möglichkeit erhalten, ihre Geschichte gemeinsam zu diskutieren."* Einfluß auf die aktiven Mordkommandos räumte Jünschke den Gefangenen also ein. Nur versprach er sich davon einen positiven Effekt. Angesichts der Kassiberfunde, die belegen, daß sich die Inhaftierten noch längst nicht von ihrer Vergangenheit gelöst haben und an den jüngsten Anschlägen beteiligt waren, ein gefahrvoller Vorschlag.

Schließlich Jünschkes lapidare Feststellung: *„Sollten sich dabei diejenigen durchsetzen, die meinen, die RAF sei weiter notwendig, hat man es wenigstens probiert."* Jünschkes mörderischer Zynismus im Klartext: Der Staat soll den Terroristen die Möglichkeit zur Diskussion geben, und wenn sie zu dem Ergebnis kommen, daß eben jener Staat weiter durch Mordanschläge zu bekämpfen sei – was soll's?

Er ist sicher: *„Trotz aller aufregenden Meldungen über Zellenfunde und Steuerung von Aktionen aus der Zelle – seit dem letzten Hungerstreik gibt es von den Gefangenen keine Aufrufe mehr für einen bewaffneten Kampf in der Bundesrepublik." „Die Welt"* befürchtete dagegen am 10. Juni: *„Wir müssen, die Anzeichen mehren sich, damit rechnen, daß in nächster Zeit ein neuer blutiger Schlag der Terroristen geführt wird." „RAF plant Mord an Waigel"*, titelte *„Die Welt"* am 28. Juni.

Die *„Süddeutsche Zeitung"* äußerte am 17. Mai gegenüber Generalbundesanwalt Alexander von Stahl den Vorwurf, *„zur Unzeit"* trete er *„eine Debatte über die Haftbedingungen der RAF-Häftlinge los"*. Die *„taz"* hält die Diskussion jedoch schon seit Jahren in Gang, beschwert sich über die Berichterstattung der übrigen Presse und geht noch weiter: Ohne sachliche Beweisführung und ungeachtet gegenteiliger Erkenntnisse vermutet sie stets obstruktive Pläne der Sicherheitsbehörden und verlangt eine Sonderbehandlung terroristischer Straftäter. Vertrauen investiert das Blatt nur in die RAF-Häftlinge. Ihnen stellt die *„taz"* moralische Persil-Scheine aus. MH

(MK 28/91, 8. 7. 1991)

Agitation durch hinkende Geschichtsvergleiche

„Report" (Baden-Baden) über den künftigen Einsatz der Bundeswehr

„Werden diese Soldaten demnächst vielleicht in Afrika oder Asien stehen?" fragte der Journalist Horst Kleinheisterkamp, vor einer Kaserne stehend, in der *„Report"*-Sendung am 21. Mai 1991. Damit war das Thema des Berichts angerissen: Die kontroverse Diskussion über die Frage, ob die Bundeswehr auch außerhalb der Nato eingesetzt werden sollte. Wer nun gedacht hatte, daß *„Report"* die unterschiedlichen Argumente vorstellen und Licht in die mit viel Polemik geführte politische Diskussion bringen würde, der wurde enttäuscht. Der Reporter zog es vor, für seinen persönlichen Standpunkt zu argumentieren, anstatt sachlich zu informieren.

Um seine These zu stützen, die Bundeswehr würde demnächst als Armee in sämtlichen Krisenregionen der Welt kämpfen müssen, verwies Kleinheisterkamp zunächst auf den Golfkrieg. Schon jetzt seien dort Soldaten im Einsatz, zum Beispiel beteiligten sich Minensucher an der Bergung von Minen vor den arabischen Küsten. Sein Hinweis gipfelte in der Spekulation: *„Will die Bundesregierung mit dieser Aktion testen, ob die deutsche Öffentlichkeit Bundeswehreinsätze in der ganzen Welt akzeptiert?"*

Argumentationskette mit Unterstellungen

Nun schlüpfte Kleinheisterkamp in die Rolle jener *„deutschen Öffentlichkeit"*, wie er selbst sie sich wünscht. Seine persönliche ablehnende Haltung gegen derartige Einsätze untermauerte er im folgenden durch eine sorgsam aufgebaute Argumentationskette.

Um den Zuschauer in die gewünschte Richtung zu locken, lieferte er zunächst eine Einschätzung zur derzeitigen Situation der Bundeswehr: *„Nach dem Ende des kalten Krieges fehlt der Bundeswehr der Verteidigungsauftrag, Recht und Freiheit des deutschen Volkes zu verteidigen. Damit fehlt ihr auch ein Stück Existenzberechtigung. Das Wort von der Sinnkrise geht um."* Die Frage sei jetzt, ob die Bundeswehr *„eine Verteidigungsarmee bleiben oder militärisch unsere Interessen durchsetzen will"*.

Damit begann er, Parallelen zwischen der Kolonialisierungsarmee des Deutschen Reichs und der heutigen Bundeswehr zu ziehen. Als Beleg bemühte er den Boxeraufstand von 1900 in China: Hier habe es sich um eine deutsche *„Strafexpedition gegen die Chinesen, die ‚gelben Affen', wie es hieß"*, gehandelt. Denn die Chinesen hätten *„es gewagt, mit ihrem Boxeraufstand die Privilegien des weißen Mannes anzutasten. Die weiße Schar wurde niedergehalten, bis schließlich der britische Oberbefehlshaber den denkwürdigen Befehl gab: ‚The Germans to the front'. Die Deutschen eroberten die Fahnen der Aufständischen, die sogenannte ‚Ehre des weißen Mannes' war wieder hergestellt. Dank deutscher Waffentat."*

Kleinheisterkamp fuhr fort in der Geschichte Deutschlands, Bilder von den Kanonenbooten Wilhelms II. illustrierten seinen Beitrag. Anstatt einer Anklage wegen Rassismus rückte nun das Weltmachtstreben früherer Generationen in den Vordergrund: *„Wo immer die sogenannten vitalen Interessen betroffen waren, tauchte ein Kanonenboot mit der schwarz-weiß-roten Flagge auf, von Samoa bis Marokko."* Das Ergebnis und die weiteren Folgen seien bekannt, sagte der Autor und machte einen Sprung in die 50er Jahre.

Die sich anschließende Frage: *„Was also wird die Zukunft der Bundeswehr bringen?"* suggerierte unmißverständlich: Eine Ausdehnung des Bundeswehrauftrags bedeute Unterdrückung Andersfarbiger, eine neue Weltmacht- und Kolonialpolitik und führe direkt in ein neues Drittes Reich.

Für die Zuschauer, die sich bis zu diesem Zeitpunkt noch nicht über die Konsequenzen klar waren, die sie aus diesem *„Report"*-Beitrag zu ziehen hatten, gab Moderator Franz Alt abschließend eine deutliche politische Empfehlung ab:

„‚Lernen aus der Geschichte', empfiehlt der Bundeskanzler immer wieder. Aber gerade die Kriegsgeschichte zeigt, daß Politiker selten etwas aus der Geschichte lernen. In diesen Tagen hat Helmut Kohl allerdings auch gesagt, die Frage Bundeswehr außerhalb der Nato könne das Thema des nächsten Bundestagswahlkampfes werden. Dann können wir Wählerinnen und Wähler mit der Waffe des Stimmzettels zeigen, ob wir etwas aus der Geschichte gelernt haben."

Zentrale Fakten unterschlagen

„Report" verschwieg, daß es bei der Diskussion um eine Erweiterung des Bundeswehrauftrags, weniger um militärische Kriegsaktionen ei-

ner nationalen deutschen Armee, sondern vielmehr um internationale Friedensmissionen geht, bei denen die Bundeswehr überall in der Welt helfen könnte, Menschen zu retten. So kommt es nicht von ungefähr, daß derzeit lediglich politische Außenseiter den Einsatz von Soldaten zur Rettung kurdischer Flüchtlinge ablehnen.

Auch der mögliche Einsatz im Rahmen der Vereinten Nationen (als sogenannte *„Blauhelme"*) war dem Verfasser des Beitrags keine Erwähnung wert. Dabei müßten sich gerade die Deutschen daran erinnern, daß es Unrecht geben kann, dem nur mit Gewalt zu begegnen ist.

Darüber hinaus hätte die Sendung auch über die Zukunftsorientierung der Bundeswehr im Hinblick auf eine künftige gemeinsame europäische Sicherheitspolitik informieren müssen. Immerhin hatte nicht die Bundesregierung, sondern das *„Europäische Parlament"* gefordert, die *„Europäische Gemeinschaft"* müsse aus ihrer Handlungsunfähigkeit während der Golfkrise Konsequenzen ziehen und eine gemeinsame europäische Sicherheitspolitik mit einer EG-Friedenstruppe unter UN-Kontrolle anstreben.

Anstatt also über verschiedene Einsatzmöglichkeiten sowie die unterschiedlichen Argumente der Politiker zu informieren, lieferte *„Report"* eine eigene, mit propagandistischen Mitteln aufbereitete Stellungnahme. Präzise Informationen und sachliche Darstellungen, die zu einer umfassenden Meinungsbildung in der Bevölkerung beitragen könnten, lieferte die Sendung nicht. Statt dessen wurde versucht, den Zuschauer durch einen verzerrten Vergleich zu manipulieren.

Gerade für die öffentlich-rechtlichen Sender gilt aber, was Alfred Joachim Hermanni in seinem Buch *„Die Meinungsmacher"* (Hänssler Verlag, Stuttgart 1988) über Medienverantwortung schreibt: *„In den in der Bundesrepublik Deutschland gültigen Presse- und Rundfunkgesetzen wird von einer ‚öffentlichen Aufgabe' der Journalisten gegenüber der nicht näher definierten Zielgruppe ‚Bundesbürger' gesprochen ... Auch wenn man den Begriff der ‚öffentlichen Aufgabe' kritisch sieht, bleibt eine moralische Verpflichtung der Medien gegenüber den Bürgern. Und so erklären sich auch die ständigen Appelle an die Journalisten, die Medien nicht zu mißbrauchen, und die stetige Mahnung, die Rolle des ‚geheimen Überzeugers' (Gesinnungsjournalist) nicht zu spielen ... Information darf niemals zur Agitation werden!"* gka

(MK 23/91, 3. 6. 1991)

Bundeswehr

„Monitor" machte mobil

Bednarz verwarf „Nato-Strategie" und stützte Kommunistenparolen

„Alle Lehren aus der Geschichte scheinen vergessen", urteilte Klaus Bednarz in der *„Monitor"*-Sendung vom 4. Juni 1991. Er meinte damit die Diskussion um den Einsatz deutscher Soldaten außerhalb des NATO-Gebietes. Ähnlich wie *„Report"* (Baden-Baden) eine Woche zuvor, verknüpfte *„Monitor"* die aktuelle Debatte mit den Untaten deutscher Soldaten während des Zweiten Weltkriegs. Statt differenziert darzustellen, worum es bei den möglichen militärischen Einsätzen der Deutschen geht, schufen die berichtenden Journalisten Andreas Orth und Volker Happe Parallelen zwischen Wehrmacht und Bundeswehr und konstruierten eine Kontinuität deutschen Militarismus.

Zur Vorbereitung ihrer Kontinuitätsthese und Spekulation über die Gefährlichkeit weltweiter deutscher Militäreinsätze setzten Orth und Happe zunächst zu einer Darstellung der deutschen Geschichte seit 1945 an. Mit Blick auf das Dritte Reich und die deutsche Wehrmacht stellten sie fest: *„1945: Deutsche Soldaten hatten versucht, fremde Länder zu erobern. Die Folgen waren verheerend: Millionen Tote und der eigene Untergang. Damals waren sich alle einig – Sieger und Besiegte: Nie wieder sollte es deutsche Soldaten geben."* Ihre textliche Geschichtsdarstellung unterstützten die Autoren durch Bilder zerstörter deutscher Städte.

Die Debatte um die Wiederbewaffnung in den fünfziger Jahren faßten die Journalisten in wenigen Sätzen zusammen. Sie legten den Eindruck nahe, die Bundeswehr sei nur von einer kleinen Gruppe verantwortungsloser Politiker befürwortet worden: *„Die Wende der Politiker wollten die Deutschen nicht mitmachen. Überall kam es in der jungen Bundesrepublik zu Demonstrationen gegen die Wiederbewaffnung. Das hinderte die Politiker aber nicht."* Der Bericht beschränkte sich darauf, Demonstranten zu zeigen.

„Monitor" erweckte den Eindruck, eine machtbessene Minderheit habe in den 50er Jahren das Volk unterdrückt. Doch so einfach läßt sich die Geschichte nicht darstellen. So war es vor allem die Opposition, die sich gegen eine Wiederbewaffnung richtete. Und auch hier galt es zu unterscheiden: So war die Kampagne von SPD und Gewerkschaften,

die im Januar 1955 in der Paulskirche ihren Höhepunkt fand, in erster Linie ein Plädoyer für die Wiedervereinigung Deutschlands. Durch das Aufstellen einer Armee fürchtete man die Trennung des Landes zu manifestieren.

Auf der Linie der Kommunisten

Der Eindruck, den *„Monitor"* vermittelte, lag dagegen ganz auf der Linie der damaligen Kommunisten. So hieß es in einer Veröffentlichung zu einer inszenierten Volksbefragung ganz im Tenor des *„Monitor"*-Beitrags: *„Eine mächtige Bewegung geht durch Deutschland. Sie macht weder vor Zonen- noch vor Ländergrenzen halt, sie hat die Deutschen im Osten und Westen, im Norden und Süden unserer Heimat erfaßt. Diese Bewegung kümmert sich nicht um Partei- oder Weltanschauung des einzelnen, jeder, der zu ihr stößt, der sich zu ihr bekennt, hat nur die große Verpflichtung, den Frieden zu wollen und für ihn einzutreten."*

Der kommunistische Hauptausschuß für Volksbefragung beschrieb in seinem Bericht 1952 einen ähnlichen Tenor: *„Die Stimme des Volkes sollte erstickt und die Remilitarisierung und Wiederaufrüstung gegen den Willen des Volkes erzwungen werden."*

In der Folge suggerierten Orth und Happe, daß sich der Auftrag der Bundeswehr immer stärker ausgeweitet habe. Zunächst sei es nur darum gegangen, die Heimat vor der *„Gefahr aus dem Osten"* zu verteidigen, doch *„schon 1955"* sei Europa *„zum deutschen Einsatzgebiet"* avanciert. *„Fortan ging es Zug um Zug"*, resümierten die Reporter. Die Bundesluftwaffe habe amerikanische Atombomben tragen dürfen, und nun sei durch den erstmaligen Einsatz deutscher Soldaten bei der Minensuche im Golf und in der Türkei *„das Tabu gebrochen"*. Die Bundeswehr bereite schon seit Jahren eine *„neue Strategie"* vor.

Zur Untermauerung ihrer Thesen rückten die Journalisten ein vertrauliches Dokument ins Bild, das aus dem Verteidigungsministerium stammen sollte. Die Zuschauer konnten nicht nachvollziehen, worum es sich bei diesem Papier tatsächlich handelte. Als Zeuge für die Pläne der Bundeswehr bemühten Orth und Happe den Flottillenadmiral Elmar Schmähling, der dann – ganz nach dem Geschmack von *„Monitor"* – verkündete: *„Alles deutet darauf hin, daß diese Einheit weit, weit weg von der Bundesrepublik eingesetzt werden können soll."*

Was *„Monitor"* seinem breiten Publikum verschwieg: Elmar Schmähling, dem man zwar große analytische Fähigkeiten nachsagt, ist ein verteidigungspolitischer Außenseiter. In einer ganzen Serie von Artikeln und Interviews hat er die Bundeswehr als konservativ und den Zeitgeist negierend kritisiert und ihre Ersetzung durch eine Milizarmee nach Schweizer Vorbild empfohlen. Auch die Sicherheitspolitik der Bundesrepublik hält der als SPD-nah geltende Zögling des früheren Verteidigungsministers Hans Apel für falsch. Er bestritt, daß die Nato-Strategie der *„flexible response"* erfolgreich sei, taktische Atomwaffen will er abgeschafft sehen, ja er hält die Absicht, die Bundesrepublik im Ernstfall zu verteidigen, für falsch. Die F.A.Z. schrieb am 6. Januar 1989: *„Daß er mit öffentlichen Bekenntnissen gegen die von ihm selbst empfohlene Zurückhaltung und Neutralität der Streitkräfte, die das Soldatengesetz auch von ihm fordert, verstoßen hat, ist offenkundig. Kein Zweifel, Schmähling provoziert den Verteidigungsminister bewußt."*

Sachliche Darstellung fehlte

Ihre Spekulationen über die zukünftige Rolle der Bundeswehr versuchten die *„Monitor"*-Autoren mit einem Zitat des CDU-Politikers Karl Lamers zu belegen. Statt eines Interviews zeigten sie aber nur eine Textpassage, dazu Lamers Konterfei. So war für niemanden nachprüfbar, ob der Text wirklich echt oder aus dem Zusammenhang gerissen war. Schließlich ließen die beiden *„Monitor"*-Mitarbeiter ihrer Phantasie freien Lauf: Sie zeigten Bilder gewalttätiger Unruhen in Osteuropa, Prügelszenen zwischen Soldaten und Zivilisten – ohne zu verraten, aus welchem Land und welcher Zeit – und stellten die Frage: *„Ethnische Konflikte – ein Fall für die Eingreiftruppe?"*

Worum es bei der Diskussion um zukünftige Bundeswehreinsätze in der Sache geht, verrieten Orth und Happe den Zuschauern nicht. *„Die Militärs hatten weitergedacht"*, und zwar schon vor dem Minensucher-Einsatz, orakelten die Reporter. Sie vollendeten ihr Szenario, verknüpften den Eroberungs- und Vernichtungskrieg der Nazis mit den Plänen für neue Aufgaben der Bundeswehr. Sogar den humanitären Einsatz deutscher Soldaten und die Minenräumung nach dem Golfkrieg reihten sie in ihre unsachliche Argumentationskette ein. Die Vorgehensweise macht klar: Um eine sachliche Reportage ging es *„Monitor"* nicht. Einmal mehr lieferte das Magazin eine einseitige Darstellung, suchte und fand erneut einen Aufhänger für Propaganda, ungeachtet aller Fakten.

gka/MH

(MK 25/91, 17. 6. 1991)

Bundeswehrstandorte

Soldaten reiben sich die Augen

Frühere Kritiker entdecken ihre Sympathie für die Truppe

Jahrelang war für viele Medien das Feindbild klar: Die Bundeswehr war ein 500 000-Mann-Betrieb, in dem große Kinder für teures Geld unnützes Kriegsspielzeug ausprobieren und das Morden lernen. Dabei verwüsten sie Wald und Feld, machen unerträglichen Lärm und stören das Leben in den Kommunen. Solche Argumente dienten dazu, den Sinn der Armee vollends in Frage zu stellen.

Immer wieder wußte der *„Spiegel"* zum Beispiel über das schlechte Image der Bürger in Uniform zu berichten. So schrieb er am 20. März 1989: *„Wie tief die Kluft ist zwischen Armee und Jugend, zeigen die ständig steigenden Zahlen der Kriegsdienstverweigerer. 1988 kletterte diese Zahl auf eine neue Rekordmarke: 77 000 Männer entschieden sich gegen den Waffendienst."*

Grund dafür sei zum Beispiel auch das nicht mehr vorhandene Gefühl, vom Warschauer Pakt bedroht zu sein. Nur noch 20 Prozent aller Jugendlichen glaube daran. Schon jeder vierte meine sogar, daß die Bundeswehr eine Gefahr für den Frieden sei. Im *„Spiegel"* hieß es weiter: *„Das Festhalten der Militärs und der Verteidigungspolitiker an überholten Denkmustern finden viele realitätsfern. ‚Daß der Iwan hier irgendwann seine Zelte aufschlägt, daran glaubt doch keiner mehr', sagt der Gymnasiast Peter Ellinghaus."*

Obwohl nach dem für viele überraschenden Zusammenbruch des Warschauer Paktes die Zeichen im vergangenen Jahr auf Abrüstung standen, schrieb der *„Spiegel"* noch am 10. September 1990 gewohnt kritisch: *„Seit die rote Gefahr aus dem Osten gegen Null geschrumpft ist, haben es die westdeutschen Vaterlandsverteidiger schwer, ihren Landsleuten den Sinn der lärmenden Tiefftiegerei begreiflich zu machen."*

Jetzt endlich hätten, so der *„Spiegel"*, sogar eingefleischte CDU-Wähler die Zeichen der Zeit erkannt: *„Selbst die patriotischen Unions-Christen im Land mucken auf. Der Unmut gegen die Militärs wächst sich aus: Auf Protest der Bürger stoppte das Verteidigungsministerium vorerst den Bau einer neuen Panzerstraße und eines Panzer-Schießplatzes im Kreis Göttingen."*

Freibierfete für Truppenabzug

Besonders beliebt beim Volk habe sich der baden-württembergische Ministerpräsident Lothar Späth gemacht. *„Er bewog die Amerikaner, ihre Basis, ‚Walheide' in Heilbronn zu räumen und für zivile Nutzung freizugeben. Heilbronns Oberbürgermeister Manfred Weinmann (CDU) setzte zum Dank für den Tag der Befreiung, an dem die Amis abgezogen sind, eine Freibierfete an."*

Da der *„Spiegel"* schon Wehrmüdigkeit und ein mieses Image der Truppe ausgemacht hatte, durfte der *„stern"* nicht fehlen. In der Ausgabe vom 5. Juli 1990 schrieb Dieter Wonka: *„Längst hat sich die politische Führung der Hardthöhe aus der Wirklichkeit verabschiedet. Statt Abrüstungssignale zu setzen, hält Stoltenberg am Leitbild einer waffenklirrenden Großarmee fest."* Bei allen Planungen für die Bundeswehr der neunziger Jahre gehe der Verteidigungsminister immer noch von einem Planungsstand von 420 000 Soldaten aus.

Aber: Nachdem Verteidigungsminister Gerhard Stoltenberg nun die Truppe auf 370 000 Mann reduzieren soll, ist es den Kritikern auch wieder nicht recht. Jetzt sind die Soldaten keine potentiellen Friedensfeinde mehr, sondern Arbeitsplatzbesitzer, von denen ganze Regionen leben. Unüberhörbar war deshalb der Aufschrei der Betroffenen und der sie unterstützenden Medien. Wenn schon der Frieden ausbrechen muß, dann doch nicht bei uns – darin waren sich jetzt alle einig.

So wußte die *„tageszeitung"* am 27. Mai unter der Überschrift *„Bundeswehr schließt 213 Standorte"* zu berichten: *„Das Konzept von Stoltenberg hat unterdessen in mehreren Bundesländern Kritik und Bestürzung ausgelöst. Dem Minister wird vorgehalten, nicht genügend für die Strukturprobleme der Länder sensibilisiert zu sein."* Die *„taz"* beklagte plötzlich, daß in Wilhelmshaven rund ein Drittel der 6000 Stellen abgebaut wird. *„Sollte demnächst auch der Büromaschinenhersteller Olympia mit seinen 2700 Beschäftigten schließen, droht nach Aussage von Oberstadtdirektor Arno Schreiber der finanzielle und wirtschaftliche Kollaps."*

In der *„Frankfurter Allgemeinen Zeitung"* vom 25. Mai 1991 waren noch weitere Kritiker der Abrüstung aufgeführt. Die Front ging über alle Parteigrenzen hinweg von Nord nach Süd. Vor allem Landes- und Kommunalpolitiker machten sich stark: *„Aus den Ländern erhielt Stoltenberg bisher skeptische Stellungnahmen und harte Kritik. Der niedersächsische Innenminister Glogowski (SPD) nannte Stoltenbergs Vorschläge* *eine ‚dilettantische Veranstaltung'. Der baden-württembergische Ministerpräsident Teufel (CDU) sagte, die Landesregierung stimme Stoltenbergs Planung nur teilweise zu. Teufel begrüßte am Freitag in Stuttgart, daß sich das Verteidigungsministerium weitgehend am Grundanliegen orientiert habe, die Standorte im ländlichen, strukturschwachen Raum zu halten. Der hessische Ministerpräsident Eichel (SPD) bezeichnet die Pläne Stoltenbergs als Papier, über das sich diskutieren läßt."*

Was von den Gesprächen mit den Vertretern der Standorte zu erwarten ist, deutet die *„Neue Zürcher Zeitung" (NZZ)* in ihrer Ausgabe vom 27. Mai 1991 an: *„Der Garnisonsabbau verursacht unweigerlich mancherorts böses Blut und läßt häufig gerade jene lokalen und regionalen Politiker am lautesten nach Rückgängigmachung von Standortschließungen rufen, die zuvor mit Klagen und Sticheleien zum Thema Militärpräsenz besonders hervorgetreten waren. Das gleiche Phänomen ist auch bezüglich des Abbaus bei den alliierten Truppen zu beobachten, mit deren Reduktionen die deutsche Seite die eigenen Abbaupläne in einen gewissen Einklang zu bringen versuchte."*

Unvermutete Freunde

Selbst Ministerpräsidenten kämpfen dann mit harten Bandagen, wie die NZZ weiß: *„Prozentual und effektiv am geringsten präsentiert sich der Schwund im Saarland, nämlich um 0,9 Prozent von 3304 auf 3275 Mann. Das hindert allerdings den saarländischen Ministerpräsidenten Lafontaine nicht daran, in einem Schreiben an Stoltenberg wortreich über die angeblich drohenden umfangreichen Einbußen für die lokale Erwerbstätigkeit zu lamentieren."*

Wie überraschend die Wende der Medien und der Politiker kam, macht Rüdiger Moniac in einem *„Welt-Kommentar" (27.* Mai 1991) deutlich: *„Die Soldaten der Bundeswehr reiben sich die Augen. Plötzlich haben sie nie vermutete Freunde und Fürsprecher. Jetzt, da sich Stoltenberg gezwungen sieht, zur Erfüllung der völkerrechtlichen Verkleinerung der deutschen Streitkräfte auf 370 000 Mann eine Reihe von Militäreinrichtungen stillzulegen, möchten viele, daß gerade der Standort in ihrer Nähe und dessen Wirtschaftskraft nicht verschwindet."* MKl

(MK 23/91, 3. 6. 1991)

Flüchtlinge

Massenflucht ist kein Naturereignis

Effektvolle Bilder ersetzen oft die Ursachenanalyse

Kürzlich, so um die Weihnachtszeit 1989, waren sie wieder im Fernsehen zu sehen. Boat-People in Hongkong, die vor den Kommunisten in Vietnam geflüchtet waren, verhungernde Menschen in Afrika, die durch Bürgerkriege vertrieben wurden. Doch obwohl die Probleme bleiben, folgt die Berichterstattung stets dem gleichen Schema: Einer langen Phase der Apathie folgt die kurze Zeit der Sensationsberichterstattung – oft ohne die notwendige Analyse von Umständen. Dann wird aus der Schlagzeile wieder die Zehn-Zeilen-Meldung.

Bedrückende Fernsehbilder waren es, die Mitte Dezember 1989 in den Nachrichtensendungen rund um den Globus zu sehen waren. Zögernd ging eine Gruppe, darunter zahlreiche Frauen und Kinder, durch ein Spalier von 200 bewaffneten Bereitschaftspolizisten. Einige weinten, wirkten verzweifelt. Die meisten jedoch bestiegen schweigend und resigniert vergitterte Gefängniswagen.

Das Ereignis: 51 vietnamesische Boat-People wurden nach Ablehnung ihres Asylantrags von Hongkong zurück nach Vietnam abgeschoben. Die britische Regierung hatte diesen Schritt schon Wochen vorher angekündigt. Erklärtermaßen sollte ein Exempel statuiert werden, um weiteren vietnamesischen Asylsuchenden die Hoffnung zu nehmen, die überfüllten Flüchtlingslager der britischen Kronkolonie seien ein Schritt in ein besseres Leben.

Dramatische Eindrücke

Der Versuch, die ganze Aktion im Dunkel der Nacht unter Ausschluß der Öffentlichkeit durchzuführen, schlug jedoch fehl. Mehr noch. Die Absicht, die Medien von den Betroffenen möglichst fernzuhalten, geriet zum informationspolitischen Fiasko. Die aus großer Entfernung gedrehten, schemenhaft wirkenden Fernsehbilder erhöhten noch den dramatischen Eindruck des Geschehens. Sie vermittelten dem Zuschauer die Botschaft: Hier geschieht Unrecht. Und nicht nur die britische Öffentlichkeit reagierte betroffen. Zum ersten Mal nach zehn Jahren beherrschte wieder das traurige Schicksal der Boat-People für einige

Tage – zwischen den politischen Umwälzungen in der DDR und in Rumänien – die Schlagzeilen der Weltpresse.

Inzwischen ist das Interesse wieder verebbt, die Wirkung der emotional aufwühlenden Sensationsbilder verblaßt. Die Zehn-Zeilen-Meldung hat die fettgedruckte Schlagzeile abgelöst. Unverändert ernst ist hingegen die Lage vor Ort. In Hongkong und anderen südostasiatischen Ländern müssen rund 200 000 indochinesische Flüchtlinge ihr Leben in Lagern fristen. Für sie ist eine Lebensperspektive nicht in Sicht.

Der Ablauf der Berichterstattung über die Boat-People ist symptomatisch für das Thema *„Flüchtlinge in den Medien"*. Der langen Phase der Apathie folgt die kurze Zeit der Exklusiv- und Hintergrundberichterstattung, die wiederum in Desinteresse umschlägt.

Effektvolle Bilder

Besonders deutlich wurde dies vor nunmehr fünf Jahren bei der Berichterstattung über die Hungerkatastrophe in Äthiopien, von der Millionen Flüchtlinge betroffen waren. Monatelang versuchten Hilfsorganisationen vergebens, die Massenmedien auf die drohende Tragödie aufmerksam zu machen.

Ähnlich erging es zwei freien Journalisten, die mit einer erschütternden Filmreportage aus Äthiopien zurückkehrten. Einer der beiden Autoren, Mohamed Amin, schildert in der Dezember-Ausgabe des vom UN-Flüchtlingskommissar (UNHCR) herausgegebenen Magazins *„Flüchtlinge"*, wie sowohl die Eurovision als auch der US-Fernsehsender NBC die Ausstrahlung ihres Films mit dem Hinweis auf wichtigere Nachrichten ablehnten. Erst als die britische BBC im Oktober 1984 die Reportage übernahm, kam der Stein ins Rollen. Die großen Fernsehanstalten stiegen auf das Thema ein. TV-Teams aus aller Welt schwärmten aus, um noch effektvollere Bilder senden zu können. Die vor Hunger sterbenden Menschen am Horn von Afrika waren zu einem Medienereignis geworden.

Interesse war von kurzer Dauer

Die Berichterstattung setzte eine überwältigende Hilfs- und Spendenbereitschaft der Bevölkerung in Westeuropa und Nordamerika in Gang. *„Diese Flutwelle rettet Leben"*, *so* der Le-Monde-Korrespondent und ehemalige UNHCR-Pressesprecher Roland-Pierre Paringeaux. *„Sie zwingt Diktatoren, die Türe zu öffnen, rüttelt die Bürokratie in Hilfsorganisationen wach, weckt öffentliche Anteilnahme und mobilisiert Hilfsleistungen. Es geschieht plötzlich etwas!"*

Das Medienfieber war indes nur von kurzer Dauer. So plötzlich die Schreckensbilder auf den Bildschirmen auftauchten, so schnell waren sie auch wieder verschwunden. Zwar bedrohte die Hungersnot in Äthiopien weiterhin die Menschen, nur war dies fortan keine Nachricht mehr. Das Thema blieb für die Redakteure so ausgereizt, daß drei Jahre später die geschätzte Zahl von 250 000 verhungerten Menschen im vom Bürgerkrieg zerrissenen Sudan kaum noch Aufsehen erregte.

Ursachen begreiflich machen

Mohamed Amin meint heute, seine Äthiopien-Reportage sei deshalb so erfolgreich gewesen, *„weil sie sich durch eine persönliche Verpflichtung zur Wahrheit und eine leidenschaftliche Empörung darüber auszeichnete, daß so viel Leid je möglich wurde"*. Warum aber, so ist mit Paringeaux zu fragen, bricht die Berichterstattung ab, *„wenn das Überleben von Millionen notleidender Männer, Frauen und Kinder immer noch von den über die Medien verbreiteten Informationen abhängt?"*

Natürlich ist es müßig, über die Sensationsgier der Medien zu lamentieren. Wer will die Aussagekraft der Bilder von den abgeschobenen Boat-People oder den hungernden Flüchtlingen in Äthiopien bestreiten? Dennoch: Es bleibt ein schaler Beigeschmack über diese kurzlebige Art der Berichterstattung.

Roland Pierre Paringeaux faßt seine Bedenken in der Frage zusammen: *„Wären die Nahaufnahmen sterbender Kinder nicht um vieles mehr gerechtfertigt, wenn die Medien auch die zehn Millionen Kinder erwähnten, die jedes Jahr weit weg von den Kameras an Unterernährung sterben?"*

Amin weiß: *„Menschliche Tragödien haben einen gewissen Unterhaltungswert."* Aber: Journalisten dürfen mit ihrer Arbeit nicht nur eine gute Story abliefern, sondern müssen über Hintergründe aufklären. Eine verantwortungsvolle und seriöse Berichterstattung über Flüchtlingsbewegungen kann niemals nur auf das Mitleid der Öffentlichkeit abzielen. Sie muß zum einen die Ursachen der Flucht begreiflich machen, zum anderen aber Antworten auf die Frage suchen, wie Flüchtlingen nicht nur das Überleben, sondern auch eine Lebensperspektive gesichert werden kann.

Nichts für die Rubrik „Vermischtes"

Es wäre unangemessen, das Schicksal dieser Menschen als Katastrophenmeldung unter der Rubrik *„Vermischtes"* abzuhandeln. Eine Massenflucht ist eben kein Naturereignis, daß mehr oder weniger unvorhergesehen über die Betroffenen einbricht. Ihre Vorgeschichte wie ihre Bewältigung sind eingebettet in politische Entwicklungen und Gesamtzusammenhänge, die es zu beachten gilt, will man die aktuellen Flüchtlingskrisen als das erkennen, was sie sind: eine Herausforderung, deren globale Dimension im nächsten Jahrtausend, so die Prognosen der Experten, erst richtig deutlich wird.

Daß das Fernsehen aber durchaus auch vorbildliche Beiträge produzieren kann, bewies am 14. Januar 1990 der *„Weltspiegel"*. Der Südostasien-Korrespondent der ARD, Peter Gatter, informierte über jene Boat-People, die nach der Ablehnung ihres Asylgesuchs nach Vietnam zurückgekehrt sind. Sein Beitrag machte an konkreten Einzelfällen deutlich, daß die Repatriierung der ehemaligen Flüchtlinge lediglich eine Scheinlösung bleibt, solange die Ursachen des Exodus aus Vietnam fortbestehen.

Printmedien und Hörfunk

Im allgemeinen haben die Print-Medien gegenüber dem Fernsehen hierzulande immer noch einen deutlichen Vorsprung bei der Hintergrundberichterstattung über Flüchtlingskrisen außerhalb Europas. Auch in den übriggebliebenen Programmnischen des Hörfunks finden sich in Form des Radio-Features eindrucksvolle Belege für eine analytische Berichterstattung jenseits der kurzlebigen Tagesaktualität und Sensationshatz. Gerade freie Journalisten wie die Afrika-Experten Walter Michler und Thomas Kruchem haben hier wertvolle Arbeit geleistet.

Ihre Reportagen, wie die ihrer Kollegen von der schreibenden Zunft, werden jedoch kaum die Breitenwirkung des Fernsehens mit seinen Millionen von Zuschauern erzielen und damit ersetzen können. Es sind die Bilder, die in Erinnerung bleiben. Insofern gehört das Thema

„Flüchtlinge" heutzutage mehr denn je, aber nicht nur, in die Tagesthemen. ST.

(MK 4/90, 22. 1. 1990)

Rauschgift-Kriminalität

Asyl als Vorwand?

Hinweise aus der Medien-Berichterstattung

Auf die Polizistenmorde von Stuttgart im August 1989 reagierten führende Politiker prompt. Wie die Nachrichtenagenturen am 11. August 1989 übereinstimmend meldeten, hat sich Bundesjustizminister Engelhard für eine sofortige Abschiebung solcher Asylbewerber ausgesprochen, die wegen Drogenhandels oder einer anderen schweren Straftat in der Bundesrepublik rechtskräftig verurteilt sind. Das geltende Recht biete hinreichende Möglichkeiten, Drogenhändler auch schon vor Abschluß lang dauernder Asylverfahren abzuschieben. Die Ausländerbehörden dürften sich nicht scheuen, *„die bestehenden rechtlichen Möglichkeiten gegen derartige gemeingefährliche Straftäter konsequent und hart auszuschöpfen"*.

CSU-Generalsekretär Huber forderte, straffällig gewordene Asylbewerber *„rigoros abzuschieben"*. Der stellvertretende SPD-Vorsitzende Oskar Lafontaine, der die Aufnahme weiterer Aussiedler aus Polen und der Sowjetunion in der Bundesrepublik für *„nicht angebracht"* hält, trat dafür ein, den Mißbrauch des Asylrechts so weit wie möglich einzudämmen.

„Dummdreiste Ausländerhetze"

Andererseits: Der innenpolitische Sprecher der FDP-Fraktion, Hirsch, erklärte, die Morde von Stuttgart dürften nicht mit dem Asylantenproblem vermischt werden; es werde immer Menschen geben, die andere töten. Und die niedersächsischen Grünen griffen Vorschläge des Landesinnenministers zu einer konsequenten Abschiebungspraxis als *„Dokument übelsten Rassismus"* und *„dummdreister Ausländerhetze"* an.

„Rauschgifthändler vor Abschluß des Asylverfahrens ausweisen", unter dieser Überschrift berichtete die *„Frankfurter Allgemeine Zeitung"* (11. August 1989) über eine Pressekonferenz des niedersächsischen Innenministers Josef Stock. Am 9. August war in Hannover das 30. Rauschgiftopfer des Jahres gefunden worden. Damit hat die Stadt im Verhältnis zur Einwohnerzahl die meisten Rauschgifttoten in der Bundesrepublik.

Der Innenminister erklärte: *„Es ist nicht länger hinnehmbar, daß sich ausländische Dealer durch Stellung eines Asylantrages für ihr kriminelles Tun eine Aufenthaltsmöglichkeit verschaffen."* Der Handel mit geringen Mengen habe bisher nicht für eine Ausweisung ausgereicht. Paragraph 10 im Ausländergesetz lasse jedoch die Ausweisung auch dann zu, *„wenn erhebliche Belange der Bundesrepublik Deutschland"* schwerwiegend beeinträchtigt seien. Dazu zählte der Minister den organisierten Rauschgifthandel.

Wie die F.A.Z. weiter berichtete, traf die Polizei bei ihren Razzien in Hannover vor allem auf Schwarzafrikaner, meist Asylbewerber aus Gambia. Dies sei kein Zufall, heiße es bei der Polizei: *„Da hat einer hier mal dickes Geld beim Drogenhandel gemacht und das nach Hause geschickt. Schon spricht sich das in der Verwandtschaft rum, und Brüder und Cousins folgen mit einem Asylantrag in der Tasche nach Hannover."* Das Bundeskriminalamt bezeichne Gambia als Transitland für den Rauschgifthandel. Es sei ausgeschlossen, heiße es im Auswärtigen Amt, daß Bürger aus Gambia aus politischen Gründen erfolgreich Asyl beantragen könnten. In diesem Lande gebe es politische Verfolgung nicht.

Arbeitsteiliges Vorgehen

Der niedersächsische Innenminister erklärte, die bisher relativ geringen Strafen wegen Rauschgiftkleinhandels seien darauf zurückzuführen, daß die spezielle Vorgehensweise der hannoverschen Dealer-Szene, die von Schwarzafrikanern beherrscht werde und die den einzelnen als Mitglied einer kriminellen Rauschgift-Organisation ausweise, nicht genügend berücksichtigt werde.

Das arbeitsteilige Vorgehen besteht nach Stock darin, daß beim Handel

Warnposten aufgestellt würden, die Mittäter in der Muttersprache alarmierten. Ein Täter verstecke das Rauschgift, ein anderer spreche potentielle Kunden an; ein dritter Täter hole bei Bedarf die gewünschte Menge aus dem Versteck; ein vierter wickele den Handel ab und nehme schließlich auch das Geld, das er dann wenig später einem fünften Täter weitergebe.

Über eine dramatische Steigerung der Rauschgiftkriminalität unter Asylbewerbern in Baden-Württemberg berichtete bereits am 7. Oktober 1988 die *„Welt"*: Großstädtische Asylantenwohnheime entwickelten sich zu geschäftigen Umschlagplätzen für Heroin und andere harte Drogen. Die Zahl der staatsanwaltschaftlichen Ermittlungsverfahren habe sich in diesem Bereich landesweit von 1986 auf 1987 nahezu verdreifacht.

Die *„Welt"*: *„Mit ‚großer Sorge' beobachtet man unterdessen im LKA, daß Asylbewerber, insbesondere aus Schwarzafrika und neuerdings auch aus dem Iran, nicht nur als Kleindealer im sogenannten ‚Ameisenhandel' auftreten, sondern verstärkt auch im organisierten Zwischen- und Großhandel mitmischen. Bedenklich auch: In den Großstädten entwickeln sich die Sammelunterkünfte zu systematisch abgeschotteten überregionalen Rauschgiftmärkten. Allein in einem Asylantenwohnheim in Stuttgart-Wangen gingen, wie die Polizei bei offenen und verdeckten Kontrollen feststellte, zwischen dem 1. Januar und 20. April 1988 fast 170 Drogenabhängige als Käufer ein und aus. Geschätzter Umsatz in diesem Zeitraum: 200 000 Mark. Tatsache ist schließlich, daß die beiden letzten Rauschgift-Toten, die in Stuttgart registriert wurden, den Stoff für ihren ‚goldenen Schuß' aus einem Asylantenwohnheim bezogen hatten."*

Wie vergiftet das politische Klima ist, in dem über die Asylanten-Problematik diskutiert wird, das zeigt nicht nur die obenzitierte Stellungnahme der niedersächsischen Grünen, sondern auch ein Kommentar unter der Überschrift *„Brandstifter"* im sozialdemokratischen Parlamentarisch-Politischen Pressedienst (PPP) vom 10. August 1989. Wir dokumentieren ihn im vollen Wortlaut:

„ppp Bonn (st) Es ist ein schreckliches Verbrechen, das der mutmaßliche Liberianer Albert Amend in Stuttgart begangen hat. Kaum weniger abscheulich ist, was ‚Republikaner' und die CSU aus dem Mord an Polizeibeamten jetzt machen. Sie haben nach der entsetzlichen Tat nichts Eiligeres zu tun, als das Verbrechen propagandistisch auszuschlachten. Ihnen kommt es darauf an, an

Hand der Tat ihre Idealgleichung Flüchtlinge = Verbrecher im Bewußtsein der Bevölkerung zu verfestigen.

Daß ein solcher Mord auch von einem Deutschen hätte begangen werden können, stört die ‚Republikaner' und CSU-Analytiker bei ihrer Propaganda nicht. Genausowenig die Unhaltbarkeit des von ihnen erzeugten Eindrucks, Flüchtlinge seien krimineller als die Deutschen. Das Zynische an der Flüchtlingshetze der ‚Republikaner' und der CSU ist, daß Schönhuber und Huber wissen, daß sie einen unsinnigen Schluß aus dem Verbrechen ziehen, wenn sie die ‚lasche Abschiebungspraxis' für die Tat verantwortlich machen. Selbst wenn sich kein einziger Ausländer in der Bundesrepublik aufhielte, wären die Morde nicht auszuschließen gewesen.

Daß die von der CSU und den falschen Republikanern suggerierte Lösung keine wäre, ist der eine Sachverhalt, der andere ist, daß sie mit ihrer Lösungsperspektive das Bewußtsein unserer Bevölkerung in eine Richtung kanalisieren, an deren Ende die Vision einer Endlösung der Asylantenfrage steht. Natürlich sagen weder Schönhuber noch Huber, daß sie Flüchtlinge als Schädlinge ansehen, natürlich würde es keiner von beiden offiziell befürworten, wenn rechtsextremistische Schlägertrupps Asylbewerber zusammenschlagen. Verbrecherisch ist nicht, was sie sagen, sondern die Vision, die sie eröffnen. Daher ist es Ausdruck einer grundlegenden Verkennung der ‚Republikaner'- oder CSU-Propaganda, wenn man annimmt, deren gefährlicher Kern ließe sich auf verbal-rationaler Ebene festmachen. Auf dieser Ebene läßt sich nur das Falsche an ihren Analysen und Lösungsmodellen festmachen. Bezeichnenderweise wird eine derartige Widerlegung die Anhänger dieser Parteien auch kaum beeindrucken. Der Kern der ‚Republikaner'- und CSU-Propaganda liegt nicht in dem, was sie offiziell sagen, sondern darin, was sie damit provozieren, und das sind Visionen der Gewalt nicht von einem Asylanten gegen Deutsche, sondern von Deutschen gegen Asylanten." *sp*

(MK 34/89, 21. 8. 1989)

Golf-Berichterstattung

Journalisten als „Knallchargen“

Widersprüchliches von ARD, ZDF und „stern“ aus Bagdad

Aufmerksame Fernsehzuschauer haben die Bilder vom brennenden Bagdad noch genau in Erinnerung. Die *„chirurgische“* Kampftaktik der Amerikaner geriet durch die Berichterstatter vor Ort in Zweifel. Vor allem Fernsehjournalisten – allen voran ARD-Reporter Christoph Maria Fröhder – zeichneten ein Bild endgültiger Verwüstung.

Jetzt kam die Nachlese: Das ZDF-*„auslandsjournal“* (26. April 1991) dokumentierte das Gegenteil. Auch die Berichterstattung des *„stern“* hat sich gewandelt: Einige Wochen nach dem Krieg am Golf zeigen Berichte, daß alles ganz anders war, als es Fröhder und einige andere Journalisten glauben machen wollten.

„stern“: die Apokalypse beschworen

Kurz vor Beginn des Unternehmens *„Desert Storm“* (Wüstensturm) orakelte der *„stern“* (3/91), daß die *„Welt am Abgrund“* stehe. In den folgenden Kriegswochen machte das Magazin vor allem durch reißerische Reportagen und eine prall martialische und abschreckende Bilderflut auf sich aufmerksam. *„stern“*-Reporter Mostafa Donesch dokumentierte seine fluchtartige Abreise aus Bagdad (*„stern“* 5/91). Trotz der von ihm geschilderten chaotischen Begleitumstände war er sicher, daß die Amerikaner anfingen, *„auch zivile Ziele zu bombardieren“* (*„stern“* 5/91) und dadurch *„immer höhere Opfer unter der irakischen Zivilbevölkerung“* forderten.

Fünfzehn Ausgaben mußte der *„stern“*-Leser warten, um ein ganz anderes Bild aus Bagdad zu vermitteln (*„stern“* 20/91). Die Journalistin Stefanie Rosenkranz erlebte, *„wie für die Presse eine makabre Propaganda-Show inszeniert wurde“*.

Auf einer *„intakten Autobahn“* fuhr sie nach Bagdad und geriet in einen Stau. Ursache: *„Die gewaltige Zahl hupender Toyotas, Peugeots, Oldsmobiles und konfuser Schupos.“* Sie notierte: *„Tatsächlich wirkt Bagdad über weite Teile so, als wäre nicht das geringste geschehen.“* Ihr Resümee: *„Es ist, als wären wir in ein schlecht inszeniertes Theaterstück geraten. In der Hauptrolle:*

Saddam Hussein. In einer tragischen Nebenrolle: das irakische Volk. In der Rolle der Knallchargen: die Journalisten."

ARD: „Helfen ... den Krieg zu verkürzen"

Als Knallcharge fühlte sich Christoph Maria Fröhder ganz und gar nicht. Er berichtete während des Krieges für die ARD aus Bagdad. Seine Motive offenbarte er in der Fernsehsendung *„Wechselrede"* des Hessischen Fernsehens (HR 3, 24. Februar, siehe MK 11/91).

Zwar erkannte er, daß der Irak *„die Presse schon instrumentalisieren wollte"*, ließ sich aber dennoch bereitwillig Zivilopfer in Bagdad vorführen in der Überzeugung, *„daß meine Berichterstattung möglicherweise helfen kann, diesen Krieg zu verkürzen und damit Menschenleben zu retten"*.

Er habe versucht, *„mit den Leuten ins Gespräch zu kommen ..., um den Zuschauern das wahre Gesicht des Krieges zeigen zu können"*. Dabei kam Fröhder nie der Gedanke, daß er das *„wahre Gesicht des Krieges"* dank irakischer Zensur überhaupt nicht zu sehen bekam. Für ihn war klar, daß die Zivilbevölkerung *„durch amerikanische Bomben mehr oder weniger ausradiert wird"*.

ZDF: „Inszenierung einer Lüge"

Ähnlich den jüngsten Erkenntnissen des *„stern"* dokumentierte Dietmar Ossenberg im ZDF-*„auslandsjournal"* (26. April), daß die bisherige Berichterstattung ein verzerrtes Bild aus Bagdad abgab: *„Nichts ist echt."* So führte Ossenberg zum Beispiel eine reibungslos funktionierende Wasserversorgung vor. Mit der *„Legende der zerstörten Metropole"* räumte er auf.

Bemerkenswert: Der ZDF-Journalist rückte die mitreisenden irakischen Zensurbeamten ins Bild, filmte heimlich und zog Kopien von beschlagnahmtem Bildmaterial. Zudem ließ er Kollegen zu Wort kommen, die ihre Arbeitsbedingungen unter der Zensur kommentierten. Auch auf gestellte Bürgerbefragungen fiel er nicht herein: *„Es ist niemand zu finden, der reden will oder reden kann."*

Meinungsmache contra Wahrheitsfindung

Der *„stern"* setzte zuerst auf Horror, später auf Reflexion. ARD-Journalist Fröhder lieferte Pazifismus, Dietmar Ossenberg vom ZDF aufgeklärten Journalismus. Fröhder muß entgangen sein, was Kurt Schatz in der *„Politischen Meinung"* (April 1991) umschrieb: *„Daß die vermittelte ‚Wirklichkeit' des Fernsehens das Geschehen nicht wiedergibt."* MH

(MK 21/91, 21. 5. 1991)

Golfkrieg

Sensationsgier ersetzte Recherche

Zahlreiche Medien veröffentlichten erfundene Greueltaten

Der Stoff paßte vielen Medien ins Konzept: Ein Leibwächter Saddam Husseins mit dem Namen Karim Abdallah al- Jabouri war im September 1990 (nach der Annexion Kuweits durch den Irak) auf dem Dach eines Tanklastwagens über die türkisch-irakische Grenze geflüchtet. Im Westen plauderte er nun über seine Erlebnisse bei der irakischen Leibgarde. Von schrecklichen Greueltaten wußte er zu berichten.

Seine Geschichte veröffentlichte als erste die französische Zeitung *„Nouvel Observateur"* (20. Dezember 1990), berichtete Burkhard Müller-Ullrich am 16. März 1991 in der *„Frankfurter Rundschau"*. Daraufhin zogen auch andere Medien nach. Kurz darauf trat der vermeintliche Leibwächter beim kommerziellen französischen Sender TF1 auf – mit verhülltem Gesicht. In einer weiteren Fernsehsendung vom 23. Januar 1991 zeigte er sich dann der Öffentlichkeit. In dieser Sendung wurde er vom Redakteur Patrick Poivre d'Avor eindeutig als Leibwächter identifiziert.

Geschichte war erfunden

Allerdings: Auch einige Zuschauer erkannten ihn wieder. Karim Abdallah al- Jabouri hieß in Wirklichkeit Muzhir Affat. Er war ein ehemaliger Student der Ecole Supérieure d'Architecture, von der er wegen Zeugnisfälschung entlassen worden sei (Müller-Ullrich). Selbst der irakische Botschafter in Frankreich soll noch während der Sendung die Redakteure darauf hingewiesen haben, daß Affat *„noch Monate vorher beim Pressedienst gejobbt"* habe. Plötzlich stellt sich heraus: Die Geschichte war schlicht erlogen gewesen.

Recherchen der französischen Zeitungen *„Le Carnard enchaîné"* und *„Libération"* bestätigten den Verdacht. Affat wollte die enorme Medienpräsenz nutzen, um seine Chancen auf politisches Asyl in Frankreich zu verbessern. Die satirische Wochenzeitung *„Le Carnard enchaîné"* deckte schließlich die wahre Identität Affats in ihrer Ausgabe vom 30. Januar auf. In Frankreich war damit die Story geplatzt.

Nicht aber für die deutschen Presseorgane: Im Februar wurde die Geschichte aus Frankreich übernommen. Nach der Monatszeitschrift *„Transatlantik"*, die den Bericht mit dem Titel *„Ich, Hauptmann Karim, Leibwächter Saddam Husseins"* als erste vom *„Nouvel Observateur"* übernommen hatte, wurden die Bekenntnisse als Serie in der Illustrierten *„Quick"* (7 und 8/91) gedruckt. Auch die *„tageszeitung"* fiel auf die *„Ente"* herein und druckte am 6. Februar ein gekürztes Protokoll des *„Transatlantik"*-Berichtes.

Immerhin: Die *„taz"* entschuldigte sich am 26. März bei ihren Lesern. Eine Richtigstellung bei den anderen deutschen Blättern ist bisher unbekannt. Auch die betroffenen französischen Medien hätten keine Stellung bezogen, schreibt Müller-Ullrich. Er kommt zu dem Schluß: Schlechte Recherche und die Gier nach Sensationen aus dem spärlichen und zensierten Pool der Informationen aus der Golfregion seien die Ursachen gewesen. TR

(MK 14/91, 2. 4. 1991)

Golfkrieg

Die Fehlurteile des „Spiegel“

Das Nachrichtenmagazin in der Rückblende

Am Tage, da die Waffen ruhten, erschien *„Bild“* (1. März 1991) mit der Schlagzeile *„Wir danken den Alliierten“*. Das Blatt hatte sozusagen mitgesiegt, während der sechs Wochen des Feldzuges nie an der amerikanischen Überlegenheit gezweifelt.

Es überrascht daher kaum, daß *„Bild“* in derselben Ausgabe an jenen Kritik übte, die es nicht mit den Amerikanern hielten, mit Fernseh-Experten à la Winfried Scharlau und Ulrich Kienzle. Unter der Überschrift *„Die Irrtümer der sogenannten Experten“* hielt ihnen Uwe Siemon-Netto eine lange Reihe von Fehlurteilen vor, so beispielsweise die Annahme, die Verbündeten würden in diesem Krieg bis zu 100 000 Mann verlieren, Saddams Republikanische Garden seien eine Elitetruppe, der die Alliierten kaum Gleichwertiges entgegenzusetzen hätten, Saddam besitze eine *„Schreckenswaffe“*, werde außerdem gewiß Chemiewaffen einsetzen, und seine Terroristen würden weltweit zuschlagen.

In diesem Zusammenhang drängt sich eine Frage auf: Urteilte die publizistische Großmacht *„Der Spiegel“* treffsicherer als das Fernsehen? Wie war es um die Urteilskraft des Nachrichtenmagazins bestellt, das innerhalb der Massenmedien die journalistische *„Leitwolf“*-Rolle spielt? Konfrontiert man das, was gestern im *„Spiegel“* zu lesen war, mit der Realität von heute, dann ergibt sich ein desillusionierendes Bild. Die nachfolgende Dokumentation belegt dies.

Kein schneller Erfolg

Bereits in der *„Spiegel“*-Ausgabe Nr. 35 vom 27. August 1990 läßt sich die *„Masche“* identifizieren, mit der das Nachrichtenmagazin seine Irak-Geschichten strickt. Sie leben vom Zitieren unterschiedlicher, vor allem amerikanischer Quellen, ohne daß die Fundstellen immer genau bezeichnet werden. Oft bleiben die Quellen auch vage. Zitate dienen insbesondere dazu, daß das, was als Tendenz des Blattes zu erkennen ist, untermauert wird. Die analytische Eigenleistung der Redaktion bleibt demgegenüber bescheiden. So heißt es in dem Artikel *„Wechsel zu größerem Unheil"* mit der Unterzeile *„Die militärische Überlegenheit der US-Streitkräfte garantiert keinen schnellen Erfolg"*:

„... rechnen Pentagon-Planer damit, daß die US-Streitkräfte Tausende Opfer beklagen müßten, käme es zum Landkrieg mit dem Irak. Tote GIs brächten jedoch schnell die Heimatfront ins Wanken, an der Präsident Bush derzeit noch einen festen Rückhalt findet. Vor allem ein amerikanischer Versuch, Saddams Truppen aus Kuweit zu vertreiben oder gar bis weit in den Irak vorzustoßen, würde schwere Opfer fordern. Mit defensiver Kriegsführung konnten sich die Iraker gegen den Iran behaupten. Und die Verteidigung des irakischen Vaterlandes gegen die Amerikaner wird bereits intensiv vorbereitet..."

Bush falsch beraten?

In der Ausgabe Nr. 1 vom 31. Dezember 1990 *(„Countdown am Golf – Ist der Krieg noch zu vermeiden?")* wird hervorgehoben: *„Bush-Kritiker, wie der außenpolitische Experte Robert Tucker, bezweifeln, daß der Präsident die möglichen politischen Folgen eines Krieges sorgfältig durchdacht hat. Es ängstigt sie, daß alle wichtigen Entscheidungen während der Krise in einem kleinen Kreis engster Präsidentenberater fielen. Nicht ein einziges Mal hat George Bush den Rat erfahrener Arabisten eingeholt, nicht einmal die Experten vom State Department und CIA wurden um ihre Meinung befragt.*

... Ein Sieg kann ebenso wie ein Fiasko die anti-westlichen Emotionen der Araber so anheizen, daß die US-freundlichen konservativen Regime etwa auf der arabischen Halbinsel hinweggefegt werden und neue Herren einen totalen Ölboykott ausrufen – mit katastrophalen Auswirkungen für die Weltwirtschaft. Eine Welle moslemischer Begeisterung für den irakischen Diktator bedroht auch Mitglieder der Anti-Saddam-Koalition wie Ägyptens Husni Mubarak oder Syriens Hafis el-Assad und hat sogar den weit westlich gelegenen Maghreb erfaßt."

Gewißheit über Kampfstoff-Einsatz?

Kaum jemand zweifele, daß Saddam seine biologischen und chemischen Kampfstoffe einsetzen werde, sollte das konzentrierte irakische Abwehrfeuer einen Ansturm der Alliierten nicht stoppen:

„600 irakische Kampfflugzeuge und Hunderte, zum Teil weitreichende Rake-

ten könnten den unsichtbaren Tod in Sprühbehältern, Bomben oder Sprengköpfen über feindliche Truppen und Stützpunkte, über Industrieanlagen und Städte tragen. Selbst dort, wo Schutzanzüge und Gasmasken das heimtückische Massensterben verhindern würden, rechnen Experten mit verheerender Panik nach einem Giftwaffen-Einsatz." Hundert oder mehr abgeschossene US-Flugzeuge seien nach Meinung des Marine-Corps-Generals Bernard Trainor eine angemessene Schätzung. Andere Fachleute rechneten mit bis zu 300 Totalverlusten, die meisten davon mit zwei Mann im Cockpit.

Im *„Spiegel"* Nr. 3 vom 14. Januar 1991, der drei Tage vor Beginn der Kampfhandlungen erschien, wird wiederum eine arabische Aufstandsbewegung prognostiziert, wenn es zum Kampf kommen sollte. Der Iraker setze darauf, daß eine Attacke auf seinen *„Heldenstaat"* Aufstände der Volksmassen auslösen könne, die Bushs begrenzten Krieg in einen Flächenbrand der gesamten Region verwandeln würden. Die Saudis zum Beispiel müßten eine Rebellion unter den schiitischen Ölarbeitern im Osten des Landes befürchten, die Israelis eine unkalkulierbare Reaktion in den besetzten Gebieten. Der Judenstaat, der ohnedies in größter Gefahr schwebe, in den Konflikt verwickelt zu werden, müßte an zwei Fronten kämpfen.

Vietnam-Gespenst wieder auferstanden?

In Nr. 4 vom 21. Januar 1991 war zu lesen: *„Bedingungslose Kapitulation oder militärische Vernichtung, das war offensichtlich die Alternative, vor die Präsident Bush seinen Gegner stellte. Er könnte damit bewirken, daß der Krieg länger dauern und blutiger werden wird, als es nach den alliierten Anfangserfolgen zunächst den Anschein hatte. Statt dem Kampf auszuweichen, hatte der US-Präsident ihn über Wochen zielstrebig angesteuert, ja manchmal geradezu herbeigewünscht, getrieben vom Gedanken an seinen Platz in der Geschichte, wie der Chefkorrespondent der New York Times, Thomas Friedman, vermutete ..."*

Am 28. Januar 1991 meint der *„Spiegel"* (Nr. 5), in Washington sei die Hochstimmung verflogen: *„Die Aussicht, daß die Schlacht um Kuweit womöglich Monate dauern wird, ließ Beklemmung aufkommen. Militärstrategen hielten eine verlustreiche Bodenoffensive für unumgänglich."* Und weiter hieß es, vom erträumten Blitzsieg sei nicht mehr die Rede. *„Wenn Bush am Dienstag dieser Woche vor dem Kongreß seinen Bericht zur Lage der Nation abgibt, kann er sich nicht, wie er ursprünglich wohl gehofft* *hatte, als strahlender Sieger feiern lassen. Vielmehr muß er den US-Bürger auf womöglich bittere Wochen vorbereiten und zugleich in beschwörenden Worten versuchen, das jäh wieder auferstandene Gespenst eines zweiten Vietnam zu bannen."*

Gelänge es Saddam, einer Bodenoffensive lange genug standzuhalten oder gar den US-Truppen schwere Verluste zuzufügen, *„könnte er auf einen Waffenstillstand hoffen, der für ihn einem politischen Triumph gleichkäme"*.

Bodenkampf unkalkulierbar?

In der Titelgeschichte *„Vor dem Inferno"* (Nr. 6/4. Februar 1991) wird wiederum das Risiko des Bodenkampfes beschworen:

„Was Saddam Hussein und seine Generäle dagegenzusetzen haben (gegen den Luftkrieg, d. Red.), was sie zielstrebig auf den Landkrieg zusteuern läßt, ist ein umfängliches Arsenal von schauerlichen Waffen. Es reicht von sauerstoffzehrenden Aerosolbomben über engmaschig verlegte Minen bis hin zu Giftgasgranaten und, womöglich, den gefürchteten Biowaffen – eine Rüstkammer des schmutzigen Krieges ... Die Sorge vor verlustreichen Bodenkämpfen ist in Washington dermaßen groß, daß die Pentagon-Planer den Einmarsch nach Kuweit so lange wie irgend möglich hinauszögern wollen."

Saddam Husseins *„Arsenal des Grauens"* sei *„unzweifelhaft das größte und in seiner teuflischen Wirkung variantenreichste, über das ein Land der Dritten Welt verfügt."*

Am 11. Februar 1991, zwölf Tage vor Beginn der Bodenoffensive, schreibt das Blatt (Nr. 7): *„Mit der Entscheidung für einen Landangriff geht Bush, der fest auf die Zusicherungen höchster Militärs gebaut hatte, nach spätestens 14 Kriegstagen sei ‚das Ding gelaufen', ein unkalkulierbares Risiko ein: Noch immer vermögen nämlich seine Militärs nicht zu sagen, wie stark die Kampfkraft der Saddam-Truppen im wochenlangen Dauerbombardement wirklich gelitten hat. Das könne, so Stabschef Powell, erst der Landkrieg selber zeigen."*

Danach wird ein indischer Generalleutnant zitiert, der als ehemaliger Militärberater angeblich mit der Psyche der Iraker besonders vertraut sei. Danach hätten die Truppen Bagdads durchaus eine Chance, am Boden den alliierten Verbänden zu widerstehen: *„Wenn man auf eigenem Territorium kämpft, ist man ganz anders motiviert. Das wird für die*

Amerikaner ein schwerer Gang."

Könne Saddam Hussein gar gewinnen, fragt der *„Spiegel"*. Wenn auch nicht militärisch, so doch mit seinem *„Standhalten im Stahlbad zumindest politisch"*. Zitiert wird ein Nahostexperte, der meint, je länger Saddam aushalten könne, desto stärker nehme die Unterstützung für ihn zu. Der *„Spiegel"*. *„Sein Stern leuchtet so hell wie nie zuvor – bei gemäßigten Gläubigen wie radikalen Zeloten."*

Bewegungskrieg zu risikovoll?

Am 18. Februar 1991 ging der *„Spiegel"* (Nr. 8) auf die Toten beim Angriff der Amerikaner auf einen Luftschutzbunker in Bagdad ein. Auch in den USA hätten die Schreckensbilder den trügerischen Schein des sauberen Krieges zerrissen. Die wachsende Zahl toter Zivilisten habe *„das manichäische Weltbild mancher US-Bürger ins Wanken gebracht"*, die noch immer in naiver Selbstgerechtigkeit sich selber als gut und sämtliche Gegner als durch und durch böse einstufen. *„Verunsicherungen, die etwa die traumatische Vietnam-Erinnerung heraufbeschworen, könnten nach Einschätzung vieler Meinungsforscher die überwältigende öffentliche Zustimmung zur Golf-Politik des Präsidenten rasch ins Gegenteil verkehren."*

Und dann – sechs Tage vor Beginn des Bodenangriffes – ging der *„Spiegel"* wieder auf seine Grundmelodie ein, die Bodenschlacht berge unkalkulierbare Risiken: *„Leicht konnte George Bush die Entscheidung für einen Panzerangriff gleichwohl nicht fallen. Nahezu einhellig rechneten die Experten mit erheblichen alliierten Verlusten in einer solchen Schlacht. Die waren um so wahrscheinlicher, weil die Amerikaner eine bislang völlig unerprobte Strategie anwenden wollen, die sie in den 70er Jahren für einen Krieg in Europa entwickelt hatten – die Air-Land-Battle-Doktrin ... Gut möglich also – und auch das mußte Washington nun bei seinen nächsten politischen Schritten genau ins Kalkül ziehen –, daß die Amerikaner sich in ihrem Bewegungskrieg an den irakischen Feldbefestigungen festrennen würden."*

Am 28. Februar 1991 stellten die Alliierten am Golf das Feuer ein. Am 4. März erschien der *„Spiegel"* (Nr. 10) mit einer Titelgeschichte über den *„Schwarzen Regen"*, die *„Öko-Katastrophe nach dem Golfkrieg"*. *„Bushs Triumph"* kommentierte er so: *„Saddam Hussein vernichtend geschlagen, George Bush als Held des Wüstenkrieges – die USA haben bewiesen, daß sie die einzige Supermacht sind, die als Weltgendarm überall intervenieren kann.*

Gelingt es Präsident Bush, aus dem militärischen Triumph einen historischen Frieden für die Nahost-Region zu machen?"

Augstein: Bush ohne „echten Gegner"

Und ohne einen Gedanken an das zu verschwenden, was früher geschrieben worden war, hieß es weiter: *„Saddam Hussein, der Eroberer und Schinder Kuweits, der bis zuletzt mit seinen Getreuen die trügerische Hoffnung hegte, die Sowjets könnten ihn noch vor der totalen Niederlage bewahren und ihm einen halbwegs ehrenhaften Ausweg aus dem selbstverschuldeten Desaster weisen, mußte das Spiel verlorengeben; Moskau, die hilflose Großmacht, bot keine Rettung.*

Auf das bittere Ende hatte ihn zuvor schon Gorbatschows Emissär Jewgenij Primakow bei seinem letzten Bagdad-Besuch vorbereitet: Den Bodenkrieg gegen die Weltmacht Amerika, von Saddam nach 38 Tagen verheerender Luftangriffe herbeigeredet, könne er nicht gewinnen. Strategie und Taktik, die Iraks Millionenheer vom sowjetischen Lehrmeister übernommen und im Golfkrieg gegen den Iran anerprobt hatten, seien veraltet, gestand Primakow."

Wie kam es, so fragte der *„Spiegel"*, daß ein Krieg, der nach Meinung *„ernstzunehmender Experten"* noch Wochen oder Monate hätte dauern können, mit einer nie gesehenen Blitzschlacht zu Ende ging? In einem Kommentar gab *„Spiegel"*-Herausgeber Rudolf Augstein die Antwort. Sie klang wie ein *„April! April!"* an die lieben *„Spiegel"*-Leser:

„George Bush nach seiner Statur mußte eingreifen und ist der Sieger. Man mag es ihm gönnen. Seine Armada hatte allerdings keinen echten Gegner."

sp

(MK 12/91, 18. 3. 1991)

MK-Kommentar

Augenwischerei trübte den Blick

ARD-Journalisten suchten den Schuldigen im Westen

In den Tagen vor dem Ausbruch der Kämpfe am Golf beschrieben zahlreiche Journalisten die Schrecken des Krieges. Klaus Bednarz zeigte in seiner Sendung *„Monitor spezial"* (ARD am 15. Januar 1991) die Leichen von Kindern und Greisen, packte eine *„Cadaver Bag"* aus, mit der getötete amerikanische Soldaten in die Heimat zurücktransportiert werden sollen. Wilhelm von Sternburg stellte am selben Tag im 3. Programm des *„Hessischen Rundfunks"* rücksichtslose *„Kriegsgewinnler"* an den Pranger, die er sogar unter deutschen Firmen wie Bekleidungsherstellern und Reinigungsunternehmen ausmachte, weil deren Produktpalette Schutzanzüge oder Dekontaminationsgeräte enthält. Selbst die westlichen Medien seien schuld an der Krise, da sie mit ihrer Berichterstattung die Eskalation vorangetrieben hätten. Das Ziel der Sendungen: Die Darstellung des Grauens und Appelle an den Frieden sollten die Zuschauer zu Protesten gegen den Krieg aufrufen.

Das Erschecken über die Zuspitzung der Krise war verständlich, die Friedensbekundungen der gutmeinenden Moderatoren nicht zu verurteilen. Doch weil die Kommentatoren offenbar vor der Unnachgiebigkeit und Brutalität des Irakers – der ihre Appelle sowieso nicht anhört – kapituliert hatten, wandten sie sich nun anderen zu, denen man die Verantwortung zuschreiben konnte. Dabei machten sie vor allem George Bush zum Kriegstreiber. O-Ton HR 1 am 16. Januar: *„Saddam Hussein legte die Lunte, Bush zündete sie an."* Aber: Wie schon häufig zuvor, vernachlässigten die Verantwortlichen in ihren Kommentaren und Berichten wichtige Aspekte:

- So wurde das vom Irak zuvor begangene Unrecht nur peripher behandelt. Reportagen, die belegen, daß in Kuweit bereits Krieg herrscht, daß der irakische Diktator Tausende Menschen erschossen, gefoltert, entrechtet, beraubt und vertrieben hat, zeigten die Sondersendungen nicht.
- Die Personalisierung des Konflikts – George Bush kontra Saddam Hussein – stellte den Amerikaner auf eine Stufe mit dem Diktator. Dies erweckte den Eindruck, als stünde der amerikanische Präsi-

dent allein. Es kam zu kurz, daß hinter ihm der Weltsicherheitsrat und die *„Vereinten Nationen"* stehen, die in endlosen Sitzungen und zwölf Resolutionen die derzeitige Politik beschlossen haben. Bei den Truppenaufmärschen in der Wüste zeigten die Kameras nur amerikanische und irakische Soldaten. So als stünden nicht 28 Länder dem Aggressor bewaffnet gegenüber. Bilder von saudischen, syrischen, marokkanischen, argentinischen, pakistanischen Soldaten gab es so gut wie nicht.

- Die Tatsache, daß ungezählte Politiker monatelang wahre Bitt-Pilgerfahrten in den Irak unternahmen, um Geiseln zu befreien und immer neue Verhandlungsangebote und Gesprächstermine anzubieten, fiel in den Kommentaren nicht übermäßig ins Gewicht.

- Auch die künftige Bedrohung der Region durch einen rücksichtslosen, mit Atomwaffen drohenden Kriegsverbrecher, Mörder und Terroristenfreund Hussein wurde nicht angemessen beleuchtet. So schienen die Bilder von zuversichtlichen Menschen in Tel Aviv die Gewissen der Reporter so sehr zu beruhigen, daß sie eine mögliche Zerstörung Israels durch einen politisch gestärkten und hochgerüsteten Irak verdrängten. gka

(MK 4/91, 21. 1. 1991)

Auslandsberichterstattung

„Schlicht unseriös"

Moskau-Korrespondenten verkaufen Spekulationen als Fakten

Täglich erreichen die Bundesbürger zahlreiche Bilder und Meldungen aus Moskau. Wer die Nachrichtensendungen regelmäßig verfolgt, könnte glauben, auf dem laufenden zu sein und sich ein Urteil über die Verhältnisse in der Sowjetunion bilden zu können. Doch Vorsicht ist geboten. Was uns die Korrespondenten täglich liefern, entsteht unter extrem schlechten Arbeitsbedingungen. Die große Nachfrage wird oft mit Spekulationen und vom Staat bereitgestelltem Material gefüttert.

„Praktisch nicht zugänglich sind die ganzen Bereiche, die für die Politik wirklich wichtig sind", klagte kürzlich der Moskauer Hörfunk-Korrespondent der ARD, Hans-Peter Riese. In *„hr-direkt"* (1/90), der Zeitung des „Hessischen Rundfunks", schildert der Journalist, mit welchen Problemen er und seine Kollegen auch heute noch in der Hauptstadt der Sowjetunion zu kämpfen haben.

Riese: *„Man kommt gar nicht ran. Man kann im Zentralkomitee zwar anrufen, aber man wird nicht weiterverbunden. Dann heißt es, bitte schreiben Sie einen Brief. Und dann schreibt man einen Brief."* Aber auch diese kämen nur selten an ihr Ziel. Die Leute, mit denen die Journalisten zusammenarbeiten, seien meist auf einer Ebene, *„die so weit von den Entscheidungsträgern entfernt ist, daß eigentlich die Zusammenarbeit sinnlos ist"*. Das hat Konsequenzen: *„Wir fühlen uns oft sehr schlecht informiert."*

Gerüchte werden aufgegriffen

Riese schildert auch den Druck, den die Heimatredaktionen immer wieder ausüben, um Material zu bekommen. *„Da in den Redaktionen unendlich viele Agenturmeldungen vorliegen, die zu einem hohen Prozentsatz auf Spekulation beruhen, glauben sie immer, die Agenturen seien besser informiert als wir. Das ist nicht der Fall."* Die Konkurrenz der Agenturen untereinander sei so groß, daß sie auch die letzten Gerüchte aufgriffen und als Informationen weitergeben.

Riese nennt ein Beispiel: *„Es steht dann in der Zeitung: ‚Scharfe Auseinan-*

dersetzung zwischen Ligatschow und Gorbatschow im Politbüro'. Das weiß niemand. Auch keine Agentur. Aber das steht dann in der Zeitung."

Negativ wirke sich auch die schlechte personelle Lage aus. Im Gegensatz zu Washington, wo die ARD derzeit acht Korrespondenten habe, müsse man in der ganzen Sowjetunion mit zwei Leuten auskommen. *„Wir produzieren mit zwei Korrespondenten pro Jahr 1600 bis 1800 Beiträge ... Das ist der komplette Wahnsinn ... Und die ARD glaubt, wenn in Aserbaidshan gestreikt wird und die sich in Karabach an die Hälse gehen, daß wir das in Moskau genau beurteilen können. Das ist schlicht unseriös."*

Immerhin beackern die wenigen Moskaukorrespondenten der Sender neben der Zehn-Millionen-Stadt ein Sechstel der Erde, wo fast 280 Millionen Menschen leben. Nach Sibirien sind es 3500 Kilometer, vier Zeitzonen liegen dazwischen. Und die Informationsmöglichkeiten über eine unabhängige, freie Presse bestehen nicht.

Die Reporter können sich bei ihren Recherchen im Lande auch keineswegs frei bewegen. So berichtete Jacqueline Hénard am 27. April 1989 in der F.A.Z. unter der Überschrift *„Im Osten vielfach noch drastische Beschränkungen für Korrespondenten"*: *„Die Innenministerien einzelner Länder sehen in herumstromernden Korrespondenten ein unerwünschtes Sicherheitsrisiko. So unterliegen westliche Korrespondenten in Moskau – Glasnost zum Trotz – bis heute strengen Beschränkungen. Reiseanträge müssen zwei Arbeitstage vor der geplanten Abfahrt eingereicht werden."*

Material der Zensoren

Unter ähnlich erschwerten Bedingungen muß auch das ZDF arbeiten, wobei das Fernsehen unter dem zusätzlichen Zwang steht, aktuelle Bilder liefern zu müssen. Die beiden Korrespondenten Joachim Holtz und Hanno Schneider produzieren laut ZDF-Info (3/90) weit mehr Beiträge als die meisten anderen Auslandskorrespondenten in der Welt. Nur Washington, Brüssel und in den letzten Jahren Wien haben aufs Jahr gerechnet mehr Sendezeit im Programm.

Um die Forderungen der Zentrale in Mainz erfüllen zu können, gesteht Holtz, *„nutzen wir auch das, was die Sowjets uns anbieten: das Fernsehen und die Agenturen Nowosti und TASS, die beide neuerdings einen Videoservice haben. Und selbst wenn ein ZDF-Team vor Ort ist, müssen die Korrespondenten zur Ergänzung oft auf staatlich ausgewähltes Material zurückgreifen"*.

Diese Abhängigkeit erschwert eine objektive Berichterstattung erheblich. Besonders dann, wenn die Regierung bestimmte Gebiete wieder einmal für ausländische Korrespondenten gesperrt hat, und vorwiegend zensierte Meldungen nach außen dringen. Derartige *„Nachrichtensperren"* verhängt der Kreml häufiger. So berichtete der *„stern"* am 13. Juli 1989: *„... wo immer in der UdSSR etwas geschieht – Unruhen in Georgien und Usbekistan, Zugunglück an der Transsib, Kämpfe in Nagornyi Karabach ... dann heißt es aus dem Außenministerium immer nur ‚Njet'."*

So war die von einem Nationalitätenstreit betroffene Sowjetrepublik Aserbaidshan mehrmals für ausländische Journalisten *„vorübergehend gesperrt"*. Und obwohl viele Bürger den staatlichen Agenturen einseitige Berichterstattung vorgeworfen hatten, mußten die deutschen Korrespondenten auf ausgewähltes Material von TASS, Nowosti oder des Staatsfernsehens zurückgreifen.

Finstere Zeiten des DDR-Journalismus

Mit welcher Vorsicht so entstandene Berichte zu genießen sind, zeigt ein Artikel von Hubert Spiegel am 14. April 1990 in der *„Frankfurter Allgemeinen Zeitung"*: *„Das Pressezentrum im litauischen Parlamentsgebäude ist nahezu verwaist. Noch vor zwei Wochen sollen 350 Journalisten aus aller Welt von hier aus über die Vorgänge im Lande berichtet haben. Auf Druck aus Moskau haben die meisten von ihnen das Land verlassen ... Die Ausweisung westlicher Journalisten ist nur eine Seite der sowjetischen Informationspolitik. Das sowjetische Fernsehen berichtet über Vorgänge in Litauen in einer Art und Weise, die einen Ost-Berliner Rundfunk-Korrespondenten an die finstersten Zeiten des ‚DDR-Journalismus' erinnert."* gka

(MK 19/90, 7. 5. 1990)

Syriens Präsident Assad

Ist der Staatsterrorist plötzlich hoffähig?

Einige Medien verfolgen, was politisch opportun ist

In Zeiten der Not sucht man sich seine Freunde nicht aus. Da verbündet man sich auch mit jenen, die gestern noch wegen schlimmster Vergehen angeklagt wurden. Dies lehrt uns derzeit die Golfkrise. So kommen sich Iraks Präsident Saddam Hussein und sein iranischer Kollege Rafsandschani nach jahrelangen Beschimpfungen wieder näher.

Auch ein anderer Staatschef der Region scheint durch den Konflikt wieder hoffähig zu werden: Syriens Staatschef Hafis el Assad. Daß sich westliche Politiker aus taktischen Überlegungen mit ihm verbünden müssen, verlangt die Lage. Was aber überrascht: Auch die Medien zeichnen derzeit ein äußerst gemäßigtes Bild von diesem Mann. Sie folgen dem, was die Politiker momentan als opportun empfinden.

So widmete die *„Süddeutsche Zeitung"* Assad am 20. September 1990 die *„Seite 3"*. Unter der anerkennenden Überschrift *„Der Taktiker wagt einen Balanceakt"* erscheint der Präsident als respektable Persönlichkeit. Er sei der *„klügste Politiker der Region"*, er *„tut nichts, ohne vorher zu überlegen"*. Er ist *„vorsichtig"*, ein *„gewiefter Taktiker"*, der für *„Mäßigung"* eintritt. Die Beispiele lassen sich beliebig fortsetzen. Nahezu kritiklos berichten Zeitungen und Fernsehen derzeit über Assad.

Syrische Killer in Aachen und Berlin

Ganz anders lasen sich die Berichte und Kommentare in den letzten Jahren. So schrieb die *„Zeit"* am 7. November 1986: *„Der Verfassungsschutz der Bundesrepublik kennt den syrischen Präsidenten Hafis el Assad schon seit langem als Staatsterroristen. Als nach der blutigen Niederwerfung der Moslembrüder 1982 in der Stadt Hama … der Chef dieser Fundamentalisten-Organisation in der Nähe von Aachen ins Exil ging, schickten die Syrer zweimal Killerkommandos in die Bundesrepublik."*

Und weiter: *„Es war für die deutschen Sicherheitsexperten auch frühzeitig erwiesen, daß sowohl der versuchte Bombenanschlag auf die von London aus startende El-Al-Maschine wie das Attentat auf die Deutsch-Arabische Gesell-*

schaft im Berliner Stadtteil Kreuzberg auf das Konto syrischen Staatsterrorimus gehen."

Damaskus – Zuflucht für Terroristen

Der Nahostexperte und F.A.Z.-Redakteur Wolfgang Günter Lerch schrieb am 26. November 1986 in *„Die Neue Ärztliche": „Nach Libyen ist jetzt das Syrien von Präsident Hafis el Assad ins Gerede gekommen: Viele Länder, allen voran die Vereinigten Staaten, werfen Damaskus vor, es unterstütze den internationalen Terrorismus. Anlaß dafür sind nicht zuletzt die Fakten, die in dem Prozeß gegen den Jordanier Nizar Hindawi in London ans Tageslicht gekommen sind ... Der syrisch unterstützte Terror hat im Nahen Osten seinen Hauptschauplatz. Aus syrischer Sicht firmiert da vieles als ‚Befreiungskampf', was in Wirklichkeit schlichter Mord ist."*

Lerch weiter: *„In Damaskus haben nicht nur palästinensische Organisationen ihren Sitz, die in Feindschaft zu der PLO Jassir Arafats stehen; auch der berüchtigte Terrorist Sabri al Banna mit dem Kampfnamen Abu Nidal unterhält dort nach amerikanischen Berichten ein Büro. Das gleiche gilt für die armenische Terrororganisation Asala, die überall in der Welt Mordanschläge gegen türkische Diplomaten unternommen hat."*

Lerch berief sich damals auf Insider und schrieb: *„Fachleute glauben, Syrien sei viel stärker in den Terrorismus verwickelt, als das Libyen Gaddafis. Damaskus taktiere nur vorsichtiger."* In Wirklichkeit sei Assad *„Drahtzieher des internationalen Terrorismus"*.

Saddam Hussein: Vom Vorkämpfer...

Heute ist vom *„Staatsterroristen Assad"* kaum mehr die Rede, die dubiosen Machenschaften des Syrers werden höchstens einmal in Nebensätzen angedeutet, ohne daß der Leser die konkreten Bezüge wieder herstellen kann.

Es zeigt sich: Viele Journalisten verlassen sich offenbar gerne auf die Vorgaben der Politik. Damit entsteht aber die Gefahr, daß der Faktenjournalismus einem gerade genehmen politischen Trend weicht. Die Berichte über Syriens Assad machen da keine Ausnahme, sondern scheinen eher typisch zu sein.

Das beste Beispiel ist der irakische Diktator Saddam Hussein. Verfolgt man die grundsätzliche Berichterstattung über ihn in den letzten Jahren, so zeigt sich: Solange er als Kämpfer gegen die Fundamentalisten um Khomeini im Iran eine dem Westen eher genehme Rolle spielte, kam er in unseren Medien relativ gut weg. Rudolf Augstein machte am 20. August im *„Spiegel"* deutlich, warum: *„Hat Saddam Hussein nicht acht Jahre lang die Blutsäufer des Ajatollah bekämpft?"*

...zum größenwahnsinnigen Diktator

Seit dem Überfall auf Kuweit sieht dies völlig anders aus. Die Zeitungen und der Rundfunk entdeckten plötzlich den *„Erpresser Hussein"*, den *„größenwahnsinnigen Diktator"*, den *„neuen Hitler"*. Der *„stern"* (9. August) sah in ihm den *„gefährlichsten Mann der Welt"*, einen *„Brandstifter"*, *„den Machtbessenen von Bagdad"*. Die Illustrierte glaubte sogar, in seinem Aussehen das Spiegelbild des Bösen auszumachen: *„Seine Lider sind wulstig und schwer wie ein Bollwerk. Ein stechender Blick schießt unter ihnen hervor. Gefurchte Stirn, klobige Nase, ein Schnurrbart in Form eines Säbels. Dieser Mann, sagt das Gesicht, hat in jeder Sekunde ein feindliches Ziel im Auge."*

Fundierter Fachjournalismus kommt zu kurz

Beide Fälle zeigen, daß sich die Medien offenbar eher von momentanen politischen Stimmungen beherrschen lassen, die fundierte Recherche, auf Hintergründe und langwierige Beobachtung von Experten gestützt, kommt zu kurz. Wahrscheinlich wird auch Assad erst nach der Golfkrise wieder als der *„Staatsterrorist"* behandelt - dann, wenn es genehm ist.

Dagobert Lindlau, erfahrener Auslandskorrespondent der ARD, klagte am 20. August 1990 in einer Sendung des *„Norddeutschen Rundfunks"*: Allzu oft vertraue man den Informationen Dritter, *„statt hinzufahren, selbst hinzuschauen, möglichst lange dort zu bleiben. Ich glaube einfach, daß die Fachbeobachtung zunehmend versagt"*. gka

(MK 40/90, 1. 10. 1990)

Kommentar

„Schwarzen-Ghetto“ Soweto

Ein hochbelasteter Begriff wird zur Irreführung benutzt

Frühnachrichten am 27. August 1990 um 7 Uhr im *„Hessischen Rundfunk“: „Im Schwarzen-Ghetto Soweto hat der ‚African National Congress‘ (ANC) zum Streik aufgerufen.“* Ähnliche Meldungen, in denen der Begriff *„Ghetto“* für Schwarzensiedlungen in Südafrika verwendet wird, verbreiten die Medien fast täglich. Sie verkennen damit die wahre Bedeutung des Begriffs und machen Stimmung.

Was bedeutet *„Ghetto“*? Mit diesem Begriff wird ein Ort bezeichnet, wo Juden unter Zwang untergebracht wurden (die Einrichtung von Ghettos ab dem 16. Jahrhundert beruhte interessanterweise auf der Forderung der katholischen Kirche nach Trennung zwischen Christen und Juden). Der Zutritt zum Ghetto wurde Nicht-Juden häufig verwehrt oder erschwert. Die Einrichtung von *„Ghettos“* zieht sich durch die europäische Geschichte, die Nazis machten daraus eine schauerliche Institution im Rahmen der Judenvernichtung.

In der Berichterstattung mancher Medien wird der Eindruck verstärkt, bei der *„South West Township“* (Soweto) handele es sich um ein armseliges Elendsviertel, in dem einige tausend Schwarze unter menschenunwürdigen Bedingungen zusammengepfercht dahindarben. Doch die Realität sieht etwas anders aus.

Jeder Besucher kann feststellen: Soweto hat über zwei Millionen Einwohner und eine Infrastruktur, die man in den meisten anderen großen Städten Schwarzafrikas vergeblich sucht. Es gibt Läden aller Art mit Waren aller Art, für jeden zugängliche öffentliche Verkehrsmittel, rund 900 christliche Kirchen, eine Universität für Schwarze, unzählige Schulen. Die Stadt wird von schwarzen Bürgermeistern verwaltet. Hier findet man Wohnhäuser aller Größen und Ausstattungen, von Lehmhütten bis zu Millionärsvillen (Winnie Mandela nennt zum Beispiel ein solches Prachthaus mit Swimmingpool ihr eigen). Der BMW-Händler in Soweto (ein Schwarzer) verzeichnet seit Jahren hervorragende Verkaufserfolge (an wohlhabende Schwarze). Im übrigen können die Wohnverhältnisse einer Stadt in Afrika (oder jedem anderen Kontinent) niemals mit unseren mitteleuropäischen Maßstäben gemessen und beurteilt werden.

Gewiß: In manchen Teilen Sowetos finden sich viele der vertrauten Vorurteile bestätigt. Warum stempeln einige Medien die Stadt aber pauschal mit dem Begriff *„Ghetto"* ab und betreiben so einen Etikettenschwindel? Die Vermutung drängt sich auf, daß es sich um die Fortsetzung einer journalistischen Meinungsmache handelt, die – von politisch Interessierten und kirchlichen Kreisen initiiert und subventioniert – das Ziel hat, alle nichtsozialistischen oder nichtkommunistischen Lösungen beim Weg aus der Apartheid abzublocken. Vermutlich soll die Fiktion wachgehalten werden, daß hier immer noch eine weiße Minderheit *„die Schwarzen"* kaserniert hält oder gar vernichten will – wie die Nazis die Juden.

Auch wenn es noch viel zu verbessern gibt: In Südafrika hat sich viel geändert. Das ist es wohl, was manche nicht wahrhaben wollen. Niemand käme auf die Idee, den New Yorker Stadtteil Harlem als *„Ghetto"* zu bezeichnen. Oder Berlin-Kreuzberg als Türken-*„Ghetto"*. Weil sich kein Journalist so tiefreichende Unkenntnis der realen Situation leisten kann, wird's wohl doch Absicht sein, wenn vom *„Schwarzen-Ghetto"* gesprochen wird.

MiV

(MK 37/90, 10. 9. 1990)

Revolution in Osteuropa

Die Macht des Fernsehens

Wie Stereotype politisch genutzt werden

Noch ist ungeklärt, wer die Revolution in Rumänien auslöste. Sicher ist jedoch, daß sich die Armee dem Diktator verweigerte und gleich zu Beginn ihrer Revolte das Fernsehgebäude in Bukarest besetzte. Und es steht auch fest, daß Einheiten der Ceausescu ergebenen Sicherheitspolizei Securitate gegen das Fernsehgebäude Sturm liefen, in dem sich Dissidenten und aus dem Untergrund aufgetauchte Regimegegner als *„Komitee zur Rettung der Nation"* und als provisorische Regierung etabliert hatten. Beide Bürgerkriegsparteien wußten: Über Sieg oder Niederlage entscheiden die Bilderbotschaften des Fernsehens.

Plastisch beschrieb die *„Süddeutsche Zeitung"* (27. Dezember 1989), wie das Fernsehen im Kampf gegen den Diktator instrumentalisiert wurde. Immer wieder wurde die Bevölkerung aufgefordert, in Massen zum Fernsehgebäude zu kommen, um es mit einer *„lebenden Mauer"* zu schützen. Der Erfolg des Volksaufstandes hänge davon ab, daß die Übergangsregierung im direkten Kontakt mit der Bevölkerung und der Außenwelt bleiben könne. *„An die Arbeiter in den Elektrizitätswerken wurde appelliert, die Stromversorgung aufrechtzuerhalten: ohne Strom kein Fernsehen, ohne Fernsehen kein Sieg gegen die Diktatur."*

„Der Antichrist ist tot"

In der vierten Nacht des rumänischen Bürgerkrieges kam über das Fernsehen die Sondermeldung: *„Ich habe eine wunderbare Nachricht an diesem Weihnachtstag"*, kündigte der Sprecher mit begeisterter Stimme an: *„Der Antichrist ist tot."*

Die SZ: *„Was dann aus dem Bukarester Fernsehstudio gesendet wurde, war die Direktübertragung einer Nacht, die in die Geschichte eingehen wird."*

Die Sendung des rumänischen Fernsehens wurde von den TV-Stationen benachbarter Länder live übernommen. So standen Jugoslawien und Ungarn im Banne der Geschehnisse in Rumänien. Immer von neuem kündigte der Sprecher des Bukarester Fernsehens einen wichtigen Filmbeitrag an, der dann, Stunden nach der Bekanntgabe des Urteils gegen Ceausescu, kurz vor Mitternacht gesendet wurde: ein Video-Clip, der der Bevölkerung zweifelsfrei das Ende von Ceausescus Zwangsherrschaft über Rumänien beweisen sollte:

„Ein gespenstischer Streifen flimmerte über die Mattscheiben – mit Aufnahmen, die inzwischen um die Welt gegangen sind. Mühsam stiegen Ceausescu und seine Frau aus der Ladeluke eines Panzerspähwagens ... Nun zeigte die Kamera die beiden, wie sie mit verkniffenen Gesichtern in einer Lazarettstube der Armee die letzten Prozeduren vor ihrer Hinrichtung über sich ergehen ließen: eine kurze ärztliche Untersuchung ... Zum ersten Mal sahen die Rumänen den allmächtigen Conducator, der sich Gottähnlichkeit angemaßt und mit Alexander dem Großen und Napoleon verglichen hatte, in Hemdsärmeln vor der Kamera stehen: ein unscheinbares, kleines, altes Männchen..."

Bevor das Fernsehen Ceausescus Leiche in Großaufnahme zeigte, wurden stundenlang Aufnahmen von den Kämpfen und den Greueltaten der verhaßten Securitate, *„aber auch dem Luxus in den Händen der bis vor wenigen Tagen herrschenden Klasse“ gesendet. Gezeigt wurde der verhaftete Sohn des Diktators, Nicu: „Mit vor Angst flackernden Augen, die linke Backe von Fausthieben gezeichnet, blickte der einstige Kronprinz des Ceausescu-Regimes in die Kamera.“*

Das Fernsehen – „mithandelnder Revolutionär“

Das Fernsehen habe einer Revolution zum Siege verholfen, so beurteilte die *„Frankfurter Allgemeine Zeitung“* (27. Dezember 1989) in einer Glosse des Feuilletons die Vorgänge in Rumänien. Die entscheidende Schlacht habe das rumänische Volk gewonnen, *„als es ihm gelang, den Fernsehsender zu besetzen“*. Von diesem Moment an sei das ganze Land Teilnehmer eines permanent tagenden Revolutionsausschusses gewesen, und die Welt habe zugeschaut. *„Das Medium Fernsehen erreichte in diesen Augenblicken das Äußerste seiner Möglichkeiten. Fern aller eitlen Gaukelei und Spielfilm-Ästhetik wurde es zum ersten Zeugen der Zeit, mehr noch: zum mithandelnden Revolutionär. Näher ist es bisher der Aufhebung des Unterschiedes von Abbild und Wirklichkeit noch nicht gekommen ... die Geschichte ist nun endgültig auch Mediengeschichte geworden.“*

Gut dreißigmal habe das *„freie“* rumänische Fernsehen am zweiten Weihnachtsfeiertag die *„schrecklichen Bilder“* gezeigt, berichtete der *„Spiegel“* (1. Januar 1990): *„Ein erschöpfter Ceausescu, von Soldaten aus einem Schützenpanzer gezerrt, ein Arzt, der dem Todgeweihten penibel noch einmal den Blutdruck mißt, Frau Elena mit verkniffenem Mund auf der Anklagebank und – zum Finale – die Leiche des Diktators.“*

Das rumänische Revolutionsfernsehen hatte ein Stereotyp in die Köpfe seiner Zuschauer gepflanzt, unvergeßliche Bilder, die das Fühlen und Handeln bestimmen: Erlösung durch die Vernichtung Ceausescus, seines Clans und seiner Garde. Die Rolle der Kommunistischen Partei Rumäniens und ihrer Funktionäre – das System – blieb dagegen unerörtert.

Der kurze Prozeß und die unbarmherzigen Bilder sind von den Regierungen in Washington und Paris als *„unnötig und unmenschlich“* kritisiert worden. Viele maßgebende in- und ausländische Zeitungen stimmten in diese Kritik ein. So schrieb der Pariser *„Figaro“* (28. Dezember 1989):

„Kommunismus, dieser Zwillingsbruder des Faschismus"

„Ceausescu und seine Frau zahlen für die Partei, die ihnen 24 Jahre lang einstimmig zugejubelt hat; der rumänischen KP wird die Verantwortung für die ganze Nation gegeben, die alles schweigend geduldet hat; Rumänien ist fortan der Sündenbock des gesamten kommunistischen Systems.

Subtil wird der Totalitarismus in zwei Hälften geteilt: In seinem Schoß gab es die Guten und die Bösen. Womit vermieden wird, das System selbst zu nennen. Dabei gehen viele Rumänen auf die Fragen westlicher Fernsehsender mit einem Satz auf den Grund des Problems: Ihr Unglück, sagen sie, habe nicht erst mit Ceausescu vor 24 Jahren begonnen, sondern mit der Einführung des Kommunismus zwischen 1946 und 1947. Die Kommentatoren schweigen verlegen. Sie hätten gerne, wenn Ceausescu für die gesamte Geschichte der 1917 begonnenen Revolution gezahlt hätte. Das aber ist Träumerei und Heuchelei. Der Vorhang hebt sich erst langsam über dem Kommunismus, diesem Zwillingsbruder des Faschismus."

Die *„Frankfurter Rundschau"* (28. Dezember 1989) äußert den „bedrükkenden Verdacht", hier sei wieder nach *„altem stalinistischem Muster abgerechnet"* worden. Im Augenblick überwiege noch die Freude über das Ende des Regimes. *„Wie aber soll der Rechtsstaat wachsen, wenn gleich zu Beginn gegen seine tragenden Grundsätze verstoßen wird? Mit Sicherheit nicht dadurch, daß unter dem Zeichen der Freiheit die Racheengel in justizförmiger Gestalt zuschlagen."*

Die Art, in der das rumänische Fernsehen über den Geheimprozeß gegen die Ceausescus berichtet hatte, kritisierte die *„Welt"* (28. Dezember 1989) so:

„Da wurden in den laufenden Film immer wieder Standbilder eingeschoben – so, als habe man gewisse Passagen des Verfahrens bewußt wegschneiden wollen. Da wurden immer nur die beiden Angeklagten gezeigt. Die Richter, der Staatsanwalt und der Pflichtverteidiger kamen kein einziges Mal ins Bild. Ihre Namen sind bis heute unbekannt. Warum?"

„Wahnsinnstaten" der Ceausescus?

Selbst der Verteidiger habe sich zum Ankläger gemacht und die *„Wahnsinnstaten"* des Ehepaares Ceausescu angeprangert. Dies erinnere, so die *„Welt"*, eher an stalinistische Schauprozesse als an ein rechtsstaatliches Verfahren. Weiter weist die *„Welt"* darauf hin, daß der anonyme Ankläger immer wieder von den *„Verbrechen der vergangenen 25 Jahre"* gesprochen habe, so, als seien vor dem Machtantritt Ceausescus im Jahre 1965 nicht gleichfalls furchtbare kommunistische Verbrechen in Rumänien geschehen. Wörtlich habe der Ankläger gesagt: *„Als wir 1947 die Macht übernahmen, fanden wir ganz andere Umstände vor."* Habe da *„eine kommunistische Richtung eine andere kommunistische Richtung erschossen"*, um selber an die Macht zu kommen?

Die Pariser *„Libération"* (27. Dezember 1989): *„Mit dem Geheimprozeß, selbst wenn dessen Gründe plausibel schienen, werden alle Hypothesen möglich, einschließlich derjenigen, daß eine öffentliche Aburteilung für diejenigen, in deren Hand Ceausescu war, Unannehmlichkeiten mit sich gebracht hätte, da Schändlichkeiten zur Sprache gekommen wären, deren Urheber er natürlich nicht allein gewesen ist, auch wenn er der oberste Verantwortliche war."*

Die *„Frankfurter Allgemeine Zeitung" (27.* Dezember 1989) erinnerte daran, daß die Exekution des Ehepaares Ceausescu die Möglichkeiten der Wahrheitsfindung schwierig, wenn nicht aussichtslos gemacht habe. Und sie verwies darauf, daß in Rumänien die Blicke *„auf Nebensächliches"* gerichtet worden seien: *„... auf massenhaft veruntreutes Staatsvermögen und auf die rumänische Spezialität eines weit verzweigten Familienclans, der die Korruption gleichsam monopolisierte. Dieses brennende Interesse ist zwar naheliegend und verständlich, aber irreführend. Es lenkt davon ab, daß abermals ein sozialistisches System schmähliches Nichtfunktionieren bewiesen hat, und daß die breite Führungsschicht, von ihm erzogen, am Weitermachen gehindert werden muß..."*

ARD und ZDF: Die Analyse kam zu kurz

Unzählige Male sendeten ARD und ZDF die *„schrecklichen Bilder"* vom erschöpften Ceausescu, der aus einem Schützenpanzer gezerrt wird, vom Prozeß und die Großaufnahme vom hingerichteten Diktator in ihren Nachrichtensendungen, in zwei ARD-*„Brennpunkten"* und im ZDF-Magazin *„Studio 1"*. Es hatte den Anschein, als seien die Fernsehmacher der Faszination dieser makabren, aber historisch bedeutsamen Bilder erlegen, als fehle ihnen die Distanz zum Geschehen und damit zur Analyse. Im ARD/BR-*"Brennpunkt"* (27. Dezember 1989) kommentierte Moderator Franz Stark vom BR so:

„Es ist schon erschütternd, wie wenig einsichtig sich der Diktator auch in seinen letzten Lebensstunden zeigte. Sicherlich, ein rechtsstaatlicher Prozeß

war das nicht. Das Urteil stand fest, Zeugen traten nicht auf, Beweise wurden nicht vorgelegt, aber sie waren wohl angesichts der erdrückenden Schuld auch nicht nötig. Es hätte im Grunde auch dieser Prozeßfarce nicht bedurft. Andererseits kann kein Zweifel bestehen, daß die erdrückende Mehrheit des geschundenen rumänischen Volkes den Tod des Tyrannen und seiner Frau wollte. Aber wer würde es wagen, über diese Entscheidung der neuen rumänischen Führung zu richten ...“

Die *„Süddeutsche Zeitung“* (29. Dezember 1989) kommentierte die ARD/BR *„Brennpunkte“* zu Recht so:

„Insgesamt 65 Minuten Brennpunkt an zwei Tagen und so wenig Hintergrund, so wenig Vorgeschichte, so wenige Fragen nach dem Woher, Wohin und Warum. Wie kann es geschehen, daß ein Volk, das jahrzehntelang scheintot vegetiert, so schnell und heftig aufsteht? Wie kann es geschehen, daß das Regime, jahrzehntelang scheinbar unangreifbar mächtig, in wenigen Tagen angreifbar wird und fällt? Wie geht es weiter mit einer Regierung von Alt-Kommunisten, die das Volk nicht will? Ist die Krise des Landes mittelfristig zu bewältigen?“

Stereotype auch in DDR-Medien

Sicherlich hat Josef Joffe von der *„Süddeutschen Zeitung“* (30./31. Dezember 1989) recht, wenn er schreibt: *„Früher mußten sich die Menschen vor der Bastille zusammenrotten, um sich zu organisieren: heute leben sie rund um die Welt in einem ‚kleinen Dorf‘, das durch das Bild, das Wort in ‚Echtzeit‘ gebaut wird. Haben nicht die Bilder von Leipzig die Revolution in Prag ausgelöst – und deren Bilder wiederum den Aufstand in Temesvar?“*

Realität ist aber auch, daß das Fernsehen mit seinen Bildern, die ja immer nur Ausschnitte aus der Realität sind, Streotype bilden und verfestigen kann. In der DDR beherrschen immer noch SED-Kader die Massenmedien. Der DDR-Maler Winfried Wolk, der beim Parteitag der Ost-CDU, deren Vorstandsmitglied er war, vor laufenden Fernsehkameras sein Mitgliedsbuch zurückgab, schrieb in *„Bild am Sonntag“* (31. Dezember 1989):

„Zeitungen, Fernsehen und Radio sind in der DDR alle noch auf SED-Linie. Nicht nur das ‚Neue Deutschland‘ gehört der SED, in jedem Bezirk ist die führende Presse SED-Presse.“

Wolk beschreibt, wie diese SED-gesteuerten DDR-Medien, allen voran das Fernsehen, Stereotype produzieren. Da wird im Bild gezeigt, wie die abgehalfterte ehemalige SED-Prominenz *„Häuser- und Champagner-Privilegien"* genoß. Doch niemand frage danach, *„was denn nun mit den gebrochenen Seelen und zerschundenen Körpern ist, welche die Herrschaft der Einheitspartei hinterlassen hat"*. Nicht Honecker, Mittag und Konsorten seien allein verantwortlich, *„sondern die ganze Partei, die politische Struktur dieses Landes"*. Stereotypisiert wird in den SED-Medien auch der Vorwurf, jene, die für die deutsche staatliche Einheit eintreten, seien verkappte Faschisten. Wolk hält das für gefährlich – denn: *„Die Unredlichkeit in der Argumentation erzeugt bei den Menschen auf der Straße nur Aggressivität, weil sie sich verscheißert fühlen."* sp

(MK 2/90, 8. 1. 1990)

II.
Wirtschaft

Höchstverschuldung und Subventionsabbau

ARD und ZDF vernachlässigten systematische Grundinformation

Wirtschaftsthemen werden in den meisten Medien nur stiefmütterlich behandelt. Selbst wenn die Entwicklungen von nationaler Bedeutung sind, greifen die Journalisten nur ungerne zu. So auch in diesen Tagen: Das Thema Staatsverschuldung wird in ARD und ZDF nicht systematisch und verständlich aufgearbeitet, die vom Gebührenzahler finanzierten Grundversorger vernachlässigen ihren Auftrag.

Ob aus politischer Rücksichtnahme oder weil sie vor der Kompliziertheit der Aufgabe zurückschrecken, viele öffentlich-rechtliche Journalisten – die immerhin einen Grundversorgungsauftrag haben – ziehen es vor, unser vielleicht dringendstes Wirtschaftsproblem weitgehend zu verdrängen. Keine Sondersendungen, Serien oder Schwerpunktabende – mit denen man zum Beispiel bei ökologischen Themen gerne aufwartet – erläutern die Hintergründe und Zusammenhänge der komplizierten Staatsfinanzen. Versucht man es, wie im *„Brennpunkt"* zur Währungsunion (26. Juni 1991), dann entsteht kaum mehr als wildes Klagen Betroffener, weil die fachlich eher unkundigen Moderatoren die ökonomischen Zusammenhänge nicht darlegen können.

Höhere Verschuldung als je zuvor

Dabei drücken die Probleme. Das Defizit in den Haushalten aller deutschen Gebietskörperschaften wird allein in diesem Jahr nach Ansicht der Bundesbank auf 150 bis 170 Milliarden Mark steigen. Die Neuverschuldung des Staates liegt deutlich über fünf Prozent des Bruttosozialprodukts. Damit ist die Grenze, an der die Alarmglocken klingeln müßten, inzwischen überschritten. Insgesamt wird die Verschuldung der öffentlichen Haushalte in diesem Jahr auf etwa 1,3 Billionen Mark steigen.

Neben den weithin bekannten Ausgaben für Ostdeutschland, die Sowjetunion oder den Golfkrieg verbirgt sich in zahlreichen Sondertöpfen eine enorme zusätzliche Kreditaufnahme. So muß sich die Post in diesem Jahr mit 15 Milliarden, die Bundesbahn mit sieben Milliarden Mark neu verschulden. Fünf Milliarden Mark muß der Kreditabwicklungsfonds auf dem Kapitalmarkt aufnehmen, weitere sieben Milliarden Mark muß der Bund wegen des Schuldendienstmoratoriums der Wohnungswirtschaft in den neuen Ländern borgen. Dazu kommt noch die Treuhandanstalt, der allein in diesem Jahr 22,5 Milliarden Mark fehlen. Alles in allem kämen da noch einmal 56,5 Milliarden Mark an neuen Schulden zusammen, resümierte die *„Wirtschaftswoche"* am 21. Juni, so daß sich die öffentliche Neuverschuldung allein in diesem Jahr auf 205,5 Milliarden Mark summiere. Der Anteil der Staatsausgaben am Bruttosozialprodukt dürfte 1991 mehr als 52 Prozent betragen und damit höher liegen als jemals zuvor in der alten Bundesrepublik. Ein weiteres Problem, auf das der Bundestags-Ausschuß *„Treuhandanstalt"* jetzt aufmerksam machte: Auf den Bund kommt bis 1993 eine staatliche Schuldenlast von 300 Milliarden Mark zu, die noch aus DDR-Zeiten stammt.

Nur die Wirtschaftsblätter und einige wenige Zeitungen mit ihrem eher kleinen Leserkreis beginnen langsam, vor den Folgen zu warnen und die Milliarden aufzuschlüsseln. Stefan Baron, Chefredakteur der *„Wirtschaftswoche"*, kritisierte in seinem Editorial am 21. Juni: *„Die Deutschen haben das Perpetuum mobile erfunden: Wir überweisen an unsere Brüder und Schwestern im Osten allein 140 Milliarden Mark Aufbauhilfe, die Sowjets bekommen mindestens 13 Milliarden Mark Abzugshilfe, die USA und ihre Verbündeten haben von uns für den Einsatz am Golf über 18 Milliarden Mark Aufmarschhilfe kassiert. Gewerkschaften und Arbeitgeber handeln in den neuen Bundesländern trotz sinkender Produktivität zweistellige Lohnerhöhungen aus.*

... Gleichzeitig soll der japanischen Herausforderung getrotzt und eine Europäische Währungsunion geschaffen werden. Wir haben uns übernommen. Schon bröckelt der Wert der Mark. Die deutsche Handelsbilanz sackte binnen weniger Monate von einem turmhohen Überschuß ins Minus, die Staatsverschuldung schnellte auf über fünf Prozent des Bruttosozialprodukts hoch. So kann es nicht weitergehen."

Bürger fragen, wo das enden soll

Auch Jürgen Jeske warnte in der *„Frankfurter Allgemeinen Zeitung"* am 18. Juni: *„Schon jetzt finanziert die Bundesregierung mit den Krediten kei-*

neswegs nur Investitionen in den neuen Bundesländern, sondern mehr noch Sozialmaßnahmen, Subventionen und überhöhte Löhne. Trotz steigender Schulden ist wenig Bereitschaft zu sparsamer Haushaltsführung zu erkennen. Und schließlich türmen die öffentlichen Hände die neuen Schulden auf nicht unbeträchtliche alte Kreditlasten. Kein Wunder, daß besorgte Bürger fragen, wie das enden soll, zumal ständig von weiteren Milliarden-Verpflichtungen die Rede ist. Schon zweimal haben in Deutschland ausufernde staatliche Kreditfinanzierungen zu großen Geldentwertungen geführt."

Peter Gillies monierte in der *„Welt"* am 13. Juni: *„Im Umgang mit öffentlichem Geld hat sich ein unmerklicher, aber bedeutsamer Wandel eingeschlichen. Heute verlangen oder gewähren Politiker – zwischen Suppe und Nachtisch – Milliardensummen, die noch vor wenigen Jahren Regierungsbündnisse hätten zu Bruch gehen lassen."* Es dürfe nicht übersehen werden: *„Die Bedrohung wird dann zu einer Gefahr, wenn niemand dem riskanten Tempo zunehmender Finanzobligos Einhalt gebietet."*

Subventionsabbau wird nicht thematisiert

So war es für die Fachleute nicht verwunderlich, daß die Bundesbank am 19. Juni in ihrem Monatsbericht eindringlich einen deutlichen Abbau öffentlicher Subventionen und eine Reduzierung der öffentlichen Ausgaben forderte. Durch einen konsequenten Subventionsabbau müsse die Bundesregierung dafür sorgen, daß das Vertrauen in die deutsche Finanzpolitik bestehen bleibt. Um negative Auswirkungen der derzeitigen hohen Defizite der öffentlichen Haushalte auf Zinsen und Wechselkurse zu vermeiden, sollte klargemacht werden, daß die derzeitige Situation eine Ausnahmeerscheinung sei.

Beispielsweise mahnte die Deutsche Bundesbank, Subventionen in den ostdeutschen Ländern dürften nicht tabu sein, da gerade diese Länder und Gemeinden deutliche Deckungslücken aufwiesen. So dürfe nicht verschwiegen werden, daß der teilweise weit überhöhte Personalbestand mit an Westniveau angepaßten Löhnen bezahlt werde.

Wer nun erwartet hatte, daß sich die Massenmedien dieser Thematik annehmen würden, sah sich enttäuscht: Zwar griffen die Anstalten noch wenige Wochen vorher zu, als sich im Umfeld der Bundesbank personalpolitische Entscheidungen (die natürlich nicht ganz unwichtig sind) abzeichneten – der Rücktritt von Karl Otto Pöhl fand große Aufmerksamkeit, obwohl allgemein anerkannt war, daß ein Wechsel an der Spitze der Bank keine gravierenden Änderungen bringen würde – doch die tatsächlich ökonomisch entscheidenden Prozesse wurden nur am Rande thematisiert.

So stellten die Fernsehanstalten den Bundesbankbericht nur lapidar vor, die unangenehmen Aspekte notwendiger Subventionsstreichungen wurden nicht erläutert. Aber: Der Bürger muß die Konsequenzen solch wichtiger ökonomischer Entwicklungen (z.B. Lohnniveau in Ostdeutschland im Zusammenhang mit der Produktivität) erklärt bekommen, um sie zu verstehen.

Den Zuschauer nicht verunsichert lassen

Es bleibt festzuhalten:

- In wichtigen finanz- und wirtschaftspolitischen Fragen hielten sich die sonst so eifrigen Kommentatoren in den öffentlich-rechtlichen Anstalten – aus politischer Rücksichtnahme oder mangelndem Fachverstand? – mit sachkundigen Kommentaren zurück.
- Wo keine personalpolitischen Querelen oder Skandale locken, fühlen sich die Anstalten oft nicht berufen.
- Der Bürger findet kaum erläuternde Hintergrundbeiträge, die den großen Komplex der Staatsfinanzen einmal systematisch bearbeiten. Gelegentliche kleine verbraucherfreundliche Magazinbeiträge oder chaotische Diskussionen mit Laien scheinen den Machern auszureichen.

Aber: Der Durchschnittsbürger darf bei einer Frage von höchster wirtschaftspolitischer Bedeutung nicht ratlos und verunsichert bleiben. Wer ab Juli 1991 deutlich mehr Steuer zahlen soll, muß darüber informiert werden, wofür er sie zahlt. gka

(MK 27/91, 1. 7. 1991)

Wirtschaftsgutachten

Uneinig und unverständlich

Wie unterschiedlich Zeitungsleser informiert werden können

Eine erfreuliche Nachricht konnte der Leser der *„Frankfurter Allgemeinen Zeitung"* am 16. April 1991vernehmen. Die Schlagzeile auf der Titelseite verkündete ihm: *„Günstige Prognose für die Wirtschaft in den östlichen Bundesländern."* In der Unterzeile war zwar zu lesen, das *„Sondergutachten der Sachverständigen"* warne vor *„überhasteten staatlichen Eingriffen"*. Doch der erste Satz des Artikels beruhigte wieder: *„Der Sachverständigenrat zur Begutachtung der gesamtwirtschaftlichen Entwicklung beurteilt die mittelfristige Wachstumsaussicht für die neuen Länder als gut."*

Die Berichterstattung der F.A.Z. behielt ihren positiven Tenor auch im folgenden bei: *„Als günstig werden sich nach Auffassung der Sachverständigen in Ostdeutschland mittelfristig der Aufbau eines neuen Kapitalstocks erweisen, die Integration in die nationale und internationale Arbeitsteilung und die Einstellung der Menschen auf das marktwirtschaftliche System. Die hohe Kapitalknappheit und das große Angebot von Arbeitskräften gaben zahlreichen rentablen Investitionsmöglichkeiten Raum. Es sei auch sicher, daß die neuen Bundesländer an dem Austausch von Gütern auf dem Weltmarkt teilhaben würden, sobald sie wettbewerbsfähig produzierten..."* Zwar werde es bis zum Jahresende 1,7 Millionen Arbeitslose geben, doch *„als Hilfe für die Arbeitslosen stünden viele Instrumente zur Verfügung"*.

Ein pessimistisches Bild

Einen völlig anderen Eindruck mußte der Leser der *„Welt"* am selben Tag bekommen. Die Bonner Tageszeitung druckte die Überschrift *„1,7 Millionen im Osten arbeitslos? Gutachter prognostizieren: Arbeitsmarkt in den neuen Ländern bricht zusammen."* Mit den Arbeitslosen begann auch der pessimistisch stimmende Artikel, in dem es dann weiter hieß: *„Auch bei einem raschen Strukturwandel und einem Durchbruch der Auftriebskräfte werde sich die Arbeitslosigkeit in den neuen Ländern nur über Jahre abbauen. Es werde nicht jeder Arbeitslose ins Berufsleben zurückfinden, und Langzeitarbeitslosigkeit werde sich herausbilden."* Eine anschauliche Grafik unterstrich bildlich die drohende Entwicklung. Insgesamt malte die *„Welt"* ein deutlich pessimistischeres Bild als die F.A.Z. und stellte sogar die linksalternative *„tageszeitung"*, die eher referierend und distanziert berichtete, in den Schatten.

Fast alle Zeitungen schrieben übereinstimmend, der Sachverständigenrat warne vor *„überhasteten Aktionen"* der Politiker (was immer das auch heißt). Diesen Punkt des Gutachtens erachtete die *„Süddeutsche Zeitung"* als den wichtigsten. Nach der Schlagzeile *„Sachverständige warnen vor Aktionismus im Osten"* folgte dann aber ein kurzer Vorspann, der alle Nichtexperten unter den Lesern abschrecken mußte.

Darin hieß es: *„Die ‚Fünf Weisen' sprechen sich nachdrücklich gegen eine konservierende Struktur- oder Industriepolitik zur sozialen Abfederung des Umstrukturierungsprozesses aus. An der Frage, ob dieser Prozeß im wesentlichen dem Markt überlassen bleibe oder politisch gesteuert werde, entscheide sich der wirtschaftliche Erfolg oder Mißerfolg der deutschen Einigung."* Die Arbeitslosenzahl, die der *„Welt"* immerhin einen Aufmacher wert war, wurde in der *„Süddeutschen Zeitung"* überhaupt nicht erwähnt. gka

(MK 17/91, 22. 4. 1991)

Wirtschaftsjournalismus

Beta-Faktoren und CAPM

Die Beiträge zum Wirtschaftsnobelpreis verstanden nur Experten

Im Oktober 1990 gab die schwedische Akademie der Wissenschaften die Nobelpreisträger für Wirtschaftswissenschaften bekannt. Ausgezeichnet wurden die drei Amerikaner Harry Markowitz, Merton Miller und William Sharpe. Sie hatten sich mit Problemen befaßt, die viele Bürger interessieren könnten. Zum Beispiel: Wie legt man sein Geld an, damit das Risiko möglichst gering bleibt und dennoch ein günstiger Ertrag herausspringt? Ihre Theorien haben praktische Bedeutung für die Erklärung vieler Abläufe in der Marktwirtschaft. Ein Glücksfall für Wirtschaftsjournalisten – mochte man meinen. Gestärkt durch die hohe Auszeichnung, könnte man der Chefredaktion einmal etwas mehr Platz oder Sendezeit als üblich für einen Beitrag abringen.

Endlich hatte man ein Thema, das sogar breitere Schichten interessieren könnte. Doch die Medien hielten sich zurück. Die meisten Tageszeitungen brachten Kurzmeldungen, sogar die selbsternannten *„Informationssender"* ARD und ZDF – bei politischen Themen immer mal wieder für eine kurze, aktuelle Sondersendung, eine Expertenrunde oder zumindest ein Erklärstück gut – ließen es bei kleinen Meldungen bewenden.

Umfangreicher berichteten die überregionalen Tageszeitungen. Doch ihre Texte waren wieder einmal nur für Experten geschrieben. So war in der *„Welt"* zu lesen: *„Diese ganz besondere Auszeichnung trifft drei Wirtschaftswissenschaftler, die in vorderster Front die Entwicklung der Portefeuille-Theorie, der Kapitalmarkt-Theorie und der Finanzierungs-Theorie beeinflußt haben. Aber auch jeder Praktiker des Investment Banking, der Anlageplanung oder Corporate Finance weiß, daß die Arbeit der drei Geehrten auf ihren Gebieten keineswegs nur von akademischem Interesse ist."* Über Sharpe heißt es, *„sein 1964 erschienener grundlegender Beitrag ist zum Ausgangspunkt des Kapitalmarktmodells des sogenannten CAPM (Capital Asset Pricing Model) geworden, das unabhängig von ihm auch von Treynor (Lintner und Mossin) erarbeitet wurde und in der Folgezeit sowohl die Investment-Branche wie auch die Finanzierungspraxis revolutioniert hat. Ergebnis der von Sharpe entwickelten Idee sind beispielsweise die sogenannten Beta-Faktoren der Aktien, die den Risikozusammenhang zwischen der Kursentwicklung einer Aktie mit der des Gesamtmarktes angeben."* Weder die *„Welt"* noch die *„Süddeutsche Zeitung"* erklärten dem Durchschnittsleser, was CAPM ist.

Diese Erklärung versuchte die F.A.Z. Sie legte dem Leser folgenden Satz vor: *„Auf einem effektiven Kapitalmarkt werden dem CAP-Modell zufolge die Risikoprämie und damit der erwartete Gewinn eines bestimmten Vermögenswertes in direkter Proportion zum ‚Beta-Wert' variieren, der den marginalen Anteil einer Aktie am Risiko des gesamten Marktportefeuilles bezeichnet."*

Auch die *„Süddeutsche Zeitung"* schreibt offenbar nur für Experten. Sie zitierte aus einem Lexikon: *„Die Eigenschaften und Funktionen des Geldes als allgemeines Rechen-, Zahlungs- und Wertaufbewahrungsmittel sowie des Kapitals als ‚abstrakter Vorrätigkeit' (so eine deutsche betriebswirtschaftliche Definition) ließen sich nur mühsam mit den Gleichungssystemen der reinen Welt realer Güterbeziehungen verbinden."* Die Preisträger hätten hier *„wesentliche Fortschritte und Präzisierungen"* geliefert. Fazit: Anders als die Ökonomen brachten die Journalisten nichts Preiswürdiges hervor.

gka

(MK 43/90, 22. 10. 1990)

Berichte und Meinungen

Bruttosozialprodukt auf Rekordhöhe

Das Wirtschaftswachstum und seine Gegner

Als geradezu sensationell werten die Experten das Rekordwachstum der Wirtschaft in der Bundesrepublik. Wie das Statistische Bundesamt am 5. September 1989 mitteilte, stieg das Bruttosozialprodukt im zweiten Quartal gegenüber dem Vorjahr real um 4,9 und gegenüber dem ersten Vierteljahr um 0,5 Prozent. Mit 4,6 Prozent wurde für das erste Halbjahr die höchste Zuwachsrate seit 13 Jahren erzielt.

Dazu merkte die *„Süddeutsche Zeitung"* (6. September 1989) an: Wem diese Zuwachsrate immer noch nicht groß genug sei, der möge bedenken, *„daß sie, in realen Größen ausgedrückt (und schließlich geht es ja nur darum), durchaus jenen Traumergebnissen entspricht, die in den sechziger und Anfang der siebziger Jahre erzielt wurden. Mit anderen Worten: Wegen der heute wesentlich höheren Basis in der Versorgung mit Gütern und Dienstleistungen sind jene 4,9 Prozent durchaus gleichzusetzen mit 6 bis 7 Prozent, erzielt in den ‚goldenen' Jahren vor der ersten Ölpreiskrise. Erst eine solche Relativierung veranschaulicht, welche Kräfte hinter dem in diesem Jahr erzielten Produktionsergebnis stecken"*. Diese Steigerungsrate ist rund doppelt so hoch, wie alle maßgeblichen Instanzen bisher vorausgesagt hatten.

Das Statistische Bundesamt berichtete auch dies: Infolge des Aufwärtstrends in Produktion und Dienstleistungen nahm die Zahl der Erwerbstätigen im zweiten Quartal um 339 000 oder 1,3 Prozent gegenüber dem Vergleichszeitraum des Vorjahres zu. Die Zahl der Arbeitslosen verminderte sich gleichzeitig um 222 000 Personen. Das sind 9,9 Prozent weniger als 1988.

Beiläufige Kurzmeldung im Fernsehen *„Tagesschau"* (und *„heute"*) vom 5. September 1989 (20 Uhr) war die Sensation nur eine beiläufige Kurzmeldung wert. Die *„Tagesschau": „Ein anhaltend kräftiges Wirtschaftswachstum belegen die neuesten Zahlen des Statistischen Bundesamtes in Wiesbaden. Danach ist das Bruttosozialprodukt in der ersten Jahreshälfte um 4,6 Prozent gestiegen, die höchste Zunahme seit 13 Jahren. Entscheidend dafür waren die steigende Auslandsnachfrage und Investitionen. Das Bruttosozialprodukt drückt in Mark den Wert aller in einer Volkswirtschaft erbrachten Leistungen, d. h. Güter und Dienstleistungen, aus."*

Daß diese Meldung so karg ausfiel und unkommentiert blieb, läßt darauf schließen, daß sich die Redaktion der Bedeutung des Wirtschaftswachstums (bei relativer Preisstabilität) im Hinblick auf den Zustrom Hunderttausender von Umsiedlern und Aussiedlern, die in der Bundesrepublik einen Arbeitsplatz suchen, nicht bewußt ist, ebensowenig der Tatsache, daß wirtschaftliche Hilfen für Polen und Ungarn sowie die übrigen Ostblockländer ohne Wirtschaftswachstum illusionär wären. Ohne ein forciertes Wirtschaftswachstum könnten diese Hilfen ohne Einbußen für den Lebensstandard der Bevölkerung ebensowenig geleistet werden wie die Infrastrukturinvestitionen (beispielsweise Wohnungsbau) für die Neubürger.

„Zeit hoher Wachstumsraten zu Ende"

Die Geringschätzung des Wirtschaftswachstums dürfte auch damit zusammenhängen, daß es bis in die jüngste Zeit hinein immer wieder abgelehnt, diffamiert und auch totgesagt worden ist. So ist daran zu erinnern, daß Oskar Lafontaine in seinem Buch *„Der andere Fortschritt"* (Hoffmann und Campe, Hamburg 1985) schrieb:

„Als fast göttliches Gesetz, als Dogma gilt bei all dem das Wachstum des Bruttosozialprodukts. Erst jetzt, nachdem es ins Wanken gerät, beginnt man über seinen Inhalt nachzudenken. Aus der Unmöglichkeit, dieses Dogma aufrechtzuerhalten, erklärt sich aber nicht allein, daß unser Wirtschaftssystem zu solch verheerenden Ergebnissen wie Naturzerstörung, Hunger in der Welt und Massenarbeitslosigkeit führt … Gegenwärtig, da die Zeit hoher Wachstumsraten zu Ende ist, läßt sich aber nicht einmal mehr sagen, daß Wachstum erlaube, denen, die zur Zeit noch wenig haben, mehr zu gehen, ohne denen, die heute schon mehr haben, etwas wegnehmen zu müssen."

Lafontaine apodiktisch: *„Vollbeschäftigung durch Wirtschaftswachstum wird es künftig nicht mehr geben, der erforderliche Zuwachs des Brutto-*

sozialprodukts ist nicht mehr erreichbar und wegen der zusätzlichen Umweltbelastung auch nicht mehr wünschbar."

IG-Metall-Chef Franz Steinkühler dachte bereits 1983 ähnlich wie Lafontaine, als er in dem ARD-Fernsehfilm *„Die Welt, die wir uns schaffen"* (24. April 1983) erklärte: *„Für eine Denkblockade halte ich es, auf Wachstum zu bauen ... Ich denke, es wäre schon viel gewonnen, wenn deutlich gemacht werden könnte, daß alle diejenigen, die in Zukunft auf Wachstum setzen, entweder von der Problemstellung keine Ahnung haben oder bewußte Irreführung betreiben."*

Ökologischer Umbau statt Wachstum

Auch Otto Schily, Bundestagsabgeordneter der Grünen, trat gegen das Wirtschaftswachstum auf. In dem Sammelband *„Grüne Wirtschaftspolitik – Machbare Utopien"* (Verlag Kiepenheuer & Witsch, Köln, 1985) schrieb er:

„Alle wirtschaftspolitischen Vorstellungen der Grünen verbindet der Grundgedanke, daß die bisher üblichen Indikatoren als Wertmaßstab für wirtschaftlichen Wohlstand untauglich sind, daß insbesondere die Vermehrung des Bruttosozialproduktes, daß quantitatives Wachstum keineswegs gleichbedeutend mit wirtschaftlichem Wohlergehen sind, weil die ökologischen und sozialen Kosten aus der wirtschaftlichen Betrachtungsweise ausgeklammert werden.

Wirtschaftliches Wohlergehen drückt sich vielmehr darin aus, ob die natürlichen Lebensgrundlagen erhalten bleiben und zugleich die sozialen Beziehungen zwischen den Menschen verbessert werden. Wer in diesem Sinne einen ökologischen sozialen Wohlstand anstrebt, kann sich nicht mit einer bloßen grün gefärbten Verkleidung alter wachstumsorientierter Wirtschaftskonzepte, die als ökologische Marktwirtschaft oder ökologische Modernisierung der Industriegesellschaft angepriesen werden, begnügen. Es bedarf statt dessen eines umfassenden Umbaus unseres Industriesystems im Sinne ökologischer und sozialer Zielsetzungen."

Lebensstandard reicht aus

Wachstumskritik äußerte auch Professor Dr. Kurt Biedenkopf: Weiteres quantitatives Wirtschaftswachstum sei nicht nötig. Der bisher erreichte Lebensstandard reiche aus, um die Bedürfnisse der Bevölkerung zu befriedigen. Außerdem zeige sich, daß die Bundesbürger auch nicht mehr bereit seien, über den bisher erreichten Lebensstandard und die bereits erzielte Lebensqualität hinaus zusätzliche Leistungen zu erbringen. (Quelle: *„iwd"*, 11. Februar 1988).

Die jüngste Wachstumskritik: Wolfgang Kaden im Wirtschaftskommentar des *„Spiegel"* (24. Juli 1989): *„Immerwährendes Wachstum und Erhalt der natürlichen Lebensgrundlagen schließen einander aus. Dies schon allein deswegen, weil für jedes Wachstumsprozent mehr Energie verbrannt wird und weil jeder Gebrauch von Energie in Wärme endet – Wärme, die zu einer weiteren Erhitzung der irdischen Umgebung beiträgt."*

Ohne Wachstum verschärfte Verteilungskämpfe

Die gängige Wachstumsfeindlichkeit skizzierte Hans-Jörg Kramer in einer Sendung des BR-Hörfunks unter dem Titel *„Darf die Wirtschaft auf der Stelle treten?"* (9. Oktober 1984) so:

„Hören wir doch endlich auf mit dem Wachstumsquatsch. Richten wir uns doch auf dem erreichten, ohnehin sehr hohen Wohlstandsniveau gemütlich ein und versuchen, das Leben wieder lebenswerter und das Raumschiff Erde überlebensfähig zu machen. Lassen wir also die Wirtschaft auf der Stelle treten! Erheben wir doch die ökonomische Stagnation zum Losungswort unserer Zeit!"

Die Antwort des Autors darauf: *„Eine dauernd auf der Stelle tretende oder langsam absackende Wirtschaft hat weniger zu verteilen. Die Folge ist ein kräftiges Gerangel um den schrumpfenden, bestenfalls gleichbleibenden Kuchen. Da treibt dann der Sozialneid kräftige Blüten. Die eher größer werdenden Anpassungszwänge aller Art führen zu ständiger Gereiztheit. Die Beziehungen zwischen den Sozialpartnern, zwischen den Berufsgruppen, zwischen den Unternehmen, zwischen denen, die noch berufstätig sind, und denen, die schon Rente beziehen, sowie zwischen Bürgern und Staat werden dann sehr gespannt sein, gespannter jedenfalls als heute schon."* Unter die Räder käme dann der Umweltschutz, der jährlich mehrstellige Milliardenbeträge erfordert: *„Zu realisieren ist er nur bei wirtschaftlichem Wachstum."* sp

(MK 38/89, 18. 9. 1989)

Kraftlose Recherche ohne Beweise

ARD-„Monitor“: Mit dubiosen Tricks gegen die Treuhand

Die Treuhandanstalt sieht sich seit ihrer Gründung der Kritik von Politikern, Gewerkschaften und Unternehmern ausgesetzt. Viele Medien halten die politische Auseinandersetzung um die Treuhand in Gang. In der Vergangenheit wurde ihr häufig vorgeworfen, sie agiere zu langsam, versuche die Preise in die Höhe zu treiben und schrecke dadurch investitionswillige Unternehmer aus dem Westen ab. Eine neue Kritik-Variante präsentierte die ARD-Sendung *„Monitor“* (9. Juli 1991). Die Reporter des Magazins recherchierten als vermeintliche Investoren getarnt. Ihre Behauptung: die Treuhand biete Unternehmen zu *„Schleuderpreisen“* an.

Ein Jahr nach ihrer Gründung kann die Treuhand auf eine positive Bilanz verweisen. Bis Ende Juni 1991 privatisierte sie 2538 Unternehmen, sicherte dadurch rund 526 000 Arbeitsplätze, erzielte einen Verkaufserlös von 10,6 Milliarden Mark und Investitionszusagen in Höhe von 65,3 Milliarden. 10 300 Betriebe mit insgesamt rund drei Millionen Beschäftigten sind noch in Treuhand-Besitz.

„Reportage mit ungewöhnlichen Mitteln“

Das Magazin *„Monitor“* glaubte aber, die Bilanz der Treuhand gründlich in Zweifel ziehen zu können. *„Wer trägt die Schuld an der wirtschaftlichen Misere in den neuen Bundesländern?“* fragte Klaus Bednarz eingangs der Sendung und deutete damit die Stoßrichtung des Filmbeitrags seiner Mitarbeiter Dr. Jörg Heimbrecht, Volker Happe und Hans Carl Schultze an. Voller Pathos seine Ansage: *„Der nun folgende Bericht mag Ihnen stellenweise wie eine Satire vorkommen. Doch alles, was wir zeigen, ist tatsächlich so abgelaufen. Jede Aussage, und scheint sie noch so unglaublich, ist dokumentarisch belegt. Eine Reportage mit ungewöhnlichen Mitteln, um unglaublichen Praktiken auf die Spur zu kommen.“*

Die *„ungewöhnlichen Mittel“* der *„Monitor“*-Journalisten: Sie gründeten die *„amerikanisch-japanische“* Scheinfirma Euro Consult und stellten sich als deren Vertreter bei der Treuhand vor. Sie fotokopierten Visitenkarten, setzten sich in eine repräsentative Limousine und schlüpften in modische Maßanzüge – alles, um den Treuhand-Mitarbeitern vorzugaukeln, sie seien im Auftrag eines internationalen Chemie-Konzerns auf der Suche nach lohnenswerten Investitionen in den neuen Bundesländern. Die Bildsequenzen der Undercover-Rechercheure muteten an wie Ausschnitte eines Agenten-Thrillers: das repräsentative Fahrzeug samt Autotelefon, blankgeputzte Schuhe und edle Manager-Koffer, Vorfahrten der Unternehmen, Außenansichten von Gebäuden, Innenansichten leerer Konferenzsäle und langer Behördenflure.

Dazu schilderten die Journalisten ihr Vorgehen, wunderten sich, daß ihr Einlaß so problemlos funktionierte, ihre Anfrage ohne Überprüfung bearbeitet wurde und natürlich über die enormen Subventionen, die ihnen die Treuhand und das Wirtschaftsministerium Sachsen-Anhalts für den Fall des Ankaufs der Dessauer Magnetband GmbH und der Filmfabrik Wolfen versprachen. Weder Umweltprobleme noch Entlassungen von Mitarbeitern hätten ihnen als Pseudo-Investoren zum Nachteil gereicht, mit Subventionen in Höhe von 3,3 Milliarden Mark (bei einem Investitionsvolumen von 4,4 Milliarden) habe man sie überschütten wollen, erläuterten die Journalisten. Soweit die Vorwürfe. Nur: Für keine einzige ihrer Anklagen konnten die „verdeckten Ermittler" den nachvollziehbaren Beweis antreten.

Vorwürfe ohne Beweise

– Beispiel Seriösität: In einem Hörfunkinterview im *„Morgenmagazin"* von WDR II (9. Juli) wunderte sich der „Monitor"-Journalist Heimbrecht nach vollendeter Recherche über die Offenherzigkeit der Treuhand-Unterhändler: *„Wir haben uns schöne Anzüge angezogen, Krawatten angelegt, sind mit einem dicken Mercedes vorgefahren. Die haben uns empfangen, die haben uns also wirklich für echt gehalten und haben uns dann Angebote gemacht, die weit über das hinausgehen, was man eigentlich so in der Öffentlichkeit bisher erfahren hat."*

  Seine Aussage zeigt, wie wenig Heimbrecht über geschäftliche Gepflogenheiten weiß. Es sei durchaus üblich, daß kleine Beraterfirmen im Auftrag großer Konzerne, die zunächst noch anonym bleiben wollten, Fühlung aufnähmen, erläuterte dazu die Treuhand. In einer Pressemitteilung (9. Juli) stellte sie weiter fest: *„Die Seriösität von Investoren wird auf die einfachste Weise geprüft, die man sich denken kann. Ohne einen Finanzierungsnachweis kommt kein Vertrag zustande.*

Das bedeutet, daß in jedem Fall die Finanzkraft und Sachkunde eines Investors zum Vorschein kommt." Ein solches Verhandlungsstadium hatten die „Monitor"-Reporter noch gar nicht erreicht. Den Zuschauern legten sie den Eindruck nahe, sie hätten ausführliche Finanzierungsgespräche geführt.

- Beispiel Arbeitsplätze: Nur 350 von 436 Arbeitsplätzen der Dessauer Magnetband hätten sie als zukünftige Firmenchefs sichern wollen, gaben Heimbrecht, Happe und Schultze an. Eines verschweigen die Journalisten jedoch in ihrem Beitrag: Wie die Treuhand mitteilte, hatten die Euro-Consult-Vertreter schriftlich versichert, insgesamt 1500 Arbeitsplätze zu schaffen. Davon erfuhren die Zuschauer aber nichts.

- Beispiel Umweltschutz: Pestizide stelle ihre Firma her und wolle Giftmüll im betriebseigenen Kraftwerk verbrennen, das wollen die ARD-Journalisten bei ihren Verhandlungen vorgebracht haben, ohne bei der Treuhand auf Bedenken gestoßen zu sein. Wem gegenüber sie diese dramatisch anmutenden Statements abgaben, blieb unklar. In einem von der Treuhand veröffentlichten Schreiben der Euro-Consult-Scheinfirma ist die Rede von der *„Produktion technischer Kunststoffe (darunter Filme und Folien) und von Feinchemikalien (darunter Pestizide und Pharmazeutika)"*.

- Beispiel Verkaufspreis: Den Zuschauern sollte klargemacht werden, daß Westunternehmer die Ost-Betriebe geschenkt bekämen. Die drei Kölner Journalisten gaben der Treuhand an, weniger als 50 Millionen Mark für die Dessauer Magnetband bezahlen zu wollen. Ein *„unabhängiger Unternehmensberater"* habe ihren Wert unterdessen auf *„mindestens 75 Millionen"* geschätzt. Soweit der *„Beweis"* für die *„Schleuderpreise"*. Nicht zu bedenken gaben die Journalisten, daß die Treuhand-Mitarbeiter mit einer Investition von 4,4 Milliarden Mark rechneten.

- Beispiel Sanierung: Die Filmfabrik Wolfen erhalte keine Sanierungsmittel, warf *„Monitor"* der Treuhand vor und ließ sich dieses Urteil von einem Betriebsratsmitglied der Firma bestätigen. Dem hielt Birgit Breuel im Interview entgegen, daß die Firma bislang kein Konzept vorgelegt habe. Das Interview selbst hatte ein *„Monitor"*-Mitarbeiter am Vorabend der Sendung geführt, freilich ohne das Maskenspiel seiner Undercover-Kollegen zu offenbaren. Dennoch schnitt „Monitor" die allgemein gehaltenen Antworten Birgit Breuels zwischen die anderen Bildsequenzen, so daß der Eindruck entstehen mußte, sie habe auf die konkreten Vorwürfe der „Monitor"-Sendung geantwortet.

„Staatsmonopolistischer Kapitalismus"

Im Anschluß an den Beitrag verriet Klaus Bednarz, wie seine Redaktion auf die Idee kam, sich in die Treuhand einzuschleichen. *„Beschäftigte aus Treuhand-Betrieben"* hätten Hinweise geliefert, daß ihre Firmen *„verramscht"* würden. Das Urteil der Journalisten über die Arbeit der Treuhand stand schon fest, bevor sie recherchierten. Zur Parteinahme für die Treuhand-Kritiker kam die politische Tendenz des *„Monitor"*-Beitrags, der das Konzept *„Privatisierung ist die beste Sanierung"* durch haltlose Vorwürfe zu diskreditieren versuchte.

Einen Hinweis auf die politische Ausrichtung liefert auch ein Blick auf die Biographie von Jörg Heimbrecht – ehemals *„Umweltschutzbeauftragter"* des Bundesvorstandes der Deutschen Kommunistischen Partei (DKP) und einer der *„Monitor"*-Reporter. Er hatte schon 1984 für *„Monitor"* in Wallraff-Manier recherchiert. Sein Bericht über die Treuhand erscheint als Kopie seines damaligen Vorgehens. Ähnlich wie bei der Treuhand, prangerte er damals die finanzielle Förderung großer Unternehmen durch die öffentliche Hand an. Auch 1984 gründete Heimbrecht eine fiktive Unternehmensberatungsfirma, die im Auftrag eines amerikanischen Chemie- und Pharmazie-Unternehmens tätig sein sollte, und verhandelte, als Manager getarnt, mit Regierungsvertretern.

Das Ergebnis seiner Recherche wurde damals (wie heute) von *„Monitor"* (21. August 1984, siehe dazu auch MK 36/1984) veröffentlicht und dazu als Taschenbuch *(„Das Milliardending")* aufgelegt. Die *„taz"* schrieb dazu: *„Unter dem Konkurrenzdruck um arbeitsplatzträchtige Unternehmen, so ist dem kommunistischen Funktionär jetzt auch in der Praxis klar geworden, herrscht ‚der staatsmonopolistische Kapitalismus', durchsetzt allerdings mit einem ordentlichen Schuß Anarchie."*

Treuhand: „Test bestanden"

Die *„Monitor"*-Journalisten setzten die Treuhandanstalt einem schwerwiegenden Verdacht aus, den sie nicht erhärten konnten. Falls es

„dokumentarische Belege" für Verfehlungen der Behörde geben sollte, wie sie Bednarz anführte, blieben sie die Rechercheure schuldig und den Zuschauern vorenthalten.

Die Treuhand aber sah sich in ihrer Arbeit bestätigt, wie aus einer Pressemitteilung (9. Juli), in der die *„Monitor"*-Recherche dokumentiert wurde, zu entnehmen ist: *„Der Test von ‚Monitor' beweist, daß die Treuhand tatsächlich gegenüber jedermann offen ist, und man nicht eine erste Industrieadresse braucht, um in der Treuhand einen Gesprächstermin mit den Fachleuten zu bekommen. Der Test zeigt auch, wie schnell die Treuhand in solchen Fällen reagiert und auch im Fall eines bislang gänzlich unbekannten Unternehmensberaters aktiv wird."*

„In Anbetracht der vielfältigen Aufgaben gibt die Treuhand für viele – verbitterte Arbeitnehmer, unzufriedene potentielle Investoren und eingeschränkte Kommunal- und Landespolitiker – ein Feindbild ab", erkannte die F.A.Z. (3. April) nach der Ermordung Detlev Karsten Rohwedders. *„Wir sind der Prügelknabe – dahinter steckt Methode"*, vermutete Treuhand-Chefin Birgit Breuel im Interview mit der *„Welt"* (27. Mai) – eine Methode, derer sich auch *„Monitor"* bediente. MH

(MK 30/91, 22.7.1991)

Wirtschaftsberichterstattung

„Die Lautstärke bestimmen die Unzufriedenen"

Nach einem Jahr Währungsunion zogen viele Medien Bilanz

An den Zahlen läßt sich nichts herumdeuteln: Seit die harte Mark am 1. Juli 1990 in der ehemaligen DDR eingeführt und die Schwächen der ostdeutschen Betriebe aufgedeckt wurden, stiegen die Arbeitslosenzahlen rasant an. Ende Mai 1991 hatten rund 850 000 Menschen in den neuen Ländern keinen Job, weitere 1,9 Millionen arbeiteten kurz. Für den Sommer rechnen Fachleute mit vier Millionen Arbeitslosen und Kurzarbeitern. Als Dokumentare und Kommentatoren des Zeitgeschehens hatten die Medien zum Jahrestag der Wirtschaftsunion also viel Unerfreuliches zu berichten.

Allerdings: Erstens gibt es auch zahlreiche Hoffnungssignale, die darauf hindeuten, daß es schon bald wieder aufwärts geht, und zweitens geht es nicht allen, die heute offiziell arbeitslos sind, finanziell schlechter als zu Zeiten, in denen sie offiziell Arbeit hatten. Und in der Bewertung dieser beiden Punkte unterschied sich die Berichterstattung vieler Medien. Während einige wenige Zeitungen wie F.A.Z., *„Welt"* und *„Süddeutsche"* die schwierige Phase als Übergang anerkannten, boten Blätter wie *„Frankfurter Rundschau"* (FR), *„taz"* oder *„stern"* Schwarzmalerei.

Die Tendenz der *„taz"*-Berichterstattung läßt sich an verschiedenen Überschriften am 29. Juni dokumentieren: *„Die D-Mark aller Deutschen brachte nicht die Einheit"; „Die technische Meisterleistung erwies sich als Dolchstoß für die Produktion der Noch-DDR"; „Es geht weiter abwärts in den neuen Ländern"*. Kommentator Reinhard Mohr resümierte unter der Überschrift *„Ein Jahr Währungsunion. Die harte Schule der Bananendemokratie": „Die formelle Gleichheit vor der D-Mark ließ schreiende Ungerechtigkeit, dreisten Raub und freche Lüge – wie bei jeder ordentlichen Revolution – zum Bestandteil des öffentlichen Lebens werden. Und der Verteilungskampf um Löhne und Gehälter, Subventionen und Eigentumsrechte, Sonderabschreibungen und Gründungsdarlehen, um Steuern, Mieten, Telefon, Renten, ABM und Wohnungsgeld begann. Rasch stellte der verdutzte Ostler fest: Demokratische Verhältnisse garantieren nicht nur Gewaltenteilung, Meinungs-, Presse- und Reisefreiheit, sondern auch ordinären Betrug."*

„Folgen eines Gewaltaktes"

Bernd Wittkowski überschrieb seinen *„Jubiläumskommentar"* in der *„Frankfurter Rundschau"* am 1. Juli mit den Worten: *„Folgen eines Gewaltaktes."* Vom einst versprochenen zweiten Wirtschaftswunder sei nicht mehr die Rede. Der *„Crash-Kurs"* sei eine *„eminente Fehlentscheidung"* gewesen, *„vor der Oskar Lafontaine beizeiten gewarnt" habe. „Statt dessen wurden Stückwerke geliefert, garniert mit unhaltbaren Versprechungen für Ossis wie für Wessis: Ein Beispiel fürs Lehrbuch, wie sich einerseits das enorme Vertrauen in die Segnungen der freien Marktwirtschaft, andererseits die Solidarität zerstören läßt."*

Typisch für die Berichterstattung der eher links ausgerichteten Medien war, daß sie sich Einzel- und Härtefälle herauspickten, die eine besondere Emotionalisierung des Themas ermöglichten. Immer wieder präsentierte man *„den Arbeitslosen"*, der sich die Wiedervereinigung *„ganz anders vorgestellt hatte"*. Auf diese Form der Berichterstattung konzentrierte sich beispielsweise der *„stern"* am 27. Juni. In ihrem Bericht (Schlagzeile *„Aus der Traum")* registrierten Jürgen Kurth und Oliver Herrmann, *„überall herrschen Hoffnungslosigkeit und Existenzangst"*. Die Autoren lieferten ihren Lesern keine wirtschaftspolitische Analyse mit entsprechenden Zukunftsperspektiven, sondern konzentrierten sich auf das Stahlwerk Riesa (Sachsen). Einige Auszüge: *„Ein Stahlkombinat wird beerdigt. Die Menschen einer ganzen Region sind die Hinterbliebenen... In der Tat wurde mit Einzug der D-Mark, wie überall in der DDR, auch in Riesa alles anders – freilich anders als erhofft. Der Traum von einer weiterhin gesicherten Arbeitswelt bei gleichzeitigem westlichem Lebensstandard war schnell ausgeträumt. Weder das eine noch das andere hat sich ein Jahr nach der Wahrungsunion realisiert... Ein Bagger mit Abrißbirne brummt durchs Gelände, besetzt mit einem Spezialtrupp aus Riesas Patenstadt Mannheim. Die Wessis zeigen den Ossis, wie man richtig platt macht."*

Deutliche positive Signale

Ohne die unerfreulichen Auswirkungen des wirtschaftlichen Wandels in den neuen Ländern zu verschweigen, stellten andere Medien den Schwarzmalern ein optimistisches Bild gegenüber. So machte Bernd Weiler (F.A.Z. vom 1. Juli) bei Besuchen in Dresden und Erfurt die Beobachtung, daß es an vielen Stellen aufwärts geht: *„Daß gebaut wird, fällt nicht nur auf den Straßen im Stau auf. Wer von der Autobahn in die Dresdner Innenstadt abbiegt, erkennt über der Silhouette der Stadt mehrere Baukräne. In Erfurt prägen zahlreiche Gerüste an Häuserwänden das Stadtbild... Anders als vor einem Jahr gibt es, wie aus dem Boden geschossen, auffallend viele Boutiquen und Videotheken."* In zahlreichen Branchen gehe es aufwärts. Und: *„Die Ferien der Ostdeutschen sind abwechslungsreicher geworden."*

Einen Stimmungsumschwung machte die *„Wirtschaftswoche"* (28. Juni) aus: *„Zwar halten 71 Prozent der Ostdeutschen die Wirtschaftslage in den neuen Ländern für schlecht, nur zwei Prozent für gut. Die eigene Lage beurteilen sie jedoch genau umgekehrt: Nur 16 Prozent kritisieren ihre persönliche Situation, 27 Prozent finden sie sogar gut. Wenn nur ein Sechstel die eigene Wirtschaftslage als schlecht empfindet, kann es um das Land nicht so* *schlecht bestellt sein."* Die F.A.Z. wies am 1. Juli auf *„Infratest"* hin: *„70 Prozent der Ostdeutschen sahen optimistisch in die Zukunft."* Ein Ergebnis, daß auch vom Institut für Demoskopie in Allensbach ermittelt wurde.

Immerhin: Insgesamt 2 140 Betriebe konnten inzwischen von der Treuhand verkauft werden, und weitere 2 000 Kaufangebote liegen in Berlin vor. 400 Unternehmen gingen als *„Management-Buy-Out"* an die Führungskräfte. Das Magazin *„DM"* ermittelte, daß rund 60 Prozent der Freiberufler und Selbständigen ihre künftige finanzielle Situation positiv sehen. Die *„Deutsche Ausgleichsbank"* befragte 2200 Gründer, von denen 98 Prozent ihren Schritt nicht bereuten. Erfreuliche Berichte gibt es aus verschiedenen Branchen, z. B. aus der Bauindustrie, dem Einzelhandel, dem Bankengewerbe.

Die *„Welt"* informierte am 29. Juni über eine Untersuchung des *„Instituts der deutschen Wirtschaft"*. Danach werden bis Mitte der 90er Jahre westliche Unternehmen mehr als 70 Milliarden Mark in Ostdeutschland investieren. *„Das erhält Arbeitsplätze und schafft neue."* Die Zeitung listete das Engagement der zehn umsatzstärksten Unternehmen auf und dokumentierte eine beeindruckende Bilanz, die für die Zukunft optimistisch stimmt. Peter Gillies kommentierte: *„Die Marktwirtschaft ist keine Strafexpedition, die Arbeitslosigkeit brachte, sondern sie hat die bestehende Arbeitslosigkeit aus der sozialistischen Hinterlassenschaft aufgedeckt. Es ist Brauch, daß jene schweigen, denen es besser als vorher geht. Die Lautstärke bestimmen die Unzufriedenen. Gewiß ist der Weg ... noch beschwerlich, aber die positiven Zeichen sind nicht zu übersehen."* gka

(MK 28/91, 8.7.1991)

Wirtschaftsberichterstattung

Nur Schlechtes in den neuen Ländern?

Positive Anzeichen werden meist vernachlässigt

Auch bei der Berichterstattung über die Entwicklung in den neuen Bundesländern behält offenbar der alte Grundsatz *„bad news are good news"* seine Gültigkeit. Trotz der Probleme, die mit der Herstellung der Deutschen Einheit verbunden sind, gibt es durchaus auch erfreuliche

Anzeichen. Doch die vielen positiven Ansätze werden in den meisten Medien vernachlässigt.

So stellte der Präsident des Deutschen Industrie- und Handelstages, Hans Peter Stihl, in einem Interview mit dem *„Handelsblatt"* am 14. März fest, *„daß die Investitionsneigung in Ostdeutschland überhaupt sehr viel stürmischer sei, als es in der veröffentlichten Meinung zum Ausdruck komme"*.

„Inkompetenz und Entscheidungsangst"

Beispiele für Pauschalkritik lassen sich viele finden. So zitierte der *„stern"* am 14. März unter der Überschrift *„Verhindert die Behörde den Aufschwung im Osten?"* den früheren Westberliner Bürgermeister Walter Momper mit den Worten: *„Die Treuhand ist die Fortsetzung des SED-Zentralkomitees mit anderen Mitteln, ein bürokratischer, zentralistischer Block, der mehr blockiert als voranbringt."* Das Blatt klagte, interessierte Firmen seien an *„Inkompetenz und Entscheidungsangst"* bislang gescheitert.

Das „Hamburger Abendblatt" schrieb am 19. März über das erste Dresdener Forum der Hamburger Körber-Stiftung, an der auch das Vorstandsmitglied der Treuhandanstalt, Birgit Breuel, teilnahm: Den an der Diskussion Beteiligten *„kommt die Wunder-Dame aus dem tristen Treuhand-Schuppen am Berliner Alexanderplatz gerade recht. Der Gewerkschaftsführer Steinkühler hatte ihn medienwirksam als ‚Schlachthaus' gebrandmarkt. Was hat also die ‚zweite Schlachterin' dieser Anstalt zu verkünden?"*

„Vereint, verarmt, verarscht"

Ins Konzert der Klagenden stimmt seit Wochen vor allem die *„tageszeitung"* ein. Überschriften wie *„Vereint, verarmt, verarscht"* (23. März) oder *„Crash-Kurs für die Ostwirtschaft"* (22. März) kennzeichneten den Tenor. Eine ähnliche Tendenz hatten die Fernsehberichte, zum Beispiel über die Leipziger Montagsdemonstrationen.

Einher ging dies mit Meldungen wie: *„Es gab einmal die Vorstellung, der Verkauf des volkseigenen Vermögens werde am Ende viele hundert Milliarden Mark in die Staatskasse bringen... Die Vorstellung hat sich als Illusion erwiesen, sie wird von Rohwedder allerdings noch gern verkündet"* (*„Spiegel"* vom 4. März).

Ohne selbst den tatsächlichen Wert dieses Vermögens schätzen zu können, zeigt dies aber, daß die Berichterstatter nicht bereit sind, selbst Aussagen von ihren Interviewpartnern zur Kenntnis zu nehmen, die sie einen Monat vorher in einem Interview bekommen haben. Denn auf eine „*Spiegel*"-Frage, wie die Treuhand die Sanierung kranker Firmen finanzieren soll, wenn aus Verkaufserlösen nicht genug Geld eingeht, antwortete Rohwedder in der Ausgabe vom 28. Januar: *„Ich gehe davon aus, daß die Treuhandanstalt auf längere Sicht ein sich selbst tragender Korpus sein wird. Wenn wir zu den Erlösen aus den Industrieverkäufen die Verkaufserlöse aus Grund und Boden einbeziehen, dann geht die Rechnung auf. Der Treuhand gehören immerhin 40 Prozent der früheren DDR, davon Grundstücke in besten Stadtlagen."*

Schwierigkeiten nicht übersehen

Die „*Kölnische Rundschau/Bonner Rundschau*" faßte den allgemeinen Tenor am 19. März so zusammen: *„Der ‚Sündenbock Treuhandanstalt' wird häufig und heftig beschimpft."* Das Blatt gestand ein, daß dies gelegentlich zu Recht geschieht, denn *„die Berliner Treuhandanstalt hat nicht immer glücklich agiert"*. Doch gleichzeitig räumte die „*Rundschau*" auch ein:

„Über den Unzulänglichkeiten sollte man indes nicht übersehen, welche Aufgabe die Treuhand eigentlich zu bewältigen hat: nichts weniger als die Verwandlung einer kompletten Volkswirtschaft, die auf durch und durch morschen Pfeilern steht, in eine moderne und zu Höchstleistungen fähige Wirtschaftsstruktur. Und das alles nicht in Ruhe, sondern unter äußerst verschärften Bedingungen: Die politischen Vorgaben wechselten, Management und Mitarbeiterstab für den Firmenriesen mit 3,5 Mio. Beschäftigten und fast 8000 ‚Tochterbetrieben' mußten aus dem Boden gestampft werden, von Bilanzen – ohne die überhaupt nichts geht – konnte keine Rede sein. Was die Treuhand schaffen soll, ist ohne Vorbild und vermutlich – hoffentlich – auch ohne Wiederholung."

Gute Chancen nach Orientierungsphase

Im Meer der anhaltenden Kritik blieben Nachrichten über positive Anzeichen und wirtschaftliche Notwendigkeiten in der Tat lediglich Einzelfälle. So die Meldung über eine Untersuchung des Instituts für Weltwirtschaft, Kiel. Dieses hatte geschrieben: *„Die Talsohle in der wirtschaftlichen Entwicklung der neuen Bundesländer wird 1991 durchschritten,* *bereits 1992 werde die Produktion dort deutlich ansteigen" („Vereinigte Wirtschaftsdienste"* vom 15 . März).

Unterstützt wurde diese Annahme durch eine Studie des Baseler Prognos Instituts zu *„Entwicklungspotentialen im Osten – Standorte und Märkte"*, wonach eine Untersuchung von acht Volkswirtschaften im Ostblock (einschließlich ehemalige DDR) deutlich machte:

„Diese müssen eine Schrumpfungsphase (negatives Wachstum) durchlaufen und durch eine Orientierungsphase (Wachstum bis zu vier Prozent) gehen. Nach Prognos bestehen die besten Voraussetzungen für eine rasche Überwindung der Schrumpfungsphase in Ostdeutschland und mit einem gewissen Abstand in Ungarn" („Interesse" 3/91).

Gleichzeitig wurden Ergebnisse einer Umfrage bei 650 Unternehmen in Ostdeutschland durch das Institut der deutschen Wirtschaft und dem Institut für Marktforschung, Leipzig, über ihre ökonomischen Aussichten und die Personalentwicklung bekanntgegeben:

„Fast zwei Drittel schätzen ihre Perspektiven für die kommenden 12 Monate als befriedigend bis sehr gut ein. In Kleinbetrieben bis zu 49 Beschäftigten wird nicht mehr mit Entlassungen gerechnet, während fast zwei Drittel der Betriebe mit mehr als 1000 Beschäftigten weitere Freisetzungen erwarten. In den Unternehmen, in denen die Beschäftigung bisher zu halten war, wird kein neuerlicher Personalabbau erwartet, in jenen aber, die stark entlassen haben, stehen weitere Entlassungen an."

Neben solchen Entwicklungen vernachlässigten viele Medien auch die Zahl der neuen Existenzgründungen in den neuen Bundesländern. Allein im Jahr 1990 erreichte diese Zahl eine Größenordnung von über 280 000, davon allein 122 000 im Handel. Das Handwerk berichtete, daß 43 Prozent der Handwerksbetriebe in den neuen Ländern Arbeitskräfte eingestellt hätten; 58 Prozent der Betriebe wollen größere Investitionen vornehmen und zusätzlich neue Arbeitskräfte einstellen. Auch Investitionen privater Westunternehmer sind zu verzeichnen. So sagte der DIHT-Präsident Hans Peter Stihl: Für die nächsten Jahre seien immerhin weitere 70 Milliarden Mark *„fest eingeplant"*.

Erst seit Oktober funktionsfähig

Natürlich kann keiner die Augen vor den Problemen verschließen, die gegenwärtig und in naher Zukunft auf die Bevölkerung der neuen

Bundesländer zukommen. Arbeitslosigkeit, Wohnungsmangel, Verteuerung der Lebenshaltungskosten sind bestimmt nicht die positiven Seiten einer sozialen Marktwirtschaft. Trotzdem müssen aber auch die Kritiker zur Kenntnis nehmen, daß die Treuhandanstalt erst seit Oktober 1990 funktionsfähig ist.

So gab das „*Handelsblatt*" am 9. März zu bedenken: „*Wurden noch im dritten Quartal 1990 monatlich zehn und im Oktober knapp 50 Unternehmen im Bereich der Niederlassungen privatisiert, haben diese im Dezember des vergangenen Jahres schon 100 Unternehmen verkauft. Im Januar 1991 lag die Zahl der privatisierten Unternehmen bereits bei fast 200; über 250 weitere Unternehmen folgten zuletzt im Februar. Zu diesen Ergebnissen kommen insgesamt weitere 300 Unternehmen, die durch die Berliner Treuhand-Zentrale – zuständig für Konzerne und Unternehmen mit über 1500 Mitarbeitern – privatisiert werden konnten. Hinter diesen nüchternen Zahlen steht die Sicherung von mehr als 300 000 Arbeitsplätzen und ein Investitionsvolumen von nahezu 50 Milliarden Mark, das durch die neuen Eigentümer realisiert wird.*"

Kein Anlaß zur Katastrophenstimmung

Über den Weg und das Instrumentarium und die Ergebnisse kann gestritten werden, damit für die Menschen in den neuen Bundesländern das Bestmögliche getan wird, um den Übergang zur Marktwirtschaft zu meistern. Doch dies braucht seine Zeit. So schrieb der Mitherausgeber der F.A.Z., Jürgen Jeske, am 26. März:

„*Daß die wirtschaftliche Lage in den neuen Bundesländern schlecht ist, steht außer Frage. Doch wenig hilfreich erscheint es, nun fortwährend Krisen und Katastrophen zu beschwören und Montag für Montag politischen Druck zu erzeugen. Die Bewältigung von vierzig Jahren Kommunismus braucht eine gewisse Zeit, die sich am wenigsten durch Katastrophenstimmung verkürzen läßt. Es muß immer wieder gesagt werden: Bisher sind erst acht Monate seit Verkündigung der Währungsunion vergangen, und die jüngsten Maßnahmen zur Beseitigung weiterer Investitionshemmnisse sind erst wenige Wochen alt… Zur Katastrophenstimmung ist angesichts des beispiellosen Hilfsprogramms für Ostdeutschland kein Anlaß.*" FS/gka

(MK 14/91, 2.4.1991)

Wirtschaftsunion

„Volk in Panik“?

Nachrichtenmagazin schürt Ängste und verdrängt die Chancen

Die Einheit rückt näher – und niemand kann heute sagen, welche Konsequenzen dies für die Bürger in Ost und West hat. Der Umbau einer Plan- in eine Marktwirtschaft ist ein notwendiges, aber noch nie dagewesenes Experiment, dessen konkreter Ausgang ungewiß ist. Während die meisten Ökonomen und verantwortungsvollen Politiker gleichzeitig auf die Chancen und Risiken hinweisen, bringt der *„Spiegel“* Woche für Woche ein Elendszenario.

Die Stimmung in der DDR sei gefährlich und explosiv. Vor der Arbeitslosigkeit hätten die Menschen drüben Angst, und gleichzeitig würde hüben kaum etwas getan, um diese Angst zu nehmen. Das war der Tenor des Hamburger Magazins.

In seiner Ausgabe vom 30. April 1990 ließ das Nachrichtenmagazin die 17 Millionen DDR-Bürger nur kurz aufatmen: *„Erleichterung war nach der Bonner Entscheidung, doch 1:1 umzutauschen, spürbar ... Kaum war das Ersehnte wahr, kehrte die alte Angst zurück. Wo immer in diesen Tagen DDR-Bürger zusammen sind, tauchen dieselben Fragen auf: Kann unser Betrieb überleben? Was wird aus den Mieten? Werden die Preise für Lebensmittel steigen? Fragen über Fragen – und keine Antworten.“*

„Das neue Geld bringt Unheil“

Die angeblichen Ängste der DDR-Bürger wurden dann in der folgenden Ausgabe (7. Mai 1990) mit der Titelgeschichte *„Ein Volk in Panik“* weiter geschürt. Auch hier wurden wie bei einer Gebetsmühle immer die gleichen Schlagworte (Arbeitslosigkeit, Staatsbankrott) wiederholt. Wer jetzt noch keine Angst hatte, konnte sie nach der Lektüre bekommen:

„Als Heilsbringer wurde die D-Mark in der DDR gefeiert, doch erstmal bringt das neue Geld Unheil übers Land – die Wirtschaft steht vor dem Kollaps, Wirtschaftsexperten fürchten ein Millionenheer von Arbeitslosen, bundesdeutsche Unternehmen scheuen allen Ankündigungen zum Trotz nötige Großinvestitionen in der DDR. Der Handel im zweiten deutschen Staat

nimmt kaum noch Ware aus DDR-Produktion an... Ihre Betriebe stehen vor dem Zusammenbruch. Der Kampf um den Markt der DDR ist längst im Gang – ein Kampf, bei dem die Betriebe des einstigen SED-Staates als Verlierer feststehen. Sieben von zehn DDR-Firmen, so schätzen inzwischen auch Experten in Bonner Ministerien, haben kaum Chancen, in der Marktwirtschaft zu bestehen."

„Unrettbar am Abgrund"

Nachdem die Zahl der nicht konkurrenzfähigen Unternehmen innerhalb einer Woche von 40 auf 70 Prozent gestiegen war, mußte selbst der „*Spiegel*" zugeben, daß niemand etwas Genaues weiß. Das hinderte das Hamburger Magazin aber nicht, mit immer neuen Geschichten und Reportagen das Elend der Fabriken in der DDR auszuschmücken – niemand im Westen und im Osten wolle die Produkte, niemand den verseuchten Boden und die veraltete Technik:

„Kein noch so schlauer Ökonom kann voraussagen, was genau über die Wirtschaft und die Gesellschaft der DDR kommen wird. Doch absehbar ist, daß der einstige Arbeiter- und Bauern-Staat vor Beschäftigungsproblemen steht, wie sie in Deutschland seit den ersten Nachkriegsjahren nicht mehr zu bewältigen waren; daß die Wirtschaft des östlichen Deutschlands in weiten Teilen unrettbar am Abgrund steht. Das Wohlstandssymbol D-Mark sichert vielen zunächst nicht den schnellen Wohlstand, sondern sorgt für die gefürchtete Arbeitslosigkeit."

Auch von der westdeutschen Industrie hätten die DDR-Bürger keine Hilfe zu erwarten: *„Im ersten Hochgefühl übersahen viele Unternehmer, daß sie einen Markt gewannen, der ungefähr so groß ist wie Nordrhein-Westfalen. Was die konsumhungrigen Menschen in der DDR brauchen, können die bundesdeutsche Wirtschaft und die Partner auf den Weltmärkten quasi nebenher fertigen."*

„Gefrässige Konkurrenten aus dem Westen"

Als Helfer in der Not blieb für den „*Spiegel*" nur noch der westdeutsche Steuerzahler: *„Kaum zu glauben, daß der Staat in dieser kritischen Zeit des Übergangs die DDR-Betriebe sich selbst und den gefräßigen Konkurrenten aus dem Westen überlassen kann. Die Vorstellung, daß nun die wundersamen Kräfte des Markts alles richten werden, geht in die Irre. Die Obrigkeit, die sich in der DDR als Unternehmer verabschiedet hat, bleibt als Beschützer gefragt.*

Wer zahlt, ist längst klar. Die Bonner Regierung muß Übergangssubventionen gewähren."

So wurde durch die ausgedehnte Schilderung der Angst der DDR-Bürger die Angst des *„Spiegel"*-Lesers vor dem Griff des Staates in seinen Geldbeutel geschürt. Nicht Solidarität wurde angemahnt, sondern Neid und Mißgunst wurden gesät.

Panikmache geht zu Lasten der Menschen

Daß dies auch anders gesehen werden kann, zeigte Jutta Roitsch unter dem Kommentartitel *„Panik oder Anpacken"* in der *„Frankfurter Rundschau"* vom 12. Mai 1990:

„Die Schlagzeilen reißen nicht mehr ab: Ein Volk in Panik. An der Krisenhaftigkeit und Verelendungstheorie scheinen sich so manche zu weiden, auch Linke, die den Zusammenbruch des real existierenden Kapitalismus in der DDR nach dem Tag X an die Wand malen und so die Notwendigkeit des Sozialismus begründen. Das sind Rechnungen ganz anderer Art, die da aufgestellt werden. Sie haben allerdings eines gemeinsam: Sie gehen zu Lasten von Menschen.

Es ist ja keineswegs so, daß in der Bundesrepublik nicht auch Erfahrungen mit Firmenzusammenbrüchen, Arbeitslosigkeit oder Ausbildungsnot gemacht worden wären. Viel Phantasie, Geld und politischer Mut sind in Modellversuche und Pilotprojekte gesteckt worden. Diesen Elan gilt es wiederzufinden, auch um zu zeigen, was man tun kann. Es ist Zeit, nicht auf Katastrophen und den ‚heißen Herbst' zu warten, sondern aus den Erfahrungen etwas weiterzugeben an Menschen, die dringend praktische Unterstützung brauchen. Geschieht nichts, werden sie ihr Bündel schnüren und erneut gegen Westen ziehen."

Gute Chancen für die nächsten Jahre

Das vom *„Spiegel"* beschriebene Schreckensbild muß keineswegs eintreffen. Das sehen zumindest viele Wirtschaftswissenschaftler so. Die *„Frankfurter Allgemeine Zeitung"* bezog sich schon in ihrer Ausgabe vom 19. März 1990 auf Hans Willgerodt, der ein Gutachten für die Bundesregierung erstellt hatte:

„Willgerodt ist der Auffassung, daß die wirtschaftlichen Ausgangsbedingungen der DDR unter dem Eindruck der derzeitigen Krise insgesamt zu negativ eingeschätzt werden. Die Menschen seien gut ausgebildet und arbeitswillig.

Die größten Mängel fänden sich in der Kapitalwirtschaft. Anders als für die Bundesrepublik im Jahre 1948 bestünden für die DDR heute bessere Zugangsmöglichkeiten zum internationalen Kapitalmarkt, und die Handelsschranken zu benachbarten Ländern seien erheblich niedriger."

Und in der Ausgabe vom 26. März hieß es: *„Werden in der DDR marktwirtschaftliche Reformen zügig verwirklicht, dann bestehen gute Chancen auf einen Produktions- und Wachstumsschub in den nächsten Jahren. Diese Einschätzung vertritt zum Beispiel das Kölner Institut der Deutschen Wirtschaft in einer soeben vorgelegten Analyse. Arbeitslosigkeit könne unter diesen Voraussetzungen vermieden, das Wohlstandsgefälle zur Bundesrepublik bis zum Jahre 2000 sichtbar vermindert werden.*

Impulse für die Produktivität hält das Institut aus mehreren Quellen für denkbar. Fielen die Fesseln der sozialistischen Planwirtschaft, könne schon eine bessere Materialversorgung dazu führen, daß der Produktionsausstoß deutlich erhöht werde. Ferner könnten von einer ‚durchgreifenden Erneuerung' des überalterten Maschinenparks ‚innerhalb kurzer Zeit ganz massive Produktionsschübe' erwartet werden. Diese Entwicklung berge besondere Chancen für die Exportwirtschaft der DDR."

Die *„Süddeutsche Zeitung"* berichtete am 16. Mai über ein Papier des *„Internationalen Währungsfonds"*. Unter der Überschrift *„IWF lobt deutsche Vereinigung"* schrieb die Zeitung:

„Nach Überwindung der ersten Schockreaktion und, wenn sich Produktionsniveau sowie Lebensstandard der DDR denen der Bundesrepublik angepaßt hätten, werde sich das Wachstumstempo im vereinten Deutschland erhöhen. Der daraus resultierende Einfluß auf die Weltwirtschaft sollte uneingeschränkt positiv ausfallen, schreibt der Internationale Währungsfond in seinen diesjährigen weltwirtschaftlichen Betrachtungen."

Zusätzliche Arbeitsplätze

Wie das Experiment des Umbaus einer Plan- in eine Marktwirtschaft auch enden könnte, stand in der *„Neuen Rhein-Zeitung"* vom 15. Mai 1990 unter der Überschrift *„Einheit bringt Millionen neue Arbeitsplätze"*.

„Bis zum Jahr 2000 wird es nach einem Arbeitsmarktszenario des Instituts für Arbeitsmarkt und Berufsforschung der Bundesanstalt für Arbeit in Nürnberg rund 2,5 Millionen zusätzliche Arbeitsplätze in der Bundesrepublik geben – eine Folge der deutschen Einheit. Nach überschlägigen Berechnungen des

Bundesfinanzministeriums können die öffentlichen Kassen bis 1993 mit Steuermehreinnahmen von über 100 Millionen Mark rechnen." MKl

(MK 21/90. 21.5.1990)

Währungsunion

Vorenthaltene Informationen

Fernseh-Wirtschaftsredaktionen im Verzug

Treffend charakterisierte der *„Spiegel"* (30. April 1990) die Situation: Seit die Bonner Regierung ihr Angebot zur Währungsunion verkündete, gebe es in der DDR nur noch ein Thema: Was bedeutet 1:1 für den einzelnen, für den Lebensstandard, für den Arbeitsplatz? Wo immer in diesen Tagen DDR-Bürger zusammen seien, tauchten dieselben Fragen auf: *„Kann unser Betrieb überleben? Was wird aus den Mieten? Werden die Preise für Lebensmittel steigen? Fragen über Fragen – und keine Antwort."*

Präzise Antworten auf diese Fragen mögen heute noch unmöglich sein. Möglich aber wären Informationen über die Zusammenhänge, die zu solchen Fragen führen, über die monetären und realwirtschaftlichen Konsequenzen des Übergangs von der Planwirtschaft zur sozialen Marktwirtschaft im Rahmen der Währungs- und Sozialunion.

Solche Informationen könnten helfen, den DDR-Bewohnern die Einsicht in das ökonomisch Machbare zu erleichtern. Sie könnten aber auch Sorgen der Bundesbürger zerstreuen, die ihnen die Währungsunion mit der DDR bereitet. Sie könnten schließlich Aufklärung jenen Bürgern beider deutschen Staaten bieten, denen das System der sozialen Marktwirtschaft Rätsel aufgibt und die immer noch nicht begriffen haben, daß es ihnen bei Wahrung der persönlichen Freiheit mehr soziale Sicherheit bietet als jedes existierende sozialistische System.

Konflikt - statt Sachinformationen

Diesem Informationsbedarf und der Pflicht zu umfassender Information, die das Bundesverfassungsgericht für den öffentlich-rechtlichen Rundfunk postuliert hat, entsprach das *„West-Fernsehen"* bisher nicht.

Das heißt jedoch nicht, es sei über den Umbruch in der DDR zu wenig berichtet worden. Im Gegenteil, viele westdeutsche Fernsehzuschauer fühlen sich mit DDR- und Ost-Themen überfüttert und beklagen, daß das übrige Weltgeschehen in der Fernsehberichterstattung zu kurz komme.

Das Manko liegt in der Art der Berichterstattung: In ihrem Mittelpunkt steht der Politiker-Streit, die Auseinandersetzungen über einzelne Maßnahmen, die Angriffe der Oppositionsparteien gegen die Regierung in der Bundesrepublik und in der DDR, kurzum, der tagespolitische Meinungsstreit.

Völlig in den Hintergrund traten demgegenüber erläuternde Informationen beispielsweise über die Unterschiede der Investitionsfinanzierung in der Planwirtschaft und in der Marktwirtschaft.

In diesem Zusammenhang wäre es möglich gewesen, den DDR-Bürgern einen Maßstab zur Beurteilung des vorgeschlagenen Umtauschverhältnisses ihrer Sparguthaben an die Hand zu geben. Dann hätten sie erkannt, daß die staatlichen Sparkassen der DDR die angesammelten Spargelder an die Staatsbank ablieferten, und diese Mittel dann nach den Kriterien des jeweiligen Plans verteilt wurden. Mit anderen Worten: Die Spargelder wurden *„verplant"*, flossen in das verrottete Wirtschaftssystem und wurden dadurch weitgehend entwertet.

Die Wohnungen, die mit Spargeldern finanziert wurden, ebenso Industriebetriebe, blieben de facto in der Hand des Staates. Reales Vermögen konnten die DDR-Bürger nicht bilden. Ihre Sparguthaben waren für den Staat nur eine billige Finanzierungsquelle.

Zur umfassenden Information gehörte auch die Erläuterung des Sparprozesses in der Marktwirtschaft. In ihr wandern die Spargelder über einen freien Kapitalmarkt hin zur *„besten Verwendung"*, insbesondere also in die Finanzierung von Investitionen. Der Kapitalmarkt signalisiert den Haushalten die Bedingungen, unter denen sie durch Konsumverzicht heute Vermögen bilden und aus den Zinseinkommen in der Zukunft mehr Konsummöglichkeiten gewinnen können. Außerdem informiert der Kapitalmarkt die Unternehmen darüber, was es in Form von Zinsen kostet, eine Investition zu finanzieren. Und spezifische Formen des Kapitalmarktes wie die Börse ermöglichen eine Bewertung von Firmen und von Firmenanteilen.

Wie werden die Löhne umgestellt?

Ein weiteres Feld, über das bisher zu wenig informiert wurde: Warum gibt es eigentlich keine öffentliche Diskussion über den richtigen Umstellungskurs für die Preise von Waren und Dienstleistungen am Tage X, während es doch einen Umtauschkurs für die Löhne geben wird? Preise für Güter und Dienstleistungen brauchen keinen fixierten Umstellungskurs, weil sie sich frei am Markt bilden werden. Jede weitere Entwicklung ließe sich durch einen Umtauschkurs, der nur für eine *„logische Sekunde"* gelten könnte, nicht bestimmen.

Anders liegen die Dinge bei den Löhnen, den Preisen für Arbeitsleistungen. Löhne werden kollektiv in Tarifverträgen oder Betriebsvereinbarungen festgelegt. Solche Verhandlungen brauchen Zeit. Deshalb ist es notwendig, daß für die am Tage X laufenden Lohnzahlungen ein Umstellungskurs festgelegt wird. Dabei handelt es sich allerdings nur um eine Stichtagsbewertung, die lediglich solange gilt, bis neue, marktorientierte Löhne vereinbart worden sind. Die Höhe dieser Löhne wird sicherlich sowohl das Preisniveau berücksichtigen müssen, das sich nach dem Tage X herausbilden wird, als auch die Produktivität der Unternehmen, die diese Löhne zahlen. Die Darstellung dieses Sachverhaltes könnte manche Ängste mindern, die sich heute in der DDR aufgebaut haben.

„Vorenthaltene Informationen"

Diese Art *„vorenthaltener Informationen"* hatte der Fernsehausschuß des SWF-Rundfunkrates wohl im Sinn, als er auf Anregung seines Mitgliedes Ulrich Müller, Hauptgeschäftsführer der Industrie- und Handelskammer Bodensee-Oberschwaben (siehe MK Nr. 17/23.4.1990), die ARD-Anstalten aufforderte, den Weg zur deutschen Einheit mit einer eigenen regelmäßigen Informationssendung im ersten Programm zu begleiten.

Hier sollten die Themen Wirtschaft und Soziales im Vordergrund stehen. Müller: „Der Antrag ist auch als eine Kritik an der bisherigen DDR-Berichterstattung der ARD zu verstehen. Diese hat sich nicht auf die wesentlichen Fragen des Entwicklungsprozesses konzentriert und ist dem Zuschauer in beiden Teilen Deutschlands viele notwendige Informationen schuldig geblieben."

Informationsfetzen

Dazu ist festzustellen, daß sich die Sendungen des ARD-Wirtschaftsmagazins *„Plusminus"* nicht mit voller Kraft in den Dienst dieser Aufklärungsarbeit gestellt haben, sondern meist nur *„Informationsfetzen"* beisteuerten. Ein Beispiel der Programmgestaltung aus jüngster Zeit: *„Plusminus"* vom Saarländischen Rundfunk sendete am 27. April 1990 laut Ankündigung folgende Themen: *„Zinsentwicklung – Daumenschrauben für Bauherren / Autoindustrie im Binnenmarkt: Aus japanischer Sicht, aus EG-Sicht, aus deutsch-deutscher Sicht / BGH-Urteil zur Lohnabtretung."*

Auch die ARD-Sendereihe *„Im Brennpunkt"* blieb meist im politisch Vordergründigen stecken, versagte sich einer kontinuierlichen ökonomischen Information. In *„Tagesschau"* und *„Tagesthemen"* gab es nur höchst selten Erklärstücke zu den aktuellen Nachrichten ökonomischer und sozialer Provenienz.

Das ZDF mit seiner zentralen Wirtschaftsredaktion operierte im Vergleich mit der ARD in *„heute"* und *„heute-journal"* informativer. Dort hat es sich eingebürgert, daß Wirtschaftsjournalisten wirtschaftspolitisch wichtige Informationen mit Erklärstücken begleiten. Sieht man einmal von einigen gelungenen Sondersendungen vor der DDR-Wahl am 18. März 1990 ab, die der Leiter des Wirtschaftsressorts Michael Jungblut vom Ansatz her recht informativ gestaltete, so erfüllte auch das ZDF seine Informationspflicht nicht.

Gefällige Verbraucherthemen

Das gilt auch für das Wirtschaftsmagazin *„WISO"*, das ebenfalls meist nur *„Informationshäppchen"* servierte und ansonsten – ähnlich wie *„Plusminus"* – mit gefälligen Verbraucherthemen auf hohe Einschaltquoten spekulierte. In der *„WISO"*-Ausgabe vom 30. April 1990 gab es nur ein DDR-Thema: *„Wie können DDR-Betriebe überleben?"* Es wurde innerhalb weniger Minuten im Stakkato abgehandelt, war auf Pessimismus getrimmt, gab Meinungen Betroffener wieder, erklärte den Zusammenhang jedoch nicht, in dem vorhersehbare Entlassungen gesehen werden müssen.

Die weiteren *„WISO"*-Themen: *„Weltflughafen Frankfurt: FAG – ein Kürzel steht für Erfolg / Esoterik: Kurse, Bücher und Wahrsager. Geschäfte im*

Zeitalter des Wassermanns / Tip für die optimale Gestaltung eines Bausparvertrages / Geschäfts-Idee fürs Frühstück: Beim Ampel-Rot wird be- und verdient."

Die Intendanten müssen entscheiden

Es darf unterstellt werden, daß die Leiter der Wirtschaftsredaktionen des Fernsehens anders handeln würden, wenn sie könnten. Tatsächlich fehlt es ihnen jedoch an Kompetenz, personelle und finanzielle Ressourcen für eine anspruchsvollere Berichterstattung zu mobilisieren. Außerdem steht es nicht in ihrer Macht, attraktive Sendezeiten zu buchen. Mit einzukalkulieren ist außerdem die Abneigung, sich politischen Ärger einzuhandeln und die manche Mitarbeiter nicht gerade motivierende Aussicht auf Mehrarbeit – ganz abgesehen davon, daß es in manchen Wirtschaftsredaktionen an wirtschaftstheoretischem Sachverstand fehlt. Es läge also an den Intendanten der öffentlich-rechtlichen Rundfunkanstalten, hier Remedur zu schaffen. sp

(MK 19/90, 7.5.1990)

DDR-Währungsreform

Eine „Indiskretion" und die Folgen

Wie Medien politisch instrumentalisiert werden

Der Täter mußte erkennen, was er tat. Wer das Ergebnis der vertraulichen Beratungen des Zentralbankrates der Deutschen Bundesbank über das Umtauschverhältnis zwischen D-Mark und Ost-Mark an die *„Frankfurter Rundschau"* weitergab, lieferte der Lafontaine-SPD eine Wahlkampfkeule gegen den Bundeskanzler - und der kommunistischen PDS eine einmalige Chance zur Desinformation. Die einkalkulierte Voraussetzung für den Coup: daß die Massenmedien die von ihnen erwartete Rolle auch spielen. Die Rahmenbedingungen hierfür waren außerordentlich günstig. Das Thema Umtauschkurs berührt die existentiellen Interessen der DDR-Bevölkerung und stößt auch in der

Bundesrepublik auf waches Interesse, es ist also von hoher politischer Brisanz. Eine authentische Information hierüber war von vornherein ein journalistischer Knüller.

Optimaler Zeitpunkt

Der Zeitpunkt und das Medium zur Veröffentlichung der *„haarsträubenden Indiskretion"*, wie sie auf der Konferenz der Länder-Wirtschaftsminister genannt wurde, waren optimal. Am Donnerstag (29. März 1990) tagte der Zentralbankrat, am Freitag erhielt die auf Lanfontaine-Kurs segelnde *„Frankfurter Rundschau"* (FR) die Information für ihre Samstagsausgabe zum Druck und für die Weitergabe des Kerns der Information an die Nachrichtenagenturen am Freitag. Damit wurde sichergestellt, daß die Hörfunksender in ihren unzähligen stündlichen Nachrichtensendungen bereits im Vorlauf und das Fernsehen in den abendlichen Informationssendungen berichten konnten. Sichergestellt war aber auch, daß neben der FR auch alle anderen Tageszeitungen am Samstag zumindest in Kurzfassungen berichten konnten.

Eine weitere Folge des günstigen Zeitpunkts: Jene Politiker und Funktionäre, deren Interessen die *„Indiskretion"* diente, hatten genügend Zeit, sie entsprechend zu kommentieren und gleichzeitig mit der Nachricht in den Medien zitiert und interviewt zu werden. Hinzu kommt: Die am Wochenende meist *„dünne"* Nachrichtenlage begünstigt die ständige Wiederholung einer so wichtigen Meldung in den stündlichen Nachrichtensendungen der elektronischen Medien. Günstig war der Zeitpunkt aber auch deshalb, weil nicht zu erwarten war, daß Bundesregierung und Deutsche Bundesbank schon am Samstag oder Sonntag zum nachrichtenpolitischen Gegenschlag würden ausholen können; sie waren in die Defensive gedrängt worden.

„Mark der DDR soll 2:1 getauscht werden", so lautete die Schlagzeile der FR, die Unterzeile *„Bundesbankbeschluß / Bis 2000 Mark 1:1"*. Schon die Schlagzeile signalisierte einen feststehenden Beschluß. Verstärkt wurde dieser Eindruck durch die ersten beiden Sätze der Nachricht: *„Die DDR-Mark soll nach einem Beschluß des Zentralbankrates der Deutschen Bundesbank bei der Einführung der westlichen D-Mark grundsätzlich im Verhältnis 2:1 umgestellt werden. Diese Entscheidung fällte der Zentralbankrat im Beisein des Bonner Finanzministers Theo Waigel (CSU) am Donnerstag in Frankfurt."*

Ähnlich einprägsam war ein weiterer zentraler Satz der Meldung: *„Für die Lohn- und Gehaltsempfänger läuft der Beschluß der Frankfurter Währungshüter auf eine Halbierung ihrer jetzigen Einkommen hinaus, die im Durchschnitt mit brutto 1250 Mark angegeben werden."* Auch dieser Satz suggeriert, es handele sich um eine endgültige Entscheidung. Daran ändert auch nichts, daß die FR in ihrer Meldung schrieb: *„Eine Entscheidung der Bundesregierung ist damit nach den Worten des stellvertretenden Regierungssprechers Dieter Vogel noch nicht getroffen worden."*

Im Zusammenhang mit dieser Meldung zitierte die FR bereits eine Stellungnahme der SPD-Währungsexpertin Ingrid Matthäus-Maier: Sie habe die Entscheidung des Zentralbankrats als *„skandalösen Wortbruch"* der Bundesregierung bezeichnet. Kohl breche damit seine Zusagen, die er vor den Wahlen in der DDR gegeben habe. Die DDR werde auf diesem Wege zu einem *„Billiglohn-Land"*.

„Verheerende" psychologische Wirkung beabsichtigt

In welcher politischen Absicht die FR die *„Indiskretion"* veröffentlicht hatte, das war in ihrem Kommentar nachzulesen, der in derselben Ausgabe erschien: *„Hoffentlich treten nicht alle ausreisefertigen Bürger in der DDR den Weg in den Westen an, wenn die Bundesbank nun die Bundesregierung ratenweise zur Wahrheit zwingt. Dann käme der Bonner Koalition ihr Wahlgeflunker noch teuer zu stehen. Aus der versprochenen Umstellung der DDR-Währung in die D-Mark zum Kurs von 1:1 wird jedenfalls nichts. Mit dieser frommen Legende wurden zwar die Erst-Wähler in der DDR scharenweise in Richtung der konservativen ‚Allianz für Deutschland' gelockt. Aber nun stellen sich die Versprechungen als schlichte Versprecher heraus. Die psychologischen Auswirkungen im designierten Beitrittsland können verheerend sein..."*

Stolz konnte die FR am Montag, dem 2. April, unter der Schlagzeile *„Empörung über Umtauschkurs 1:2"* berichten, daß die Nachricht in allen Parteien Entrüstung verursacht habe. Tatsächlich hatte die Meldung in der politischen Welt beider deutscher Staaten am Wochenende einen ungeheuren Wirbel ausgelöst. Es hagelte Stellungnahmen, die meisten waren negativ.

Am Montag vormittag hatte dann Oskar Lafontaine seinen Auftritt vor der Presse. *„Dreisten Wählerbetrug"* warf er dem Bundeskanzler vor, falls er seine Absicht wahr machen würde, die Währungsunion mit der

DDR zu einem generellen Umtauschkurs von 1:2 durchzuführen. Kohl selbst habe zwar nur die Umstellung der Sparguthaben 1:1 ausdrücklich versprochen, er sei aber im DDR-Wahlkampf durchweg so verstanden worden, daß die D-Mark generell die Ost-Mark 1:1 ersetzen werde.

Der sozialdemokratische Parlamentarisch-Politische-Pressedienst (2. April) ergänzte: *„Der Kanzler reagiert darauf mit der Feststellung, er habe das nie so wörtlich gesagt, eine Ausrede, die den Vorsatz der Täuschung nur noch deutlicher belegt..."*

In einem Leitartikel ihrer Ausgabe vom Montag, dem 2. April, sattelte die FR noch drauf: *„Mit ihren unausgegorenen Plänen für eine schnelle deutsche Währungsunion hat die Bundesregierung einen politischen Scherbenhaufen angerichtet."* In der DDR drohe ein *„Brotkrieg"* oder ein Exodus. Kohl und Bundeswirtschaftsminister Haussmann nähmen den *„D-Mark-Betrug billigend in Kauf"*. Eine unrühmliche Rolle bei *„diesem Täuschungsmanöver"* spiele auch die Bundesbank: *„Statt sich eilfertig dem Primat der Politik zu beugen, wie es der oberste Währungshüter Karl Otto Pöhl und einige seiner Kollegen taten, hätte die regierungsunabhängige und sonst so selbstbewußte Behörde zweifellos vorhandene Bedenken rechtzeitig artikulieren müssen. Doch so mutig waren nur einzelne Mitglieder des Zentralbankrates. Mit ihren neuesten Empfehlungen erweisen sich die Bundesbanker als doppelte Wendehälse."*

Expertise für Laien kaum verständlich

Erst am Montag, dem 2. April, wurde der Wortlaut des Zentralbankratpapiers veröffentlicht, die Tageszeitungen publizierten ihn in ihren Ausgaben vom Dienstag. Dabei hatte sich herausgestellt, daß der Text der Expertise für Laien weitgehend un- oder mißverständlich ist.

Allgemeinverständlich waren die Umtauschrelationen und die Absicht des Zentralbankrates, die Wettbewerbsfähigkeit der DDR-Wirtschaft nicht zu schwächen – und daß es sich lediglich um eine Empfehlung an die Bundesregierung handelte. In den Nachrichtensendungen des Hörfunks und des Fernsehens vom Montag war deutlich das Bemühen zu spüren, der Sachlage entsprechend korrekt zu berichten, wobei auch Bundesbankpräsident Pöhl, wie schon am Sonntag abend, zu Worte kam.

Indessen wurde dabei nicht deutlich genug herausgearbeitet, wie sich der Zentralbankrat die Umstellung der Löhne und Renten tatsächlich vorstellt. Am 4. April gab es hierzu eine besonders instruktive Interpretation von Rudolf Herlt in der *„Welt"*:

„Löhne und Renten, die 2:1 umgestellt werden sollen, gerieten ganz besonders ins Kreuzfeuer der Kritik. Auch die Bundesbank hält eine Halbierung für unzumutbar. Sie stellt sich die Entwicklung aber so vor: Noch vor der Umstellung auf D-Mark sollen durch Abbau von Subventionen die größten Preisverzerrungen beseitigt werden. Der Wegfall der staatlichen Subventionen für Konsumgüter in Höhe von rund 50 Milliarden DDR-Mark würde Preiserhöhungen auslösen. Wenn es so liefe, dann müßten Löhne und Renten sofort nach der Preisreform angehoben werden. Ein solches höheres Lohn- und Rentenniveau könnte aber nicht 1:1 umgestellt werden, ohne die schon sehr geringe Wettbewerbsfähigkeit der DDR weiter zu schwächen. 2:1 hält die Bundesbank für richtig, aber die Umstellung dürfte erst nach einer Lohn- und Rentenanpassung in DDR-Mark vorgenommen werden. Das Nettorealeinkommen (unter Berücksichtigung der höheren Preise) wäre nach Einführung der DM dann höher als vorher. Erst nach der Umstellung ist es Sache der Betriebe und Gebietskörperschaften der DDR, neue Lohnverträge auszuhandeln."

Verleumderisches Stereotyp

Doch diese richtige Interpretation kam zu spät. Verselbständigt hatte sich ein Stereotyp, die emotionsgeladene Ansicht: *„Wer für den Umtausch eins zu eins ist, meint es gut mit der DDR, und wer schlechtere Wechselkurse vorzieht, ist ein infamer Kapitalist, dem das gute Herz enträt" („Welt", 6. April). Die Kommunisten der DDR nutzten die Gunst der Stunde. PDS und FDGB riefen zu Demonstrationen auf, denen Zehntausende folgten. Auf Transparenten hieß es: „2:1 Schwindelkurs", „2:1-Lohn ist ein Hohn".*

Fazit: Der Vertrauensbruch gegenüber dem Zentralbankrat der Deutschen Bundesbank ist verantwortungslos, doch er paßt zum Machiavellismus des von Oskar Lafontaine aufgebauten Fundamentalgegensatzes zur Bundesregierung. Verrätereien dieser Art dürfte es daher auch in Zukunft geben. Der politischen Amoralität entspricht die amoralische Eigengesetzlichkeit der Massenmedien. Auch künftig ist daher mit Kampagnen dieser Art zu rechnen. Im vorliegenden Fall hätte der psychologische Schaden nur vermieden werden können, wenn Deutsche Bundesbank und Bundesregierung die Expertise sofort vor der Presse erläutert und interpretiert hätten. sp

(MK 16/90, 17.4.1990)

Arbeitslosigkeit

Im Schlagschatten des Wahlkampfes

Anmerkungen zur Medienberichterstattung

„Arbeitslosigkeit ist längst nicht nur ein schweres persönliches Schicksal, Arbeitslosigkeit ist ein ideologisch überhöhtes Argument für oder gegen eine Gesellschaftsordnung." Gerade deshalb, so meinte Thomas Linke in der *„Welt" (5.* Oktober 1990), müßten die Monatszahlen der Bundesanstalt für Arbeit aus Nürnberg über die Beschäftigungslage genau geprüft und, wo nötig, ergänzt werden.

Nicht minder wichtig: Die Medien sollten über diese monatlichen Lageberichte sachgerecht und unvoreingenommen berichten. Wie wichtig dies gerade jetzt ist, unterstrich der SPD-nahe *„Parlamentarisch-Politische Pressedienst" (2.* Oktober 1990), als er folgendermaßen polemisierte:

„Wenn Kohl sich heute als Inkarnation des vereinten Deutschlands feiern läßt, ist der Jubel geteilt. Es sind nur noch die, die seine fatale Verengung der Vereinigung auf die Bonner Regierungspolitik bejahen, die den Tag des Beitritts als Tag der Einheit feiern. Ausgeschlossen bleiben die, die sich keine Freudenfeier leisten können, die Millionen von Arbeitslosen, Null-Kurzarbeitern, Rentnern oder von Alleinerziehenden in der DDR. Die Menschen in den neuen Bundesländern wurden im Hamburger Vereinigungsspektakel der Union behandelt wie auf der Bonner Regierungsbühne - als quantité négligeable, nicht einmal als Statisten."

„Im Januar kälter als im Dezember!"

Unter Arbeitsmarktexperten ist unbestritten: Der Arbeitsmarkttrend läßt sich am besten durch einen Vergleich der Arbeitslosenzahlen des Berichtsmonats mit dem jeweiligen Vorjahresmonat erkennen. Zur korrekten Berichterstattung über die monatlichen Berichte der Bundesanstalt für Arbeit in Nürnberg gehört es, diese Zahl an erster Stelle zu nennen. Doch was geschieht tatsächlich? Jobst Hagedorn, Arbeitsmarkt-Experte der Bundesvereinigung der Deutschen Arbeitgeberverbände, äußerte sich dazu im *„Kurz-Nachrichten-Dienst"* (9. August 1990) seiner Organisation drastisch, aber nicht übertrieben:

Die allmonatliche Berichterstattung der Medien über den Arbeitsmarkt werde wesentlich von den Nachrichtenagenturen geprägt. Finde sich in einer Agenturmeldung eine Ungenauigkeit, so sei eine gewaltige Fehlerfortpflanzung zu beobachten. Als Beispiel wählt Hagedorn die dpa-Meldung vom 7. August 1990: *„Arbeitslosigkeit erstmals in diesem Jahr wieder gestiegen."* Ein Fehler falle nicht auf, denn schließlich sei doch die Arbeitslosenzahl von Juni auf Juli des Jahres 1990 um 55000 gestiegen.

Vollkommen nichtssagend

Hagedorn wörtlich: *„Ich möchte diese ‚News' einmal vergleichen mit der Meldung: ‚Im Januar kälter als im Dezember! – Droht eine neue Eiszeit?'. Hier fällt der Unfug direkt auf. Klar, im Januar ist es immer kälter als im Dezember! Das zeigt die monatliche Temperaturentwicklung und weist eben nicht auf eine neue Eiszeit hin. – Die Meldung ist somit vollkommen nichtssagend. Sie würde – wenn sie so wirklich einmal auftauchte – nur viel über die Ahnungslosigkeit des Journalisten aussagen. Dies zeigt, daß der Vergleich auf Basis des Vormonats nichts, aber auch gar nichts aussagt …*

…Denn seit Jahren steigt im Juli die Arbeitslosenzahl an – das reißt keinen mit Arbeitsmarktzahlen Vertrauten vom Hocker."

Hagedorn weiter: *„Viel wichtiger ist der Vergleich mit dem Vorjahr. Und der zeigt: Die Arbeitslosenzahl ging um 108 000 zurück. 108 000 Arbeitslose weniger – das ist die Nachricht! … Doch eine große deutsche Presseagentur bleibt bei ihren Arbeitsmarktberichten, bei den seit Jahren zermürbend nichtssagenden Vergleichen auf Basis des Vormonats. Es liegt nahe, bei diesem Verhalten schon hartnäckige Absicht zu vermuten, denn die Bundesanstalt für Arbeit weist seit zwei Monaten auf dem Titelblatt ihrer Arbeitsmarkt-Presseinformationen nur noch den richtigen, aussagefähigen Vergleich zum Vorjahr aus! Man muß also entweder blättern oder rechnen, um dem Vormonatsvergleich penetrant die Treue zu halten. Aber – so mag man sommerlich gutgelaunt meinen – jeder ist lernfähig, und vielleicht hat's nur noch keiner gemerkt. Warten wir also den 5. September ab, wenn uns die neuen Arbeitsmarktzahlen auch neue Agenturmeldungen bescheren."*

„dpa" korrigierte sich nicht

Der massive Hinweis des Experten fruchtete nicht. Auch am 5. September 1990 änderte sich in der dpa-Berichterstattung nichts. An erster

Stelle stand nicht der Vergleich zum Monat des Vorjahres, sondern zum Vormonat: *„...(sank) die Zahl der Erwerbslosen (im bisherigen Bundesgebiet) um 85 052 auf 1 727800...“*

Gegenüber dem gleichen Monat des Vorjahres war die Zahl der Arbeitslosen jedoch um 153 000 gesunken, ein Trend, der im Zusammenhang mit einer weiter steigenden Arbeitslosigkeit in der ehemaligen DDR die Hoffnung stützt, daß ein stabiles Wirtschaftswachstum die Schwierigkeiten in den neuen Ländern auf absehbare Zeit wesentlich mindern wird.

Durch die wichtigste Nachrichtensendung des Fernsehens, die *„Tagesschau“* (4. Oktober 1990, 20.00 Uhr), erfuhr die Öffentlichkeit darüber nichts. Da hieß es: *„...im Westen ging die Arbeitslosigkeit erneut zurück, 1 727 800 Menschen waren als erwerbslos gemeldet. 85 100 weniger als im August. Die Quote jetzt: 6,6 Prozent.“*

Korrekte Fakten im ZDF

Professionell-korrekt war dagegen die Berichterstattung der ZDF-Nachrichtensendung *„heute“* (19.00 Uhr) desselben Tages. Ein Wirtschaftsredakteur erläuterte die Situation: *„...die Arbeitslosigkeit im bisherigen Bundesgebiet ist deutlich rückläufig. Jetzt gibt es noch 1,7 Millionen Arbeitslose, 150 000 weniger als vor einem Jahr. Das ist der tiefste Stand seit Sommer 1982. Vor allem aber: Die Beschäftigung wächst. 28,5 Millionen Erwerbstätige, das ist der bisherige Höchststand, der Zuwachs betrug in Jahresfrist 700 000, allein im letzten Monat 40 000. Vor allem in der Dienstleistungsbranche und bei Handel und Verkehr sind viele neue Arbeitsplätze entstanden. Davon profitiert die ganze Republik. Eine inoffizielle Statistik sagt, daß täglich mehr als 100 000 Pendler in den Westen zur Arbeit fahren. Auch dies ein Zeichen dafür, daß die Arbeitsmärkte zusammenwachsen.“*

Zwischen der Berichterstattung von *„Tagesschau“* und *„heute“* klafft eine ähnlich tiefe Kluft wie zwischen den Kommentaren der *„Frankfurter Rundschau“* und der *„Frankfurter Allgemeinen Zeitung“* vom 5. Oktober 1990. In der FR heißt es:

„...Das Volk, das die Einheit mit den Füßen erkämpfte, steht erneut auf der Straße, diesmal unfreiwillig. Noch nährt die Bezeichnung ‚Kurzarbeiter‘ die Illusion eines baldigen Aufschwunges, doch selbst der häufig zweckoptimistische oberste Arbeitsverwalter hegt keine allzu großen Hoffnungen auf eine rasche

Wiedereingliederung dieser Gruppen, die inzwischen ein Fünftel aller Erwerbstätigen der Ex-DDR umfassen..."

Die F.A.Z. urteilte dagegen so: *„...Mit der Verwirklichung der Einheit stehen indessen die Chancen gut, daß nach unvermeidbaren Anpassungen neue Arbeitsplätze in produktiven Bereichen entstehen. Ein Hinweis darauf ist die zunehmende Zahl von Gewerbeanmeldungen, vor allem im Handel, Handwerk, Hotel- und Gaststättengewerbe. Hinzu kommt: Im produzierenden Gewerbe hat sich der Rückgang der Nachfrage offensichtlich verlangsamt; in der Produktion deutet sich eine Stabilisierung an. Aus dem ersten Konjunkturtest des Ifo-Instituts für die neuen Bundesländer ergibt sich, mehr Unternehmen wollen die Produktion in den kommenden Monaten erhöhen als einschränken. Bis Ende kommenden Jahres will fast die Hälfte der westdeutschen Unternehmen in Industrie, Bauwirtschaft und Handel in Thüringen, Sachsen-Anhalt, Mecklenburg, Vorpommern, Brandenburg und Sachsen investieren. Sie suchen vor allem Marktnähe auch zu ihren Kunden in Osteuropa. Viele Unternehmen spüren in den heimischen Produktionsstätten zunehmend die Kapazitätsgrenzen. Das alles sind gute Zeichen für den Arbeitsmarkt im vereinten Deutschland."*

Anzeichen für den Aufschwung

Ähnlich optimistisch urteilte die *„Neue Zürcher Zeitung"* (4. Oktober 1990) unter der Überschrift *„Vor dem Aufschwung in der (ehemaligen) DDR? Erste Anzeichen einer konjunkturellen Trendwende": „Mit dem Inkrafttreten des deutschen Einigungsvertrages am 3. Oktober sind weitere wesentliche Unsicherheiten beseitigt worden, die bisher der Investitionstätigkeit auf dem Gebiet der ehemaligen DDR im Wege standen. Die zahlreichen angekündigten Engagements vor allem westdeutscher Unternehmen können nun konkretisiert werden. Trotz der erheblichen noch zu bewältigenden Strukturanpassungen gibt es Anzeichen dafür, daß der Wirtschaftsaufschwung nun in Gang kommen könnte."*

Die NZZ weiter: *„... Auch in der Industrie ist die Lage nach neuesten Darstellungen von verschiedener Seite keineswegs völlig hoffnungslos und jedenfalls weit differenzierter als bisher in den Medien gemeinhin dargestellt. Dies bestätigte am Dienstag auch die Bundesbank auf einer Pressekonferenz in Leipzig. Laut Direktionsmitglied Gaddum bezeichnen 60 Prozent der DDR-Betriebe ihre Auftragslage als befriedigend. Viele Unternehmen hätten die Umstellung auf die freien Märkte geschafft und würden sich in punkto*

Preisgestaltung und Qualitätsanforderungen zunehmend zurechtfinden. Auch im ehemaligen Ostberliner Wirtschaftsministerium weiß man von einer Reihe von Erfolgsgeschichten, Unternehmen mit hohen Auftragsvorräten und Sonderschichten zu berichten." sp

(MK 42/90, 15.10.1990)

Arbeitsmarkt

Fehlinterpretation nach einseitiger Recherche

Ein Beispiel aus „Report"/Baden-Baden

„Auf den ersten Blick ist es unerklärlich: Viele Übersiedler aus der DDR finden überraschend schnell einen Arbeitsplatz. Personalchefs suchen händeringend Facharbeiter. Gleichzeitig sind in der Bundesrepublik immer noch fast zwei Millionen Menschen arbeitslos gemeldet. Wo liegen die Ursachen für die wachsende Kluft am Arbeitsmarkt?" So fragte die *„Welt"* (4. Oktober 1989) und versuchte,in einer Artikelserie Antworten zu geben.

Nicht die Wirtschaftsmagazine der ARD und des ZDF stellten sich die gleiche Frage, sondern *„ARD/SWF-„Report"* aus Baden-Baden unter der Leitung von Franz Alt. Reporterin Waldtraud Borgschulze-Luschny machte sich auf und begann ihre Reportage in einem Auffanglager für DDR-Flüchtlinge in der Nähe von Passau.

Was sie da zu berichten hatte, war nicht neu: ein Einstellungsgespräch mitten auf der Straße. Der Personalleiter einer schleswig-holsteinischen Maschinenfabrik war 900 Kilometer weit gefahren, um im Lager Metallarbeiter aus der DDR zu finden. *„Drei Männer gleich am ersten Tag, rein ins Auto und ab in den Norden. Menschenhandel sagen Kritiker, dringend notwendige Selbsthilfe sagen Unternehmer, weil sie ihre Stellen nicht anders besetzen können."*

In einem Wohnmobil der Arbeitsgemeinschaft Selbständiger Unternehmer ist eine Job-Börse installiert. *„Tausend Stellen in unterschiedlich-*

sten Branchen hatten die Mitglieder dieses Vereins in eineinhalb Tagen aus dem Hut gezaubert. Stellen für junge Übersiedler, die vor wenigen Stunden erst angekommen sind... Die Neuankömmlinge werden von Unternehmern wie lang Erwartete empfangen. Wohnungsnot? Wer bei den durchaus seriösen Stellenangeboten hier schon zugreift, bekommt in den meisten Fällen eine Wohnung gleich mit dazu."

Skepsis gegenüber den Arbeitslosenzahlen

Wie denken DDR-Flüchtlinge über das Phänomen, daß sie sofort einen Arbeitsplatz erhalten können, obwohl in der Bundesrepublik doch 1,9 Millionen Arbeitslose registriert sind? Ein junger Mann antwortet:

„Ich habe schon in der DDR gedacht, das hängt bestimmt mit der Sozialhilfe zusammen, mit der Unterstützung – da will vielleicht gar keiner arbeiten gehen. Die Arbeit ist zwar da, aber die kriegen ja nun einen Haufen Unterstützung, und dadurch gehen sie eben nicht arbeiten."

Ein westdeutscher Unternehmer zum gleichen Thema: *„Gerade im Rahmen dieser Aktion ist mir eigentlich wirklich endgültig bewußt geworden, daß wir keine zwei Millionen Arbeitslose haben. Das sind entweder zwei Millionen Statistik-Leichen oder zwei Millionen Verweigerer, Faulenzer oder Schwarzarbeiter oder was auch immer."*

In der Diskussion über die Arbeitsmarktchancen der jungen DDR-Flüchtlinge ist immer wieder die Rede davon, zwischen ihnen und den Langzeitarbeitslosen gebe es ein Konkurrenzverhältnis, das sich zuungunsten der Langzeitarbeitslosen auswirkte. Folgerichtig beschäftigte sich Borgschulze-Luschny im zweiten Teil ihrer Reportage mit der Situation jener Arbeitslosen, die seit mehr als einem Jahr beschäftigungslos sind. Sie befragte drei Vertreter der Arbeitsverwaltung, darunter den Präsidenten der Bundesanstalt für Arbeit, Heinrich Franke. Das zusammengefaßte Ergebnis dieser Recherchen:

Zwar sei jeder zweite Langzeitarbeitslose ohne Berufsausbildung, doch nur wenige hätten die Möglichkeit, zum geprüften Facharbeiter nachqualifiziert zu werden. Am heutigen Facharbeitermangel seien die Unternehmer schuld, da sie in der Vergangenheit zu wenig Jugendlichen einen Ausbildungsplatz gewährten, Arbeitgeber seien nicht bereit, Leute einzustellen, die schon etwas älter oder gesundheitlich behindert sind. Die Arbeitgeber folgten auch nicht den Aufrufen ihrer

Verbände und der Bundesanstalt für Arbeit, sich für eine Qualifizierung längerfristig Arbeitsloser zur Verfügung zu stellen.

Sind die Langzeitarbeitslosen nur Opfer?

Aus ihren Recherchen zog Borgschulze-Luschny folgende Schlüsse:

„Langzeitarbeitslose sind Opfer einer halbherzigen Sozialpolitik, die mit kurzfristigen, sich dauernd verändernden Maßnahmen und Programmen hilflos hin- und heroperiert... Langzeitarbeitslose sind zur Zeit kein Thema, und auf die Frage eines Abgeordneten, warum unsere Gesellschaft diesem gewaltigen Problem gegenüber so gleichgültig ist, wußte keiner zu antworten. Statt dessen einander beschwörendes Auf-der-Stelle-Treten . . Die rasche Integration von Übersiedlern ist gut und notwendig, doch wer daneben die dauerhafte Ausgrenzung immer größerer Gruppen von Menschen zuläßt, legt eine gesellschaftliche Zeitbombe. Bei den letzten Wahlen hat sie schon zu ticken begonnen."

Auf den ersten Blick erscheint die Beweisführung in Sachen Langzeitarbeitslose als schlüssig, Laien werden sich beeindrucken lassen und von einem Skandal sprechen. Tatsächlich hat Borgschulze-Luschny jedoch einseitig recherchiert, wichtige Fakten, Argumente und Meinungen nicht berücksichtigt.

Sie berichtete nicht darüber, daß am 1. Juli 1989 ein von der Bundesregierung initiiertes Aktionsprogramm *„Beschäftigungshilfen für Langzeitarbeitslose"* angelaufen ist. Insgesamt wurden 1,5 Milliarden Mark für einen Zeitraum von zweieinhalb Jahren bereitgestellt. Ziel ist es, mit Hilfe von Lohnkostenzuschüssen 60 000 bis 70 000 Langzeitarbeitslose wieder in das Berufsleben zurückzubringen.

Nach Auskunft der Bundesanstalt für Arbeit kann in den ersten drei Monaten seit Beginn des Programms von einem Einstellungsvolumen von rund 8 400 Personen ausgegangen werden. Erfahrungsgemäß benötigt ein solches Angebot eine gewisse Anlaufphase. Dies eingerechnet, scheint das Programm zu greifen.

Desinteresse an Arbeit

Unerwähnt blieb in dem „Report"-Beitrag die Frage, ob auch alle Langzeitarbeitslosen wirklich engagiert nach Arbeit suchen. Hierzu berichtete der Informationsdienst *„Arbeitsmarkt“* (5. Oktober 1989) der Bundesvereinigung der Deutschen Arbeitgeberverbände über ein Beispiel:

„Ein Unternehmen mit mehreren Filialen in und um München suchte schon seit längerer Zeit vergeblich dringend benötigtes Verkaufspersonal. In Zusammenarbeit mit dem lokalen Arbeitsamt wurde deshalb eine großangelegte Informationsveranstaltung angesetzt, zu der 140 langzeitarbeitslose Frauen eingeladen wurden. Auf dieser Informationsveranstaltung stellte sich die Firma mit ihren offenen Arbeitsplätzen vor.

Von den 140 Eingeladenen kamen nur 90. Direkt im Anschluß an die Informationsveranstaltung hatten diejenigen Arbeitslosen, die sich für die geschilderten und vorgestellten Stellen interessierten, die Möglichkeit zu einem Gespräch mit Mitarbeitern der Personalabteilung des Unternehmens.

Zu diesem Gespräch kamen nur noch 30 Arbeitslose. Von diesen 30 eröffneten fast alle das Vorstellungsgespräch mit Schilderungen ihrer umfangreichen Krankheitsgeschichte. Bei lediglich drei Kandidaten war es dann endlich soweit, daß quasi nur noch der Arbeitsvertrag unterzeichnet werden sollte – doch dies geschah nicht, da die Arbeitslosen einfach nicht wiederkamen.“

Dazu der Kommentar des Informationsdienstes: *„Diesen Ablauf braucht man wohl kaum noch weiter zu kommentieren. Wenn von 140 Langzeitarbeitslosen, die nach Vorauswahl des Arbeitsamtes für einen bestimmten Arbeitsbereich geeignet sind, am Ende keiner die Stelle(n) antritt, dann zeigt dies doch sehr deutlich, daß die Realität auf dem Arbeitsmarkt ganz offensichtlich sehr viel komplexer ist, als dies aus den Statistiken hervorgeht.“*

In einem Teufelskreis

Eingehend beschäftigte sich mit dieser Realität die Industrie- und Handelskammer in Koblenz in einer Studie mit dem Titel *„Wie hoch ist die Arbeitslosigkeit wirklich?“* (siehe MK Nr. 26/26.6.1989), die ebenfalls nicht zur Kenntnis genommen wurde.

In ihr wurde erläutert, daß Arbeitslose, die bereits zwei Jahre oder länger arbeitslos sind, durch Unsicherheit, Mißtrauen und vor allem fehlendes Selbstbewußtsein gekennzeichnet werden. Gescheiterte Arbeitsversuche seien häufig nicht auf fachliche Qualifikationslücken, sondern auf veränderte Verhaltensmuster zurückzuführen. Für den Außenstehenden sei es schwer zu unterscheiden, ob tatsächlich Arbeitsunwilligkeit, persönliche Unsicherheit oder einfach persönliches Unvermögen vorlägen. *„So individuell bedauerlich und sozial beschwerend diese Phänomene sind, und so sehr sie einer problemadäquaten Lösung bedürfen, festzustellen bleibt, daß die Defizite so groß sind, daß eine unmittelbare Arbeitsaufnahme für diese Personen nicht gelingen kann."*

Netz mitmenschlicher Hilfe

Verschuldung, Alkohol oder Partnerkrisen bildeten in diesem Bereich oft einen Teufelskreis, aus dem sich die Betroffenen aus eigener Kraft nicht mehr befreien können. *„Unser soziales Netz ist ein kleines ‚Geldnetz'. Dieses hilft hier allerdings nicht mehr weiter, sondern bedarf der Ergänzung durch ein Netz mitmenschlicher Hilfe. Soziale Institutionen sowie kirchliche und andere Hilfsorganisationen sind hier aufgerufen, um mitzuhelfen, die Arbeitsfähigkeit dieser Personen wiederherzustellen."* Das klassische arbeitsmarktpolitische Instrumentarium könne hier nicht helfen. Soweit die Studie.

Hätte die Reporterin alle diese Aspekte berücksichtigt, wären ihre Schlußfolgerungen anders ausgefallen, nicht nur zum Nutzen der Zuschauer, sondern auch der Betroffenen. sp

(MK 43/89, 23. 10. 1989)

Arbeitsmarktentwicklung

Nachrichten verschwiegen Wichtiges

Selektive Berichterstattung verzeichnet den Trend

Wie wird die Fernsehöffentlichkeit von ARD und ZDF über die Situation am Arbeitsmarkt informiert, die jedermann interessiert? Die Programmbeobachtung zeigt, daß sich das Fernsehen für die vielfältigen Probleme des Arbeitsmarktes so gut wie gar nicht interessiert. Auch die Paradoxie, daß die amtlich ausgewiesene Zahl der Arbeitslosen auf relativ hohem Niveau verharrt, während sich schon seit Monaten ein wachsender Mangel an Arbeitskräften in einer Vielzahl von Branchen bemerkbar macht, der die konjunkturell bedingte Expansion der Unternehmen behindert, weckt die journalistische Neugier nicht.

In dieses Bild paßt, daß auch die Berichterstattung über die monatlich veröffentlichten Ergebnisse der Arbeitsmarktstatistik so kümmerlich ausfiel wie beispielsweise in *„heute"* (19 Uhr) und *„Tagesschau"* (20 Uhr) am 5. August 1989. Beide Nachrichtensendungen, nicht anders übrigens *„heute-journal"* und *„Tagesthemen"*, beschränkten sich im Kern auf die Wiedergabe des Vergleichs zwischen Juli und August 1989, also auf die Zahlen mit dem geringsten Aussagewert, statt sich auf den Vergleich zwischen August 1989 und August 1988 zu konzentrieren, auf jene Zahlen also, die den Trend wiedergeben. Dazu hier die Fakten:

Zahlen, die den Trend angeben

Den überaus günstigen Trend der Arbeitsmarktentwicklung kennzeichnen folgende, am 5. August 1989 bekanntgegebenen Zahlen der Bundesanstalt für Arbeit:

1. Einen Rekordstand erreichte die Zahl der Erwerbstätigen im Juli mit 27,72 Millionen, sie lag um 360 000 höher als ein Jahr zuvor. Im Durchschnitt der ersten sieben Monate waren über 320 000 Menschen mehr beschäftigt als in der gleichen Zeit des Vorjahres.

2. Die Zahl der Arbeitslosen verringerte sich gegenüber August 1988 um 227 000, also um 10,5 Prozent, auf 1,94 Millionen. In den ersten acht Monaten dieses Jahres blieb die Arbeitslosenzahl um durchschnittlich 212 700 (9 Prozent) unter dem Stand des entsprechenden Vorjahreszeitraums.

3. Die Arbeitslosenquote – gemessen an der Zahl der abhängigen Erwerbspersonen – lag im August bei 7,5 Prozent, also um 0,9 Punkte niedriger als vor einem Jahr. Bezieht man die Quote, wie das international üblich ist, auf die Zahl aller Erwerbspersonen, dann lag sie bei 6,8 Prozent.

4. Die Zahl der offenen Stellen war im August mit 262 700 um 31,5 Prozent höher als ein Jahr zuvor. Die Arbeitsämter haben seit Jahresbeginn insgesamt 1,48 Millionen Arbeitssuchende in neue Stellen ver-

mittelt, 5,5 Prozent mehr als in der gleichen Zeit des Vorjahres, davon allein 203 800 im August.

5. Die Zahl der Kurzarbeiter hat von Mitte Juli bis Mitte August um 47 800 auf 80 500 zugenommen, lag damit jedoch um 52 900 (39,7 Prozent) niedriger als vor einem Jahr. Maßgeblich für den Anstieg waren allein Feierschichten im Steinkohlebergbau, wo 54 200 Beschäftigte von Arbeitszeiteinschränkungen betroffen waren. Im verarbeitenden Gewerbe ist die Kurzarbeit bereits seit mehreren Monaten gesamtwirtschaftlich nicht mehr von Bedeutung.

Demgegenüber berichtete *„heute"* so:

„Die Zahl der Arbeitslosen in der Bundesrepublik ist leicht gesunken. Wie die Bundesanstalt für Arbeit mitteilte, waren im August 1 940 200 Menschen ohne Beschäftigung. Das sind 32 400 weniger als im Juli. Die Quote liegt jetzt bei 7,5 Prozent. Gleichzeitig erhöhte sich die Zahl der Kurzarbeiter gegenüber Juli um 147 80 auf 80 500. Die offenen Stellen nahmen um 7200 zu auf 262 700." Anschließend kam Präsident Franke mit einem Statement zu Wort, in dem er darauf hinwies, daß im Vergleich Juli zu Juli (des Vorjahres) die Zahl der Erwerbstätigen um 360 000 gestiegen sei.

Ähnlich berichtete die *„Tagesschau":*

„Die Zahl der Arbeitslosen in der Bundesrepublik ist nach Angaben der Bundesanstalt für Arbeit im vergangenen Monat erneut gesunken. Damit setzt sich nach Einschätzung des Präsidenten der Bundesanstalt, Franke, die konjunkturelle Besserung fort. Hier die neuen Zahlen: Im August waren 1 940 200 Arbeitslose gemeldet, ein Rückgang gegenüber dem Vormonat um 32 400. Die Arbeitslosenquote verringerte sich von 7,7 auf 7,5 Prozent. Kräftig gestiegen dagegen ist die Kurzarbeiterzahl. Sie nahm, bedingt durch Feierschichten im Steinkohlebergbau, um 47 800 auf 80 500 zu."

Der Eindruck, den beide Meldungen auf ein uninformiertes Publikum machen mußten: Die Arbeitslosigkeit ist nur um kärgliche 32 400 Personen zurückgegangen, eine kaum erwähnenswerte Verringerung.

Zu fragen bleibt nach den Ursachen einer derart selektiven, die Realität verzeichnenden Berichterstattung: Handelt es sich um intellektuelles Unvermögen der verantwortlichen Redakteure oder um die politische Absicht, die arbeitsmarktpolitischen Erfolge herunterzuspielen?

Kennzeichnend für das Desinteresse am Arbeitsmarkt ist auch dies: Im Fernsehen wurde bisher nicht darüber berichtet, daß die Arbeitslosenquote in der Bundesrepublik – gemessen nach internationalen Maßstäben – deutlich unter dem Niveau liegt, das von der Bundesanstalt für Arbeit ausgewiesen wird.

Bundesrepublik: international in drittbester Position

Während die Bundesrepublik ihrer nationalen Quote die Zahl der registierten Arbeitslosen zugrunde legt und sie auf die beschäftigten Arbeitnehmer bezieht, folgt die OECD den einheitlichen Richtlinien des Internationalen Arbeitsamtes (ILO). Danach gilt eine Person unter folgenden Bedingungen als arbeitslos: Sie muß *„für eine Beschäftigung verfügbar"* sein, also innerhalb von zwei Wochen neue Arbeit übernehmen können. Sie muß *„auf der Suche nach einer Beschäftigung"* sein.

Die so standardisierte Arbeitslosenquote (bezogen auf alle Erwerbspersonen) der OECD zeigt: Die Bundesrepublik steht unter den sieben größten westlichen Industrieländern mit einer Arbeitslosenquote von 5,6 Prozent (Mai 1989) auf Rang drei, nur unwesentlich schlechter als die USA (5,1 Prozent); die Spitzenposition hält Japan (2,4 Prozent).

Dazu schrieb der Informationsdienst *„iwd"* des Instituts der Deutschen Wirtschaft (7. September 1989): *„Die Differenz von nationaler und standardisierter Arbeitslosenquote ist in keinem der sieben Industrieländer so groß wie in der Bundesrepublik. Die deutsche Arbeitsmarktstatistik zeigt sich offenbar als sozial sehr sensibel. So zählt zum Beispiel die EG-Stichprobe fast 470 000 Arbeitslose weniger als die Bundesanstalt. Umgekehrt ist Italien das einzige Land, in dem die standardisierte Quote nennenswert höher liegt als die nationale. Würde die deutsche Arbeitsmarktstatistik die Maßstäbe der OECD für das Kriterium der kurzfristigen Verfügbarkeit der Arbeitslosen übernehmen, fielen rund 15 Prozent der Erwerbslosen aus der deutschen Statistik heraus."* sp

(MK 38/89, 18. 9. 1989)

Tarifverhandlungen

Die Berichterstattung ist verzerrt

Versäumnisse der Unternehmer schwächen ihre Position

Die Bilder sind vertraut: Streikende Arbeitnehmer artikulieren auf Demonstrationen ihre Anliegen, Transparente verkünden einem Millionenpublikum ihre Forderungen. Die Arbeitgeber stellen sich dagegen kaum medienwirksam dar. Ihre Positionen vermitteln Fernsehen und Presse daher oft weniger anschaulich. Dies schwächt die Verhandlungsposition der Unternehmen.

„Die Gewerkschaften wurden den spezifischen Bedingungen des Fernsehens besser gerecht als die Arbeitgeber." Ihre Symbole beherrschten *„ganz eindeutig"* die Darstellung der Tarifkonflikte. Zu diesem Ergebnis kommt der Mainzer Wissenschaftler Professor Dr. Hans Mathias Kepplinger, der die Berichterstattung von ARD und ZDF und vier überregionalen Tageszeitungen *(„Die Welt"*, F.A.Z., *„Süddeutsche Zeitung"* und *„Frankfurter Rundschau")* über die Tarifauseinandersetzungen im Jahre 1984 analysierte.

Der Autor fand heraus, daß im Mittelpunkt der Berichterstattung das Verhalten und die Forderungen der Gewerkschaften standen. So befaßten sich rund 40 Prozent der wertenden Aussagen in den untersuchten Medien mit deren Positionen. Mit dem Verhalten der Arbeitgeber-Vertreter befaßten sich dagegen nur etwa 20 Prozent. Keine Aussagen machte der Wissenschaftler über neutrale Beiträge.

Wirtschaftliche Hintergründe vernachlässigt

Bedenkenswert ist auch, wie selten wirtschaftliche Hintergrundinformationen behandelt wurden: *„Noch seltener wurden die wirtschaftlichen Voraussetzungen und Folgen einer Verkürzung der Arbeitszeit angesprochen, ihre Auswirkungen auf die Ertragslage der Unternehmen, den Arbeitsmarkt, die internationale Wettbewerbsfähigkeit der deutschen Wirtschaft usw. Hiermit befaßten sich jeweils 16 Prozent der wertenden Aussagen."*

Kepplinger stellte fest, daß Fernsehen und Zeitungen unterschiedlich über Streiks berichteten. Die Qualitätszeitungen befaßten sich vorwiegend mit den Auswirkungen der Streiks auf die Ertragslage der Unternehmen, die Wirtschaftslage und die Wettbewerbsfähigkeit. *„Die Fernsehanstalten behandelten dagegen wesentlich häufiger als die Qualitätszeitungen die Auswirkungen der Streiks auf die Streikbereitschaft der Arbeitnehmer, die wirtschaftliche Lage der Arbeitnehmer und die Meinung der Bevölkerung zu den Streiks."*

Die Qualitätszeitungen rückten damit mehr die betriebs- und volkswirtschaftlichen Aspekte der Streiks, die Fernsehanstalten dagegen ihre individuellen Konsequenzen in den Mittelpunkt.

Kepplinger warf den TV-Machern jedoch nicht vor, sie versuchten bewußt, die öffentliche Meinung zu steuern: *„Man würde einen wesentlichen Aspekt der Problematik verkennen, wenn man die Unterschiede ausschließlich den subjektiven Sichtweisen der jeweiligen Redaktionen zuschreiben würde. Hierbei handelt es sich um die medienspezifischen Möglichkeiten von Presse und Fernsehen: Das Fernsehen kann abstrakte wirtschaftliche Zusammenhänge wesentlich schwerer darstellen als konkrete Schicksale. Folglich prägen Individuen die Berichterstattung. Daran wird sich so lange nichts ändern, so lange es nicht gelingt, das Abstrakte konkret und damit für das Fernsehen darstellbar zu machen."*

Die spezifischen Möglichkeiten des Fernsehens stellen objektive Bedingungen dar, mit denen die Kontrahenten in Tarifverhandlungen rechnen müssen. Sie lassen jedoch, so Kepplinger, durchaus auch Raum für subjektive Gewichtung durch die Redaktionen. So befaßten sich die beiden Fernsehsender im Unterschied zu den Qualitätszeitungen wesentlich intensiver mit der rechtlichen und politischen Beurteilung der Aussperrung. Dadurch vermittelten sie *„den Eindruck, daß die ... Aussperrung durchaus problematisch, die ... Streiks aber weitgehend unproblematisch waren, obwohl vor allem die Durchführung von Urabstimmungen und Warnstreiks rechtlich fragwürdig erschienen"*.

Versäumnisse der Arbeitgeber

Wie erfolgreich die Gewerkschaften es verstehen, sich fernsehwirksam darzustellen, zeigte Kepplinger am Beispiel der 35-Stunden-Woche. Interessant war die bildliche Darstellung von Forderungen für und gegen die 35-Stunden-Woche etwa auf Plakaten, Spruchbändern oder Plaketten. Fast alle Aufnahmen im Fernsehen zeigten Stellungnahmen im Sinne der Gewerkschaften (94 Prozent), die Fotos der Printmedien unterschieden sich hier kaum.

Kepplinger: *„Die außerordentliche Einseitigkeit der Fernsehberichterstattung kann im vorliegenden Fall kaum auf eine Voreingenommenheit der Fernsehjournalisten zurückgeführt werden. In ihr manifestiert sich vielmehr vor allem die Fähigkeit der Gewerkschaften, ihre Forderungen mediengerecht umzusetzen ... Die Journalisten gaben nur wieder, was die Kontrahenten ihnen vorgaben, und dies war auf seiten der Arbeitgeber sehr wenig."*

Dies hat nach Ansicht Kepplingers Konsequenzen auch für die Verhandlungen gehabt: *„Man muß annehmen, daß aufgrund von Versäumnissen in der Selbstdarstellung vor allem der Arbeitgeber, aufgrund von objektiven Schwierigkeiten der fernsehgerechten Umsetzung ihrer Ziele sowie aufgrund von subjektiven Sichtweisen der Fernsehredakteure im Verlauf der Tarifkonflikte ein Meinungsklima entstanden war, das die Vertreter der Arbeitgeber zunehmend in die defensive Rolle drängte, die sie schließlich während der heißen Phase der Tarifkonflikte im Fernsehen spielte."* gka

(MK 25/90, 18. 6. 1990)

Tarifverhandlungen

Medien im Dornröschenschlaf

Fernsehen und Presse vernachlässigen ein zentrales Thema

Die wirtschaftliche Situation, die Basis unseres Wohlstandes, ist so gut wie nie zuvor in den 80er Jahren. Die Konjunktur verläuft günstig: Die Investitionen steigen, Nachfrage und Produktion streben neuen Höhepunkten entgegen, das Preisklima ist gut.

Doch Vorsicht ist geboten: Die positive Entwicklung hängt im kommenden Jahr entscheidend von den Tarifrunden ab. Hans-Jürgen Schmahl, Vizepräsident des HWWA-Instituts für Wirtschaftsforschung in Hamburg, befürchtet: *„Wenn die Lohnrunde sehr ungünstig verläuft und die Bundesbank mit einer Verschärfung der Geldpolitik reagiert, dann droht uns eine Rezession."* Die *„Frankfurter Allgemeine Zeitung"* (27. Dezember 1989) sieht *„düstere Zeiten für das Tarifjahr 1990"* voraus. Arbeitgeber und Gewerkschaften prophezeien harte Konflikte.

In der Tat sind in den nächsten Wochen spannende Auseinandersetzungen um die Verteilung des Produktivitätszuwachses zu erwarten. Zum 31. März laufen nicht nur die Verträge der 3,7 Millionen Arbeitnehmer in der Metallindustrie aus. Auch knapp eine Million Arbeitnehmer im Bauhauptgewerbe, 166 000 Drucker und zahlreiche Beschäftigte im Groß- und Außenhandel stellen neue Forderungen. Mitte des Jahres verhandeln Arbeitgeber und Arbeitnehmer in einzelnen Bezirken der chemischen Industrie (über 600 000 Betroffene) und im Banken- und Versicherungsbereich. Ende 1990 laufen dann die Lohn- und Gehaltsverträge im öffentlichen Dienst, bei Bundesbahn und Post (2,8 Millionen Arbeitnehmer) sowie in der holzverarbeitenden Industrie aus.

Frühzeitige Information findet nicht statt

Doch obwohl die bereits in diesen Tagen gestarteten Verhandlungen entscheidenden Einfluß auf die wirtschaftliche Situation haben, Streiks auf breiter Front drohen, der gesellschaftliche Friede gefährdet ist und die Geldbörsen vieler Millionen Menschen direkt betroffen sind, findet eine rechtzeitige und umfangreiche Aufklärung über Forderungen, Angebote, Auswirkungen und Hintergründe in vielen bedeutenden Medien nicht statt.

Die vergleichsweise wenigen Ökonomen informieren sich zwar in den einschlägigen Fachzeitschriften und Wirtschaftsteilen führender überregionaler Zeitungen. Die großen publikumswirksamen Illustrierten, die meisten Tageszeitungen, die ungezählten Massenblätter und sogar die öffentlich-rechtlichen Anstalten nehmen das Thema jedoch kaum wahr. Die Tarifverhandlungen waren in den letzten Wochen kein Thema, gelegentliche Fernsehberichte erhielten schlechte Sendeplätze und -zeiten. Dabei wäre eine frühzeitige Aufklärung breiter Bevölkerungsteile wichtig – und zwar bevor starre Fronten und einseitige Darstellungen der Tarifpartner die Emotionen hochputschen.

In die Bresche sprang der ansonsten eher als Filmkonserven-Abspieler geschmähte Privatsender SAT 1. In seinem Magazin *„Topics – Geld oder Leben“* am 28. Dezember 1989 bewies die Redaktion: Das Thema birgt viel Brisanz, es betrifft uns alle. Und: auch Privatsender können Berichterstattungsdefizite beseitigen helfen und wirtschaftspolitische Themen informativ präsentieren.

Zur Diskussion hatte Moderator Franz Jägeler den Hauptgeschäftsführer des Arbeitgeberverbandes Gesamtmetall, Dieter Kirchner, und den stellvertretenden Vorsitzenden der IG-Metall, Klaus Zwickel, eingeladen. Diese stellten zunächst ihre Positionen dar:

Zwickel: *„Drei Forderungen stehen im Vordergrund. Erst einmal die Erhöhung der Löhne und Gehälter um etwa neun Prozent, und es geht um die Verwirklichung der 35-Stunden-Woche. Das macht zusammen ein Volumen von etwa zwölf Prozent. Uns geht es auch um die Sicherung des arbeitsfreien Wochenendes."* Daneben forderte der Gewerkschafter *„die Überzeit vertraglich zu begrenzen und etwas gegen Leistungsverdichtung zu tun."*

Kirchner machte deutlich, daß die Arbeitgebervertreter über Gehaltserhöhungen, wenn auch wesentlich geringere, verhandeln würden. Arbeitszeitverkürzung sei kein Thema. *„Die Forderung der IG-Metall ist Gift für die Konjunktur und Gift für die Preisstabilität, und wenn wir weiter stabile Preise, Aufbau der Beschäftigung und weiter Wohlstand und Wachstum haben wollen, dann können wir diese Forderungen nicht erfüllen."* Er führte vor allem den Fachkräftemangel an, der den Betrieben zu schaffen macht: *„Die Arbeitszeitverkürzung um drei Stunden bedeutet aufs Jahr gerechnet einen Ausfall von zusätzlich 170 000 Facharbeitern, die einfach in der Produktion fehlen ... Wenn wir auf dem immer schärfer werdenden Weltmarkt mithalten wollen (andere Länder reden nicht über Verkürzung), dann müssen wir uns etwas einfallen lassen, wie wir diese Knappheit ersetzen."* Daneben verwies Kirchner auf 430 000 Arbeitsplätze, die in den letzten Jahren in der Metallindustrie neu geschaffen worden seien.

Einspielungen erklärten Hintergründe

Mit Hilfe des immer wieder zusammenfassenden Moderators arbeitete die Sendung auch die Punkte heraus, an denen Konflikte programmiert sind. So zum Beispiel bei der Lohnerhöhung. Die geforderten neun Prozent der IG-Metall sind nach Kirchners Ansicht unbezahlbar und kämen auch den Arbeitnehmern keineswegs zugute. *„Denn jedes Prozent Lohnerhöhung, das über den Produktivitätszuwachs (Kirchner schätzt diesen auf drei Prozent) hinausgeht, macht 0,7 Prozent Preissteigerung aus."* Und Inflation schädige zuerst immer die Arbeitnehmer.

Eine besondere Stärke bewies *„Topics"* in verschiedenen erklärenden Einspielungen. Die Redaktion machte zwei Umfragen in der Bevölkerung und gab einen Rückblick auf das Streikjahr 1984. Damals waren

480 000 Arbeitnehmer in der Metallindustrie betroffen, 130 000 Menschen wurden ausgesperrt. Am Ende hatten die Gewerkschaft Unkosten in Höhe von 500 Millionen Mark, die Arbeitgeber von 700 Millionen Mark zu tragen.

Anschaulich aufbereitet war auch ein Erklärstück zum Streitthema *„Flexibilisierung der Arbeitszeit"*. *„Topics"* stellte den Arbeitsplan des neuen BMW-Werkes in Regensburg vor, wo höhere Automatisierung dazu führte, daß viermal in der Woche je neun Stunden (also 36 Stunden) gearbeitet werden. Die Arbeitnehmer müssen zwar an zwei von drei Samstagen arbeiten, doch sie haben bis zu fünf zusammenhängende Tage frei und bekommen 37,5 Stunden bezahlt. Das Resultat: 2300 neue Arbeitsplätze wurden geschaffen, 35 Prozent mehr Autos rollen vom Band. Das Stück bewies: Wirtschaft läßt sich erklären.

Die knapp halbstündige Sendung konnte natürlich nicht alle Aspekte beleuchten. Vernachlässigt wurden zum Beispiel die Auswirkungen des EG-Binnenmarktes auf die Positionen der Tarifparteien, die Belastung des Arbeitsmarktes durch Aus- und Übersiedler sowie die Forderungen nach einer Nachschlagzahlung. Hier wäre noch einiges nachzuliefern. SAT 1, das in diesem Jahr in die schwarzen Zahlen kommt und damit an einer verbesserten Programmqualität gemessen werden muß, konnte mit diesem Beitrag aber Punkte sammeln.

Es bleibt zu fragen, warum die meisten Massenmedien sich des Themas nicht rechtzeitig und umfangreich annehmen. Ist die Materie zu kompliziert? Läßt sich mit sachlichen, informierenden Wirtschaftsthemen keine attraktive Titelseite oder Sondersendung gestalten? Oder wird es für die Massenmedien erst richtig spannend, wenn es kracht, die Konflikte auf der Straße ausgetragen werden? Fest steht: Die Wirtschaft ist ein kompliziertes Kreislaufsystem, in dem zahlreiche Variablen voneinander abhängen. Der Effekt einer wirtschaftspolitischen Maßnahme hat vielfache Auswirkungen, die nicht immer exakt vorausgesagt werden können. Hinzu kommt, daß viele Begriffe abstrakt sind und auf den ersten Blick keinen direkt faßbaren Bezug zum Alltag des Bürgers haben. Ihre Auswirkungen müssen erst plausibel gemacht werden.

Journalistische Auswahlkriterien greifen nicht

Der Dortmunder Journalismus-Professor, Dr. Jürgen Heinrich, nannte in der Fachzeitschrift *„Publizistik"* (Heft 3, 1989) einige Ursachen für das stiefmütterliche Dasein der Wirtschaftsthemen in den Medien. Das Problem beginne schon bei der Nachrichtenauswahl. Die üblichen journalistischen Auswahlkriterien könnten oft nicht übernommen werden. *„Das Kriterium der Aktualität, das für die Praxis bestimmende Merkmal der Nachrichtenauswahl, ist für den Bereich der Wirtschaft sinnvoll nur begrenzt tauglich."* Der Grund: Wirtschaft ist eben sehr komplex und eher als langfristiger Prozeß angelegt. Umgekehrt ist aber das aktuelle Ereignis nur selten von wirklicher Bedeutung.

Auch das *„Kriterium der Thematisierbarkeit"* trifft oft nicht zu: Denn besonders geeignet sind Themen normalerweise dann, wenn die Information ereignisbezogen, anschaulich, eindeutig, einfach, konkret, präzise und zeitpunktbezogen ist. Hinzu kommt: Wirtschaftsthemen haben kaum Unterhaltungswert. Prägende Elemente wie Prominenz des Handlungsträgers, Dramatik, Emotionalität, Kuriosität, Sex und Konflikt tauchen nur selten auf.

In der Praxis führt dies nicht selten dazu, daß Journalisten – trotz der enormen Bedeutung der Thematik – so lange mit der Berichterstattung warten, bis zumindest einige Kriterien erfüllt sind. Im Fall *„Tarifverhandlungen"* wird dies wieder dazu führen, daß die Medien erst aktiv werden, wenn Demonstranten marschieren, Beschäftigte ausgesperrt sind oder Pressekonferenzen der Verhandlungspartner angesetzt werden. Für eine informierende Berichterstattung über Bedeutung, Konsequenzen und Zusammenhänge ist es dann aber oft zu spät.

Heinrich fordert: *„Die Redaktionen könnten sich darum bemühen, die große Bedeutung wirtschaftlicher Vorgänge für die ökonomischen Rollen der Leser deutlich zu machen, Wirkungen auf einzelne Rollen aufzuzeigen, Handlungsmöglichkeiten, Problemlösungen und Orientierungen anzubieten und Gesprächsstoff zu liefern."* Den Medien komme die Aufgabe zu, aktuelle Tips zu geben, allgemeine Trends zu beschreiben und über prinzipielle Zusammenhänge zu berichten. Eine Analyse derzeitiger Wirtschaftsberichte verleitete Heinrich zu der Erkenntnis: *„Wirtschaftsberichterstattung könnte als Schnittmenge der Teilsysteme Wirtschaft und Massenmedien eine zentrale Bedeutung innerhalb der Berichterstattung erlangen und führt doch bestenfalls ein Dornröschendasein."* gka

(MK 3/90, 15. 1. 1990)

35-Stunden-Woche

Streitgespräch statt Analyse

Unzulängliche Fernseh-Berichterstattung

In Drohgebärde stehen sich die Tarifparteien der Metallindustrie gegenüber. Die IG Metall ist zum Streik entschlossen, sollten die Metall-Arbeitgeber nicht bereit sein, dem Einstieg in die 35-Stunden-Woche zuzustimmen. Die Arbeitgeber mauern.

In dieser Situation (im Oktober 1989) erregte Bundeswirtschaftsminister Helmut Haussmann Gewerkschaften und Medien mit provokativen Äußerungen: Erst zweifelte er an, daß die Tarifautonomie so weitgehende Vereinbarungen über die Arbeitszeit decke, dann plädierte er für eine Rückkehr zur 40-Stunden-Woche.

In der Presse lösten diese Auseinandersetzungen eine umfangreiche Berichterstattung und zahllose Kommentare aus. Haussmann wurde gescholten und gelobt. Gleichzeitig veröffentlichte die Presse jedoch auch eigenständige Analysen zum Problem. So wurde beispielsweise die Frage untersucht, ob denn eine Arbeitszeitverkürzung, wie es die Gewerkschaften behaupten, tatsächlich neue Arbeitsplätze schaffte oder nicht. Die Zeitungsleser wurden jedenfalls über den Kern des Konfliktes eingehend informiert.

ARD und ZDF folgten dem Beispiel der Presse nicht. Die Wirtschaftsmagazine *„Plusminus"* und *„Wiso"* widmeten keine ihrer Sendungen dieser Thematik. Lediglich in den Nachrichtensendungen wurde über den Disput zwischen Haussmann und den Gewerkschaften in kurzen Beiträgen berichtet. Eine Ausnahme bildete das *„heute-journal"* (10. Oktober 1989). Moderator Ruprecht Eser präsentierte Haussmann und den stellvertretenden DGB-Vorsitzenden Gerd Muhr in einem Streitgespräch. Der DGB hatte Haussmann den Sachverstand abgesprochen und ihn als Propagandaminister gegen die Arbeitnehmer bezeichnet.

Aneinander vorbeigeredet

Das sechsminütige Streitgespräch verlief so, wie TV-Streitgespräche dieser Art meist verlaufen: Die aus dem Stegreif sprechenden Kontrahenten tauschten Schlagworte aus, konnten in der Kürze der Zeit auf die Kernpunkte der Auseinandersetzungen, auf die gegensätzliche volkswirtschaftliche Argumentation beider Seiten, gar nicht eingehen. Polemik beherrschte das Feld, nicht Information. Den Stil des Streitgespräches kennzeichnet der folgende Ausschnitt:

Haussmann: „*... Unter Wettbewerbsgesichtspunkten würde eher eine längere Zeit unserer Fachleute Sinn machen. Wenn sie unsere Ingenieure, unsere Facharbeiter immer kürzer arbeiten lassen, schaffen Sie überhaupt keinen Arbeitsplatz für weniger qualifizierte Menschen, und Sie selbst, weder der Herr Eser noch ich, haben eine 40-Stunden Woche.*"

Muhr: „*... Ich glaube nicht, daß wir von uns selbst zu sprechen brauchen. Wir machen den Arbeitsmarkt nicht aus, und wir können ihn auch nicht verändern. Wenn es aber um die Facharbeiter geht, dann kann ich Ihnen nur sagen, wir haben lange genug davor gewarnt, daß uns die ausgebildeten Leute fehlen werden, wenn wir nicht in dem Zeitpunkt ausbilden, in dem sich eine entsprechende Nachfrage am Arbeitsmarkt ergibt. Und das Ausbildungsmonopol haben die Unternehmer bei uns.*"

Konträre Behauptungen

Angesichts der Schwere des sich anbahnenden Tarifkonflikts und seiner möglichen Folgen für die Betroffenen und die Volkswirtschaft ist es unverständlich, daß dieses Thema im Fernsehen bisher nicht ausführlich behandelt worden ist. Was ist von dem Argument der IG Metall zu halten, daß eine weitere kräftige Arbeitszeitsenkung notwendig sei, um die Arbeitslosigkeit zu vermindern? Die Gewerkschaft behauptet, mit der Verkürzung der tariflichen Wochenarbeitszeit um drei Stunden von 40 auf 37 Stunden seien in der Metallverarbeitung fast 200 000 Arbeitsplätze gesichert und geschaffen worden.

Demgegenüber erklären die Arbeitgeber, die Zunahme der Beschäftigung sei nicht auf die Arbeitszeitverkürzung, sondern auf den starken Konjunkturaufschwung zurückzuführen. Hinzu komme, daß die letzte Verkürzung vielfach durch Überstunden und Sonderschichten aufgefangen wurde. Für den Fall einer weiteren Arbeitszeitverkürzung werde es auf keinen Fall eine Entlastung, sondern lediglich eine Belastung für den Arbeitsmarkt geben. Schon die Arbeitszeitverkürzung auf 37 Wochenstunden habe bei den Ingenieuren, den Entwicklern und vor allem bei den Facharbeitern, auf die die Betriebe angesichts des sich beschleunigenden Innovationstempos in immer stärkerem Umfange angewiesen sind, zu gravierenden Engpässen geführt.

Interessant wäre auch eine Durchleuchtung der beiderseitigen Argumentation in Sachen Wochenendarbeit. Die IG Metall hat erneut die Forderung nach einem arbeitsfreien Wochenende bekräftigt: *„Der arbeitsfreie Sonntag stirbt am Samstag."* Wer den Samstag für reguläre Arbeit freigebe, mache zwangsläufig auch den Sonntag kaputt.

Warum nicht mehr Flexibilität?

Die Arbeitgeber kontern: Entgegen den Behauptungen der IG Metall gehe es ihnen nicht darum, den Samstag zum regelmäßigen Arbeitstag zu machen. Die IG Metall habe diese Behauptung aus populistischen Gründen aufgestellt, um Solidaritätsbewegungen zu erzeugen. Auch in der derzeit guten Konjunktursituation würden in der Metall- und in der Elektroindustrie faktisch nur vier Prozent aller Arbeitsstunden an Samstagen geleistet. Den freien Sonntag wolle niemand antasten.

Strittig ist auch die tägliche Höchstarbeitszeit von acht Stunden. Während die Gewerkschaft hier keinesfalls zurückweichen will, plädieren die Arbeitgeber für eine individuell flexibilisierte Arbeitszeit durch neuartige Schicht- und Arbeitszeitmodelle. *„Wer gegen mehr Flexibilität ist, verabschiedet sich aus der modernen Gesellschaft."*

Zu diskutieren wäre auch ein Gedankengang, den der Vorsitzende der FDP und wirtschaftspolitische Sprecher der FDP-Bundestagsfraktion, Otto Graf Lambsdorff, gegenüber dem *„Handelsblatt"* (28. September 1989) äußerte:

„Natürlich ist die Tarifautonomie in Artikel 9 des Grundgesetzes gewährleistet. Sie kann nicht in Frage gestellt werden. Sie ist nicht nur verfassungsrechtlich geschützt, wichtiger ist für mich, daß sie auch ein wichtiger Bestandteil unserer marktwirtschaftlichen Wirtschaftsordnung ist. Aber, und insofern erstaunt mich die Aufregung über Haussmanns Bemerkungen: Wer Rechte in Anspruch nimmt in unserer Wirtschafts- und Gesellschaftsordnung, dem fallen auch Pflichten zu. Wer Freiheiten genießt, muß auch Verantwortung tragen. Und die Tarifvertragsparteien sind in den vergangenen Jahren dieser Verantwortung oft nicht gerecht geworden."

Lambsdorff verwies darauf, daß in der Regierungserklärung von 1982 wohl zum ersten Mal erwähnt worden sei, daß die Tarifvertragsparteien für den Beschäftigungsstand mindestens Mitverantwortung trügen, unter den heute gegebenen Umständen die Hauptverantwortung. Lambsdorff: *„Für mich ist völlig klar, daß zum Beispiel die Sockellohnpolitik, die fast 15 Jahre verfolgt worden ist, eine wesentliche Ursache für den hohen Anteil ungelernter und angelernter Arbeitskräfte unter den Arbeitslosen ist. In Amerika nennt man das die Mindestlohnarbeitslosigkeit. Das Phänomen ist gar nicht unbekannt. Aber unsere Tarifvertragsparteien wollen nichts davon wissen."* sp

(MK 43/89, 23. 10. 1989)

Feindbild vom Kapitalisten gefestigt

Das Märchen vom miesen Spekulanten stirbt nicht

Wer die Berichterstattung über die Börse während des Golfkriegs und auch in den Tagen danach verfolgte, verstand die Welt nicht mehr. Öffentlich-rechtliche Anstalten, aber auch Printmedien wie *„stern"*, *„Spiegel"*, *„Frankfurter Rundschau"*, *„Die Zeit"* oder *„taz"* wärmten die Mär vom unmoralischen Börsenspekulanten wieder auf, Börsianer wurden als *„Kriegsgewinnler"* beschimpft (siehe MK 13/1991).

Was war passiert? Am Anfang des Golfkriegs nach den ersten erfolgreichen Luftangriffen der Alliierten, genau am 17. Januar 1991, machten die Börsenkurse einen Sprung nach oben, der F.A.Z.-Index stieg um 3,1 Prozent auf 658,8 Punkte.

Die deutsche Öffentlichkeit war zu diesem Zeitpunkt in einer Psychoklemme: wegen des ungeliebten Golfkriegs an sich, wegen der sich zwangsläufig ergebenden Forderung, Deutsche hätten ihren Teil an der Kriegslast mitzutragen, und wegen der Behauptung, deutsche Firmen hätten Waffen an Saddam Hussein geliefert. Psychologen wissen, daß in solchen Fällen zur eigenen Beruhigung ein Schuldiger gefunden werden muß.

Geschäft mit dem Krieg

Im Falle der Börsenberichterstattung war das besonders einfach: Einer der Sündenböcke, schon von Ludwig Erhard als *„verfluchter Spekulant"* gebrandmarkt, konnte blitzschnell identifiziert werden: der Börsianer. Mit Hingabe befaßten sich daher einige Medien mit dem vermeintlichen Bösewicht. *„Erst das Geschäft, dann die Bedenken"*, klagte zum Beispiel *„Die Zeit"* am 25. Januar. Die *„taz"* frohlockte am 19. Januar: *„Das Geschäft mit dem Krieg zeitweise gestört."*

In derselben Ausgabe warf Donata Riedel in einem Bericht über die *„Kriegshausse"* die Begriffe munter durcheinander. *„Wer hat also am ersten Kriegstag am meisten profitiert? In erster Linie natürlich die Baufirmen, schließlich geht auch in einem kurzen Krieg ein bißchen was kaputt. Die wegen der deutschen Vereinigung hohen Kurse der westlichen Baukonzerne legten* *folgerichtig weiter zu."* Kursentwicklung an der Börse und *‚Profit'* in der Firmenkasse sind für die Journalistin offenbar ein und dasselbe.

Kinder an die ideologische Front

Das Resultat: Lehrer und Eltern zogen mit ihren Schülern, Töchtern und Söhnen zum Protestieren vor und in die deutschen Börsen. Eine Schülerin hielt den Maklern auf der Besuchertribüne ein Schild entgegen: *„Kein Blut für Öl!"* Die *„taz"* berichtete am 18. Januar, daß Börsenbesucher von den Kriegsgewinnlern entsetzt gewesen wären. Sie waren überzeugt, einen leibhaftigen Feind ausfindig gemacht zu haben.

Wer selbst einige Aktien besitzt (und breitgestreuter Wertpapierbesitz ist ja immer noch politisches Ziel vieler Parteien), erlebte den Golfkrieg allerdings ganz anders.

Zum Beispiel mit *„Daimler Benz"*, einem Unternehmen, das ganz oben auf der Liste der Ankläger stand: Am 1. August 1990, in der allgemeinen positiven Stimmung nach der deutschen Vereinigung, für 855,50 Mark gekauft, rutschte die Aktie durch die Nachrichten von der Golfkrise bis zum Beginn des Krieges auf 507 Mark (16. Januar) herunter. Ein Minus von 40,7 Prozent.

Der Kursverfall der Daimler-Aktie ist nur ein Beispiel für fast alle börsennotierten Werte. Der Aktionär, in den Medien als gewissenloser Spekulant beschimpft, hatte, statt einen Kriegsgewinn zu erraffen, rund ein Drittel seines angelegten Geldes verloren. In DAX-Zahlen (Deutscher Aktienindex) gesprochen: Seit der Besetzung Kuweits am 2. August 1990 bis zum Eingreifen der Alliierten am 15. Januar 1990 sank der Börsenindex um 32 Prozent.

Trotzdem: Als die Börse am 17. Januar einmal kurz nach oben zuckte, schrien die Friedensdemonstranten auf. Daß die Kurse schon während der nächsten Tage wieder stark fielen, interessierte sie nicht. Zwar erholte sich das Kursniveau bis zur Befreiung Kuweits wieder um 17 Prozent, aber von *‚Kriegsgewinn'* war selbst bei verzerrtester Betrachtung bei Kriegsende nichts zu entdecken. Unter Berücksichtigung des Verlusts von 32 Prozent blieb auch nach dem Anstieg der Kurse bis Kriegsende immerhin noch ein Minus von 15 Prozent. Kaum ein Anleger hatte am Krieg verdient. Börsenmakler und Banken verdienen über ihre Gebühren und Courtagen dagegen an jedem Börsengeschäft, ob Krieg oder Frieden, ob Hausse oder Baisse.

Aufwärtstrend nach dem Krieg

Eine deutliche Aufwärtsbewegung der Kurse begann dann allerdings mit dem Ende des Krieges. Daimler kosteten am 28. Februar zum Beispiel wieder 613,50 Mark (plus 21 Prozent). Den Indexstand, der ein halbes Jahr vor dem Golfkrieg herrschte, haben die meisten deutschen Aktien allerdings noch lange nicht wiedererreicht.

Wer seine Wertpapiere im Jahre 1990 gekauft hatte, konnte dadurch lediglich eine Verringerung seiner durch den Golfkrieg erlittenen Verluste notieren. Wer indes Anfang des Krieges Aktien zu Niedrigpreisen kaufte, hatte nach dessen Ende verdient, er war gewissermaßen ein *„Friedensgewinnler"*. Ein Gesetz für Börsengeschäfte lautet: Verdienen kann man fast immer, unabhängig davon, ob irgendwo Krieg ist oder nicht. Und so räumte sogar *„Die Zeit"* am 5. April ein, daß nur der zweistellige Erfolge vorweisen konnte, wer die nach Beendigung des Golfkriegs aufgetretenen beträchtlichen Kursschwankungen zu nutzen verstand.

Etwas hysterisch?

Die Berichte und Analysen in den Medien und die Proteste auf der Straße, die sich so kritisch mit der Moral von Börsianern beschäftigt hatten, sind möglicherweise inzwischen vergessen. Das Feindbild vom gewissenlosen Kapitalisten, das durch eine einseitige und verleumderische Berichterstattung vor allem in junge Menschen eingepflanzt wurde, wird wohl überdauern.

„Man kann sich fragen, ob das ein Vorteil ist, Weltmeister in Betroffenheit zu sein", sagte der Historiker Thomas Nipperdey im *„manager magazin"* (4/91) unter der Überschrift *„Die häßlichen Deutschen"*. *„Sind wir so edel, so sensibel, und sind alle anderen so abgebrüht und dickhäutig – oder sind wir nicht etwas psychiatriereif und hysterisch?"* MiV

(MK 17/91, 22. 4. 1991)

Wirtschaftsberichterstattung

Rücksichtslos und zynisch?

Während des Golfkriegs wurde die Börse heftig angegriffen

Zahlreiche Vorwürfe mußte die deutsche Wirtschaft im Zusammenhang mit dem Golfkrieg hinnehmen. Doch viele Medien attackierten nicht nur illegale Rüstungsexporteure, auch die Börse blieb nicht verschont. Durch eine Vereinfachung der Zusammenhänge auf den *„Konflikt"* von Krieg und Kapital stempelte man sie zum Imperialistentempel, in dem rücksichtslos und zynisch am Krieg und dem Tod vieler Menschen verdient werde.

Krieg in echt kommt gut

So schrieb Paula Almqvist am 14. Februar 1991 im *„stern"*: *„Frankfurter Börse am Vormittag des 16. Januar 1991. Die Aktienhändler lächeln und witzeln, als wär's ein Tag wie jeder andere. Seh' ich dich heute abend auf dem Empfang der Commerzbank? Nein, ich hab' schon 'ne andere Party. Was ist mit diesen Leuten los? Wissen die nicht, daß heute im Morgengrauen das Ultimatum der Vereinten Nationen abgelaufen ist und der Krieg am Golf jederzeit losbrechen kann? Während Millionen Deutsche sich kaum auf ihre Arbeit konzentrieren können, während Zigtausende die Aufrufe zu Friedensdemos beherzigen, herrscht hier ein Klima der Ungeduld. Da steht ein Haufen Leute beisammen, von denen manche nur mit Mühe das Nagelkauen unterdrücken können in Erwartung des ersten Schusses. Denn dann wird es endlich mal wieder rappeln in der Kiste – so oder so. Wenn's knallt, gehen die Kurse entweder in den Keller, daß es sich für eiskalte Spekulanten schon wieder lohnt zu kaufen. Oder die Ölwerte und Goldpreise rauschen so nach oben, daß mancher sein unlukratives Depot gewinnbringend abstoßen kann …*

Gemütsmenschen sind Börsianer wahrlich nicht. Der Chefhändler einer Investmentgesellschaft hat an diesem 16. Januar seinen Lieblingsschlips angelegt: den mit dem Muster der steil aufsteigenden Börsenkurven … ‚Nein, das ist kein Börsencrash wie im Oktober 1987', sagt der Chefhändler der Commerzbank. ‚Das ist der schleichende Tod.' Er denkt allerdings nicht an Giftgas dabei. Er fürchtet nur das Jahr des Bären." Und weiter: *„Angst vorm Krieg ist verdammt schlecht fürs Geschäft, aber Krieg in echt kommt gut an der Börse an… Einem Reporter wurde der Witz ins Ohr geträufelt. ‚Wie ist* *das Wetter in Bagdad?' - ,Bedeckt, 3000 Grad, heftige Niederschläge!'"*

Der *„Spiegel"* formulierte auf der gleichen Linie (Nr. 4/91): *„Die Bomben, die in den Nachtstunden zuvor auf den Irak gefallen waren, hatten zugleich ein prächtiges Kurs-Feuerwerk ausgelöst."*

„Es sind schon harte Jungs"

In der *„Frankfurter Rundschau"* vom 18. Januar 1991 wurde H. Witkowski unter der Überschrift *„Geistige Tiefflieger"* noch deutlicher: *„Monatelang grassierte an den Finanzmärkten die Kriegsangst, zwar nicht wegen der am Golf zu erwartenden Toten, Verbrannten oder Verstümmelten, aber doch wegen der weltweit drohenden wirtschaftlichen Auswirkungen. Je mehr sich die Hoffnungen auf eine friedliche Lösung des Kuwait-Konflikts zerschlugen, desto stärker brachen die Aktienkurse international ein. Doch kaum hatte die Politik endgültig versagt und waren die ersten paar tausend Bomben über Irak abgeworfen, schossen die Kurse an der Tokioer Aktienbörse geradezu explosionsartig in die Höhe."*

Über die Akteure an der Börse schrieb die FR: *„Es sind schon harte Jungs, unsere Ölhändler und Börsianer. Bei letzteren stehen derzeit nicht nur Aktien, sondern auch Kriegswitze hoch im Kurs. Man scheint Grund zum Feiern zu haben an den Märkten, und wer das ,Kaufsignal' von US-Präsident George Bush nicht schnell genug kapiert hat, kann sich nun grämen, den Einstieg an der Börse verpaßt zu haben. ,Die Dinge laufen gut' (Bush), also werden die Kurse hochgejubelt, beileibe nicht nur die von Rüstungskonzernen. Wen kümmern da schon die Opfer des Krieges."*

Zum Schluß hieß es dann: *„Doch der Krieg hat erst begonnen, und das Ausmaß der Zerstörung, vielleicht nicht nur am Golf; ist noch nicht annähernd abzuschätzen. Unabhängig davon übersehen die geistigen Tiefflieger nur allzu gerne, daß an den Profiten, die ihnen der schnelle Tod bringen mag, das Blut der Opfer klebt. Aber für die Moral waren die Börsen eben noch nie zuständig."*

Einseitige Deutung

Witkowski unterstellte den an den Finanzmärkten arbeitenden Menschen eine Herzlosigkeit, die ihresgleichen sucht. In Wirklichkeit jedoch hat der Überfall auf Kuweit als nicht mehr zeitgemäß einen Schock verursacht. Die Risikofreudigkeit der Anleger, ohne die eine funktionierende Volkswirtschaft nun einmal nicht auskommt, ging zurück. In der Folge sanken die Aktienkurse. Die schwelende Ungewißheit aber war vorbei, als der Befehl zum Angriff gegeben wurde.

Nur auf den ersten Blick sieht es wie ein Widerspruch aus, daß dies zu einem Aufatmen führte und die nun wieder sprudelnden Kaufaufträge die Aktienkurse beflügelten. Allerdings wurden die Kurse nicht *„hochgejubelt"*, das beweist schon der Kursanstieg in der gesamten Breite. Die so oft zitierten Rüstungsaktien als *„Kriegsgewinnler"* blieben eine Mär der Journalisten. Wer von *„geistigen Tieffliegern"* schrieb, hätte vorher erst die angeblichen *„blutigen Profite"* nachrechnen müssen.

Verdienen am Krieg

Auch der *„Hessische Rundfunk"* (HR) beteiligte sich in mehreren Beiträgen an der Börsen-Schelte. Am 21. Januar 1991 berichtete Anke Jahns in der Sendung *„Unterwegs in Hessen"* über die Demonstration vor der Frankfurter Wertpapierbörse. Bei dieser Demonstration, die zum großen Teil aus Kindern und Jugendlichen bestand, wurden Parolen wie *„Ihr habt auf den Krieg spekuliert"*, *„Nieder mit Kriegsgewinnlern"* und gegen *„Imperialismus, Kapitalismus und die Kriegstreiber in Amerika"* skandiert. Anke Jahns: *„Die Börse, sie arbeitet inzwischen wieder normal weiter und verdient am Krieg."*

Der Kommentar von Jahns ist ein Musterbeispiel von unkritischem Journalismus, der den mit der Nachricht erzielten Effekt höher einschätzt als die Überprüfbarkeit der Aussage auf ihren Wahrheits- oder Wahrscheinlichkeitsgehalt. Börsen verdienen auch am Frieden, aber vor allem verdienen auch die Anleger, die mit ihrem Kapital ein unternehmerisches Risiko tragen. Die Einseitigkeit und Unschärfe des Kommentars wurde so besonders deutlich.

Blutleere Kunstwelt

Auch die *„Zeit"* erschien (am 25. Januar 1991) mit einem Bericht über die Auswirkungen des Golfkrieges auf die deutsche Börse. Dirk Kurbjuweit nahm unter der Schlagzeile *„Die Frankfurter Börse nach Beginn der Kämpfe"* zunächst zu den Ereignissen am 21. Januar 1991 Stellung und kommentierte die Blockade der Börse wie folgt:

„Hautnah erlebten die Aktienhändler, daß ein Krieg mehr Regungen auslöst als das Auf und Ab von Kursen. Aber ihre blutleere Kunstwelt war so nicht zu

Zuvor: Tschernobyl

erschüttern; rasch galt wieder die Regel, daß die Realität auf dem Börsenparkett nur ausschnittweise zugelassen ist. Der Handel mit Blick auf den Krieg ging ungetrübt weiter, und als das Gerücht aufkam, Demonstranten wollten die Börse stürmen, rief Börsensprecher Rüdiger Freiherr von Rosen den Händlern leutselig zu: ‚Keine Sorge, kümmert euch nicht drum, macht ihr nur gute Kurse.' Denn gute Kurse haben sie gemacht, am Donnerstag, als der Krieg begann."

Über den Verlauf der Börsenzeitung berichtete der Autor weiter: *„Nirgendwo in Deutschland ist der Krieg so nahe. Auf einer großen schwarzen Tafel zeigt ein Lichtband ständig die Entwicklung des Deutschen Aktienindexes an; dabei schlagen sich die Kampfhandlungen in einer Direktheit nieder, die unheimlich ist."* Und weiter: *„Nun ist auf der Tafel abstrakt die Kurve zu sehen, die von den Bombern geflogen wurde. Tatsächlich hat dies also bestürzend viel mit dem Krieg als solchem zu tun. Hier wird er in ökonomische Zahlen übersetzt. Viele Kauforders von Donnerstag waren demnach Jubelschreie als Reaktion auf die angeblich präzisen Bombentreffer der Alliierten."*

Vergeblich suchte Kurbjuweit nach Interviewpartnern, die seine obengeäußerte Meinung teilten. Erst nach vielen Anläufen fand er einen Gesprächspartner unter den Börsenhändlern. Sichtlich erleichtert schrieb er: *„Endlich aber gelingt die Kommunikation. ‚Vielleicht ist es nicht gerade pervers, aber ganz sicher bedrückend', sagt Klaus Werm, Aktienchef der Berliner Bank. Ihm sei am Donnerstag überhaupt nicht wohl gewesen."*

„... nun kauft mal hundert Daimler"

Er machte aber auch noch kritischere Stimmen ausfindig und erfuhr von einem Händler (hinter vorgehaltener Hand): *„Selbst am Donnerstag nachmittag hätten einige in den umliegenden Bistros mit Champagner auf die guten Geschäfte angestoßen. ‚Und wenn ich an die Anleger denke, die in der Nacht am Fernseher den Beginn des Krieges verfolgt haben, dann am Morgen ihre Bank angerufen und gesagt haben. Nun kauft mal hundert Daimler für mich, da mache ich einen guten Schnitt – wenn ich daran denke, dann wird mir schlecht.' Leider sind diese Anleger nicht an der Börse anzutreffen, da sie von zu Hause aus am Golfkrieg teilnehmen."*

Billigste Stimmungmache beherrschte den Artikel von Dirk Kurbjuweit. Wenn täglich über das Auf und Ab an der Börse und die dort leicht verdienten großen Gewinne berichtet wird, wird auch schnell die Frage nach den Kriegsgewinnlern aufgeworfen. Wer profitiert nun

Landfunk aktuell – Jürgen Baumgart 11.55 7.7.92
jede 3. Kuh verliert durch Tiefflieger ihr Kalb

vom Golf-Krieg? Diese Frage ist scheinbar leicht zu beantworten. Wo Munition verbraucht wird, muß auch wieder Nachschub herangeschafft werden. Die Rüstungsfabrikanten werden also überproportional an der Krise gewinnen. Als Beweis für diese Behauptung diente zum Beispiel die jüngste Kurssteigerung von Martin Marietta, dem Hersteller eines Nachtsichtgerätes für die Luftwaffe.

Eine Erklärung anhand nur dieser Fakten allein ist aber oberflächlich und vordergründig. Tatsächlich mußten durch die Annäherung der Großmächte und deren Willen zur Abrüstung gerade Rüstungsfirmen in jüngster Vergangenheit starke Umsatzeinbußen hinnehmen. Der amerikanische Kongreß kürzt in jedem Jahreshaushalt immer wieder den Rüstungsetat um erhebliche Beträge, so daß bei der Rüstungsindustrie schon von Verzögerungen in der Forschung geredet wird. Aufgrund dieser Beschneidungen sind dort zunächst einmal nur Verlierer anzutreffen. Abgesehen vom geringeren Unternehmensgewinn, gehören nämlich auch die Beschäftigten in der Rüstungsindustrie zu den Verlierern. Bei General Dynamics, einem der wichtigsten Fabrikanten, läuft die Produktion des *„besten Panzers der Welt"* aus, und die hochqualifizierten Arbeiter werden im Juni arbeitslos. Auf der anderen Seite zählen Firmen wie Raytheon sicherlich zu den Gewinnern. Zu ihren Produkten gehört die Patriot-Rakete, deren Funktionstüchtigkeit von Israelis und Saudis gleichermaßen gelobt wird.

Hier gilt es aber, sich aus der Kurzsichtigkeit der Betrachtung zu lösen und einen langfristigen Überblick zu gewinnen. Nicht der Kursanstieg eines einzelnen Rüstungsherstellers kann als Beweis für die Kriegsgewinne der Branche herangezogen werden. Immer ist auch die Spekulation beteiligt. Und zu ihr gehören auch Kleinanleger und Durchschnitts-Investoren. Wollte man den plötzlichen Kursanstieg Mitte Januar als Beweis für die Profitgier der Branche werten, käme man mit der Erklärung des Kursanstieges in Probleme, der dem Friedens-Angebot des Iraks am 15. Februar folgte! Denn auf die neue Hoffnung auf einen schnellen Frieden am Golf reagierte die Börse auch mit einem Kursanstieg.

Erleichterung über Ende der Kämpfe

Die Börse reagiert also nicht nur auf Schreckensmeldungen, sondern ebenso auf gute Nachrichten. So berichtete die F.A.Z. am 1. März: *„Die internationalen Finanzmärkte haben am Donnerstag auf das Ende der Kämpfe* *am Golf mit Erleichterung reagiert. Kurz nach Bekanntgabe der Feuerpause hat die Aktienbörse in Tokio mit kräftigen Kursgewinnen geantwortet. Börsenteilnehmer sprechen von einer ‚Befreiung', da nun eine große Belastung für die Weltkonjunktur gebannt sei ... Auch die europäischen Börsen haben gelassen-zuversichtlich reagiert ... ‚Endlich kehrt wieder Ruhe ein', sagte ein Devisenhändler in Frankfurt."* Meldungen wie diese waren den Börsenkritikern dann keine Silbe wert, die *„kritischen Journalisten"* registrierten lediglich die eine Seite der Medaille.

Der für Wirtschaftspolitik verantwortliche Redakteur der F.A.Z., Hans D. Barbier, kommentierte das Thema am 19. Januar mit den Worten: *„Es klingt wie eine Bestätigung aller Vorurteile über die Skrupellosigkeit der Kapitalisten: im Augenblick des Kriegsbeginns am Golf bricht eine Aktienhausse los. In der Tat sieht das so aus, als ob ‚Krieg' im Kalkül der Anleger zu den positiven Größen ihrer Renditerechnungen zählte. Dem Verdacht, die Kapitalisten hätten Freude am Krieg, kann man mit Hinweisen auf Moral und Sitte in einem Umfeld der vorgefaßten Urteile kaum mit Erfolg entgegentreten. Wie sollte man auch in die Seele eines Spekulanten blicken können? Aber vielleicht in seinen kühl rechnenden Kopf.*

Und da zeigt es sich dann, daß es ganz unsinnig wäre, auf eine Kriegshausse zu setzen: kein Kaufhaus, kein Automobilhersteller und kein Anlagenbauer in Deutschland kann sich einen Gewinn vom Golfkrieg errechnen – selbst dann nicht, wenn dieser Krieg nur einen dauerhaft höheren Ölpreis bedeutete. Die ‚Rüstungswerte' unter den deutschen Aktien muß man mit der Lupe suchen, sie spielen für die Bewegung des Aktienindexes so gut wie keine meßbare Rolle. Wenn die Umstände des Kriegsausbruches am Golf für die Börse eine Rolle gespielt haben – und das haben sie wohl –, dann kann das nur die Erwartung seines raschen Endes gewesen sein. Die Kapitalisten haben sich erlaubt, auf den Frieden zu spekulieren. Das mag ein Irrtum sein. Aber ist es unmoralisch?"

AS/gka

(MK 13/91, 25. 3. 1991)

Unterbelichtete Berichterstattung

Der Bundesbank-Bericht als Beispiel

Als einzige unter den deutschen überregionalen Tageszeitungen widmete die *„Süddeutsche Zeitung“* (20. Februar 1991) dem Ereignis einen Kommentar im politischen Teil: dem Februar-Monatsbericht der Deutschen Bundesbank. *„In der ihr eigenen verbindlichen Form hat die deutsche Bundesbank der Politik eine schallende Ohrfeige verpaßt. Die Zensur, die sie der Finanzpolitik in ihrem neuesten Monatsbericht erteilt, entspricht einem, Ungenügend‘.“*

Mit diesen scharfen Worten kennzeichnete das Blatt zutreffend den Tenor des Bundesbankberichtes. In unmißverständlicher Weise wurde in dem Bericht kritisiert, daß Bund, Länder und Kommunen ihre Ausgaben nicht stärker reduzieren: *„Angesichts der anhaltenden Hochkonjunktur im Westen und der Notwendigkeit, Mittel für den Osten bereitzustellen, wäre sicherlich ein zurückhaltendes Ausgabegebaren auf allen Haushaltsebenen angezeigt gewesen.“*

Warnung vor inflationärem Trend

Folgerichtig schreibt die *„Süddeutsche Zeitung“: „Die Tatsache nämlich, daß angesichts der Einigungskosten und des Golfkrieges Steuererhöhungen auch nach Überzeugung der Notenbank unumgänglich sind, begründet sie allein damit, daß die öffentlichen Finanzen im alten Teil der Bundesrepublik noch lange nicht in die Form gebracht worden sind, die ein solcher Finanzierungs-Kraftakt erfordert. Dies gilt für Bonn ebenso wie für die Länder.“*

In ihrem Bericht weist die Bundesbank darauf hin, daß der Fehlbetrag von 140 Milliarden DM der Gebietskörperschaften für 1991 noch überschritten werden könne, wenn die alten Länder und Kommunen bei ihren Ausgabenplanungen blieben. 155 Milliarden DM seien vorstellbar, wobei die Unsicherheitsmarge nicht zuletzt wegen der Finanzierungsbeiträge zu den Golfkriegskosten besonders hoch zu veranschlagen sei. Der schon bestehende Nachfragedruck werde durch die Expansion der Öffentlichen Haushalte weiter verstärkt. In diesem Zusammenhang könne das Volumen von Geld und Kredit stärker wachsen, als es mit der Zunahme des Produktionspotentials vereinbar wäre.

Ernste Warnungen blieben ungehört

Unter diesen Umständen allein von der Geldpolitik die Wahrung der Stabilität zu erwarten, hieße, deren Möglichkeiten zu überschätzen, schrieb die Bundesbank. Mit anderen Worten, die Währungshüter warnen vor der akuten Gefahr einer inflationären Entwicklung, der sie mit ihren Mitteln entgegenwirken müßten, insbesondere auch den mit Steuererhöhungen verbundenen Preissteigerungen.

Der Notenbankbericht enthält also alle Kriterien einer ernsten Warnung an alle politisch Verantwortlichen. Dennoch blieb das Medienecho ausgesprochen schwach. Die überregionalen Tageszeitungen berichteten nur in ihren Wirtschaftsteilen, die Massenmedien beachteten den Bericht so gut wie gar nicht, das Fernsehen – voll auf die Golfkrieg-Berichterstattung konzentriert – gönnte ihm kein Wort. Soweit wirtschafts- und finanzpolitische Themen in den Massenmedien überhaupt erwähnt werden, bleibt es bei der Wiedergabe der Streitigkeiten um die Steuererhöhungen, ohne daß der Versuch unternommen würde, die Hintergründe des ökonomischen Geschehens auszuleuchten.

Kein Echo in den Massenmedien fand auch die Ansicht der Bundesbank, daß die in den neuen Ländern bisher vereinbarten Lohnerhöhungen weit über das hinausgehen, was durch die Produktivitätsentwicklung gerechtfertigt wäre. Eine allzu rasche Angleichung der Löhne auf das Westniveau müsse das Investitionsklima eintrüben und den wirtschaftlichen Aufholprozeß weiter verzögern. Außerdem könnten die Preise in den neuen Bundesländern stärker steigen als in den alten, was die ohnehin geringen Absatzchancen ostdeutscher Produkte weiter verschlechtern würde.

Schon vor Beginn der Währungsunion habe es für die Arbeitnehmer in der DDR kräftige Aufbesserungen der Bruttoverdienste gegeben. In der Industrie (ohne Bau) lagen die Monatseinkommen im ersten Halbjahr um 17,5 Prozent über dem Stand des gleichen Zeitraumes von 1989.

Zu solchen Vorweganhebungen der Unternehmen und Sonderzahlungen aus den betrieblichen Prämienfonds, die eigentlich erst später fällig gewesen wären, kamen dann nach dem 1. Juli die erstmals zwischen Gewerkschaften und Arbeitgeberverbänden ausgehandelten Steigerungen der im Verhältnis 1:1 umgestellten Löhne und Gehälter, die sich in Größenordnungen zwischen 25 und 60 Prozent bewegten. Diese starke Verteuerung des Arbeitseinsatzes in den neuen Bundesländern habe die Wettbewerbsfähigkeit der Industriebetriebe beeinträchtigt und mit dazu beigetragen, die Arbeitslosigkeit und die Kurzarbeit zu steigern. Das Resümee der Notenbank:

Mäßigung der Lohnpolitik gefordert

„Eine rasche Anpassung der ostdeutschen Löhne und Gehälter an die westdeutschen Einkommensverhältnisse erscheint ohne Schaden für Wachstum und Beschäftigung nur bei einer entsprechend zügigen Angleichung der Arbeitsproduktivität möglich. Dies setzt jedoch eine starke Erhöhung der Kapitalintensität und – soll die Beschäftigung nicht weiter drastisch zurückgehen – der Unternehmensinvestitionen voraus. Die für eine Verbesserung des Investitionsklimas erforderliche Mäßigung der Lohnpolitik könnte zusammen mit staatlichen Förderprogrammen und der Beseitigung administrativer Hindernisse einen wesentlichen Beitrag dazu leisten, den wirtschaftlichen Aufholprozeß in der ehemaligen DDR möglichst bald in Gang zu bringen."

Wiederum war es nur eine der überregionalen deutschen Tageszeitungen, die sich intensiv mit dieser Problematik auseinandersetzte, während die anderen das Thema nur beiläufig registrierten. Die *„Frankfurter Rundschau"* (20. Februar 1991) vertiefte das Thema zwar, doch sie verfiel in ein anderes Extrem: Sie ließ alle anderen Themen des Notenbankberichtes weg und polemisierte gegen das Bundesbankdirektorium:

„Eine angebliche Kausalität zwischen Lohnsteigerungen und Investitionen herzustellen, heißt nichts anderes, als erneut die Messer für eine Auseinandersetzung zu wetzen, die mangels schlagender Argumente schon einmal stillschweigend beendet worden ist. Damals hatte schließlich selbst die Arbeitgeberseite zugegeben, daß die Diskussion über die angeblich mangelnde Attraktivität des Investitionsstandortes Bundsrepublik wegen der zu geringen Gewinne überflüssig ist. Denn über das Pro und Kontra einer Investition entscheidet ein Bündel von mehreren Faktoren. Monokausal – das darf man den Unternehmern getrost attestieren – lassen sich ihre Entscheidungen jedenfalls nie erklären ..."

Fazit: Zu keinem Zeitpunkt der jüngsten wirtschafts- und finanzpolitischen Debatte machten sich die Medien für Haushaltseinsparungen der Öffentlichen Hände in dem Sinne stark, daß sie dieses Problem thematisiert, mit eigenen Vorschlägen für einen Subventionsabbau begleitet und damit Druck auf die Politik ausgeübt hätten. Nichts zu Spüren war bisher auch von Widerstand gegen Steuererhöhungen ohne vorangegangene Einsparungen. Es hat den Anschein, daß die Golfkrieg-Berichterstattung die Medien derart absorbiert, daß für elementare Fragen des ökonomisch-politischen Geschehens kein Raum mehr bleibt. sp

(MK 10/91, 4. 3. 1991)

Wirtschaft

Machtmenschen und Zocker?

Zur Medien-Diskussion über die Macht der Banken

Generaldebatten über die *„Macht der Banken"* werden in den Medien immer dann erneut entfacht, wenn einzelne Skandale bekannt werden. Zweifelhafte Geschäfte einzelner werden dann zum Aufhänger für eine allgemeine Bankenschelte.

Jüngstes Beispiel sind die Streitigkeiten der DG-Bank in Frankfurt mit französischen Kreditinstituten um die Rücknahme von Wertpapieren oder die Betrügereien einiger Bankangestellter an der neueröffneten Deutschen Termin-Börse.

Daraus zogen einige Medien dann solche Schlüsse: *„Skandale sind für Frankfurts Börsen- und Bankenwelt nichts Neues. Wo tagtäglich Milliarden an Wertpapieren, Gold und Devisen den Besitzer wechseln, gehören Untreue, Betrug und persönliche Bereicherung zu den Schattenseiten des Geschäfts, die einfach nicht auszumerzen sind"*, schrieb beispielsweise die *„Stuttgarter Zeitung""*am 9. März 1990.

Der *„Spiegel"* (Nr. 10/90) sah bereits *„die gesamte deutsche Bankengesellschaft international ins Zwielicht gerückt"*.

Andere Blätter trugen auf dem Rücken der Banken sogar alte Streitigkeiten mit ihren Erzfeinden aus. So die *„Bild"*-Zeitung. Sie berichtete über das *„Riesenmonopoly mit Wertpapieren"* der DG-Bank mit den Franzosen und nutzte den *„Fall Guthard"*, um ihrem Erzfeind Leo Kirch eins auszuwischen und ihn in Zusammenhang mit zweifelhaften Geschäften zu bringen:

„Ein sehr geschätzter Kunde ist für Guthard auch der Filmehändler Leo Kirch. Guthardt finanziert weite Teile der Kirchschen Geschäftlichkeiten, die DG-Bank ist über eine DG-Tochter an SAT.1 beteiligt. Die jüngste Affäre um die DG-Bank ist deswegen ein Novum, weil es um ihren guten Ruf geht" (*„Bild"*-Zeitung, 1. März).

Den Einzelfall prüfen

Zweifellos: Das Fehlverhalten einzelner Personen hat dem Image der Banken in letzter Zeit schweren Schaden zugefügt. So auch die Schließung des Bankhauses Steinhart KG, dessen früherer Inhaber sich zur Zeit wegen des Vorwurfs der Untreue und des Betruges zum Schaden der Anleger seiner Immobilienfonds vor Gericht verantworten muß (F.A.Z. vom 2. März). Oder die mögliche Verwicklung deutscher Bankinstitute in die Geldwäsche lateinamerikanischer Drogenhändler.

Eines steht aber fest: Eine hundertprozentige Sicherheit kann es auch in diesem Wirtschaftszweig nicht geben. Doch Schlagworte wie *„Heimliche Zocker"*, *„Raiffeisen-Trickser"* (beide *„Die Zeit"*, 9. März), *„Finanzkrieg"* (*„tageszeitung"*, 5. März), *„Wegelagerer und Raubritter"* (*„Szene"*, Hamburg) oder *„Verführer"* (*„Spiegel"*, 1. Januar) verallgemeinern die Probleme.

Auch Beiträge wie die Titelstory des *„Spiegel"* vom 13. März 1989 über Alfred Herrhausen (siehe MK Nr. 51-52/89) verzerren völlig. Darin hieß es:

„Er führt Deutschlands größte Bank, er kontrolliert den dominierenden Industriekomplex des Landes ... Auf der deutschen Unternehmerszene, so scheint's, passiert nichts wirklich Wichtiges mehr ohne den Geldgewaltigen von der Deutschen Bank ... Das Frankfurter Geldhaus hat sich in der Bundesrepublik längst zu einer Art Nebenregierung etabliert ... Eine regionale Ballung von industrieller und finanzieller Kraft und Herrlichkeit ... Es ist Macht ohne Kontrolle ... Es ist eine Machtfülle, die nur schwer mit den

Erfordernissen eines demokratisch und marktwirtschaftlich organisierten Gemeinwesens in Übereinstimmung zu bringen ist."

Die Frage ist doch viel mehr im Einzelfall zu prüfen, ob es an entsprechenden Vorkehrungen fehlt, die dubiose Geschäfte und Übervorteilung von Kunden unmöglich machen.

„Dringend nötig"

Trotz der negativen Einstellung vieler Medien besteht bei den Banken kein Grund zur Resignation. Welche Bedeutung sie haben, macht nicht zuletzt der Wandel im Osten deutlich. Viele Länder erwarten von den westlichen Banken Unterstützung bei der Bewältigung ihres Reformvorhabens und der Neuausrichtung ihrer Wirtschaft.

So schrieb das unabhängige DDR-Blatt *„Berliner Zeitung"* Ende Januar: *„Wer Marktwirtschaft will – und da brauch's wohl keine Volksabstimmung mehr – muß die Banken und ihr Geld als Treibmittel für Investitionen anerkennen. Sie sind dringend nötig, um die DDR-Wirtschaft zu modernisieren. Wenn heute der Ministerrat über eine Verordnung zur Gründung und Tätigkeit von Unternehmen mit ausländischer Beteiligung in der DDR befindet, stecken auch die Banken mit drin. Ihr Beitrag sollte willkommen sein."*

Auch *„Die Welt"* erinnerte am 28. Februar daran: *„Die Finanzinstitute wurden zum Sinnbild für den Aufbau nach dem Kriege und Wegbegleiter der westdeutschen Wirtschaft zu ihrer heutigen Bedeutung."*

Die meisten Kunden sind zufrieden

Zum anderen scheinen die Kunden der Banken – trotz Zins- und Gebührendiskussion – noch großes Vertrauen in ihre Bank zu haben. Nach einer Umfrage schätzen die Bundesbürger ihre deutschen Kreditinstitute deutlich höher ein als beispielsweise Schweizer Banken. Danach gaben 39 Prozent der Befragten an, *„sie hätten großes Vertrauen zu deutschen Banken (Senioren sogar 48 Prozent); nur vier Prozent bekundeten wenig Vertrauen"* (*„Welt am Sonntag"*, 25. Februar).

Was die Kunden über den Einfluß der Banken denken, zeigt eine vom *„Bundesverband Deutscher Banken"* in Auftrag gegebene repräsentative Umfrage der *„Forschungsquelle für gesellschaftliche Entwicklung"* der Universität Mannheim: Auf die Frage *„Wie schätzen Sie den Einfluß von den Banken auf Wirtschaft und Industrie ein?"* antworteten:

„32,9 Prozent zu hoch, 41,2 Prozent gerade richtig, 3,5 Prozent zu gering, 19,4 Prozent darüber nicht nachgedacht." (*„INTERESSE"* Dezember 1989). Auf die Frage *„Stimmen Sie der Meinung zu, daß die Banken stärker als bisher vom Staat kontrolliert werden sollen?"* meinten *„21,8 Prozent voll und ganz, 60,0 Prozent eher nicht, 18,2 Prozent überhaupt nicht"*. FS

(MK 14/90, 2. 4. 1990)

Wettbewerbspolitik

Sind die Banken zu mächtig?

Die Kontroverse im Spiegel ausgewählter Medien

Wer hat die meiste Macht im Staat? An erster Stelle nennen die Bundesbürger die Regierung, doch schon an zweiter Stelle folgen die Banken. Das ergab eine Meinungsumfrage der Wickert-Institute im Juli 1989. Schon vor Monaten signalisierte die SPD, daß sie die *„Macht der Banken"* zum Wahlkampfthema machen wolle. Sie brachte im Bundestag einen Antrag *„Gegen wachsende Bankenmacht und für mehr Wettbewerb im Kreditgewerbe"* ein. Anfang Juni folgte die FDP. Ihr Vorsitzender, Otto Graf Lambsdorff, kündigte an, auch seine Partei wolle die Bankenmacht beschneiden.

„Es gibt also im Jahre 1989 eine faktische sozialliberale Koalition des Mißtrauens gegen die Banken. Da sich auch die Grünen dieser Kritik anschließen, wäre einem Gesetzentwurf, der im Bundestag zur Kontrolle der Bankenmacht eingebracht würde, eine Mehrheit sicher, wenn die FDP mit ihrem Vorstoß nicht nur den Mund spitzen, sondern auch pfeifen wollte", schrieb Hans Mundorf im *„Handelsblatt"* (7. Juni 1989).

Was ist unter Bankenmacht zu verstehen? Im *„Spiegel"* (Nr. 26/26. Juni 1989) hieß es: *„Es ist die stille, die bessere Form der Macht, die auf äußerliche Zeichen und laute Demonstration ihrer Herrschaft verzichten kann. Über Beteiligungen, über das Stimmrecht der von ihnen vertretenen Aktionäre, über Kredite und Aufsichtsratsposten sind die Banken mit der gesamten Wirtschaft verwoben. Sie lenken Investitionen, sie schmieden Konzerne, das*

Schicksal von Unternehmen und ihrer Beschäftigten hängt von den Banken ab – doch wer kontrolliert jene, die alles kontrollieren?"

Im Visier: die Deutsche Bank

Das Thema ist schon zwanzig Jahre alt. Immer wieder versuchte die SPD, initiativ zu werden, doch ohne Erfolg. Warum kam das Thema jetzt wieder hoch? Die einstimmige Antwort der Medien auf diese Frage: Es gehe vor allem gegen die Deutsche Bank. *„Sie ist der Auslöser für die jüngste Debatte. Herrhausen und die Deutsche Bank haben ihre Kritiker erst richtig munter gemacht, seit sie die führende Rolle bei der geplanten Fusion von Daimler-Benz mit dem Luft- und Raumfahrtkonzern Messerschmitt-Bölkow-Blohm (MBB) übernommen haben. Unter dem Daimler-Dach entsteht nach den Zukäufen von AEG, MTU, Dornier und nun wahrscheinlich auch MBB ein Industrie-Moloch, der durch die Verzahnung mit der Deutschen Bank ein neuer Machtfaktor in der deutschen Industrie wird. Die Deutsche Bank, mit 28 Prozent an Daimler-Benz beteiligt, sichert sich mit der Fusion den Einfluß auf Wachstumsbereiche der Hochtechnologie und das milliardenschwere Rüstungsgeschäft."* Soweit der *„Spiegel"*.

Einen anderen Aspekt hebt Peter Gillies (*„Die Welt"*, 13. Juni 1989) hervor: *„Die FDP hat ein schlechtes marktwirtschaftliches Gewissen, seit sie der Riesenfusion Daimler/MBB den Weg bereitet hat. Sie möchte diesen Eindruck korrigieren und schlägt gesetzliche Einschränkungen vor, lädt sogar die Oppositionspartei SPD ein, daraus ein Wahlkampfthema zu stricken."*

Folgende Maßnahmen zur Begrenzung der Bankenmacht wurden bisher vorgeschlagen:

1. Die Beteiligungen der Banken am Kapital von Unternehmen soll begrenzt werden. Die SPD schlägt fünf Prozent vor, die FDP 15 Prozent. Stehen Unternehmen miteinander im Wettbewerb, sollen die Banken nach Auffassung der SPD überhaupt keine Beteiligung erwerben dürfen.

2. Das Depotstimmrecht der Banken soll drastisch eingeschränkt werden. Die SPD will nur noch Einzelweisungen der Aktionäre durch die Banken zulassen. Die FDP möchte zumindest für die eigenen Hauptversammlungen der Banken das Depotstimmrecht der eigenen Bank abschaffen. Über weitere Einschränkungen denkt die FDP noch nach.

3. Vertreter der Banken sollen nach Meinung der SPD nicht mehr zehn,

sondern nur noch fünf Aufsichtsratsmandate ausüben dürfen. Die FDP überlegt, die Aufsichtsratsmandate für Bankenvertreter einzuschränken, wenn es sich um konkurrierende Unternehmen handelt.

FDP und SPD mag es überrascht haben, daß ihre Initiativen bei wirtschaftspolitisch besonders kompetenten überregionalen Zeitungen und Zeitschriften eher auf Skepsis stießen. Die *„Süddeutsche Zeitung"* (10. Juni 1989) schrieb: *„Nun ist in der Tat kaum zu begründen, daß eine Bank um jeden Preis an einem Industrie- oder sonstigen Wirtschaftsunternehmen beteiligt sein muß, doch sollte sich der Gesetzgeber nicht nur die vordergründigen, sondern alle Argumente durch den Kopf gehen lassen. Ein Blick in die Vergangenheit zeigt beispielsweise, daß viele der im Bankenbesitz befindlichen Beteiligungen aus Sanierungsfällen stammen. Auf diese Weise sind Zusammenbrüche vermieden und Arbeitsplätze gerettet worden."*

„Die Zeit": „Die Banken verdienen Lob"

„Zeit"-Herausgeber Gerd Bucerius schlug in die gleiche Kerbe (*„Die Zeit"*, 4. August 1989) und erinnerte in einem Artikel unter der Überschrift *„Die Banken verdienen Lob – In der Bundesrepublik nutzen die Geldhäuser ihre Macht meistens zum Wohle von Unternehmen und Gesellschaft"* an die Rettung des Handelshauses Klöckner & Co. durch die Deutsche Bank. Die Firma hatte sich am Öl-Terminmarkt verspekuliert, 500 Millionen Mark Verlust gemacht. Sie stand vor dem Ruin. Die Gläubiger des Unternehmens hatten viel zu verlieren, viele hochbezahlte Arbeitsplätze standen auf dem Spiel. *„Nun hatte Klöckner eine Hausbank, eben die Deutsche Bank; sie hatte Klöckner seit Jahren betreut und daran sicher gut verdient. Die Klöckner-Leute stürzten zu ihrer Bank. Würde sie bereit sein, sofort, gewissermaßen über Nacht, mit einer halben Milliarde"* einzuspringen? Die Deutsche Bank tat es.

„Mitbestimmung" bringt Vorteile

Bucerius: *„Die Fachleute haben die Deutsche Bank wegen dieser Entschlossenheit gelobt. Den zahlreichen Kritikern der Banken aber schlug es auf den Magen, daß ein Wirtschaftsunternehmen in der Lage war, sofort 500 Millionen oder sogar noch mehr für ein risikoreiches Geschäft auf den Tisch zu legen. Viele haben der Deutschen Bank diese Transaktion bis heute nicht verziehen."*

Bucerius geht auch auf den Vorwurf ein, die Banken würden kraft ihres Aktienbesitzes die Personalpolitik in vielen Gesellschaften mitbestimmen. *„Nach meiner Erfahrung freilich bringt diese ‚Mitbestimmung' überwiegend Vorteile. Nicht nur die großen Banken, sondern gerade oft die mittleren haben ausgezeichnete Personalkenntnisse. Sie wissen, wo ein gesuchter Mann in der Wirtschaft zu finden ist. Überhaupt: Ist eine Gesellschaft gesund, haben die Banken wenig zu sagen. Erst wenn's schlecht geht, rückt die Bank (die man zur Deckung von Verlusten ja braucht) in den Vordergrund. Manche Bank hat kranke Unternehmen manchmal unter Auswechslung des leitenden Personals wieder gesundet. Was man verliert, wenn man den Aktienbesitz der Bank beschränkt, wird man erst sehen, wenn der Fall eingetreten ist. Vorsicht ist jedenfalls am Platz."*

Zum Dauerthema Depot-Stimmrecht merkte die *„Welt"* (13. Juni 1989) an: *„Für eine praxisnahe Ausgestaltung des Depot-Stimmrechts sind Lösungen nicht zu erkennen. Den Aktionär durch Gesetz zu einer Einzelweisung für jede Hauptversammlung zu zwingen, ist wirklichkeitsfremd. Er scheint mit der heutigen Lage zufrieden zu sein, denn die Erregung ist auf einige Politiker beschränkt. Wäre er so mürrisch, wie sie annehmen, hätte er schon längst abweichende Stimmvollmachten erteilt. Das ist jederzeit möglich."*

„Wirtschaftswoche": Eine abwegige Diskussion

„Wirtschaftswoche"-Herausgeber Professor Wolfram Engels (*„Wirtschaftswoche"*, Nr. 33/11. August 1989): *„Besitzt eine Bank durch Beteiligung einen starken Einfluß auf ein Unternehmen, so hat sie alles Interesse daran, daß das Unternehmen gut und rentabel geführt wird. Das nützt dem Kleinaktionär, der seinen theoretischen Einfluß in der Praxis nicht nutzen kann ... Ein Großaktionär mit Einfluß ist für ein Unternehmen vorteilhaft. Fehlt er, so hat das Management die Macht. Und wenn es ganz unvermeidlich ist, daß irgend jemand Macht haben muß, dann ist nicht einzusehen, warum sie beim Spitzenmanager einer Bank besonders schlecht aufgehoben sein sollte."*

Engels hält die Diskussion über die *„Macht der Banken"* für abwegig. Sie tauche immer dann auf, *„wenn die Nation keine ernsthaften Sorgen plagen"*. Die Forderung, die Deutsche Bank solle sich von ihrem Daimler-Benz-Aktienpakt trennen, hänge mit dem uralten Universalbanken-Streit zusammen: *„Die deutschen Banken betreiben bekanntlich sowohl das Kredit- wie das Wertpapier- und Beteiligungsgeschäft, während im Ausland in der Regel das Trennbanksystem gesetzlich verankert ist: Eine Bank, die Kreditgeschäfte betreibt, darf nicht mit Wertpapieren handeln oder Beteiligungen erwerben."*

Industriegründungen mit Hilfe der Banken

Der Unterschied habe historische Gründe. Im vorigen Jahrhundert seien in Deutschland die meisten Industriegründungen von oder mit Hilfe der Banken betrieben worden. Die Institute brachten zunächst Eigenkapital auf in der Hoffnung, das Unternehmen später mit Gewinn an die Börse bringen zu können. *„Das scheiterte manchmal, und die Bank blieb dann auf ihrer Beteiligung sitzen. Der deutsche Gesetzgeber hat für den Einlegerschutz einen anderen Weg als im Ausland beschritten: Er hat die Risiken, die eine Bank übernehmen darf, durch die Eigenkapitalausstattung begrenzt. Diese deutsche Lösung setzt sich auch in der EG durch – Banken dürfen nur so viele Risiken übernehmen, wie sie notfalls mit ihrem Eigenkapital auffangen können."*

Engels plädiert daher für Rahmenbedingungen, die es den Banken künftig erlauben, *„die Rolle wieder zu spielen, die sie in den Gründerjahren hatten: Unternehmen mit Ideen, aber ohne Kapital zu finanzieren"*. Dann könnte der Staat auf Gründungshilfen oder auf Subventionen wie beim Airbus verzichten. *„Die Begrenzung des Anteilbesitzes der Banken wäre ein Irrweg, der manche Chancen verbaut. Die einzig sachgerechte Grenze für Bankenbeteiligungen ist die Sicherheit des Einlegers."* sp

(MK 35/89, 28. 8. 1989)

ARD/SDR – „Leitstern Sonne“

Getäuschte Zuschauer

Desinformation durch fehlende Information

Unter dem Titel *„Leitstern Sonne“* beschäftigte sich Uwe Bork vom *„Süddeutschen Rundfunk“* am 26. November 1989 im Rahmen des ARD-Umwelt-Schwerpunkts mit den Möglichkeiten der Solarenergie. Dazu führte er zwei Orte in den USA, nämlich Cramer Junction und Davis, beide in Kalifornien gelegen, sowie eine Solar-Anlage in Saudi-Arabien als Beispiele an.

Auf den ersten Blick schien die Idee bestechend, den Energiereichtum der Sonne anzuzapfen, strahlt sie doch im Jahresdurchschnitt etwa das 20 000fache des gegenwärtigen Weltenergiebedarfs auf unserem Planeten. Auch die erforderliche Technik und die notwendigen Struktursysteme, die zur Verwirklichung dieser Energienutzung benötigt werden, sind prinzipiell erforscht, können technisch angewendet werden.

Daß das nicht in viel größerem Maßstab geschieht, beklagte Uwe Bork wortreich und mit vielen schönen Bildern. Schon morgen, so sagte er sinngemäß, könne die Solarenergie genutzt werden, wenn nur der Wille vorhanden wäre und genügend Geld bereitgestellt würde.

Doch dem ist nicht so. Hier eine Bilanz der Schwierigkeiten:

1. Die Standortfrage

In Mitteleuropa kann ein Solarkraftwerk aus jahreszeitlich-klimatischen Gründen keine nennenswerte Leistung erbringen, weil hier die meiste Energie benötigt wird, wenn die Sonne gar nicht oder kaum scheint. Ein Solarkraftwerk hätte in Deutschland nur etwa 2000 bis 2500 Betriebsstunden und würde seine volle Nennleistung nur in 1000 Stunden erreichen. Also müßten andere Standorte gesucht werden. Die Wüstengebiete um den 30. Breitengrad in Afrika und Arabien bieten sich dafür an.

Das hat zur Folge, daß die erzeugte Energie transportiert werden muß. Das ist je nach Produktionsverfahren als elektrischer Strom oder als Wasserstoff möglich. Der Strom wird dabei in Photovoltaik-Anlagen oder in solar-thermischen Kraftwerken erzeugt, bei denen Sonnenkollektoren Öl in Röhren erhitzen, das dann wieder ein konventionelles Dampfkraftwerk antreibt. Wasserstoff wird solar hergestellt auf dem Wege der Photoelektrolyse oder Photolyse. Die möglichen Standorte bergen aber politische Gefahren. So sind die politischen Verhältnisse in und um die Sahara genau wie im Nahen Osten fast unkalkulierbar. Eine Versorgungssicherheit wäre nicht gewährleistet und die europäischen Regierungen in hohem Maße erpreßbar.

2. Wirkungsgrad und Energiebilanz

Alle Energieträger, die wir heute benutzen, haben gegenüber der Sonnenenergie eine sehr hohe Energiedichte. So enthält ein Kubikmeter Heizöl ca. 4000mal mehr Energie als ein Kubikmeter Wasserstoffgas. Die Energie, die ein Kubikmeter Erdöl in einer Stunde umsetzen kann, verlangt eine Fläche von 400 000 Quadratmetern Sonnenkollektoren, um in dieser Zeit die gleiche Energiemenge Wasserstoff zu erzeugen. Dabei ist zu beachten, daß zur Herstellung von Wasserstoff stets mehr Energie aufgewendet werden muß als der gewonnene Wasserstoff enthält.

Die Herstellung von monokristallinen Solarzellen ist bis heute nur unter der Reinheit von Laborbedingungen und mit hohem Energieaufwand möglich. Zur Erreichung eines hohen Wirkungsgrades sind die Anforderungen an die Reinheit so hoch, daß die zulässige Verunreinigung eines Kilogramms Solarsilizium nur wenige hundertstel Gramm betragen darf.

Es gibt zwar einfachere Produktionsmöglichkeiten als etwa Siliziumzellen im Bandziehverfahren oder Dünnschichtzellen wie die amorphe Solarzelle. Diese sind aber allesamt stärker „verunreinigt" und haben also nur einen niedrigen Wirkungsgrad von zwei bis drei Prozent. Außerdem läßt der Wirkungsgrad im Laufe der Zeit nach. Ein zusätzliches Problem wäre auch die Erwärmung der Solarzellen. Alle optimistischen Aussagen zu ihren Wirkungsgraden beziehen sich auf *„gekühlte"* Solarzellen. Sobald ihre Oberflächentemperatur ansteigt – und 50 bis 70 Grad Celsius dürften in der Sahara durchaus möglich sein –, sinkt der Wirkungsgrad um bis zu einem Drittel.

3. Wirkungen auf die Umwelt

Solarfarmen hätten einen riesigen Flächenbedarf. Für die Energieversorgung Westeuropas wären etwa 800 000 Quadratkilometer mit Solarzellen zu Bestücken, das entspricht der Fläche von Frankreich, den Beneluxstaaten und der Bundesrepublik, also in etwa der Fläche Westeuropas. Werden jedoch die zur Massenherstellung geeigneten amorphen Siliziumzellen verwendet (siehe oben), benötigt man schon die vier bis fünffache Fläche. Auch wenn dies in der Sahara noch machbar erscheint, so hat doch noch niemand die Frage untersucht, welche klimatischen Veränderungen eine solche Anlage zur Folge haben könnte. Immerhin würde auf bis zu vier Millionen Quadratkilometern (das ist etwa die halbe Fläche der USA inkl. Hawaii und Alaska) die Erderwärmung und damit die Rückstrahlung in die Atmosphäre drastisch verringert. Es wäre eine Untersuchung wert, welche Folgen das haben könnte.

Auch der gewonnene Wasserstoff ist nicht unproblematisch. Zum Transport müßte er verflüssigt werden. Die Verflüssigung (bei –253 Grad Celsius) und anschließende Kühlhaltung verbrauchen rund 30 Prozent des Energiegehalts. Zudem bildet er zusammen mit Sauerstoff hochexplosives Knallgas. Ein damit beladener Tanker in der heute üblichen Größe von 150 000 bis 200 000 Tonnen Fassungsvermögen hätte eine mehrfach höhere Sprengkraft als die Hiroshima-Bombe. Das gleiche Risiko gilt für Pipelines, wie erst kürzlich die beiden Explosionen von Flüssiggas-Pipelines in der UdSSR gezeigt haben. Außerdem bilden sich bei der sehr hohen Verbrennungstemperatur von 2600 Grad Celsius unvermeidlich nicht-umweltverträgliche Stickoxide.

4. Die Wirtschaftlichkeit

Die Erzeugung elektrischen Stroms auf dem Wege der Photovoltaik kostet heute noch pro Kilowattstunde ungefähr 20mal soviel wie der Strom aus den jetzt arbeitenden Kraftwerken. Es ist noch nicht erkennbar, daß sich dieses Verhältnis in unseren Breiten wesentlich ändern wird. Aber auch der Photovoltaik-Strom aus den Sonnenländern wird aller Voraussicht nach in den nächsten zwei Generationen nicht zu konkurrenzfähigen Preisen zu haben sein.

Auch ein flächendeckendes und sicheres Transport-, Verteiler- und Speichersystem für Wasserstoff ist bei allem guten Willen nicht in wenigen Generationen zu errichten. Vor der Verbrennung müßte die Zusammensetzung des Wasserstoff-Luft-Gemisches zur Reduzierung der schon erwähnten Stickoxide unbedingt geregelt werden. Die dennoch unvermeidlich anfallenden Stickoxide wären schließlich katalytisch zu entfernen.

Gewiß, ein Transport-, Verteiler- und Speichersystem, die Regelung und die katalytische Säuberung der Abgase sind samt und sonders technisch machbar. Das ist aber auch ein enormer finanzieller Aufwand, der bei den plakativen Forderungen nach Solar-Wasserstoff-Energie wohlweislich nicht erwähnt wird. Damit zurück zu dem Film von Uwe Bork. Die dort gezeigten *„Alternativen"* sind für Kalifornien durchaus sinnvoll, in Mitteleuropa aber nicht anzuwenden. Dem kann auch nicht dadurch abgeholfen werden, daß mehr Geld für die Forschung aufgewendet wird. Übrigens, so wenig Geld, wie immer wieder beklagt, wird in der Bundesrepublik für die Erforschung regenerativer Energien nicht ausgegeben. Seit 1974 hat das Bundesministerium für Forschung und Technologie 2,2 Milliarden Mark dafür aufgewendet. Allein in diesem Jahr sind es rund 100 Millionen Mark, und dieser Titel im Haushalt steigt.

Doch diese Gelder haben bislang noch nicht bewirken können, daß die Sonnenenergie in unseren Breiten *„im großen Maßstab"* genutzt werden kann. Ein erheblicher Aufwand an Forschung und Entwicklung wird hier noch zu leisten sein.

Fazit: Der Film von Uwe Bork war sicherlich gut gemeint. Zu einer Versachlichung der Diskussion hat er mangels verwertbarer Informationen nicht beigetragen. WvL

(MK 51–52/89, 18. 12. 1989)

Atomkraft

Seriöse Angaben fehlen

Die Öffentlich-Rechtlichen konstruierten haltlose Szenarien

Fünf Jahre nach der Explosion des Kernreaktors von Tschernobyl leiden immer noch Hunderttausende von Menschen unter den Auswirkungen der Katastrophe. Die Bevölkerung, von den Behörden über die

Folgen des Unglücks jahrelang im unklaren gelassen, hat jegliches Vertrauen verloren; Angst, Mißtrauen und Hoffnungslosigkeit breiten sich aus.

In dem Fernsehbericht *„Annäherung an Tschernobyl"* (ZDF am 23. April 1991 um 19.25 Uhr) wurde die Verzweiflung der Menschen in aller Ausführlichkeit auf den Bildschirm gebracht. Der Autor des Films, Peter Vinzens, ließ es damit aber nicht bewenden, sondern er wollte auch eine umfassende Darstellung der Situation geben und medizinisch-naturwissenschaftliche Erklärungen für seine Beobachtungen liefern. Leider ließ er dabei jegliche Kritikfähigkeit vermissen.

Das Sterben ist das Normale

Ein krankes Kind wurde gezeigt. *„Es ist krank vom nuklearen Regen."* Bei einem 15jährigen Mädchen traten Wachstumsstörungen auf. Als Ursache wurde verseuchte Nahrung angegeben. Aber das sei nur ein leichter Fall, hieß es weiter. Im Krankenhaus von Minsk sei Sterben das Normale. Überleben die Ausnahme. In einer Ankündigung der Sendung in der *„Süddeutschen Zeitung"* wurde daraus in einer weiteren Steigerung dann gar *„eine Region, in der Sterben das Normale ist"* (23. April).

Aber: Im Januar 1990 hatte eine sechsköpfige Expertengruppe des Internationalen Roten Kreuzes das Katastrophengebiet besucht und festgestellt, daß die Menschen, darunter auch viele Ärzte, inzwischen alle Arten von Krankheiten auf die erhöhte radioaktive Belastung zurückführen, so wie es auch in dem Fernsehbericht zum Ausdruck kam. Aus der Sicht der Menschen sei dies verständlich, es widerspreche aber gesicherten medizinischen Kenntnissen. (League of Red Cross and Red Crescent Societies: Report on Assessment Mission to the Areas Affected by the Chernobyl Disaster, 1990.)

Albrecht M. Kellerer, Leiter des Instituts für Strahlenbiologie am GSF Forschungszentrum für Umwelt und Gesundheit (Neuherberg bei München) und Mitglied der Rot-Kreuz-Delegation, erläutert, daß die beobachtete Zunahme von Erkrankungen vielschichtige Ursachen hat. Das Leben in den kontaminierten Gebieten sei derart starken Einschränkungen unterworfen und von solchem psychischen Druck geprägt, daß von normalen Lebensbedingungen nicht mehr die Rede sein könne. Er beklagt, daß durch Gerüchte über eine Unzahl von Todesopfern die Furcht der Menschen weiter gesteigert werde. So wurde in dem Fernsehbericht ohne jeden Beleg behauptet, es gäbe schon 70 000 Tote. *„Täglich werden es mehr."*

Zahlen sind „aus der Luft gegriffen"

In der Tat ist zu befürchten, daß es mehr als die bisher 31 gezählten Strahlentoten gegeben hat. Der sowjetische Kernkraftingenieur Gregori Medwedew, der in dem Buch *„Verbrannte Seelen"* die Vorgeschichte und den Ablauf der Katastrophe geschildert hat, wies in einem Interview mit den *„VDI-Nachrichten"* (Nr. 17, 26. April 1991) darauf hin, daß von den sogenannten Liquidatoren, die am zerstörten Reaktor zu Aufräumarbeiten eingesetzt wurden, viele wegen mangelnder Überwachung hohe Strahlendosen erhielten und möglicherweise erkrankten. Professor Kellerer teilt diese Einschätzung, aber mangels Datenmaterials könne man dazu keine näheren Angaben machen. Eine Zahl wie die obengenannte sei aber völlig aus der Luft gegriffen.

Die Beschäftigung mit Tschernobyl legt die Frage nahe, was die Folgen einer Atomkatastrophe in Deutschland sein könnten. Georg M. Hafner und Joachim Faulstich spielten das in dem Film *„Todeszone"* (ARD am 2. Mai um 20.15 Uhr) für den Fall des Kernkraftwerkes Biblis durch, wo es nach einem Kernschmelzunfall zur Freisetzung großer Mengen von Radioaktivität kommen werde.

Keine offiziellen Studien

Die besondere Seriosität des *„Szenarios"* sollte durch den Vorspann unterstrichen werden: *„Dieser Film zeigt einen Atomunfall, wie er in offiziellen Risikostudien für die Bundesrepublik berechnet wurde."* Diese Aussage war nicht korrekt. Die sogenannte Risikostudie B, aus der man die Art des angenommenen Super Gaus entnommen hatte, sagt über die weiteren Folgen, über die Verteilung der freigesetzten Radioaktivität und die Gefährdung der Bevölkerung nichts aus.

Dazu hatten sich die Autoren Überlegungen des Meteorologen Günter Groß von der Universität Hannover und des Öko-Instituts in Darmstadt bedient. Über die Plausibilität dieser Rechnungen kann an dieser Stelle nichts gesagt werden, es waren aber auf jeden Fall keine *„offiziellen Studien"*, in denen auch, soweit sich das bis jetzt belegen läßt, ganz andere Aussagen gemacht wurden.

In einer früheren Studie (Deutsche Risikostudie Kernkraftwerke, 1980, jetzt als Phase A bezeichnet) wurde angegeben, daß akute Strahlenschäden nur bis zu Entfernungen von etwa 20 km auftreten können. Jenseits dieser Nahzone sei nur noch mit Spätschäden (Krebs) zu rechnen (Seite 177). Im Film dagegen wurden Fälle von akuter Strahlenkrankheit auch in erheblicher Entfernung von Biblis dargestellt. In einer Szene wurden in der Nacht des Unfalls Menschen mit den Symptomen akuter Strahlenkrankheit in die Universitätsklinik Gießen eingeliefert (Entfernung 100 Kilometer).

Auslassen zentraler Informationen

Als eine fiktive Journalistengruppe drei Monate nach dem Unfall Rothenburg ob der Tauber (Entfernung 135 km) erreicht, heißt es: *„In diesem Sektor hat es bereits 800 Tote gegeben."*

Merkwürdigerweise wurden an diesen Stellen wie überhaupt im gesamten Film keinerlei quantitative Angaben zur radioaktiven Kontamination gemacht. Das Auslassen dieser zentralen Information ist schwer verständlich. Schließlich beruhten darauf alle weiteren Aussagen über die zu evakuierenden Gebiete, die Strahlenbelastung der Bevölkerung, Erkrankungen, Todesfälle usw.

Wegen dieses Mangels konnte in einer folgenden Diskussionsrunde der Realitätsgehalt des Szenarios denn auch nicht überprüft werden. Die Frage des Vorsitzenden der Strahlenschutzkommission, Wolfgang Jacobi, aufgrund welcher Annahmen zum Beispiel Frankfurt geräumt wurde, blieb unbeantwortet.

Bei der angeblich so realitätsnahen Darstellung der *„Todeszone"* unterliefen den Autoren auch in der äußerlichen Aufmachung grobe Fehler. Die Journalisten, die nach dem fiktiven Unfall das evakuierte Gebiet besichtigten, wurden in Schutzanzüge mit Gasmasken gesteckt. Wozu dieser Aufzug? Wenn man sich einige Stunden ohne Gefahr für Leib und Leben dort aufhalten kann, dann ist diese Kostümierung der Darsteller nicht realitätsgerecht. Der Unfall passierte laut Szenario im November, es hatte inzwischen geregnet, die Radionuklide im Boden wären festgelegt. Ein Schutz gegen etwaigen radioaktiven Staub wäre also nicht vonnöten gewesen. Gegen eine sehr hohe Bestrahlung vom Boden aus wären andererseits die Anzüge nutzlos.

Gerücht kolportiert

Ein Bericht aus Tschernobyl, der, anstatt Informationen zu vermitteln, Gerüchte kolportierte, sowie das auf wackliger Grundlage errichtete Szenario einer Atomkatastrophe in Deutschland – es ist fraglich, ob das Erste und das Zweite Deutsche Fernsehen mit diesen beiden Sendungen die schwierige Debatte, ob bei Abwägung aller Risiken der Betrieb von Atomkraftwerken abzulehnen oder zu vertreten ist, vorangebracht haben.

Es verwundert nicht, daß der Beitrag *„Todeszone"* zu heftigem Protest führte. Das Vorstandsmitglied des Energieunternehmens RWE, Werner Hlubek, nannte den Film ein *„Horrorszenario"*, das *„fahrlässig mit den Sorgen der Menschen umgeht"*. Den Autoren warf er *„unfairen und unverantwortlichen Journalismus"* vor.

Noch am Abend der Ausstrahlung haben sich nach Angaben des *„Hessischen Rundfunks"* rund 1000 Zuschauer mit Reaktionen bei dem Sender gemeldet. Drei Viertel äußerten sich zu dem Beitrag und der anschließenden Fernsehdiskussion ablehnend, ein Viertel zustimmend. Einige Anrufer seien *„sehr aufschäumend"* gewesen und hätten dem Sender Panikmache vorgeworfen, berichtete ein HR-Mitarbeiter.

Sicherheitsvorkehrungen ignoriert

Während der Diskussionsrunde am späten Abend gab es bereits heftige Kontroversen zwischen Bundesumweltminister Klaus Töpfer (CDU), dem hessischen Umweltminister Joschka Fischer und Hlubek. Töpfer hielt den dargestellten Störfall – den schlimmsten vorstellbaren Unfall, dessen Ablauf sich nach Angaben des *„Hessischem Rundfunk"* auf offizielle Gutachten und Risikostudien stützte – *„für nicht realistisch"*. Er räumte aber ein, *„daß Technik versagen kann"*. Fischer warf Töpfer vor, *„wider besseren Wissens den Menschen Sand in die Augen zu streuen"*; das Risiko der Kernkraft sei nicht vertretbar.

Hlubek meinte am Freitag, das Fernsehspiel schüre Emotionen, die ungeeignet seien, sich mit *„Chancen und Risiken"* dieser Technologie *„ernsthaft"* zu beschäftigen. Er bemängelte, daß der Film ohne Beteiligung der Kernkraftwerksbetreiber entstanden sei. Der umwelt- und atompolitische Sprecher der hessischen CDU-Landtagsfraktion, Roland Koch, sagte, der *„Hessische Rundfunk"* habe Tatsachen verdreht und keine Sachaufklärung geleistet. Die Sicherheitsvorkehrungen seien dem Sender nicht eine Filmsekunde wert gewesen. HDS

(MK 20/91, 13. 5. 1991)

Kernkraft

Panikmache des „Spiegel"

Berichterstattung zum DDR-Kernkraftwerk Greifswald

In einer zehn Seiten umfassenden Reportage berichtete der *„Spiegel"* (5/1990) über das Kernkraftwerk *„Bruno Leuschner"* in Lubmin bei Greifswald in der DDR. Die Autoren wollten die Technik darstellen, technische Defizite und Schlampereien des Personals aufzeigen und politische Hintergründe erläutern.

Das Thema ist brisant, eine sachlich korrekte und neutrale Information bleibt zwingend erforderlich. In einigen Teilen ihres Berichts verfielen die Autoren jedoch in einen Jargon, der normalerweise nur in den Reihen der Kernkraftgegner anzutreffen ist. Mehrfach wurde vom *„in die Luft fliegen"* des Kernkraftwerks gesprochen. Da hieß es: *„Knapp zwei Autostunden von Hamburg, Hannover und Berlin ist gleichsam ein atomarer Sprengsatz in Betrieb, der jeden Moment in die Luft fliegen und eine Strahlenwolke freisetzen kann."* Und: *„Wenn ein Reaktor in die Luft fliegt, ist immer gleich ein zweiter Atommeiler dabei."*

Der mit der Sache vertraute Leser weiß, daß ein Kernkraftwerk nahezu unmöglich in die Luft fliegen kann. Bei einem größten anzunehmenden Unfall (GAU) kommt es zur Kernschmelze, der Reaktorkern brennt sich in das Fundament des Reaktors. Der mit dem Begriff *„in die Luft fliegen"* assoziierte Atompilz ist schlichtweg falsch. Wiederholt ist auch vom *„Super GAU"* die Rede. Die Fachleute jedoch verwenden diesen Begriff nicht: GAU bedeutet den Abriß und die vollständige Freilegung des Querschnittes einer Leitung des Primärkreislaufes. Das ist der größtmögliche Störfall, der nicht steigerungsfähig ist. Das Wort *„super"* vor dem GAU konnte nur dazu dienen, *„super"* viel Verwirrung und *„super"* viel Angst bei dem fachlich nicht versierten Leser auszulösen.

Als Beispiel für Schlampereien des Personals nannte der *„Spiegel"* unter anderem die mangelhafte Befestigung von sechs Schutzdeckeln im Reaktorinneren. Die Folgen beschrieb das Magazin so: *„Als der Atommeiler wieder angefahren wurde, riß der Mahlstrom des Kühlmittels die 2,5 mm dicken Stahldeckel mit sich und fetzte sie, wie Stasi-Akten in einem Reißwolf, durch die gurgelnden Riesenpumpen."* Sicherlich ist das maximale Schadenpotential dieser Deckel für den Leser interessant. Die obenzitierte Ausführung war jedoch eine reine Effekthascherei: Das Kühlmittel (Wasser/Dampf) bildet aus physikalischen Gründen keinen Mahlstrom, und der Vergleich mit Stasi-Akten im Reißwolf ermöglichte dem Leser keinen Einblick in das Szenarium, das entsteht, wenn die Deckel die Hauptkühlmittelpumpen passieren. Eine Beschreibung des technischen Sachverhaltes und der Folgen wäre hier sinnvoller gewesen.

Der *„Spiegel"* berichtete auch über die Möglichkeit einer Katastrophe: Nach einer Studie des Lubminer Direktorats *„Sicherheit"* sei der Bruch einer 80-Millimeter-Rohrleitung noch beherrschbar, demgegenüber behaupteten die sowjetischen Hersteller, daß der Bruch einer 140-Millimeter-Rohrleitung noch beherrschbar sei. Solche Informationen sind aber unvollständig und damit nicht verständlich. Es stellen sich sofort Fragen: Was fließt durch diese Rohrleitungen? Welche Massenströme fließen durch diese Leitungen? Ohne Antworten auf diese Fragen waren die im *„Spiegel"* gemachten Aussagen zur Beherrschbarkeit eines Bruchs der Rohrleitung wertlos.

Zudem wurden viele Kritikpunkte ohne Angaben der Quellen weitergegeben. Es wurde nicht deutlich, ob hier die Informationslieferanten geheimgehalten werden sollten, ob das Informationsmaterial beim *„Spiegel"* wirklich vorhanden ist oder ob nur Behauptungen aufgestellt wurden.

Zusammenfassend ist zur kritisieren: Der *„Spiegel"*-Bericht enthielt teilweise schlimme Stimmungsmache, falsche Informationen und wies Informationsquellen nur mangelhaft nach. Sicherlich lag dem Bericht eine umfangreiche Recherche zugrunde. Doch die Fakten hätten fachlich detailliert wiedergegeben werden müssen, nicht vollständig geklärte Sachverhalte hätten die Autoren kennzeichnen müssen.

Spiegel-TV

Stimmungsmache enthielt auch die Berichterstattung von *„Spiegel TV"* in RTL plus am Sonntag, den 28. Januar um 21.45 Uhr, das sich ebenfalls mit dem Kernkraftwerk *„Bruno Leuschner"* in Lubmin beschäftigte.

Die Sendung war im wesentlichen in drei Abschnitte gegliedert: An eine Einleitung der *„Spiegel-TV"*-Moderatorin knüpfte eine Reportage des durch die Nachrichtensendung führenden Moderators an, gefolgt von einem Interview mit dem *„Gruppenleiter Werkstoffverhalten"* des Kernkraftwerkes.

Die sachlich falsche Aussage der Moderatorin, daß in Lubmin *„... ein AKW den Betrieb aufnahm, welches jederzeit in die Luft fliegen kann"*, sorgte gleich zu Beginn der Sendung für eine entsprechend negative Stimmung.

Daran schlossen sich abwertende Sprüche des durch die Sendung führenden Moderators an. Zum Beispiel: *„...bisher geheimgehaltene Protokolle bewiesen, wie lange die Zeitbombe Greifswald schon tickt"*, *„...ein nukleares Horrorkabinett..."* und *„...nicht einmal die im Betrieb arbeitenden Techniker wurden darüber unterrichtet, auf welchem atomaren Sprengsatz sie arbeiten"*.

Solche Reden sind wenig aussagefähig und liefern keine Informationen. Eine sachliche Berichterstattung wäre hier angebrachter. Die Sendung zählt eine Reihe von *„Störfällen"* auf, darunter einen Ausfall des Steuerkreises, eine Störung des Leistungsschalters, eine Leckage der Absatzleitung, Rauchentwicklung und Leckbeseitigung. Doch ohne entsprechende Erläuterungen ist eine solche Aufzählung nur vom Insider zu verstehen. Eine Gewichtung der möglichen Auswirkungen der *„Störfälle"* kann mit diesen Aussagen nicht vorgenommen werden. Abgesehen davon ist eine *„Leckbeseitigung"* nicht als *„Störfall"*, sondern als dessen Beseitigung zu betrachten.

Das folgende Interview mit dem *„Gruppenleiter Werkstoffverhalten"*, Norbert Meyer, hob sich positiv von anderen Teilen der Sendung ab. Im Widerspruch zu der Aussage *„...nicht einmal die im Betrieb arbeitenden Techniker wurden darüber informiert, auf welchem atomaren Sprengsatz sie arbeiten"* wirkte er sehr informiert. Obwohl er die technischen Hintergründe und Defizite eher global aufzeigte, äußerte er sich doch recht informativ und sachlich. Im Rahmen der zur Verfügung stehenden

Zeit waren die Aussagen wohlüberlegt und von hohem Informationsgehalt.

Derartigen Ansprüchen sollten auch die durch die Sendung führenden Moderatoren gerecht werden. SD

(MK 9/90, 26. 2. 1990)

„Egal was wahr ist, was nicht wahr ist“

Wie verantwortungslos die ARD mit Beschuldigungen umgeht

Eine Gegendarstellung ist oft die einzige Möglichkeit, sich gegen falsche Tatsachenbehauptungen zur Wehr zu setzen, bietet sie doch immerhin die zweifelhafte Chance der Publizität.

Wie wenig schlagkräftig das Rechtsmittel sein kann, mußte im Frühjahr 1990 allerdings die Lichtenberger Handelsgesellschaft *„G. Gräser GmbH"* erfahren. Nach Darstellung ihres Anwalts Dr. Michael Scheele recherchierten die über sie berichtenden Journalisten (ZDF-*„Studio 1"*, NDR-*„Panorama"*, HR-*„Dienstag"*) ungenau und rückten die Firma in ein fadenscheiniges Licht. Die ARD gab den Beitrag sogar trotz Strafandrohung weiter (*„Panorama"*) und glossierte die Gegendarstellung schließlich noch mit polemischen Anmerkungen.

Odysee durch die ARD

Ursprünglich stammte der Bericht über den Verdacht deutscher Waffenlieferungen für den Irak vom NDR-Magazin *„Panorama"*. Ein Kameraschwenk rückte eine Namensliste von Firmen ins Bild, die für die Scud-Raketen-Produktion gearbeitet haben sollen. Auf dieser Liste fand sich auch der Firmenname *„Gräser"*.

Aber: Gegen beide Sender schaltete sich der Anwalt ein, ebenso gegen den *„stern"* und *„Die Welt"*. Er stützte sich unter anderem auf einen Erfahrungsbericht des israelischen Geheimdienstes, den die Agentur *„Agence France Presse"* (AFP), der Kölner *„Express"* und die *„Frankfurter Allgemeine Zeitung"* (18. Februar) übermittelten: Demnach seien deutsche Firmen nicht an der Modernisierung der Scud-Raketen beteiligt gewesen.

HR übernahm den Beitrag trotz Bedenken

Trotz des Einspruchs übernahm das dritte Programm des *„Hessischen Rundfunks"* (HR) den Beitrag am 26. Februar in der Sendung *„Dienstag"*. Für die Firma „Gräser" war dies besonders ärgerlich. Denn nach Auskunft ihres Anwalts hatte er *„Panorama"* zu diesem Zeitpunkt schon zu einer Gegendarstellung und einer strafbewehrten Unterlassungserklärung gezwungen. Die habe den NDR jedoch nicht davon abgehalten, die Vereinbarung zu verletzen und den Bericht an den HR weiterzugeben. Zur Zeit rückt Scheele dem NDR wegen des Verstoßes gegen die Unterlassungserklärung zu Leibe.

Der HR wiederholte also die zweifelhafte Passage. Die *„Dienstag"*-Redaktion erklärte dazu, man sei zwar vom NDR über die inzwischen wirksame Unterlassungserklärung informiert worden, jedoch der Überzeugung gewesen, daß eine Änderung des Textes ausreiche, um keine Gegendarstellung zu provozieren. Die Handelsgesellschaft *„Gräser"* tauchte also – wenn auch diesmal ohne Namensnennung im gesprochenen Text – ein zweites Mal im Bild auf.

Eine Woche später verlas Dr. Joachim Wagner die Gegendarstellung in *„Panorama"* (5. März). Und natürlich mußte auch Wilhelm von Sternburg im HR dasselbe tun. Er verlas die Zweitauflage der Gegendarstellung in *„Dienstag"* am 30. April.

In der ARD lief der Irak-Bericht also gleich zweimal; beide Male zog er einen Widerspruch nach sich. Damit nicht genug: Die Gegendarstellung der HR-3-Sendung *„Dienstag"* verwandelte Moderator Wilhelm von Stemburg in eine kabarettreife Kurzvorlesung. *„So liebe Zuschauer, zum Abschluß gerate ich noch einmal in Arbeitsstreß, denn eine Gegendarstellung steht ins Haus"*, verkündete von Sternburg ironisch-heiter, bevor er sich daran begab, den Text zu verlesen.

„Egal was wahr ist, was nicht wahr ist" – man müsse die Gegendarstellung nun einmal bringen, übernehme *„für die sprachliche Ästhetik"* aber keine Verantwortung, belehrte der Moderator die Zuschauer. Dann las er den in juristischem Vokabular formulierten Text, inklusive An- und Abführungszeichen, deutlich artikuliert, mit amüsiert-angewidertem Gesichtsausdruck, hin- und herwiegendem Kopf.

Für Scheele ein weiterer Fehltritt, der den Inhalt der von ihm verfaßten Darstellung karikiere. Moderator von Sternburg blieb seinem ironischen Tonfall bis zum Ende der Sendung treu und bemerkte, was seine Redaktion von Gegendarstellungen hält: *„Wir glauben der Firma Gräser gerne, sind wir von ‚Dienstag' doch immer glücklich, wenn eine deutsche Firma nicht an den Irak irgend etwas geliefert hat."* MH

(MK 20/91, 13. 5. 1991)

Pharma-Industrie

„Müssen erst Menschen sterben?"

Die Liefersperre für Arzneien – Ein Informationsdesaster

Die Nachricht wirkte wie ein Blitz aus heiterem Himmel: Die westdeutsche Pharma-Industrie sperrt den Patienten in den fünf neuen Bundesländern die Lieferung von Arzneimitteln. Empörung schlug in den Fernseh-Nachrichtensendungen am Abend des 2. Januar 1991 hohe Wellen. Der Tenor in Berichterstattung und Kommentierung des Fernsehens ähnelte stark jenem, den *„Bild"* vom 3. Januar in ihren Schlagzeilen anschlug:

„Bild an die Pharma-Industrie: Schluß mit dem Arznei-Boykott! – Hört die Einheit vor der Apotheke auf? – Müssen erst Menschen sterben? – Neue Bundesbürger verzweifelt: Insulin, Herz- und Magenmittel schon knapp – Schlangen vor Ost-Apotheken – Politiker empört: Erpressungsversuch, vaterlandslose Wegelagerer – Was die Pharma-Industrie vorbringt."

Und im *„Bild"*-Kommentar hieß es unter der Schlagzeile *„Arznei-Boykott unverantwortlich": „Die westdeutsche Pharma-Industrie weigert sich, die Menschen in den neuen Bundesländern umfassend zu versorgen. Kranke müssen so auf ihre heilende oder lindernde Medizin verzichten – Leiden von Menschen werden vergrößert oder verlängert. Die Pharma-Industrie hält dies für die angemessene Art, gegen einen Artikel des Einigungsvertrages zu protestieren. Der schreibt vor, daß rezeptpflichtige Medikamente vom 1. Januar an zwischen Elbe und Oder nur zu 45 Prozent des Westpreises verkauft werden dürfen. Man könnte die Pharma-Industrie verstehen, wäre es eine Krisen-Branche und wenn man nicht wüßte, daß deutsche Hersteller um bis zu 75 Prozent billiger ins Ausland liefern. Da dies aber bekannt ist, kann man der Pharma-Industrie nur raten, ihren Beitrag zur deutschen Einheit zu leisten. Und der besteht aus der korrekten Lieferung in die neuen Bundesländer. Damit die Menschen zwischen Elbe und Oder in der Medizin genauso gut gestellt sind wie zwischen Elbe und Rhein..."*

Garniert war die *„Bild"*-Berichterstattung auch am nächsten Tag mit Aussagen Betroffener: *„Hausfrau Clementine Schneider (52) aus Dresden: ‚Ich bin zuckerkrank und brauche Humaninsulin. Ich weiß nicht, was werden soll, wenn ich es nicht mehr bekomme."*

Nur punktuelle Apotheker-Streiks

Im Vergleich zu *„Bild"* berichtete die *„taz"* am 3. Januar bemerkenswert sachlich. Unter der Schlagzeile *„Durchfall im Apothekenstreik"* war zu lesen:

„Nur vereinzelt sind die Apotheker in den neuen Bundesländern gestern dem Aufruf von Apothekerverbänden und -vereinen gefolgt, aus Protest gegen einen Lieferboykott der westdeutschen Pharma-Industrie in den Streik zu treten... In Mecklenburg, Vorpommern und Thüringen hatten die Apotheker-Vereinigungen deshalb für gestern Streikmaßnahmen angekündigt. In Rostock und im Raum Schwerin blieben die Apothekentüren zumindest für einige Stunden geschlossen. In Thüringen verzichteten die Apotheker jedoch völlig auf die Arbeitsniederlegung, in anderen Städten distanzierten sich die Apotheker sogar ausdrücklich von dem Streik. Dennoch kam es in vielen Städten zu längeren Schlangen vor den Apotheken und zu Engpässen."

Die *„taz"* weiter: *„Die seit dem 1. Januar geltende Bestimmung, demzufolge Westpillen nur noch zum halben Preis verkauft werden dürfen, hat vielerorts für heillose Verwirrung gesorgt. Häufig lagen gestern die neuen Preislisten noch gar nicht vor. Zugleich beschwerten sich Apotheker, daß sie die Westprodukte noch für den vollen Preis hatten einkaufen müssen, während sie jetzt von den Kunden nur noch die Hälfte fordern dürften. Einige Apotheken verlangten deshalb, die Kunden sollten die Preisdifferenz aus eigener Tasche bezahlen oder sich von ihrem Arzt ein DDR-Präparat verschreiben lassen."*

Wirkliche Krise ist unwahrscheinlich

Zu einer wirklichen Krise könne der Lieferstop der westlichen Pillendreher jedoch kaum führen, merkte die *„taz"* an, denn der Marktanteil der bundesdeutschen Pharma-Industrie lag Ende 1990 in Ostdeutschland nur zwischen 10 und 20 Prozent. Das Gros der verordneten Medikamente wird nach wie vor von der heimischen Industrie produziert. Und das *„Handelsblatt"* wies darauf hin, daß die Krankenhäuser voll beliefert werden, und auch in Notfällen die Versorgung sichergestellt sei.

In einem Kommentar meinte die *„Süddeutsche Zeitung"*, es gehe um einen Pharma-Krieg gegen ostdeutsche Kranke, um einen *„Erpressungsversuch"*. Man müsse sich zwar fragen, warum eine Regierungskoalition, der nur weniges noch heiliger sei als die Freiheit des marktwirtschaftlichen Wettbewerbs, zu solch dirigistischen Methoden greife, um das Defizit der gesetzlichen Krankenkassen zu heilen. *„Andererseits mutet es geradezu absurd an, wenn die Pharma-Konzerne eine Kraftprobe riskieren, um ihr vermeintlich ‚gutes Recht' zu sichern, sich weiter im Selbstbedienungsladen des bundesdeutschen Gesundheitssystems schadlos zu halten... So führen also zwei Parteien gegeneinander Krieg; leiden müssen darunter, wie immer, die gänzlich Unschuldigen, in diesem Fall die Kranken."*

„Verrückte" Verordnung des Arbeitsministers

Entgegengesetzt urteilte in einer Leitglosse die *„Frankfurter Allgemeine Zeitung"*. Der innerdeutsche *„Pharma-Krieg"* sei vom Bundesarbeitsminister entfesselt worden. Denn *„verrückt"* sei die Verordnung, mit der Bundesarbeitsminister Blüm – gegen den Rat aller Sachverständigen – die Gleichartigkeit der medizinischen Versorgung in allen Ländern der erweiterten Bundesrepublik erzwingen wolle. *„Mit der falschen Arznei will er die Leistungsschwäche der östlichen Krankenkassen kurieren."*

Also müsse ein Finanzausgleich gefunden werden. Die politische Logik würde es eigentlich gebieten, so F.A.Z.-Kommentator Hans D. Barbier, den Finanzausgleich aus öffentlichen Mitteln herbeizuführen:

„Aber Blüm und seine maßgeblichen Beamten haben sich eine Dienstverpflichtung der Pharma-Industrie einfallen lassen, die dem Lehrbuch der finstersten Ständestaatlichkeit entnommen sein könnte. Die Industrie soll – das ist als erzwungene Solidarleistung gedacht – ihre Medikamente mit einem Preisabschlag von 55 Prozent an die ostdeutschen Apotheken verkaufen. Die Pharma-Hersteller weigern sich – nicht zuletzt mit dem nicht unplausiblen Argument, demnächst müßten sie sich diesen Preisabschlag dann auch in den alten Ländern der Bundesrepublik gefallen lassen... Im Arbeitsministerium fehlt es an ökonomischer Vernunft."

Verwirrende Berichte und Kommentare

Soweit Ausschnitte aus ersten Medienreaktionen. Sie zeigen eine verwirrte Berichterstattung und Kommentierung. Sie gehen allerdings nicht zu Lasten der Medien, denn: Schon seit Ende Oktober/Anfang November 1990 waren intensive Verhandlungen zwischen dem Bundesarbeitsministerium, dem Bundesverband der pharmazeutischen Industrie, der Bundesvereinigung deutscher Apothekerverbände und dem Spitzenverband des pharmazeutischen Großhandels im Gange.

Alle Beteiligten hatten offenbar eingesehen, daß die Regelung des Einigungsvertrages, mit einem gespaltenen Preis für Arzneien in einem einheitlichen Staate zu operieren, eine verfehlte Konstruktion war. Deshalb erörterte man ein *„Konsens-Modell"*. Nach diesem Modell haben sich die beteiligten Verbände bereit erklärt, das bei einem vollen Arzneimittelpreis auftretende Defizit in den Kassen der gesetzlichen Krankenversicherung in den Ost-Ländern bis zu einer Höhe von 900 Millionen Mark auszugleichen.

Die Sachlage den Medien verschwiegen

Darüber war man sich im Grundsatz schon vor dem 1. Januar 1991 einig. Zwar sickerte einiges von diesen Verhandlungen durch, das Konsens-Modell wurde jedoch nicht öffentlich erörtert, den Journalisten verweigerte man Informationen.

Auf den Schreckschuß der Liefersperre folgte rasch die Einigung unter den streitenden Parteien. Am 4. Januar 1991 wurde der Kompromiß geschlossen: Danach ist vom 1. April an für Arzneien im Gebiet der früheren DDR von Krankenkassen und privaten Käufern der volle Preis zu zahlen. Im Gegenzug werden sich die Pharma-Hersteller, der Großhandel und die Apotheken bis 1993 mit jährlich dreistelligen Millionenbeträgen an der Finanzierung der zu erwartenden Krankenkassen-Defizite beteiligen. Die Abschlagsregelung, wonach die Pharma-Industrie ihre Produkte in den neuen Ländern 55 Prozent billiger verkaufen muß, bleibt bis 1. April bestehen.

Das Meinungsecho zu dieser Einigung (5. Januar 1991) ist breit gefächert: *„Bild"* reagierte mit der Schlagzeile *„Na also! Arznei-Boykott zu Ende"* und mit dem Kommentar: *„... Nein, keiner wird sterben, der Arznei-Boykott zwischen Ostsee und Erzgebirge ist zu Ende. Minister Blüm hat für Frieden gesorgt, bevor es wirklich zur Katastrophe kommen konnte. Mit dem Kompromiß können alle leben, die Pharma-Industrie, die Apotheken, die Krankenkassen, die Bundesregierung und natürlich die Patienten..."*

„Stamokap-These" bestätigt

Von einer linken Position aus urteilte in der *„Frankfurter Rundschau"* Rolf Dietrich Schwartz so:

„Die Betrüger werden auch noch zu Betrogenen, wenn sie jetzt etwa von der

Pharmaindustrie als Marionetten ihrer Profit-Interessen vorgeführt werden. Wo selbst das höchste Verfassungsgericht dem Pillen-Kartell einen Solidarbeitrag in Form eines ‚vorübergehenden Gewinnverzichts' zugemutet und die Klage gegen den im Einigungsvertrag – zum Gesetz gewordenen 55prozentigen Preisabschlag auf apothekenpflichtige Arzneimittel in den neuen Bundesländern mangels ausreichender Erfolgsaussichten als gar nicht zur Entscheidung angenommen hatte, müssen die Regierenden vor den wirklich Herrschenden zu Kreuze kriechen. Ausgerechnet nach dem ruhmlosen Untergang der DDR wird die dort stets propagierte ‚Stamokap'-These über den ‚staatsmonopolistischen Kapitalismus' in Westdeutschland, der angeblich die Regierung zum Agenten des Kapitals degradierten, zu einem Stück Wirklichkeit auf dem Wege zur Einheit…"

Ähnlich die *„taz"*: *„Norbert Blüm ist in die Knie gegangen – Medikamente kosten künftig in Ost und West dasselbe. Die Pharma-Unternehmen beenden dafür ihren Lieferboykott…"*

Einen *„riskanten Kompromiß"* nannte die *„Süddeutsche Zeitung"* in ihrem Kommentar die Einigung. Der Prognose entziehe sich, wer letztlich davon profitieren werde. *„Mit der Entscheidung für den Kompromiß hat die Bundesregierung eine neue Flanke der Kostenexpansion im Bundesgesundheitswesen geöffnet. Wenn es keine wirksamen Bemühungen gibt, die niedergelassenen Ärzte in den neuen Ländern zur sparsamen und wirtschaftlichen Anwendung der Pharma-Therapie zu bewegen, kommt es in der Krankenversicherung Ost zum finanziellen Desaster, zu Beitragserhöhungen und zum Finanzausgleich durch westliche Kassen…"*

Grundsätzliche gesundheitspolitische Argumente führte die *„Frankfurter Allgemeine Zeitung"* ins Feld:

„Das ist ein Kompromiß, der haargenau in die Kuhhandelsphilosophie des deutschen Gesundheitswesens paßt. In dessen Zentrum nämlich steht die gesetzliche Krankenkasse, aus der sich alle – Patienten, Ärzte, Pharma-Hersteller und Apotheker – mit möglichst großem Löffel bedienen, weil sie wissen, daß nachgefüllt wird, wenn der Topf leer wird. So entsteht ein Klima der wechselseitigen Vorteilsverdächte, des Feilschens und notfalls auch des Erpressens. Wer was verdient, vereinnahmt oder einfach abstaubt, weiß am Ende niemand mehr. Arbeitsminister Norbert Blüm gehört zu den unbeugsamsten Verteidigern dieses Systems. Es wirkt daher komisch, wenn ausgerechnet er sich jetzt durch das völlig systemkonforme Verhalten der Pharmaindustrie erpreßt fühlt. Er befürwortet – im Namen einer mißverstandenen Solidarität – ein Gesundheitswesen, das auf wechselseitiger Ausbeutung und Erpressung

konstruiert ist. Es wäre eine heilsame Lehre aus diesem merkwürdigen Pillen-krieg, wenn Blüm und die anderen Befürworter des Systems das jetzt endlich begriffen..."

„Pillen-Krieg hinterläßt nur Verlierer"

Die Patienten in den neuen Bundesländern könnten an dem Beispiel lernen, *„daß Drohung, Schacher und leere Regale unvermeidlich sind, wenn Preise aus sozialen Gründen niedrig gehalten werden. Aber das brauchen sie nicht zu lernen – das wissen sie seit 40 Jahren"*.

Die Planwirtschaft im Einigungsvertrag, ein *„VEB Pharma"* (Hans Mundorf im *„Handelsblatt"*, 4./5. Januar 1991) ist gescheitert. Doch der *„Pillen-Krieg"* hinterläßt nur Verlierer, wie Peter Gillies in der *„Welt am Sonntag"* vom 6. Januar 1991 feststellte:

„Die erzielte Einigung, mit der die Defizite der Ost-Krankenkassen gemeinsam finanziert werden sollen, hätte auch schon im Herbst gefunden werden können – ohne daß die Kranken in Sachsen oder Thüringen um ihr Blutdruckmittel oder Insulin hätten bangen müssen. Dieser Beipackzettel zum Einigungsvertrag stellt eine vermeidbare Erfahrung auf dem Weg zur deutschen Einheit dar. Nach der Einnahme der Milliarden verbleibt ein bitterer Nachgeschmack."

sp

(MK 3/91, 14. 1. 1991)

Zuckerindustrie

„Tribunal gegen die Wirtschaft"

Die ARD-Reportage „Zuckersüß" berichtete einseitig

Der *„Blick durch die Wirtschaft"* (23. Oktober 1990) urteilte verheerend über die ARD-Sendung *„Zuckersüß"* (18. Oktober 1990). Das Öffentlich-rechtliche verstehe sich offenbar als *„Tribunal gegen die Wirtschaft"*. Autor Volker Nickel: *„ARD-Ankläger"* präsentierten *„Schlag auf Schlag"* einen *„Schwall von Vorwürfen gegen Hersteller, Händler und Werbefachleute."*

Bereits die Vorankündigung der Sendung ließ vermuten, daß man nicht mit Information, sondern mit Stimmungsmache rechnen mußte: *„... eine Generalabrechnung mit der Zuckerindustrie und ihren Helfershelfern, die im Landwirtschaftsministerium sitzen, im Bundestag (als Lobby), in Werbeagenturen, in Kaufhäusern oder in wissenschaftlichen Instituten."*

Schon zu Beginn sprach der Autor Herbert Steltz (*„Hessischer Rundfunk"*) von *„weißem Pulver, das manche süchtig macht"*. Fabrikzucker sei *„reinste Chemie"*, in der *„Süßwarenabteilung eines Kaufhauses können wir uns für Pfennige den Magen verderben"*.

Steltz führte verschiedene *„Experten"* an, die durchaus nicht immer übereinstimmten. Auf die Frage, ob Zucker Auslöser für Arteriosklerose sei, antworteten zwei Wissenschaftler. So sagte der Mainzer Biochemiker Professor Dr. Karl- Heinz Bässler: *„Arteriosklerose ist ein multifaktorelles Geschehen und von allen Faktoren, die angeschuldigt werden, dürfte Zucker wohl den geringsten Anteil haben."* Etwas differenzierter sah es der Gießener Diabetologe Professor Dr. Heinrich Laube. Er formulierte vorsichtig: *„Wir müssen uns jedoch eingestehen, daß ein vermehrter Zuckerverbrauch über verschiedene Umwege einen Beitrag leisten kann oder einen zusätzlichen Risikofaktor darstellt für die Entstehung der Arteriosklerose."* Auch die Antworten auf die Frage, ob man durch den Genuß von Zucker zu viel Vitamin B1 verbraucht, ließ die Schlußfolgerung, Zucker sei besonders schädlich, nicht zu. Professor Bässler bestritt sogar deutlich diese These.

Damit hatte Autor Herbert Steltz zwar vordergründig die journalistische Pflicht erfüllt, Experten mit unterschiedlicher Auffassung zu befragen. Doch obwohl deutliche Aussagen über die Schädlichkeit von Zucker fehlten, und befragte Wissenschaftler gerade einmal vorsichtige Äußerungen wie *„Zucker kann ein Zusatzfaktor sein"*, *„... hier ist eine Situation vorstellbar, in der ..."*, *„es ist denkbar, daß..."*, *„... ist nicht die alleinige Ursache"* oder *„in übergroßen Mengen genossen"* machten, holte der Autor zum Rundumschlag aus: Die Rede war von *„der Macht der süßen Verführung"*, *„krank durch Zucker"* und dem *„Schadstoff Zucker"*.

Die Produzenten stellte man historisch in eine Reihe mit Ausbeutern und Kolonialherren, die sich jahrhundertelang auf Kosten anderer durch Zucker bereichert hatten. Steltz: *„In der Geschichte des Zuckers klebt Blut."* Gestützt wurde die einseitige Moderation durch eine entsprechende Bildauswahl. Der Autor zeigt übergewichtige Kinder, beinamputierte diabeteskranke Patienten, verfaulte Zähne schon bei

Kleinkindern. Der Eindruck drängte sich auf: Zucker (beziehungsweise Produkte wie Pralinen, Schokolade und ähnliches) ist hochgefährlich und grundsätzlich zu meiden. gka

(MK 46/90, 12. 11. 1990)

WDR-Wirtschaftsmagazin „Plus 3“

Ankläger und Richter zugleich

Die Sendung berichtete über Pharma-Multis in der Dritten Welt

Wie so oft in Magazin-Sendungen des Fernsehens, in den öffentlich-rechtlichen wie in den privaten, geriet ein Filmbericht zu einer verkappten Gerichtsverhandlung. Besonderes Merkmal des *„Verfahrens“*: *Die* Macher der Sendung agierten zugleich als Ankläger und Richter.

Das vernichtende moralische Urteil fiel bereits in der Anmoderation zu dem Beitrag über Machenschaften deutscher Pharma-Multis in der Dritten Welt des WDR-Wirtschaftsmagazins *„Plus 3“* (11. September 1990, 21.45 Uhr). Moderator und Chef der WDR-Fernseh-Wirtschaftsredaktion, Jochen Schweizer, in der Rolle des Richters, der seinen Schuldspruch begründet:

„Gefährliche Arzneimittel“ für die Armen der Welt

„Gesundheit für die Dritte Welt, das ist etwas, wovon die deutsche Pharmaindustrie gerne spricht. Schließlich gehören die deutschen Unternehmen zu den wichtigsten Lieferanten von Pillen und Pasten. Natürlich nicht umsonst, Geschäft ist Geschäft. Der Export und die Produktion in der Dritten Welt sind eine wichtige Säule für die deutsche Pharmaindustrie.

Es wäre ja auch alles ganz in Ordnung, wenn, ja wenn die deutschen Unternehmen die Absatzmärkte in den Entwicklungsländern nicht zum Abladeplatz ihrer Überproduktion oder noch schlimmer, ihrer gefährlichen Arznei-

mittel machen würden. Es ist kaum zu glauben, aber Medikamente, deren Vertrieb bei uns wegen gefährlicher Nebenwirkungen verboten ist, werden in den Ländern der Dritten Welt munter weiterverkauft ... Und die Behörden sind meist gar nicht in der Lage, den Arzneimittelmarkt zu kontrollieren, schon gar nicht, gegen den Einfluß der Pharmakonzerne Medikamente zu verbieten. Und wenn sie es dennoch versuchen, ist der Erfolg bescheiden ..."

Der *„Schuldspruch"* über *„die deutschen Pharmakonzerne"* wurde in einem *„Gerichtsverfahren"* gefällt, das keinen Verteidiger kannte, sondern nur einen Ankläger, der einige *„Zeugen der Anklage"* präsentierte. Der *„Angeklagte"* kam nur mit einigen wenigen Sätzen aus seinem langen *„Verhör"* zu Wort, die der Anklage ins Konzept paßten. Alle entlastenden Tatsachenbehauptungen des Angeklagten wurden verschwiegen.

„Obskure Geschäfte" der Hoechst AG

Die Autoren des Filmberichtes, H. Blondiau und E. Sieker, warfen der Hoechst AG *„obskure Geschäfte"* vor, zum Beispiel auf den Philippinen, wo der Konzern Metamizol-haltige Präparate vertreibe, während dieses Antischmerzmittel in der Bundesrepublik als Kombinationsmittel verboten sei, und zwar deshalb, weil schwerwiegende Nebenwirkungen auftreten könnten.

Auf den Philippinen kam es plötzlich zu einem Verbot dieses Hoechst-Präparates, dagegen klagte das Unternehmen, weil es ein gesetzlich vorgeschriebenes Hearing anmahnte, um mit den Experten der Regierung zu diskutieren. Dr. Michael Tan, *„engagierter philippinischer Arzt"*, erklärte als *„Zeuge der Anklage"* das Vorgehen von Hoechst für *„kolonialistisch"*. Ein anderer (Dr. A. Herxheimer, klinischer Pharmakologe) meinte, Metamizolpräparate seien zu gefährlich, um verkauft zu werden: *„... Für dieses Präparat zu werben und es zu verkaufen, halte ich für absolut unmoralisch."*

Boehringer Mannheim mit dabei

Ein weiterer *„Fall"* wurde *„verhandelt"*: der Verkauf von Präparaten, die Phenformin enthalten, in Mexiko. Zitat aus der *„Anklage"*: *„Dieser Stoff, von Diabetikern benutzt, ist in vielen Ländern, auch in der Bundesrepublik, wegen seiner Gefährlichkeit verboten. Boehringer Mannheim und Hoechst teilen sich den mexikanischen Markt mit zwei Mitteln, Bi-Euglukon und*

Daopar, alles zu haben, sogar ohne Rezept. Dabei sind die medizinischen Warnungen unübersehbar ..."Der Hauptgrund dafür, daß verschiedene Länder für den Verbrauch von Phenformin Beschränkungen eingeführt haben, läge im Risiko, an Laktazidose, also Blutübersäuerung, zu erkranken. Sie verlaufe in fünfzig Prozent der Fälle tödlich.

Dazu Blondiau: *„Medizinische Warnungen, die weder Boehringer noch Hoechst offenbar beeindrucken. Die phenforminhaltigen Arzneimittel bleiben trotz ihrer Gefährlichkeit auf dem mexikanischen Markt. Noch sind die Absatzmengen gering, dennoch halten beide Hersteller, Hoechst und Boehringer, am Verkauffest. Die Marktentwicklung gibt ihnen recht. Um 150 Prozent steigerte allein Boehringer seinen Umsatz in den letzten drei Jahren."*

„Pharmaschwemme ist fatal"

Die anklagenden Schlußsätze aus dem WDR-Filmbericht: *„Die Weltgesundheitsorganisation WHO beschäftigt sich mit dem internationalen Pharmahandel seit Jahren. Sie hat eine Modelliste mit den unentbehrlichen Arzneimitteln herausgegeben. Das Ergebnis überrascht. 95 Prozent aller Krankheiten wären weltweit mit nur 300 verschiedenen Medikamenten zu heilen. Von den über 1200 Präparaten, die allein bundesdeutsche Produzenten in der Dritten Welt vermarkten, entsprechen nur 12 Prozent dem WHO-Anspruch. Die Pharmaschwemme von der Ersten in die Dritte Welt ist fatal. Viele Medikamente sind unnütz und manche sogar gefährlich. Gleichzeitig fehlen oft lebenswichtige Präparate. An diesem Zustand ändert sich so lange nichts, solange das Geschäft im Vordergrund steht."*

Haben *„Richter"* und *„Staatsanwalt"* recht? Die *„Angeklagten"* verneinen dies. Ihren Argumenten sei kein rechtliches Gehör geschenkt worden. Hier einige Hinweise und Zitate aus den Materialien, die dem *„Gericht"* zwar vorlagen, in der *„Verhandlung"* jedoch nicht vorkamen:

Argumente der „Verteidigung"

1. Der Vorwurf, die deutsche Pharma-Industrie verkaufe unnütze, unsinnige und sogar schädliche Arzneimittel in Länder der Dritten Welt, stammt nicht von der Weltgesundheitsorganisation (WHO), sondern vom *„Bundeskongreß entwicklungspolitischer Aktionsgruppen"* (BUKO), einer stark ideologisch argumentierenden Gruppe, für die multinationale Konzerne nur Ausbeuter und späte Kolonialisten sind.

2. Die WHO hat nicht behauptet, weltweit wären mit nur 300 verschiedenen Medikamenten 95 Prozent aller Krankheiten zu heilen. Tatsächlich hat die WHO 1978 in Zusammenarbeit mit einem internationalen Expertengremium eine sogenannte *„Essential Drugs List"* zusammengestellt. In ihr werden mit einem *„Kern"* von rund 300 Impfstoffen und Arzneimitteln diejenigen pharmazeutischen Präparate beschrieben, die für den Großteil der Populationen unverzichtbar (essential) sind. Diese Modell-Liste ist indessen keine verbindliche Arzneimittelliste, weil in den jeweiligen Ländern der Dritten Welt vorherrschende Krankheiten sowie genetische oder lokale Gegebenheiten zu verschieden sind. Schon gar nicht kann sie als Basis für die Arzneimittelversorgung in Industrieländern in Betracht kommen.

3. Abgesehen davon, daß in zahlreichen Entwicklungsländern inzwischen eigene Pharma-Produktionen bestehen, die Medikamente *„ihres Zuschnitts"* herstellen, fordert die Mehrzahl der Entwicklungsländer beim Arzneimittel-Import seit langem einen sogenannten *„Heimatschein"*, der bestätigt, daß das betreffende Arzneimittel im Herstellungsland für den Markt zugelassen ist. Wird eine solche Bescheinigung verlangt, gibt es prinzipiell keine Möglichkeit, im Herstellungsland nicht zugelassene Arzneimittel *„heimlich"* in der Dritten Welt zu verkaufen.

4. Die verantwortlichen Behörden der Empfängerländer können sich jederzeit mit Hilfe eines von der WHO entwickelten sogenannten Zertifikat-Systems über die einwandfreie Qualität des zu importierenden Produktes unterrichten. In ihrer Entscheidung sind sie grundsätzlich frei.

Unterschiedliche Nutzen-Risiko-Abwägungen

5. Weltweit gibt es keine einheitlichen Auffassungen darüber, bei welchen Indikationen welche unerwünschten Wirkungen von Arzneimitteln toleriert werden können. Die Meinung geht nicht selten auch darüber auseinander, wann die Risiko-Schwelle überschritten ist und ein Arzneimittel vom Markt genommen werden muß. Aufgrund dieser unterschiedlichen Nutzen-Risiko-Abwägungen kommt es in Einzelfällen zu abweichenden Zulassungspraktiken – nicht nur in Entwicklungsländern.

6. Das gilt beispielsweise für Metamizol, über das es einen Expertenstreit gibt. Das Präparat wird zwar kritisch betrachtet, es ist aber in

vielen europäischen Ländern auf dem Markt, auch in Deutschland, wo nur Kombinationspräparate mit Metamizol verboten sind. Das Hoechst-Präparat *„Baralgin“* ist beispielsweise in insgesamt sechzig Ländern auf dem Markt.

7. Das gegen die Diabetes eingesetzte Daopar ist ein Kombinationspräparat zur Behandlung einer spezifischen Form der Zuckerkrankheit. Die Phenformin-Dosis beträgt 25 Milligramm. Bei Beachtung der Anwendungs- und Dosierungsvorschriften ist das Risiko Biguanid-bedingter Nebenwirkungen (Laktazidose) nicht gegeben. Das Präparat ist in Italien, Griechenland und Mexiko auf Wunsch der entsprechenden Fachgesellschaften im Handel. Soweit die Argumente der „Verteidigung“, die in der Sendung nicht vorkamen.

Selbst dann, wenn die meisten dieser Argumente der *„Verteidigung“* nicht stichhaltig wären: *„Richter“* und *„Ankläger“* haben sich selbst dadurch gerichtet, daß sie eine *„Verteidigung“* nicht zuließen. Hinzu kommt: Der Filmbericht verstieß elementar gegen die Gebote der Objektivität. Dazu schrieb Dietrich Schwarzkopf, Programmdirektor der ARD, in dem Sammelband *„Wie objektiv sind unsere Medien?“* (Fischer Taschenbuch Verlag, Frankfurt 1982): *„Es ist keineswegs zu viel verlangt, daß ein Journalist, der einen Meinungsbeitrag produziert, in dessen Tatsachenteil objektiv bleibt und Partei erst ergreift, wenn er sein persönliches Urteil zu der vorgetragenen Tatsachendarstellung abgibt.“* sp

(MK 40/90, 1. 10. 1990)

Sensationsjournalismus

„Mit der Giftspritze hantiert“

Teefirmen und Wissenschaftler verurteilen „stern“-Kampagne

„Alle Dinge sind Gift, allein die Dosis macht, daß ein Ding kein Gift ist“, sagte der Arzt und Naturforscher Paracelsus im 16. Jahrhundert. Dies gilt noch heute. Für Nahrungsmittel gibt es daher erlaubte *„Grenzwerte“*. Sie festzulegen, ist aber problematisch. Denn die Wissenschaft-

ler können mit ihren hochmodernen Meßinstrumenten heutzutage in jedem Stoff winzigste Spuren von Substanzen nachweisen, die in größeren Mengen gefährlich sein können. Ab wieviel millionstel Milligramm ist aber etwas für den Menschen schädlich? Bis zu welcher Menge nicht? Wieviel des Stoffes muß sogar enthalten sein? Die Experten streiten sich.

Der *„stern“* schlachtete diese Unsicherheit jetzt aus. *„Gift im Tee“* – suggerierte das Blatt am 5. Juli 1990 effektvoll in einer Überschrift – gefährde die Gesundheit der Bürger. *„Chronische Gesundheitsschäden“* seien bei vielen Sorten *„nicht auszuschließen, weil einige Firmen beim Einkauf ihrer Rohtees wenig Vorsicht walten lassen.“* Was hatte der Leiter der Umweltredaktion, Gerd Schuster, entdeckt? Waren üble Machenschaften dubioser Dunkelmänner enthüllt worden? Um zu klären, ob Kräutertees wirklich *„naturrein“* sind (was immer das heißt), ließ der *„stern“* 83 Tees von neun wichtigen Anbietern analysieren. Die Zeitschrift kam zu dem Ergebnis: *„In den meisten finden sich Spuren von Insektengiften und Schwermetallen.“*

Dem Leser wurde der Geschmack gründlich verdorben. Immerhin wimmelte es von Wörtern wie *„Gift“*, *„Umweltgifte“*, *„Chemieunfälle“*, *„Arzneimittelskandale“*, *„Pestizide“*, *„Schadstoffe“*. Passagen wie die folgende erweckten beim Teetrinker den Eindruck, er nehme mit jedem Schluck einen tödlichen Zug aus der Flasche mit dem Totenkopf: *„Heilkräuter werden längst nicht mehr in beschaulichen Klostergärten gezogen oder auf einsamen Almen gesammelt, sondern sind zumeist Erzeugnisse einer intensiven Chemie-Landwirtschaft. Wie kräftig dabei mit der Giftspritze hantiert wird, lassen die Anleitungen des Hamburger Tee-Experten Karl Ebert erahnen: Zur ‚Pflege‘ von Kamille und Pfefferminze empfiehlt er in einem Fachbuch jeweils 21 Unkrautvernichtungsmittel, Pilz- und Insektenkiller.“* Angestachelt durch diese Geschichte griffen auch andere regionale Zeitungen das Thema auf.

Geschockte Verbraucher protestierten

Daß der verschreckte Leser reagieren mußte, war vorauszusehen. Stolz verkündete die Illustrierte zwei Wochen später: *„Viele geschockte Verbraucher stellen unangenehme Fragen und schicken die Ware zurück. Schlimmer noch: Zahlreiche Apotheker und Drogisten kündigen die Kaufverträge.“* Auch die *„Frankfurter Rundschau“* berichtete (10. Juli) von entsetzten Kunden: *„Der Geschäftsführer eines in der Zeißelstraße gelegenen Reform-*

hauses registrierte ‚Hysterie' und ‚Handgreiflichkeiten': Hundertmal am Tag habe er besorgten Verbrauchern auseinandersetzen können, wie es um die Umweltbelastung im allgemeinen und die des Teesortiments im besonderen bestellt sei. Ein düpierter Kunde habe ihm prompt besagte Illustrierten-Ausgabe auf die Ladentheke geknallt."

Aufgeschreckt durch diese Reaktionen empörten sich die Anbieter über *„billigen Sensationsjournalismus"*. So hatte der *„stern"* zwar die gefundenen Mengen in kleinen Tabellen aufgelistet, diese dann aber klassifiziert. Von *„unbelastet"* über *„sehr gering belastet"*, *„gering belastet"*, *„mäßig belastet"*, *„hoch belastet"* bis *„sehr hoch belastet"* reichte die Skala. Nach welchen Kriterien die Beurteilung vorgenommen wurde, beantwortete der Artikel nicht.

Das Haus *„Teekanne"* schrieb empört: *„Da wird von ‚Gift im Tee' gesprochen, obwohl sich allenfalls Spuren von Schadstoffen feststellen lassen. Wie alle Naturprodukte sind auch die Rohstoffe für unsere Kräuter-, Früchte- und Arzneitees unvermeidbaren Umwelteinflüssen ausgesetzt. Kein Erdboden – und sei es im noch so idyllischen Kurort –, in dem nicht Spuren von Schadstoffen zu finden sind. Das ist seit Menschengedenken so, als Folge der natürlichen Boden-Zusammensetzung."* Problematisch würde es erst dann, wenn solche Stoffe in einer Konzentration aufträten, daß sie für die Gesundheit des Verbrauchers abträglich sei.

Größenordnung ins Kleingedruckte

Die Schoenenberger-Gruppe in Magstadt erläuterte hierzu: Bei den genannten Zahlen bewege man sich im Bereich ppm (parts per million) bzw. im ppb (parts per billion). Anschaulich bedeute dies - 1 ppm (ein Milligramm pro Kilogramm): 1 Stück Würfelzucker gelöst in 3 000 Liter Wasser. 1 ppb (Mikrogramm pro Kilogramm) entspräche der Konzentration von einem Stück Würfelzucker gelöst in drei Millionen Liter Wasser.

In seiner Tabelle hatte der *„stern"* die jeweiligen absoluten Zahlen abgedruckt, die Größenordnungen waren aber nur aus der kleingedruckten Fußnote zu ersehen. Dort hieß es: *„Die Angaben für Cadmium und Blei in der mittleren Spalte sind in Milligramm, für die Schädlingsbekämpfungsmittel Lindan, DDT, Malathion u.a. in Mikrogramm pro Kilogramm Trockengewicht."* Schoenenberger hierzu: *„Die im Test angegebenen Mikrogramm/kg (ppb) sollen offensichtlich den Anschein einer besonders* *hohen ‚Giftmenge' erwecken. Diese Effekthascherei wird dadurch unterstützt, daß zwar die gefundenen Werte, nicht aber die laut Gesetz (Pfanzenschutzmittel-Höchstmengenverordnung) maximal zulässigen Grenzwerte mit aufgeführt sind ... Die Meßergebnisse liegen deutlich unter der für Lebensmittel gültigen Verordnung."*

Der *„Bundesverband der Pharmazeutischen Industrie"* schrieb in der *„Deutschen Apothekerzeitschrift"* vom 12. Juli: *„Zur Verunsicherung der Verbraucher führt, daß im ‚stern'-Bericht mit tausendfach höheren Zahlenwerten als üblich gearbeitet wird. Im Rahmen wissenschaftlicher Beurteilung von Pflanzenschutzmittel-Rückständen werden ermittelte Werte normalerweise in Milligramm pro Kilogramm (mg/kg) ausgedrückt. Der ‚stern' gibt die von ihm ermittelten Werte jedoch in Mikrogramm pro Kilogramm an. Damit erscheinen selbst geringste Spuren von Rückständen ungerechtfertigterweise als dramatische Verunreinigung. Die vom ‚stern' als ‚hoch' oder ‚sehr hoch' eingestuften Tees liegen in den meisten Fällen um eine Zehnerpotenz unter den für Lebensmittel erlaubten Höchstmengen."*

Außerdem bezögen sich die Werte ja auf das Trockenprodukt. Da aber niemand die Teemischungen pur esse, sondern mit Wasser aufbrühe, wurden die *„minimalen Spurenelemente"* nochmals drastisch verringert. Tatsächlich gingen von den geringen Mengen wiederum nur zehn bis 30 Prozent (in Einzelfällen) in den Sud über. Man könne beruhigt 100 Tassen am Tag trinken.

Auch der im *„stern"* zitierte Berliner Wissenschaftler, Professor Dr. Heinz Schilcher, kritisierte den Bericht: *„Es besteht kein Anlaß, medizinische Kräutertees zu meiden."* Sein Zitat sei *„aus dem Zusammenhang gerissen worden"*. Die Warnung vor Kräutertees sei unbegründet. *„Es handelt sich um bewußte Sensationsmache, die in ihren Schlußfolgerungen nicht den Tatsachen entspricht."* gka

(MK 31/90, 30. 7. 1990)

III.
Wissenschaft / Umwelt / Medizin

Politisch abhängig und ideologisiert?

Warum Katastrophenszenarien bevorzugt thematisiert werden

„Zwei Experten – drei Meinungen", dieser Journalisten-Stoßseufzer ist immer wieder zu hören, wenn es um die politisch-neuralgischen Fragen der Kernenergie, des Treibhauseffektes, des Ozonlochs und der Gentechnologie geht. Wessen Botschaft sollen sie in der Berichterstattung den Vorrang geben, jenen, die Katastrophen ankündigen, oder denen, die widersprechen und darauf hinweisen, die Katastrophilie basiere auf brüchigen Hypothesen?

Analysiert man den Markt, auf dem Wissenschaftsinformationen gehandelt werden, dann ist eindeutig zu erkennen: Die Katastrophenprognostiker bedienen ihn intensiv und kontinuierlich, wobei sich diverse Öko-Institute hervortun. Die wissenschaftlich Andersdenkenden bilden jedoch keine geschlossene Gegenfront. Prompte Repliken, die publizistisch verwertet werden könnten, bleiben daher oft aus. Mit anderen Worten, die Katastrophenmeldung ist unmittelbar greifbar, während es den Journalisten Zeit und Geld kosten würde, sie mittels einer Recherche zu überprüfen.

Schreckensmeldungen sind beliebt

Dieses Dilemma der Wissenschaftsjournalisten und ihrer Kollegen aus den Ressorts Politik und Zeitgeschehen beklagte Dr. Rainer Flöhl, Leiter der Redaktion *„Natur und Wissenschaft"* der *„Frankfurter Allgemeinen Zeitung"*, in einem Vortrag (25. Oktober 1989) an der Universität Marburg (siehe MK Nr. 6/5. Februar 1990) und fragt:

„Müssen ... die Nachrichten in den Medien denn immer so einseitig sein, sich nur noch mit Risiken von Wissenschaft und Technik befassen und kaum noch mit ihrem Nutzen? Nun, außergewöhnliche Nachrichten entsprechen dem Kommunikationsbedürfnis der Leser sicherlich besser als normale, alltägliche Geschichten ... Es gibt aber noch andere Gründe, warum Schreckensnachrichten derzeit besonders beliebt sind: Sie entsprechen einfach dem Zeitgeist ... Wir befinden uns heute in einer Phase, wo Technik nicht als ‚Retter' in einer drohenden Krise gilt, sondern weithin als zerstörerisch abgelehnt wird ... Das Risiko zu dramatisieren, kommt diesen Vorstellungen entgegen."

Flöhl weist auf einen weiteren Zusammenhang hin: *„Den Verlagen geht es überwiegend ums Geschäft, den Fernsehanstalten um Einschaltquoten. Solange Technik-Kritik opportun ist, also konsumiert wird und sich gut verkauft, werden Verleger nicht davon lassen."*

„Sie machen aus Theorien Ideologien"

Temperamentvoll und fundamental greift der Philosoph Sir Karl Popper in einem Interview mit *„Welt"*-Chefredakteur Manfred Schell (21. Februar 1990) die Katastrophenpropheten an, ihre *„systematische Verketzerung unserer Welt"*. Die Propaganda der Grünen und ihrer Bundesgenossen unter den Wissenschaftlern wolle die Menschen schrecken, *„womöglich dauernd in Schrecken halten"*.

Popper: *„Man versucht, sich selbst und möglichst vielen anderen diese Katastrophen-Angst beizubringen, um damit Sensation zu machen. Die Zeitungen tun es und vor allem das Fernsehen."* Massiv greift Popper die Intellektuellen an: *„Wir Intellektuellen haben schauerliche Dinge gemacht, wir sind eine große Gefahr. Wir bilden uns viel ein – wir wissen nicht, wie wenig wir wissen. Und wir Intellektuellen sind nicht nur anmaßend, sondern auch bestechlich."*

Nicht nur durch Geld seien Wissenschaftler bestechlich, meint Popper, sondern auch durch *„Ansehen, Macht, Einfluß usw. Das ist leider so ... Sie machen aus Theorien Ideologien. Selbst in der Physik und in der Biologie gibt es leider viele Ideologien ... Die Intellektuellen sind unkritisch und gehen mit den Moden. Es gibt intellektuelle Moden, und es gibt einen starken Druckpunkt, d. h. wer nicht mit der Mode geht, der steht bald außerhalb des Kreises derer, die ernst genommen werden."*

Unwissen wird nicht zugegeben

Vor allem Physik und Biologie stünden seit dem zweiten Weltkrieg unter politischem Druck, zumal Politiker für diese Wissenschaften sehr viel Geld ausgäben. *„Wer eine vorherrschende Mode angreift, ist ‚draußen' und erhält – vielleicht – kein Geld mehr. Das ist alles sehr traurig. Ja, die Wissenschaft ist leider gefährdet – ihre ursprüngliche Reinheit ist, leider, nicht mehr selbstverständlich. Wissen ist hypothetisch. Der Experte muß aber sagen, was seine Meinung ist, dafür wird er auch manchmal bezahlt. Da fällt es vielen Leuten sehr schwer zu sagen: Ich weiß es nicht."*

Popper kommt auf den Treibhauseffekt zu sprechen: *„Noch vor ungefähr zehn Jahren hat man von einer neuen Eiszeit geredet. Jetzt geht die Diskussion in die entgegengesetzte Richtung. Tatsache ist: Wir wissen nichts. Die moderne Naturwissenschaft weiß unglaublich viel, aber über viele wichtige Dinge wissen wir unglaublich wenig … Ich meine, man muß sich damit abfinden, daß es Dinge gibt, Kräfte, Mächte, die wenigstens innerhalb unseres Daseins weit über unser Wissen hinausgehen. Der Weltuntergang kann in der nächsten Sekunde kommen oder in tausend Jahren oder nie. Niemand weiß es."*

„Krise des wissenschaftlichen Sachverstandes"

In vergleichbar fundamentaler Weise wie Popper kritisiert Dr. Michael Kloepfer, Professor für öffentliches Recht, Wirtschafts-, Finanz- und Umweltrecht sowie Direktor der Forschungsstelle für Umwelt- und Technikrecht an der Universität Trier, in einem Artikel der Zeitschrift *„Universitas" (1/1990)* den Wissenschaftsbetrieb und die von ihm verbreiteten Informationen. Er konstatiert eine *„Krise des wissenschaftlichen Sachverstandes"*, ausgehend von der ständig zunehmenden wissenschaftlichen Beratung der Politik durch beamtete Wissenschaftler, Gutachter, wissenschaftliche Beiräte, Hearings und so weiter.

Diese Inflationierung wissenschaftlicher Beratung sei zwar insofern verständlich, als eine *„erfolgreiche politische Steuerung komplizierter technischer, naturwissenschaftlicher oder volkswirtschaftlicher Vorgänge Sachverstand bei politischen Entscheidungen unverzichtbar"* mache.

Andererseits sei unübersehbar, daß der wissenschaftliche Sachverstand dadurch in Abhängigkeit von der Politik gerate, ihm eine Alibifunktion zukomme, um politische Entscheidungen als wissenschaftlich abgesichert erscheinen zu lassen. Und es dürfe nicht verkannt werden, daß es der Politik nicht selten lediglich nur darum gehe, eine bereits feststehende Entscheidung wissenschaftlich abzusegnen. Obwohl dies für die Wissenschaftler auch häufig einsehbar sei, stellten gleichwohl viele ihren Rat bereitwillig zur Verfügung.

Genereller Qualitätsverlust

Kloepfer kritisiert einen Qualitätsverlust wissenschaftlicher Aussagen:

„Der enorme Quantitätszuwachs der deutschen Professorenschaft – unsachliche, insbesondere hochschulpolitische Berufungskriterien haben dazu geführt,

daß – neben hochqualifizierten Kollegen – eine Reihe fachlich unzureichend qualifizierter Professoren an deutschen Hochschulen tätig ist."

Aber selbst die hohe fachliche Qualität eines Wissenschaftlers garantiere nicht automatisch eine entsprechende Qualität seiner Stellungnahme. Oft stamme die Stellungnahme gar nicht von dem namhaften Wissenschaftler selbst, sondern von seinen Assistenten. *„Die Güte der Stellungnahme steht und fällt dann mit der Güte der Assistenten. Dabei darf nicht übersehen werden, daß der enorme Ausbau des Mittelbaus teilweise um den Preis erheblicher Qualitätseinbußen erfolgte."*

Scharf verurteilt Kloepfer *„bedenkenlose Formen des vorgetäuschten Sachverstandes"*, die gerade im politischen Meinungskampf häufig seien. *„Fachlich problematische Äußerungen eines hochqualifizierten Wissenschaftlers können ihren Grund auch darin haben, daß dieser sich unter Mißachtung der Grenzen seines Fachs auf einem Gebiet äußert, für das er keine oder keine fachlich hinreichende Qualfikation hat."*

Als Beispiel führt er an, wenn etwa ein Professor für evangelische Theologie Aussagen zu technischen Einzelfragen eines Kernkraftwerks trifft. Er nennt dies *„professorale Laienäußerungen"*.

Ein besonders gravierender Grund für nicht hinreichend fachlich qualifizierte Äußerungen qualifizierter Wissenschaftler sei nicht selten ihre Voreingenommenheit. Dabei könne es sich um eine *„gekaufte"* oder um eine quasi idealistische Voreingenommenheit handeln.

„Mit der ‚gekauften' Voreingenommenheit wird vor allem das hinlänglich bekannte Problem der bezahlten Gutachten und Sachverständigenauftritte bezeichnet, das wie kaum ein anderes das Ansehen der Wissenschaft geschädigt und in Einzelfällen zum vielleicht etwas überspitzen Vorwurf der ‚Prostitution' der Professoren geführt hat."

Die *„idealistische Voreingenommenheit"* charakteristiert Kloepfer als *„politisch"* oder *„weltanschaulich"* . Oft würden Professoren wegen ihrer bekannten politischen Haltung um ein Gutachten gebeten. Eine solche Beauftragung baue auf der Erwartung auf, daß der Professor eine bestimmte wissenschaftliche Ansicht aufgrund seiner politischen Überzeugung vertreten werde. *„Bei der Verbreitetheit dieser Form der Gutachten-Vergabe, die auch ein verbreitetes Muster für die Benennung professoraler Mitglieder von Hearings, Sachverständigenkommissionen, aber auch von Verfassungsgerichtshöfen etc. darstellt, kann davon ausgegangen werden, daß diese Erwartungshaltung selten enttäuscht wird."*

Das Elend der parlamentarischen Hearings sei evident, meint Kloepfer. Dort säßen viel zu viele Wissenschaftler und viel zu wenige Abgeordnete, so daß ein fruchtbares Gespräch zwischen Wissenschaft und Politik unmöglich sei. Tatsächlich gehe es *„in den seltensten Fällen um wirkliche Entscheidungshilfen durch die Wissenschaft, sondern meistens um eine scheinwissenschaftliche Begründung für längst gefallene Entscheidungen. Jedenfalls werden die professoralen Mitglieder praktisch nur nach politischen Gesichtspunkten ausgesucht, damit der Professor möglichst ‚auf Linie' argumentiert. Es stört jedenfalls die parlamentarische Inszenierung, wenn dort ein Professor nicht lagertreu und nicht rollengerecht argumentiert. Wegen des mit seinem Auftreten verbundenen ‚Risikos' wird er dann zu weiteren Hearings vorsorglich gar nicht mehr gebeten."*

Politische Inpflichtnahme

Mit herkömmlicher Auffassung von objektiver, unvoreingenommener und nur der Wahrheit verpflichteter Wissenschaft habe die politische Filterung und Hinbeugung von Erkenntnissen aber wenig zu tun, schreibt Kloepfer. Und er bedauert, daß sich *„Teile der Wissenschaft durchaus in einer gewissen politischen Inpflichtnahme und Ausrichtung"* gefallen.

Eine Ursache dieser Politisierung der Wissenschaft sei die Studentenrevolte: *„Der Angriff auf die tatsächliche oder die vermeintliche Objektivität bzw. Zweckfreiheit der Wissenschaft hat bis heute Folgen – bisweilen übrigens ungewollt und auch bei den politischen Verfechtern des traditionellen Wissenschaftsverständnisses. Die Gruppenuniversität hat das Denken in politischen Lagern gefördert und etwa sowohl zu ‚progressiven' Aushebelungsberufungen wie zu darauf reagierenden ‚konservativen' Verbunkerungsberufungen geführt."*

Staatliche Hochschulen im Parteiengriff

Hinzu komme der übermächtige Parteieneinfluß, der speziell über die Personalentscheidungen auch die staatlichen Hochschulen zunehmend in Griff nehme. Die Übernahme der Beratungsfunktion für die Politiker erkaufe die Wissenschaft *„mit dem Verlust ihrer alten Identität als eine nur der Wahrheit verpflichteten Institution. Sie wird auch politischen oder ökonomischen Ansichten verpflichtet."*

Kloepfers Resümee: *„Eine Konzeption der letztlich politisch-pluralistischen*

Wissenschaft führt unaufhaltsam zur parteilichen, wenn auch vielparteilichen Wissenschaft. Sie bedeutet den Anfang vom Ende der wissenschaftlichen Unabhängigkeit überhaupt. Ohne – immer wieder zu erringende – Unabhängigkeit von der Politik wird die Freiheit der Wissenschaft ausgehöhlt. Das Ende ist die Selbstpreisgabe der Wissenschaft an die Politik und an kollektive Interessen."

sp

(MK 11/90, 12. 3. 1990)

Müllverbrennung

Verunsicherung ersetzte Aufklärung

Viele Medien informieren einseitig und oberflächlich

Die Müllberge wachsen, viele Gemeinden haben Probleme mit der Entsorgung. Daher wird das Thema *„Müllverbrennung"* derzeit in vielen Medien behandelt. Zum Glück, sollte man meinen; der aufgeschreckte und verunsicherte Bürger, Konsument und Müllerzeuger möchte detailliert informiert werden. Doch trotz der erforderlichen Ernsthaftigkeit behandeln viele Medien das Thema pauschal, oberflächlich und einseitig.

So der *„Der Spiegel"* am 26. März 1990 in dem Beitrag *„Seveso auf Raten"*. *Als* Einleitung wird das Krankheitsbild des Elektrotechnikers Johann Geier, 36, gewählt. Der vermeintliche Krankheitsverursacher, die Müllverbrennungsanlage in Unterföhring bei München, diente dann als Übergang zu einer globalen Schwarzmalerei gegen die Müllverbrennung in der Bundesrepublik.

Verschiedene Textpassagen lassen den Eindruck entstehen, daß die Bundesregierung demnächst die Müllverbrennung in Anlagen dulden wird, die gar nicht für die Müllverbrennung geeignet sind: *„Nach einer Gesetzesnovelle, die vorletzte Woche den Bundestag passierte, soll die Müllverbrennung demnächst sogar ‚in Anlagen zulässig' sein, ‚die überwiegend einem anderen Zweck als der Abfallentsorgung dienen: in Zementfabriken etwa'."*

Hohe Temperaturen reichen zur Verbrennung aus

Dabei zeigt die *„Müllverbrennung in Zementfabriken“* durchaus Vorteile. Sie liegen in der besonders hohen erreichbaren Verbrennungstemperatur von ca. 1600° C. In modernen Müll- bzw. Sondermüllverbrennungsanlagen strebt man heute einen Temperaturbereich von 1200° C – 1300° C an. In Verbindung mit einer Mindestverweilzeit der Rauchgase reichen diese Temperaturen aus, um alle organischen Bestandteile im Müll vollständig zu zersetzen. Damit ist die Vernichtung aller Dioxine und der ebenso gefährlichen Furane sichergestellt. Da liegt doch der Schluß nahe, Zementöfen mit Betriebstemperaturen von etwa 1600° C zur Müllverbrennung einzusetzen. Das aber sagte der *„Spiegel“* nicht.

Weiterhin schrieb das Magazin, daß *„... wenn die alten Dreckschleudern endlich durch moderne Anlagen mit Elektrofiltern und Rauchgaswäsche ersetzt werden“*, weniger Staub und Schadstoffe auf die Umgebung herabrieselten. Es behauptete dann aber, *„beim heimtückischen Dioxin bleibt meistens alles beim alten“*.

Diese Aussage sollte verunsichern und ist nicht haltbar! In den angesprochenen Neuanlagen wird die Dioxinproblematik ganz speziell behandelt. Durch den Einbau von Nachbrennkammern, in denen die Rauchgase bei Temperaturen über 1200° C länger als vier Sekunden verweilen, ist die Zersetzung aller Dioxine und Furane sichergestellt. Das gilt insbesondere für Sondermüllverbrennungsanlagen, in denen zum Beispiel wegen der PCB-Verbrennung besonders hohe Dioxinbildungen zu erwarten sind.

Die Aussage, *„die Gesamtbelastung der im Windschatten der Müllverbrennungsanlage wohnenden Unterföhringer würde die vom Bundesgesundheitsamt für vertretbar erklärten täglich duldbaren Werte um mehr als das 240fache überschreiten“*, war reine Effekthascherei und nicht beweisbar.

Um eine aussagekräftige Information zu erhalten, müssen hierzu die wesentlichen Randbedingungen erläutert werden. Fragen, wie zum Beispiel *„Um welche Stoffe handelt es sich bei der 240fachen Überschreitung? Welches Gebiet ist durch den ‚Windschatten‘ betroffen? Welche Zeitintervalle (Spitzenlast oder Dauerbelastung) sind hier gemeint?“*, müssen in Verbindung mit der zitierten Textpassage beantwortet werden.

Das Problem, das viele in der Diskussion verdrängen wollen, ist auch, daß die Deponien binnen weniger Jahre bis zum Rand gefüllt sein werden, und neue Müllgruben am Widerstand der Anlieger scheitern. Es bleibt die Frage: *„Wohin denn nun mit dem Müll?"* Hierauf findet der Beitrag keine Antwort.

Die hier kritisierte Müllverbrennung kann bei unsachgemäßer technischer Ausführung der Müllverbrennungsanlagen sicherlich zu Immissionsproblemen führen. Es sind allerdings die technischen Möglichkeiten einer sauberen Müllverbrennung vorhanden: zum Beispiel durch Elektrofilter, Rauchgaswäsche, Nachbrennkammer und Aktivkohlefilterung.

Politische Aussagen verdrängten Sachanalyse

Auch die Sendung *„plus 3 – Das Wirtschaftsmagazin"* in *„West III"* (17. April um 21.45 Uhr) klärte den Bürger nicht auf, sondern verunsicherte ihn. In nur sieben Minuten versuchten die Moderatorinnen Elke Groß und Andrea Ruby das Problem darzustellen. Interviewpartner waren Wolfgang Gröbl (Parlamentarischer Staatssekretär im Bundesumweltministerium), Dr. Günter Mälzig (Anneliese Zementwerk, Enningerloh), Dr. Michael Braungart (Hamburger Umweltinstitut) und Andreas Fußer vom Bund für Umwelt- und Naturschutz (BUND). Das Ergebnis war enttäuschend.

Einseitig bis ins Zynische war die Moderation der doch wohl eher sachunkundigen Andrea Ruby und Elke Groß. Sie monierten, die Verbrennung erfolge *„... nicht in den dafür vorgesehenen Müllverbrennungsanlagen, sondern in Kraftwerken, im Stahlwerk oder im Zementwerk von nebenan. Eine Gesetzesnovelle, die zum Himmel stinkt!"* Fast bösartig war folgende Aussage: *„Angesichts des Müllnotstandes ist die Bundesregierung nun auf IHRE Weise tätig geworden."*

Erläuterungen fehlten

Besser wären hier einige einleitende Erläuterungen zu den Verbrennungsmöglichkeiten gewesen. Auch hier hätte man die Vorteile erwähnen müssen, die durch die hohen Temperaturen entstehen. Als Nachteile hätte der Beitrag eventuell die zum Teil unzureichende Rauchgasreinigungsausrüstung einiger Anlagen sowie die Zwischenlagerung der PCB-haltigen Brennstoffe auf dem jeweiligen Firmengelände erwähnen können.

Zum Problem Dioxinentstehung und Grenzwertbestimmung folgte diese Aussage: *„Natürlich müssen die gesetzlich vorgeschriebenen Abgaswerte eingehalten werden, doch leider gibt es für Dioxin noch keine. Und das, obwohl in verschiedenen Zementwerken schon seit langem zum Beispiel Altreifen und PCB-haltiges Altöl zugefeuert werden."*

Da schon keiner der Interviewten darauf eingegangen ist, wäre in der Moderation eine Chance gewesen, auf die bestehende Problematik bei der Festlegung von Dioxingrenzwerten hinzuweisen. Man hätte zum Beispiel grundsätzlich auf die meßtechnischen Nachweisbarkeitsgrenzen eingehen können. So gibt es bisher keine gesetzlich festgelegten Grenzwerte. Der Grund: Seriöse und eindeutige Untersuchungsergebnisse fehlen, die etwas über die Mengen aussagen, ab wann die Stoffe schädlich für den Menschen sind. Die Grenze der Nachweisbarkeit liegt derzeit bei 0,1 Nanogramm (ein milliardstel Gramm) pro Kubikmeter Luft. Dieser Wert soll von Anlagenbetreibern nicht überschritten werden.

Der Vorwurf von Dr. Michael Braungart, daß dies alles ein riesiges Geschäft mit hohen Gewinnen für die Abfallhändler sei, trug zur Aufklärung nicht bei.

Leider ging der Vertreter des Zementwerkes, Mälzig, nur auf die Energieeinsparung und die damit verbundenen wirtschaftlichen Vorteile beim Einsatz von Müll als Brennstoff im Zementwerk ein. Er als *„Insider"* hätte sicherlich konkretere Aussagen zur Schadstoffproblematik durch Müllverbrennung treffen können. Warum hakten die Journalisten nicht nach und versuchten, mehr Details zu erfahren?

Schlagartig erhöhte Schadstoffkonzentrationen

Statt dessen beherrschten die politischen Aussagen des Andreas Fußer vom BUND die Diskussion:

„Dieses Gesetz ist ein entscheidender Schritt auf einem fatalen Weg, nämlich auf dem Weg dazu, die Atemluft zur Müllkippe zu degradieren. Denn es werden mit einem Schlag viele hundert Ofentüren geöffnet, in denen zusätzlich Abfälle verbrannt werden können. Insofern werden viele hundert neue Kamine geöffnet, aus denen Dioxine und hochgiftige Schwermetalle quillen und in die Umwelt entlassen werden, und sie werden über die hohen Kamine der Kohlekraftwerke fein über die BRD verteilt und die Schadstoffkonzentration

schlagartig erhöhen, obwohl die Belastung mit diesen hochgiftigen Stoffen bereits heute unerträglich hoch ist.

Entscheidend ist aber auch, daß die Mitwirkungsrechte der Bürger am Genehmigungsverfahren stark eingeschränkt werden, denn das Gesetz macht nur Sinn, wenn man den Müll in bereits bestehenden Anlagen möglichst unter Ausschluß der Öffentlichkeit verbrennen kann, und damit werden demokratische Rechte demontiert."

Sendezeit nicht genutzt

Wie aber soll der Bürger mitreden, wenn die Medien ihm jegliche Information vorenthalten? Fußer hätte die ihm zur Verfügung stehende Sendezeit nutzen können, um einige Fragen zu erläutern. In wieviel Zementöfen, Stahlwerken und Kraftwerken wird Sondermüll als Brennstoff eingesetzt? Gibt es Standortschwerpunkte? Um wieviel Prozent (gegenüber dem Normalbetrieb) steigt die Schadstoffemission aus solchen Anlagen? Welche besonders gefährlichen Stoffe treten verstärkt auf? Welche Alternativen zu dieser Art der Müllentsorgung hält er für geeigneter?

Nach derartigen Berichten erscheint eine Sendereihe mit jeweiligen Problemschwerpunkten (Verbrennungstechniken, Filtertechniken, Schadstoffentstehungsmechanismen, Schädigung von Menschen unter Einwirkung der Schadstoffe etc.) sinnvoll zu sein. Denn nur durch intensive Aufklärung durch Experten kann sich der Bürger ein Urteil über ein Problem bilden, das künftig noch stärker die politischen Diskussionen beherrschen wird. SD

(MK 18/90, 30. 4. 1990)

Sachgemäße Einordnung fehlte

Die „Zeit“ betrieb Panikmache – „Enthüllungen“ waren keine

Als sich nach der Wende in der DDR herausstellte, welches Ausmaß an Umweltschäden das sowjetisch-deutsche Gemeinschaftsunternehmen *„Wismut“* in Thüringen und Sachsen angerichtet hatte, war das Erschrecken groß. Irgendwie war es sogar verständlich, daß im ersten Schock über riesige radioaktive Abraumhalden und Schlammdeponien, denen in den alten Bundesländern nichts Vergleichbares entsprach, und die deshalb als besonders bedrohlich erschienen, in der Berichterstattung manchmal das Augenmaß verlorenging, und für die betroffenen Regionen die vollkommene ökologische Katastrophe an die Wand gemalt wurde. Hinzu kam noch, daß wegen der strikten Geheimhaltung, mit der das SED-Regime alle Aktivitäten der *„Wismut“* umgeben hatte, kaum verläßliche Informationen zur Verfügung standen.

Inzwischen sollte eine ruhigere Betrachtungsweise eingetreten sein. Die wesentlichen Fakten sind bekannt, die *„Wismut“*, nach dem Ausscheiden der Sowjetunion vollständig in deutschen Besitz übergegangen, hüllt sich nicht mehr in Schweigen, der Informationsbeschaffung werden keine Hindernisse in den Weg gelegt. Umso unverständlicher ist es, daß nun ausgerechnet die *„Zeit“* mit einem sensationell aufgemachten Bericht aufs neue Ängste schürte.

Auf drei großformatigen Zeitungsseiten breiteten Holger Douglas und Thomas Kleine-Brockhoff in dem Beitrag *„Heiße Erde aus dem Kalten Krieg“* (Nr. 24 vom 7. Juni 1991) eine Fülle von weitgehend bekanntem Material aus, es fehlten ihnen aber die Maßstäbe für eine sachgemäße Einordnung und Bewertung. Sie ließen sich von vorgefaßten Meinungen leiten und ergingen sich reichlich in Spekulationen und Vermutungen.

Krebsregister liefert keine Hinweise

Die Situation in dem Dorf Oberrothenbach nördlich von Zwickau, das in der Nähe eines radioaktiven Schlammteichs liegt, und wo demzufolge eine erhöhte Radonkonzentration festzustellen ist, wurde so dargestellt: *„Wer Radon einatmet, ist ein Kandidat für die Schneeberger Krankheit*

– Lungenkrebs." Eine Einwohnerin wurde mit den Worten zitiert: *„Krebs, den gibt's hier überall."*

Mit der Krebsfurcht hatte auch schon ein Bericht im *„Greenpeace Magazin"* IV/90 gearbeitet. Dort war es das Dorf Braunichswalde gewesen, wo angeblich bei *„vier von fünf Todesfällen Krebs auf dem Totenschein steht"*. Das Krebsregister der DDR liefert aber keine Hinweise darauf, daß die Bevölkerung im Gebiet der *„Wismut"* erhöht an Krebs erkrankte. Darauf hatte der Strahlenbiologe Jürgen Konradi vom damaligen Staatlichen Amt für Strahlenschutz (SAAS) während einer Tagung des Kirchlichen Umweltkreises Ronneburg vom 20.-23. September 1990 hingewiesen (*„Der Uranbergbau in der DDR und seine Folgen"*).

Wenn man so will, ist jeder ein Kandidat für Lungenkrebs durch Radon-222; denn dieses natürliche Radionuklid wird überall aus dem Erdboden freigesetzt. (Genaugenommen wird der Lungenkrebs allerdings nicht durch das Edelgas Radon ausgelöst, sondern durch seine festen Folgeprodukte, die sich in den empfindlichen Lungenbläschen festsetzen können.) Nach Angaben des Bundesamtes für Strahlenschutz schwankt die Radonkonzentration in der Außenluft in den alten Bundesländern zwischen 2 und 20 Bequerel pro Kubikmeter (Bq/m3). Problematisch wird es, wenn sich das Radon, das schwerer ist als Luft, in Innenräumen anreichert. Ab einer Konzentration von 250 Bq/m3 werden von der Strahlenschutzkommission Gegenmaßnahmen empfohlen. Von den 25 000 Todesfällen durch Lungenkrebs pro Jahr sind nach Einschätzung von Herwig Paretzke vom Forschungszentrum für Umwelt und Gesundheit (GSF) in Neuherberg bei München etwa zehn Prozent auf erhöhte Radonbelastung in Innenräumen zurückzuführen.

An einer Graphik in der *„Zeit"* konnte man ablesen, daß auf der Dorfstraße von Oberrothenbach eine Radonkonzentration von 30 Bq/m3 gemessen wurde. Aber was besagt diese Zahl? Ist es ein einmal festgestellter Wert oder der Durchschnitt über einen längeren Zeitraum? In Abhängigkeit vom Wetter und den Jahreszeiten unterliegt die Radonkonzentration starken Schwankungen. Einigermaßen verläßlich läßt sich das Risiko durch Radon nur dadurch abschätzen, daß mindestens über mehrere Monate der Radonpegel in Wohnräumen bestimmt wird. Ob solche Messungen in Oberrothenbach vorgenommen wurden, erfuhr man nicht.

Tödliche Gefahr beschworen

Trotz dieser mageren Datenbasis mußte die schwach radioaktive Schlammdeponie zu einer tödlichen Gefahr hochstilisiert werden. Es wurde von einem nebulösen *„Tiersterben"* berichtet. *„Verendete Wildschweine lagen im Wald herum."* Mit einem Satz von unfreiwilliger und gewollter Komik ging es weiter. *„Jetzt sterben nur noch Wildenten und Kleintiere, die durch die Maschen* (eines Drahtzaunes, der Verf.) *schlüpfen und die Schilder (Vorsicht Lebensgefahr) nicht beachten."*

An was die Tiere auch sterben mögen, wenn es denn so ist, am Radon kann es nicht liegen. Das bestätigte der Bericht selbst. Unmittelbar am Schlammteich wurde eine Radonkonzentration von 160 Bq/m3 festgestellt, ein Wert, der selbst bei ständigem Aufenthalt zu keinerlei akuten Gesundheitsstörungen führen kann. Der Zaun und die Schilder dienen in erster Linie dazu, um unvorsichtige Zeitgenossen vom Betreten der Schlammflächen abzuhalten, weil man dort an bestimmten Stellen einsinken kann.

Um letzte Zweifel zu beseitigen, daß den Bewohnern von Oberrothenbach schwerstes Unheil drohe, wurden dann noch Vermutungen geäußert, daß der Damm des Schlammteiches *„wahrscheinlich instabil"* sei, ohne irgendeinen Hinweis zu geben, wie dieser Befund zustande gekommen ist. Ärgerlich an dem Bericht ist auch, daß die beiden Autoren den Eindruck erweckten, als ob erst durch ihre Recherchen nun die volle Wahrheit ans Licht komme. Seit der Wende *„zerre"* der ehemalige Leiter der Arbeitshygiene-Inspektion der *„Wismut"*, Martin Jönsson, die *„grausame Wahrheit Blatt um Blatt aus den Medizinalarchiven hervor. Die vorläufige Bilanz ... 5237 tote Kumpel"*.

Der Lungenkrebs wurde bei der *„Wismut"* seit langem als Berufskrankheit erfaßt. Bei der Ronneburger Tagung teilte Martin Jönsson mit, daß von den 250 000 Bergleuten, die zwischen 1946 und 1960 bei der *„Wismut"* beschäftigt waren, bis 1989 etwa 6800 an Lungen- beziehungsweise Bronchialkrebs erkrankten. (Es wird angenommen, daß infolge verbesserter Arbeitsbedingungen nach 1960 kein Lungenkrebs mehr ausgelöst wurde.) Davon wurden nach den Kriterien der *„Wismut"* 5132 Fälle als berufsbedingt anerkannt. Der Untertitel des Berichtes, *„Krankenakten beweisen: Tausende ostdeutscher Kumpel starben für die sowjetische Bombe"*, war also keine sensationelle Enthüllung.

Ebenso verhält es sich mit den geschätzten Kosten der Sanierung. Daß dafür wahrscheinlich zweistellige Milliardenbeträge notwendig sind, wurde ebenfalls schon während der Ronneburger Tagung diskutiert. Eine Summe von 15 bis 20 Milliarden Mark hat nicht jetzt erst ein leitender Angestellter der *„Wismut“* unbedacht ausgeplaudert, was die Autoren in der Manier von Privatdetektiven zum Besten gaben.

Leider, so muß man sagen, wird die Verwahrung und Überwachung der *„Wismut“*-Hinterlassenschaft auch nicht *„die größte Öko-Reparatur in der Geschichte der Bundesrepublik“* sein. In Ostdeutschland stehen weitere ebenso große Sanierungsvorhaben an. Nach Schätzungen des Ifo-Institutes München wird die Beseitigung der *„konventionellen“* Umweltschäden gut und gerne 200 Milliarden Mark kosten. Das Erbe der *„Wismut“* ist nur ein weiterer Posten dieser traurigen Bilanz.

Es sind in Thüringen und Sachsen auch nicht 1200 Quadratkilometer Landschaft kontaminiert. Die Autoren saßen hier einem Mißverständnis auf. Das Bonner Umweltministerium hat 16 Areale, auf denen in irgendeiner Form einmal Uranbergbau oder -aufbereitung betrieben wurde, und die insgesamt eine Fläche dieser Größenordnung umfassen, für eine Untersuchung abgesteckt. Durch ein enges Meßnetz, ein sogenanntes Umweltkataster, soll aber erst festgestellt werden, wo tatsächlich Kontaminationen vorliegen, die beseitigt werden müssen.

Falsche Assoziationen geweckt

Dem Zweck, die Situation möglichst dramatisch darzustellen, diente auch das Bildmaterial. Östlich von Gera beherrschen zwei 90 Meter hohe Kegel die Landschaft, in der Unterschrift als *„Uranerzhalden“* bezeichnet. Es sind aber keine *„Erzhalden“*, denn dann wäre das Material ja verarbeitet worden, sondern Abraumhalden, die natürlich auch noch gewisse Mengen Uran enthalten.

„Südlich davon haben die Uransucher 3600 Uranerzhalden aufgehäuft“, erfuhr man im Text. Der nicht ortskundige Leser mußte daraus schließen, daß künstliche Berge ähnlichen Ausmaßes in großer Anzahl in der Gegend verteilt sind. Tatsächlich haben die anderen Halden aber weit kleinere Dimensionen und stammen zu einem beträchtlichen Teil schon aus dem historischen Silberbergbau, wo man nichtsahnend die uranhaltige Pechblende mit abbaute.

Zwei nebeneinanderstehende Bilder hatten die gemeinsame Unterschrift *„Der strahlende Strand“*. Auf dem einen laden Lastwagen Erde auf der Deponie ab, um die Staubverwehungen zu unterbinden; auf dem anderen spielen Kinder an einem schlammigen Ufer, im Hintergrund ist eine Rohrleitung zu sehen. Dem Betrachter wurde die Assoziation aufgedrängt: Hier spielen Kinder im radioaktiven Schlamm. Dem ist aber nicht so. Die Kinder halten sich nicht an der Deponie auf, sondern wahrscheinlich an dem Flüßchen Zwickauer Mulde. Solange keine Meßwerte von der Stelle mitgeteilt werden, läßt sich schwer sagen, ob sie besser von ihrem Spielplatz lassen sollten. So war die Zusammenstellung der beiden Bilder pure Effekthascherei.

Die Menschen in den ehemaligen Abbaugebieten haben mit einer schweren Hypothek zu kämpfen. Schönfärberei hilft ihnen nicht. Was aber andererseits Panikmache bewirken kann, zeigt die Frage einer Bürgermeisterin aus der Region: *„Sollen wir hierbleiben oder unsere Koffer packen?“*

HDS

(MK 25/91, 17. 6. 1991)

Katastrophenjournalismus

„Wie eine Mülltonne von innen“

ARD-„Global '91“ instrumentalisierte Kinderängste

Kriege, Hungersnöte und Seuchen liefern den Medien immer neue Nahrung für apokalyptische Szenarien, die viele Menschen verunsichern. Die ARD-Sendung *„Global 91. Eine Zukunft für unsere Kinder“* (3. Juni 1991) konstruierte ein Mosaik von Schreckensmeldungen und Angstbeschreibungen, die in keinerlei Zusammenhang standen. Trotzdem versuchte der Autor Ekkehard Launer, sie für seine Kritik an der modernen Gesellschaft und einer Utopie von der besseren Weltordnung zu instrumentalisieren.

In mehreren kurzen Filmberichten beschrieb Launer das Schicksal von Kindern in der Dritten Welt. Themen waren zum Beispiel Aids in

Afrika, Säuglingssterblichkeit in Indien, Straßenkinder in Südamerika, Flüchtlingskinder in Albanien, Blutkrebs durch Tschernobyl. Jeweils zwischen den einzelnen Filmsequenzen rückte er Zeichnungen ins Bild, in denen (deutsche) Kinder die Zerstörung der Erde abbildeten. Dazu ließ er sie ihre Ängste ausdrücken: *„Ich heiße Kerstin und bin elf. Vielleicht sieht im Jahr 2000 unsere Welt wie eine Mülltonne von innen aus. Und wir, die jetzt noch Kinder sind, müssen da durch. Nur weil die Erwachsenen nichts dagegen tun und die Politiker reden und machen lassen."*

Oder: *„Ich heiße Nicki und bin zehn. Wenn ich dreißig bin, wird es vielleicht keine Baume mehr geben. Wenn ich dreißig bin, dann werden die Blumen vielleicht Gasmasken tragen müssen. Wenn ich dreißig bin, werden fast alle Tiere ausgestorben sein, von den Abgasen vergiftet. Ja vielleicht werde ich gar nicht dreißig, wer weiß?"*

Launer drapierte die hoffnungslosen Urteile westlicher, von den Szenarien nicht betroffener, Minderjähriger zwischen seine Katastrophen-Flashlights. Er versuchte nicht zu ergründen, warum eine in Sicherheit aufwachsende Elfjährige auf den Gedanken kommt, daß die Welt im Jahre 2000 *„wie eine Mülltonne von innen"* aussieht, oder warum ein zehnjähriges Mädchen daran zweifelt, jemals 30 Jahre alt zu werden. Fragt man aber die Kinder, wodurch sie ihre Zukunftsängste begründen, nennen sie oftmals gerade die Medien als Informationsquelle (siehe dazu MK 30/90).

Ein gefährlicher Kreis: Das Fernsehen konfrontiert Kinder mit den abstraktesten Gefahren, die sie als persönliche Bedrohung aufnehmen, und nutzt diese Betroffenheit dann wiederum als Beleg für die gerade beschworenen Bedrohungen und die Notwendigkeit einer besseren Welt.

Keine Ursachenforschung

Launer versuchte nicht einmal ansatzweise, die Ursachen der vielfältigen Probleme im einzelnen zu erforschen, sondern vermengte sie zu einem irrationalen Szenario. Daraus formulierte er eine Anklage ohne logischen Zusammenhang: *„Unser Industriemodell belastet die Zukunft. Das Überleben der Welt ist bedroht."*

Noch widersprüchlicher waren Launers Ausführungen über die *„neue Weltordnung"*. *„Solange Diktatoren (Saddam Hussein) ungestraft Phosphorbomben auf Kinder abwerfen, ist etwas falsch mit dem Völkerrecht ... Die neue*

Weltordnung, sie muß bei uns beginnen", geißelte er den Golfkrieg und zeigte unter anderem eine schreiende Irakerin, die den Westen für den Krieg verantwortlich machte. Nur: Launer vergaß, daß Saddam Hussein Kuweit überfiel, und die Alliierten gerade zur Durchsetzung völkerrechtlicher Beschlüsse eingriffen.

Anstatt insgesamt zu dem Schluß zu kommen, daß die moderne Industriegesellschaft erst die Chance bietet, Probleme wie Hunger, Krankheiten, Säuglingssterben oder Verwahrlosung von Millionen Kindern erfolgreich zu bekämpfen, griff er sie an, ohne die unterstellten Zusammenhänge zu benennen.

Irrationale Argumentation, sachliche Fehler

Im Eifer des journalistischen Gefechts, das er im Namen der Kinder zu führen vorgab, unterliefen dem Autor nebenbei noch zahlreiche sachliche Detail-Fehler. Einige Beispiele:

- Bilder eines Gasalarms in Tel Aviv während des Golfkriegs dokumentierten Angst und Hektik in der Säuglings- und Kinderstation eines Krankenhauses. Dazu verkündete der ARD-Journalist: *„Auch wegen deutscher Waffenlieferungen an den Irak müssen Menschen wieder Angst vor Giftgas haben."* Erkenntnisse des israelischen Geheimdienstes, wonach die auf Israel abgefeuerten irakischen Scud-Raketen ohne deutsche Technik konstruiert worden waren (*„Frankfurter Allgemeine Zeitung"*, 18. Februar), störten Launer nicht.

- Auch auf die Golfkriegsbilder verstümmelter Leichen von Frauen und Kindern nach einem amerikanischen Bombenangriff auf Bagdad griff Launer zurück. *„Für eine kurze Zeit zeigte die Zensur das wahre Gesicht des Krieges"*, lautete seine Beurteilung. Launers vom Irak begünstigte Einschätzung: Die Infrastruktur des Landes sei völlig zerstört, die Versorgung breche zusammen und Seuchen drohten. Das ZDF-*„auslandsjournal"* (26. April) und das Magazin *„stern"* (20/91) übermittelten inzwischen Berichte aus Bagdad, die das Gegenteil belegen.

- Bedenklich auch der Kommentar des ARD-Journalisten zur Infektion durch Trockenmilch-Zubereitungen in Indien: *„Für eine Million Babys im Jahr kommt der Tod aus der Flasche."* Durch sein Urteil legte Launer den Eindruck nahe, die Trockenmilch an sich sei Ursache des

Übels. Für Experten, wie die Wissenschaftler der Bundesanstalt für Milchforschung, ein *„fahrlässiges"* Urteil. Auslöser der Infektionen ist nämlich die Aufbereitung mit bakteriell belastetem Wasser und fehlende Kühlung, nicht das Milchpulver selbst.

„Ein Plädoyer für unseren geschundenen Planeten und eine Warnung, unsere und die Zukunft unserer Kinder nicht aufs Spiel zu setzen": Das sollte die *„Global '91"* Sendung laut Programmansage darstellen. Ekkehard Launer beschwor die Notwendigkeit einer neuen Weltordnung, war aber nicht einmal in der Lage, bestehende Probleme im einzelnen zu analysieren und konkrete Lösungen vorzuschlagen: Betroffenheitsjournalismus in Reinkultur.

Wie leichtfertig sich viele Journalisten von solchen irrationalen Wunschvorstellungen beeindrucken lassen, zeigte die *„TV-Kritik"* der *„Süddeutschen Zeitung"* zwei Tage später. Auch die Autorin drückte ihre *„Betroffenheit"* aus über den vorgeführten *„Zustand unseres Planeten"*. Ihrem Urteil über die Sendung gab sie – ungewollt aber vielsagend – einen doppelten Sinn: *„Launers Bestandsaufnahme vom physischen Leiden der um ihre Kindheit betrogenen Kleinen in der Dritten und vom psychischen Leiden der Kinder in der reichen Welt konnte nur eine Bankrotterklärung werden."* gka/MH

(MK 26/91, 24. 6. 1991)

Uranbergbau in der früheren DDR

Spekulationen verdrängen Fakten

Medienberichte überradioaktive Verschmutzung übertreiben

Im Süden Ostdeutschlands, östlich von Gera und im westlichen Erzgebirge, befindet sich eines der größten Uranabbaugebiete der Welt. Bis zur Wende war das weitgehend unbekannt; denn die Aktivitäten der sowjetisch-deutschen Aktiengesellschaft (SDAG) Wismut, die in ihrer über vierzigjährigen Tätigkeit 220 000 Tonnen Uran für die Sowjetunion produziert hat, unterlagen strikter Geheimhaltung. Wegen mangelnder Rentabilität werden Förderung und Aufbereitung von

Uranerz 1991 eingestellt. Aber es bleiben, wie jetzt immer deutlicher zutage tritt, als Hinterlassenschaft schwere Umweltschäden zurück. Die Sicherung und Wartung riesiger radioaktiver Halden und Schlammdeponien in einem dichtbesiedelten Gebiet – weltweit eine einmalige Situation – wird noch kommende Generationen beschäftigen. Da Schutzmaßnahmen in der Vergangenheit stark vernachlässigt wurden, sind für die jetzt notwendigen Sanierungsarbeiten wahrscheinlich zweistellige Milliardenbeträge erforderlich.

Als wären solche Tatbestände nicht schon besorgniserregend genug, meinen einige Berichterstatter aber, eine ökologische Katastrophe noch weit größeren Ausmaßes an die Wand malen zu müssen. So schockierte die *„Süddeutsche Zeitung"* vom 4. Oktober 1990 in dem Bericht „Ökologische Erblast DDR" (Rubrik für Umwelt, Wissenschaft und Technik) ihre Leser mit der lakonischen, aber sehr bestimmten Feststellung: *„Offenkundig sind auch bestimmte Areale radioaktiv so hoch belastet, daß sie evakuiert werden müssen, weil sie für Menschen unbewohnbar sind."*

Als Quelle wurden *„Daten von unabhängigen Strahlenschutzexperten"* angegeben, nach deren *„jüngsten Schätzungen"*, veröffentlicht im Informationsdienst *„Strahlentelex"* (September 90), ein Gebiet von *„etwa zehntausend Quadratkilometern besonders belasteter Flächen in Sachsen und Thüringen"* zu sanieren sei.

Ein noch schwärzeres Bild wurde unter Berufung auf dieselbe Quelle im *„Bonner Energie Report"* 9/90 gemalt (*„Die Ruinen des Uranbergbaus in Ost und West"): „Radonhaltige Abluft aus Bergwerken und Verarbeitungsbetrieben, strahlender Staub aus Halden und Absetzbecken machen eine ganze Region unbewohnbar: 1 200 Quadratkilometer sind direkt, 10 000 indirekt von den Folgen des Uranabbaus betroffen."*

Die *„unabhängigen Strahlenschutzexperten"* sind eine Privatfirma namens *„Unabhänige Meßstelle Berlin"*, von der auch der *„Strahlentelex"* herausgegeben wird. Die Angaben über die Größe der radioaktiv belasteten Flächen stammen allerdings nicht von ihnen, sondern sind aus dem *„Spiegel"* übernommen worden. Soweit ersichtlich, wurden sie erstmals in der Ausgabe 22/1990 genannt.

Fast ein Zehntel der Ex-DDR verseucht?

In dem Artikel *„Finanziell erpressen"* hieß es: *„Nach 40 Jahren ist ein Gebiet von 10 000 Quadratkilometern unterschiedlich verseucht."* Wie diese Zahl zustandegekommen ist, bleibt rätselhaft. Allein die Größenordnung hätte stutzig machen müssen; denn damit wäre fast ein Zehntel des gesamten DDR-Territoriums betroffen. Das Bundesumweltministerium hat in Sachsen und Thüringen 16 Areale, in denen Altlasten der Urangewinnung vorkommen oder vermutet werden, für eine Untersuchung abgesteckt. Selbst eine Addition all dieser *„Verdachtsflächen"* liefert erst ein Gebiet von insgesamt 1 200 Quadratkilometern. Auf 10 000 Quadratkilometer kann man nur kommen, wenn der ganze Landstrich zwischen Dresden und Coburg, in dem die meisten der zu untersuchenden Flächen liegen, auf einer Breite von 40 Kilometern als radioaktiv verseucht angesehen wird.

Einige zehn Quadratkilometer

Für eine Umweltkatastrophe dieses Ausmaßes gibt es aber keine Anhaltspunkte. In einer Stellungnahme zu dem Artikel in der *„Süddeutschen Zeitung"* stellte Walter Röhnsch vom Fachbereich Strahlenschutz (früher Staatliches Amt für Atomsicherheit und Strahlenschutz [SAAS der DDR] im Bundesamt für Strahlenschutz die Situation so dar. *„Die als ‚besonders belastet' bezeichneten Flächen werden weder 10 000 noch 1 000 Quadratkilometer betragen, sondern dürften, auf viele Stellen verteilt, nach meiner Schätzung auf zusammen einige zehn Quadratkilometer zu rechnen sein."*

In Gang kamen die Spekulationen über die Unbewohnbarkeit ganzer Gebiete, nachdem in Schneeberg im Erzgebirge sehr hohe Konzentrationen des radioaktiven *„Radonisotops 222"* festgestellt worden waren. Es diffundiert aus dem Untergrund durch die Fundamente in die Häuser und reichert sich in der Raumluft an. Nach Übersichtsmessungen des Bundesamtes für Strahlenschutz und des Bundesgesundheitsamtes wird in etwa der Hälfte der Fälle die Grenze des *„Normalbereichs"* (250 Becquerel pro Kubikmeter) überschritten, bei nur etwa einem Prozent werden Extremwerte von mehr als 15 000 Becquerel pro Kubikmeter erreicht.

Das Radon 222 ist als natürliches Zwischenprodukt der Uranzerfallreihe auch sonst allgegenwärtig. Es macht den größten Teil der natürlichen Umweltradioaktivität aus. Da es als chemisch inaktives Edelgas nicht vom Körper aufgenommen wird, ist es zwar selbst nicht gefährlich, aber seine festen, ebenfalls radioaktiven Folgeprodukte können sich im Lungengewebe festsetzen und Krebs auslösen. In Deutschland wird im Mittel eine Konzentration von 50 Becquerel pro Kubikmeter in Gebäuden gemessen. Wegen des Krebsrisikos empfiehlt die Strahlenschutzkommission ab Werten von 250 Becquerel pro Kubikmeter Gegenmaßnahmen.

Einzelne Objekte sind betroffen

Die außergewöhnlich hohen Radonwerte in Schneeberg werden mit dem Uranbergbau in Zusammenhang gebracht; denn in Schneeberg, Aue und anderen Orten im Erzgebirge begann nach dem Krieg in großer Hektik der Abbau der uranhaltigen Pechblende für die beginnende sowjetische Atomwaffenproduktion. Wäre die Schneeberger Radonbelastung repräsentativ für alle Uranabbaugebiete und wäre sie als unabänderlich hinzunehmen, so müßte man diese Gebiete in der Tat für unbewohnbar halten. Solche Befürchtungen sind aber unbegründet.

Professor Wolfgang Jacobi, Leiter des Institutes für Strahlenschutz in der Gesellschaft für Forschung, Umwelt und Gesundheit (GfS), München, weist darauf hin, daß in Schneeberg besondere Bedingungen vorliegen. Die hohen Belastungen seien zum allergrößten Teil auf den Bergbau früherer Jahrhunderte zurückzuführen. Da die Pechblende zusammen mit Silber und anderen Metallen vorkommt, sind die Uranlagerstätten durch den intensiven historischen Bergbau gewissermaßen mit erschlossen worden. Ohne daß man um ihre Gefährlichkeit wußte, wurde die Pechblende wie anderer Abraum zutage gefördert, überall abgelagert und auch als Baumaterial verwendet. Häuser wurden auf Halden oder an die Ausgänge aufgelassener Stollen gebaut. Durch die zahlreichen Schächte, Stollen und Klüfte konnte auch das im Berg gebildete Radon rasch an die Oberfläche gelangen. Dadurch waren die Bewohner Schneebergs, seit dort Bergbau betrieben wird,hohen Radonkonzentrationen ausgesetzt. Die Bergleute starben sehr oft an der *„Schneeberger Lungenkrankheit"*, die man später als strahleninduzierten Lungenkrebs indentifizierte.

Durch den neuzeitlichen Uranbergbau sind die Radonausgasungen sicher wieder verstärkt worden, aber letztlich ist es gleichgültig, woher die Belastung kommt. Die Gefahr bleibt dieselbe. In leichteren Fällen hilft dagegen schon eine ausreichende Lüftung, darüber hinaus kann durch verschiedene technische Vorkehrungen wie Abdichten der Fundamente und Absaugen der Luft aus den Kellern der Radonpegel auf akzeptable Werte gesenkt werden. In Extremfällen allerdings, wenn ein Gebäude gewissermaßen auf einer sehr starken Radonquelle steht, ist es angebracht, das Haus aufzugeben und an einer weniger belasteten Stelle einen Neubau zu errichten. *„Evakuiert"* werden müssen, um auf den Bericht der *„Süddeutschen Zeitung"* zurückzukommen, in bestimmten Fällen also einzelne Häuser.

Probleme sind lösbar

Das Radonproblem im Erzgebirge ist demnach lösbar, vorausgesetzt, es werden ausreichend finanzielle Mittel für die Sanierung von Häusern beziehungsweise, wo das nicht praktikabel ist, für die Errichtung von Neubauten zur Verfügung gestellt. In einer Reportage in *„natur"* 11/90 wurde dagegen das impressionistisch eingefärbte Bild einer im Grund völlig aussichtslosen Lage entworfen. Nach dem Bekanntwerden der Radonwerte geisterte das Wort von *„Tschernobyl der DDR"* durch den Süden des Landes. Die Situation in Schneeberg: *„Riesige Halden, die strahlend auf die 20 000 Einwohner herabblicken. Im ganzen Stadtgebiet enden Schächte und Stollen, aus denen das Radongas quillt."*

Liegt es daran, *„daß sich alle immer so müde fühlen?"* fragte *„natur"*. Wissenschaftler können diese Frage nicht beantworten. Der Mediziner Professor Edmund Lengfelder, stellvertretender Leiter des Strahlenbiologischen Instituts der Universität München, auf dieses Phänomen angesprochen, sagt, daß ohne eingehende epidemiologische Untersuchungen ein Zusammenhang weder bestätigt noch als Einbildung abgetan werden könne.

Aber *„natur"* wußte es bereits. Radon ist *„das Gas, das alle in Schneeberg schlapp und müde macht"*. Kommentarlos wurde ein älterer Einwohner zitiert: *„Die Strahlung können wir nicht fortschaffen. Also müssen die Menschen fort."* Da die Einwohner dem aber nicht Folge leisten, wurden sie als dumpfe Hinterwäldler diffamiert. *„Sie kleben an diesem Boden, egal, ob radioaktives Gas aus ihm quillt."* Der Dezernent für Wirtschaft und Umwelt, der den Tourismus als neue Einnahmequelle ankurbeln möchte, da die Landschaft nicht nur problematisch, sondern auch reizvoll sei, wurde als *„Berufsoptimist"* hingestellt. Gleichzeitig wurde *„westlichen Reisegruppen"*, nach der Vereinigung ein bemerkenswerter Terminus, von einem Besuch abgeraten. Sie sollten sich doch fragen, wie gesund die Reize des Erzgebirges seien. Der Bericht in *„natur"* warnte nicht vor Gefahren, sondern er schürte Ängste; er rüttelte nicht auf, sondern verstärkte Passivität. Man versteht den Schneeberger Pfarrer Andreas Krusche, der beklagt: *„Die Menschen hier sind mehr krank vor Angst als von den Strahlen."* HDS

(MK 52-1/90, 24. 12. 1990)

Umweltkatastrophen

„Ich möchte nicht mehr leben"

Im ZDF plapperten Kinder Medien-Horrorszenarien nach

Beobachtet man die Berichterstattung zu hochkomplexen Themen wie Ozonloch, Treibhauseffekt, Regenwald und Klimaveränderung – die wissenschaftlich noch keineswegs ergründet sind –, dann fällt auf: Zwar forschen die Wissenschaftler nach Ursachen, Auswirkungen und Lösungsmöglichkeiten, doch vor allem Fernsehen und Zeitschriften beschreiben in grellen Grafiken und schauerlichen Reportagen bereits den Untergang. Horrorszenarien sind an der Tagesordnung: Wirbelstürme zerstören die Welt, Hitzekatastrophen verbrennen die Erde, Meere treten über die Ufer und überschwemmen Kontinente. Anstatt sachlich den Stand der Forschung vorzustellen und pragmatisch auf Lösungsvorschlage hinzuweisen, wird so blanke Zukunftsangst erzeugt.

Gestern Eiszeit, morgen Hitzewelle

Warum ist das so? Wüste Szenarien sind unmittelbar greifbar, wecken das Interesse und machen betroffen. Außergewöhnliche Nachrichten entsprechen dem Bedürfnis der Leser und Zuschauer besser als normale alltägliche Geschichten. Und, so klagt der Wissenschaftsjournalist der F.A.Z., Dr. Rainer Flöhl: *„Schreckensnachrichten entsprechen dem Zeitgeist."* Die Nachfrage nach solchen Meldungen sei da und werde eben von einigen Medien – zur Erzielung von Einschaltquoten und Auflagen – geliefert.

Der Philosoph Sir Karl Popper sagte in einem Interview mit der *„Welt"* am 21. Februar 1990. *„Man versucht, sich selbst und möglichst vielen ande-*

ren diese Katastrophenangst beizubringen, um damit Sensation zu machen. Die Zeitungen tun es und vor allem das Fernsehen ... Noch vor ungefähr zehn Jahren hat man von einer neuen Eiszeit geredet. Jetzt geht die Diskussion in die entgegengesetzte Richtung." Die Naturwissenschaft wisse zwar heute viel, *„aber über viele Dinge wissen wir unglaublich wenig"*.

Daß solche Meldungen nicht ohne Auswirkungen bleiben können, bewies die ZDF-Sendung *„Es ist doch unsere Zukunft"* (ZDF, 12. Juli, 21 Uhr): Vor allem bei Kindern ruft die Weltuntergangsstimmung panische Reaktionen hervor. Denn bei ihnen verstärken sich die Ängste der Erwachsenen, wie Seismographen weisen sie auf unnormale Erschütterungen der Seele hin. Es kommt zu panischen Reaktionen und gar Hysterie.

Wie erschreckend sich die Hoffnungslosigkeit verbreitet hat, machten die Gespräche der Autorin Monika Hoffmann mit 5- bis 13jährigen Kindern deutlich. Sie fragte die Kleinen nach ihrer Zukunft und bekam zu hören:

- *„Ich glaube, daß die Welt sehr heiß sein wird. Die Natur wird auch sehr viel schlechter, wenn nicht endlich eine neue Politik kommt."* (Paul, 11 Jahre)
- *„Ich werde nicht mehr viel Zeit haben, meine Zukunftsträume zu verwirklichen, da die Umwelt so verschmutzt ist. In der Zeit, die ich noch habe, etwa 20 oder 10 Jahre, will ich viel bewältigen ... Natürlich werde ich auch einen Umweltschutzclub ins Leben rufen, obwohl es nichts mehr nützt ... Ich glaube, daß ich ziemlich früh sterben werde."* (Julia, 11)
- *„Irgendwann kommt das Ende der Erde, und ich glaube, daß wir es bald erreicht haben. Die Menschen haben die Erde in einen traurigen Zustand gebracht. Tiere und Pflanzen werden ausgerottet, die Meere verschmutzt, Atomkraftwerke gebaut, die nacheinander explodieren."* (Anna, 11)
- *„Wenn ich abends im Bett liege, kriege ich wirklich wahnsinnige Angst ... Fange an zu zittern, kriege ganz schlapprige Knie."* (Frauke, 13)
- *„Wenn der Regenwald weiter abgeholzt wird, und die Sonne ganz ganz stark strahlt, dann müssen wir auch Hautkrebs haben und sterben."* (Nicole, 5)

Ein Knirps: *„Das entmutigt, wenn man das hört. Wenn man merkt, daß es kaum mehr was zu machen gibt."* Der 13jährige Philip kam resigniert zu dem Schluß: *„Ich habe solche Angst, daß ich manchmal denke, ich möchte nicht mehr leben."*

Zukunftsangst steigert Selbstmordrate

Solche Reaktionen erschrecken, sie müssen zu denken geben. Wie ernst es um viele Kinder und Jugendliche steht, machte ein Beitrag im Nachrichtenmagazin *„Der Spiegel"* am 16. Juli 1990 deutlich. Unter der Überschrift, *„Warum bin ich auf der Welt – Hohe Steigerungsrate bei Selbstmordversuchen Jugendlicher"*, hieß es: *„1 400 Kinder und Jugendliche bringen sich jährlich um ... aber die Dunkelziffer ist hoch ... Auf einen Selbstmord, so schätzen Experten, kommen 10 bis 20 Versuche, einige halten gar die Relation von 1:100 für realistisch – das wären 140 000 Selbstmordversuche pro Jahr ... Kinderpsychologen raten dringend, auf die Signale der Selbstmordgefährdeten zu achten."*

Zwar nannte der *„Spiegel"* eine drohende Umweltkatastrophe nicht ausdrücklich als Ursache für Suizide, doch spielten Zukunftsängste eine große Rolle. Die Furcht, Wunschträume nicht mehr verwirklichen zu können, gehe dann mit anderen Dingen Hand in Hand: *„Es reicht schon das Zusammenwirken einiger ungünstiger sozialer Faktoren."*

Niemand wird bestreiten, daß es Umweltprobleme gibt. Ozonloch, Klimaveränderungen und Regenwälder werfen Fragen auf, die öffentlich diskutiert werden müssen. Wissenschaft und Politik müssen die Anzeichen untersuchen und, wo nötig, Lösungen erarbeiten und umsetzen. Doch woher stammt diese Hysterie?

„Aus Fernsehen, Radio und Zeitungen"

Ursachen gibt es wahrscheinlich viele, kausale Zusammenhänge sind schwierig nachzuweisen. Sicherlich tragen überreagierende Eltern, Lehrer, Kindergärtnerinnen und andere zu dieser irrationalen Angst bei. Daß vor allem die Medien, über die fast alle Menschen erst von den ihnen ansonsten völlig fremden naturwissenschaftlichen Phänomenen erfahren, nicht ganz schuldlos sind, sagten die Kinder selbst: Auf die Frage, woher sie, die sie das Ozonloch oder den Regenwald doch noch nie gesehen haben, dies alles wissen, antworteten sie: *„Aus ‚Geo' und aus Büchern"* und *„aus Fernsehen, Radio und Zeitungen"*.

Angesichts vieler übertriebener Szenarien gab der Vorstandsvorsitzende der Daimler-Benz AG, Edzard Reuter, den Journalisten bei einer Tagung der Zeitschriftenverleger im Herbst 1989 den Rat mit auf den Weg: *„Wir alle sollten künftig nur geklärte Tatsachen akzeptieren und alles andere mit dem Hinweis auf erwiesene Unseriosität abtun."* gka

(MK 30/90, 23. 7. 1990)

Umweltgefahren

„Das Risiko mit den Grenzwerten"

Eine desinfomierende Fernseh-Wissenschaftssendung

Als Bericht aus der Wissenschaft wurde die Fernsehproduktion des BR *„Grenzen ohne Wert – das Risiko mit den Grenzwerten im Umweltschutz"* (Autor: Ulrich Weissbach) im Dritten Fernsehprogramm des HR (30. Juni 1989/20.45 Uhr) angekündigt. Im Begleittext hieß es:

„Immer schneller aufeinanderfolgende ökologische Katastrophen treiben die Begriffe ‚Grenzwert' und ‚Restrisiko' in den Mittelpunkt der öffentlichen Diskussion. Nach der Katastrophe von Tschernobyl kritisiert man zunehmend nicht mehr nur Grenzwertüberschreitungen, sondern auch die Art und Weise, wie Grenzwerte zustandekommen. Das sogenannte Restrisiko wird vor allem bei ionisierenden Strahlen und krebserregenden Stoffen nicht mehr ohne weiteres hingenommen. Der Film zeigt am Beispiel von Abgasen, Strahlung und Nahrungsmitteln, wie Grenzwerte festgelegt werden."

Polemik und Unterstellungen

Der Titel *„Grenzen ohne Wert"* war bereits in Indiz dafür, daß es in dem Filmbericht nicht um sachliche Aufklärung ging, nicht um ein Abwägen unterschiedlicher wissenschaftlicher Theorien, sondern um eine Anhäufung von Anklagen gegen die internationale Schul-Toxikologie. Es wurde polemisiert und mit Unterstellungen gearbeitet, so daß die Sendung per Saldo desinformierte. Da wurde beispielsweise im Begleittext behauptet:

„Aus dem Dilemma der Grenzwertfestlegung versuchen die Wissenschaftler mit volkswirtschaftlichen Überlegungen herauszukommen. Sie helfen sich mit Kosten-Nutzen-Analysen. Danach werden die Kosten, die der Volkswirtschaft

durch Krebstote entstehen, aufgewogen gegen die Kosten von Strahlenschutzmaßnahmen wie Evakuierung, Vernichtung von Lebensmitteln, Entschädigung an Bauern. Je niedriger der Grenzwert, desto höher die Kosten für den Strahlenschutz. Je höher der Grenzwert, desto mehr Krebstote müssen in Kauf genommen werden. Ihr Wert wird kühl mit 20 000 Mark pro Kopf veranschlagt. Irgendwo in der Mitte pendelt sich dann der errechnete Grenzwert ein."

An anderer Stelle wurde erklärt: *„Es sind überwiegend Vertreter von Forschung, Industrie und Behörden, die Empfehlungen für die Festlegung von Grenzwerten erarbeiten, und zwar unter Ausschluß der Öffentlichkeit. Nur in den Kommissionen für Schadstoffe am Arbeitsplatz sitzen auch Vertreter der betroffenen Arbeitnehmer.*

Wer den Kurs bestimmt, ist aber offensichtlich. Der Vorsitzende des Ausschusses für gefährliche Arbeitsstoffe zum Beispiel ist ein Vertreter der chemischen Industrie ... Die letzte Entscheidung bleibt schließlich den Politikern vorbehalten. Sie stehen unter dem Druck einflußreicher Lobbys aus der Industrie, müssen immer auch an die Gefährdung von Arbeitsplätzen denken. So kommt zum wissenschaftlichen und wirtschaftlichen Kompromiß bei der Grenzwertbestimmung auch noch der politische Kuhhandel dazu ..."

Diese Aussagen mußten den Eindruck erwecken, bei der Abschätzung von Risiken spielten überwiegend ökonomische und politische Faktoren eine Rolle. Die Wirklichkeit sieht anders aus. Der Autor hätte dies am Beispiel des Trinkwassers demonstrieren können.

Wasser enthält von Natur aus viele chemische Stoffe. Es ist deshalb im Grunde eine stark verdünnte Lösung von anorganischen und organischen Verbindungen in Konzentrationen, die der Gesundheit entweder förderlich oder schädlich sein können. Zu den aus der Natur stammenden Mineralstoffen und organischen Verbindungen kommen vom Menschen erzeugte chemische Substanzen, zu denen auch Pflanzenschutzmittel zählen.

Ein Roggenkorn in 100 000 Tonnen Weizen

Im Wasser sind also praktisch Spuren aller Elemente enthalten. Viele von ihnen wurden allerdings erst entdeckt, als die von der Chemie entwickelten Analysemethoden in Bereiche führten, die sich dem normalen Vorstellungsvermögen entziehen.

Ein Beispiel: Die Analytik im ppt-Bereich (Part per Trillion, im Deutschen: Ein Teil von einer Billion Teile) entspricht etwa der Suche nach einem oder mehreren Roggenkörnern in 100 000 Tonnen Weizen, für die man einen zwanzig Kilometer langen Güterzug benötigen würde. Bei einem weiteren Fortschreiten der Analytik werden künftig noch weitere Stoffe gefunden werden, die auch vorher schon vorhanden waren, jedoch nicht identifiziert werden konnten.

Die moderne Analytik dient der Gesundheitsvorsorge, sie kann aber auch dazu mißbraucht werden, um bei Laien Ängste hervorzurufen.

Angesichts der Bedeutung des Trinkwassers für die Volksgesundheit gehört es zu den Aufgaben des Staates, Qualitätsnormen hierfür festzulegen und zu überwachen. Dieser Vorsorge dienen die sogenannten Grenzwerte, die von der Europäischen Gemeinschaft ebenso wie von der Weltgesundheitsorganisation (WHO) festgesetzt werden. Diese Festsetzung erfolgt nach dem Vorsorgeprinzip.

Das heißt: Der Grenzwert ist nicht jener Wert, der bereits eine Gefährdung der Gesundheit anzeigt. Die Gefährdungswerte liegen im Durchschnitt um das Hundertfache über den Grenzwerten. Sicherheitsmargen dieses Umfangs bestimmen durchweg das Vorsorgegedenken gegenüber allen Schadstoffen und auch gegenüber der radioaktiven Strahlung.

Nicht gesundheitsschädlich

Die Trinkwasserverordnung der Bundesrepublik Deutschland, die von der Europäischen Gemeinschaft festgesetzte Werte übernommen hat, setzt Grenzwerte für eine Vielzahl von Stoffen (zum Beispiel Aluminium, Eisen, Kalium, Mangan, Blei, Cadmiumflorid, Nickel usw.) fest. Für Arsen wurde beispielsweise ein Grenzwert von 0,04 Milligramm je Liter festgesetzt. Das sind vier Hundertstel in einem Tausendstel Gramm.

In solch niedriger Konzentration ist selbst das an sich giftige Arsen weit davon entfernt, gesundheitsschädlich zu sein. Im Vergleich dazu: Für Nitrat beträgt der Grenzwert 50 Milligramm pro Liter, für Quecksilber 0,01 Milligramm.

Der niedrigste Grenzwert wurde für Stoffe zur Pflanzenbehandlung und Schädlingsbekämpfung, einschließlich deren toxischer Abbauprodukte, festgelegt. Abweichend von der Praxis bei den anderen Stoffen geschah dies ohne Bezug zu der unterschiedlichen Giftigkeit der einzelnen Stoffe. Ihr Grenzwert beträgt einheitlich je Wirkstoff

0,0001 Milligramm pro Liter (der zehnte Teil eines Millionstel Grammes); für Pflanzenschutzmittel zusammen gelten 0,0005 Milligram pro Liter.

Anschaulich wird diese Größenordnung durch einen Vergleich: 0,0001 Milligramm pro Liter bedeuten in der Größenordnung: ein Mensch im Verhältnis zur gesamten Weltbevölkerung von rund fünf Milliarden Menschen. Da die Analyse-Verfahren in diesem Ultraspurenbereich noch mit hohen Fehlerquoten behaftet sind, sah sich die Bundesregierung veranlaßt, die Grenzwerte für Pflanzenschutzmittel erst ab 1989 in Kraft zu setzen.

Die Analytik kennt keinen Null-Wert

Im übrigen ist festzuhalten: Die Analytik kennt keinen Null-Wert, sondern nur eine Nachweisgrenze.

Angesichts dieses Faktenzusammenhanges war es desinformierend, daß die Sendung auf die Forderung nach einer *„Null-Lösung"* hinauslief:

„Wie wollen wir leben?", hieß es in ihr abschließend. *„Muß die Industriegesellschaft auf alle Zeiten mit dem Risiko der Grenzwerte leben? Zeigt sich eine Alternative am Horizont? ... Das Traumziel: Grenzwert Null in allen Bereichen."*

Als Anwalt für diese Forderung kam in der Sendung ausführlich der Bamberger Soziologe Professor Dr. Ulrich Beck zu Wort. Zu den Grenzwerten erklärte er:

„Grenzwerte haben ein Doppelgesicht, auf der einen Seite schließen sie etwas aus, machen es also unmöglich für die Industrie, bestimmte Gifte auszuströmen, auf der anderen Seite sind sie ein Persilschein, ein Freifahrtschein für die Gifte.Dort wo Grenzwerte zugelassen sind, wird das, was zugelassen wird, normal, ist dann nicht mehr Vergiftung. Vergiftung wird in Nichtvergiftung, in Normalität umgewandelt. Darin liegt eine besondere Gefahr ..."

Ängste im Dienst des „ökologischen Klassenkampfes"

Verschwiegen wurde den Zuschauern, daß Professor Beck die Theorie des *„ökologischen Klassenkampfs"* vertritt. In seinem Buch *„Risikogesellschaft"* (Suhrkamp-Verlag, Frankfurt 1985) schrieb er, die treibende Kraft in der Klassengesellschaft sei nicht mehr der Hunger, sondern die Angst. Ängste sollen helfen, politische Veränderungen herbeizuführen.

Angst vor Gefahren habe man dann, wenn man an sie glaube. Dann bilde sich *„ein eigentümlicher politischer Zündstoff"*. Was eben noch jenseits der politischen Zugriffsmöglichkeiten gelegen habe, gerate dann in den Einflußbereich der Politik:

„Sogenannte technisch-ökonomische ‚Notwendigkeit' – etwa Schadstoffemissionen, Kernenergie – werden zu politisch gestaltbaren Variablen umgeschmolzen ... Wo die eigene Erfahrung prinzipiell ins Leere greift, gewinnt der Glaube neue Macht im Alltag. In welcher Welt man lebt – in einer Welt des Fortschritts oder des Schreckens – wird nun bis in alle Einzelheiten (des Speisezettels, der Kinderbetreuung) dadurch vorentschieden,wem man Glauben schenkt oder entzieht." sp

(MK 30/89, 24. 7. 1989)

„Umweltkatastrophen"

Apokalyptische Vorhersagen nicht bestätigt

Viele Berichte über Ölverschmutzungen sind übertrieben

Derzeit machen *„sterbende Meere"* und *„verseuchte Strände"* (*„Spiegel"* 17/91) wieder einmal Schlagzeilen. Die Bilder vom auslaufenden Öl in Kuweit waren noch deutlich in Erinnerung, da sank vor der italienischen Küste der Supertanker *„Haven"*. Die Auswirkungen auf die unmittelbar betroffene Umwelt sind schlimm,Tiere und Pflanzen sterben.

Aber: Obwohl man regional durchaus von Katastrophen sprechen mußte, übertrieben viele Journalisten in ihren Berichten. Sie prophezeiten dem *„Binnenmeer Persischer Golf"* schon den totalen Kollaps, weil ein Wasseraustausch mit den Weltmeeren nicht stattfinde. Auch sagte man voraus, einige, nur hier vorkommende Arten würden aussterben.

Nicht die erwartete Katastrophe

Ein Beitrag aus der ZDF-Reihe *„Abenteuer Forschung"* am 18. April 1991 kritisierte nun derartige Berichte. Sechs Wochen nach dem Krieg hatten die Umweltjournalisten die tatsächliche Verschmutzung des Golfs – vor allem die besonders betroffene Bucht von Abu Ali in Saudi Arabien – überprüft.

Ihr Ergebnis: Viele Katastrophenmeldungen sind heute nicht mehr haltbar. Zwar gebe es streckenweise verschmutzte Strände und schlimme Schädigungen der Meeresfauna. Aber: *„In einiger Entfernung von der Küste ist der Ölteppich nur noch Millimeter dick, aufgerissen, Licht kann durchscheinen, Fischschwärme sind zu sehen. Der Eindruck der Katastrophe scheint sich abzumildern."* Auch Wissenschaftler vor Ort hätten festgestellt, es sei *„nicht die globale Katastrophe, die sie erwartet haben"*.

Symbolische Handlungen

Der Bericht zeigte eine Meerestierstation. Die Wissenschaftler hätten lediglich eine einzige Wasserschildkröte finden können, *„von der man wirklich weiß, daß sie vom Ölteppich getötet wurde"*. Andere Tiere würden medienwirksam vor laufenden Kameras wieder gereinigt, doch dies seien aus biologischer Sicht nur symbolische Handlungen. *„Die Bilder gehen um die Welt als Symbol für die Katastrophe am Golf."* Nach neuen Daten *„sind der Katastrophe nur ein halbes Prozent der Vögel zum Opfer gefallen"*. Der in den Medien erweckte Eindruck sei falsch.

Weiter hieß es im ZDF: *„In das Bild der Riesenkatastrophe passen auch nicht diese Aufnahmen. Fischfang vor der Küste. Der Fischfang hat auch in Friedenszeiten immer wieder unter den Ölkatastrophen gelitten, und auch heute laufen die Geschäfte wie vor dem Krieg. Tatsächlich hat nur eine vergleichsweise geringe Menge des Ölteppichs die Küste verunreinigt. Die meisten der Millionen von Stelzvögeln, die hier überwintern oder auf der Durchreise von Afrika zurück nach Europa sind, bleiben vom Öl verschont. Verschmutzung nur vereinzelt selbst in der Abu-Ali-Bucht."*

Über die ausgeflossene Ölmenge heißt es in dem Beitrag: *„Wieviel Öl nun wirklich ausgeflossen ist, das weiß keiner genau. Täglich sinken die anfänglich hohen Zahlen und gelangen in die Nähe der schon erwähnten Ölkatastrophen in Friedenszeiten."* Die Sendung verfolgte den Verlauf des Ölteppichs und kam zu dem Ergebnis: *„Dieser Ölteppich ist weit davon entfernt, den Golf zu ersticken. Seine Ausdehnung ist auf ein im Vergleich kleines Gebiet beschränkt."*

Die Reporter flogen auch auf die Insel Karan, ein Naturschutzgebiet, das nach Angaben einiger Medien stark verschmutzt sein sollte. Ein

Trupp Soldaten, der den Auftrag hatte, die Insel vom Öl zu befreien, um die Brutplätze für Wasserschildkröten herzurichten, mußte feststellen: *„Es gibt kein Öl am Strand."* Der Reporter: *„Er (der Ölteppich) hat die seit kurzer Zeit unter Naturschutz stehende Insel verfehlt, obwohl es in der Öffentlichkeit anders berichtet wurde ... Die Meldung von der Vernichtung dieses Naturschutzgebietes hat sich als falsch herausgestellt." „Abenteuer Forschung"* kam zu dem Schluß: *„Im Golf gibt es zahlreiche Bakterien, die sich von Kohlenwasserstoffen ernähren. Sie bauen das Öl ab. Zu beobachten ist ein Flickenteppich der Verschmutzung, neben der lokalen Katastrophe saubere Gebiete. Eine Hoffnung, daß sich die verschmutzte Region schnell erholen wird."*

Blamable Rückschau

Zu ähnlichen, für viele Medien ebenfalls blamablen Erkenntnissen kam am 1. Februar bereits der *„Zeit"*-Autor Hans Schuh. Er warf vielen Journalisten vor, daß sie *„in Katastrophenvisionen schwelgen"*, obwohl sie es aus der Erfahrung besser wissen müßten. Die *„Zeit"* verglich die Prophezeihungen der Medien während großer Tankerunfälle mit der tatsächlichen Entwicklung in den folgenden Jahren und stellte fest: Viele Katastrophenszenarien hätten sich nicht bestätigt.

Ein Beispiel sei die Explosion der Bohrinsel Ixtoc 1 im Juni 1979 im Golf von Mexiko gewesen. Mehr als eine halbe Million Tonnen Rohöl seien ausgelaufen, furchtbare Folgen für die Fischerei und die Touristikindustrie seien prophezeit worden. Aber: *„Bereits nach einem halben Jahr konstatierten die Wissenschaftler erstaunt, daß kaum bleibende Umweltschäden zu registieren seien."* Ähnlich sei es bei der Tankerkatastrophe der *„Amoco-Cadiz"* 1978 gewesen. Damals hatten sich 230 000 Tonnen Öl über die bretonische Küste ergossen. Schuh: *„Nach drei Jahren war der Schaden weitgehend behoben, selbst die Umweltzeitschrift ‚Natur' konstatierte als Bilanz ‚ein Ende ohne Schrecken'."* Keine Tierart war ausgestorben, die dezimierten Bestände hatten sich erholt. Auch der *„gewaltige Medienrummel"* über das Unglück der *„Exxon Valdez"* im März 1989 falle in diese Kategorie. Im vergangenen Jahr meldeten die Lachsfischer wieder Rekordfänge.

Die *„Zeit"* zitierte Professor Dr. Manfred Gerlach vom Kieler *„Institut für Meereskunde"*, der bereits bei früheren Alarmmeldungen der Presse vorausgesagt hatte, *„daß man nach zwei Jahren nicht mehr davon redet"*.

Schuh: *„So ist es bisher auch immer gekommen. Die Geschichte von mehr als einem Dutzend Ölunfällen, die in der Presse als Katastrophe geschildert und genauso schnell auch wieder vergessen wurden, belegt es."*

Die Selbstreinigungskraft unterschätzt

Schuh hält fest: *„In Übereinstimmung mit solchen Erfahrungen halten deutsche Fachleute die gegenwärtige Ölpest am Golf zwar für eine schlimme Umweltverschmutzung mit gravierenden, akuten Folgen für das maritime Ökosystem. Aber bezüglich der Langzeitwirkung sehen sie keinen Grund zu Katastrophenprognosen."* Der Grund: *„Offenbar wird die Selbstreinigungskraft des Meeres erheblich unterschätzt."*

Angesichts solcher Erfahrungen spricht denn auch der Leiter der *„Biologischen Anstalt Helgoland"*, Professor Dr. Wilfried Gunkel, von einer *„gewissen Katastrophen-Geilheit der Medien"*. Er fordert die Medien auf, gerade bei Ölunfällen *„ihre apokalyptischen Vorhersagen mit der späteren Realität zu vergleichen"*.

Enorme Wirkung ökologischer Themen

Es verwundert, welchen Sprengstoff aufgebauschte ökologische Themen doch bergen. Der *„Zeit"*-Artikel hält fest: *„Umweltorganisationen malten einen Zusammenbruch des ganzen Ökosystems am Golf an die Wand. Der Ölteppich werde ‚die gesamte Nahrungskette von der Alge bis zum Fisch ersticken und abtöten'. Entsetzt verfolgten Fernsehzuschauer die verzweifelten Versuche eines Kormorans, dem klebrigen Ölsumpf zu entkommen."* Dies seien zwar schlimme Ereignisse, doch die wirkliche menschliche Tragik des Krieges trete dabei völlig zurück: *„Die Fernsehbilder der sterbenden Tiere haben die Welt erschüttert, mehr als alle bisherigen Berichte über die Schäden, die das alliierte Bombardement angerichtet hat."*

Nichts gelernt

Gelernt haben die Katastrophen-Reporter aus solcher Kritik nicht. Denn anstatt ihre Urteile von früher zumindest zu überprüfen, stürzten sie sich in bekannter Weise auf das Tankerunglück vor der italienischen Mittelmeerküste. So schrieb die *„taz"* in einem Kommentar, der Begriff *„Katastrophe"* sei hier sogar noch eine *„Verharmlosung"*. Der *„Spiegel"* präsentierte am 22. April ein von schwarzem Öl übergossenes Titelbild und berichtete: *„Schwarze Flut vor Europas Sonnenküsten: Klebrige*

Ölplacken zerstören die letzten Lebensräume im Mittelmeer." Der *„stern"* sprach am 18. April sogar von einer *„Zeitbombe"* und von *„Vorboten der Apokalypse"*. gka

(MK 18/91, 29. 4. 1991)

Klimakatastrophe durch Ölbrände

Eiszeit und Finsternis?

Viele Medien verbreiten unbewiesene Horror-Szenarien

Die Überschriften in vielen Zeitungen und Zeitschriften im Januar 1991 sagten übereinstimmend schrecklichste Ereignisse voraus: *„Vergiftung der Atmosphäre, Ozonschäden und Meeresverseuchung durch Flammeninferno auf Ölfeldern Kuwaits befürchtet"* (*„Frankfurter Rundschau"*, 4. Januar); *„Wenn die Ölfelder brennen, wird es finster auf der Erde"* (*„Frankfurter Rundschau"*, 12. Januar); *„Bei Golfkrieg gefährliche Klima-Veränderung"* (*„Berliner Morgenpost"*, 13. Januar); *„Es wäre die Hölle los – Ein Brand der kuweitischen Ölquellen würde die Ozonschicht auflösen"* (*„Der Spiegel"*, 14. Januar); *„Eiszeit durch einen Golfkrieg?"* (*„Süddeutsche Zeitung"*, 17. Januar); *„Jetzt verpestet er die ganze Welt"* (*„Bild"*, 28. Januar).

Der Leser mußte angesichts dieser, in reißerischen Schlagzeilen entworfenen Szenarien in Panik geraten. Die Lektüre der meisten Texte bestärkte ihn in der Befürchtung, daß eine von Saddam Hussein verursachte Klima- und Naturkatastrophe die ganze Welt verdunkeln könnte. Millionen Menschen drohten dann zu erfrieren, zu verhungern oder zu ersticken. Einige Auszüge:

Die Erde verdunkelt sich

„Es würden solch gewaltige Mengen Rauch ausgestoßen, daß ein Viertel der gesamten Erdoberfläche unter einer dichten Rußwolke verdunkelt würde ... Dies hätte drastische Auswirkungen auf das Klima und die Lebensbedingungen der Menschen", schrieb die FR am 12. Januar 1991 und berief sich auf den Klimaforscher Professor Dr. Wilfried Bach (Universität Münster).

Man gehe davon aus, daß pro Tag aus den *„850 Ölquellen eine Million Tonnen Rohöl"* verbrennen könnte. *„Die Verbrennung würde nach den Berechnungen Bachs pro Tag 34 000 Tonnen Rauch in die Atmosphäre pusten. Brennen die Ölfeuer ein ganzes Jahr, was von Fachleuten nicht ausgeschlossen wird, wären das zwölf Millionen Tonnen. Diese Menge reicht aus, um die ‚Rußdichte' über 120 Millionen Quadratkilometern Fläche auf Werte ansteigen zu lassen, die das Sonnenlicht auf der Erde um 86 Prozent vermindern. Ein Viertel der Erdoberfläche würde also dermaßen stark von der Sonne abgeschnitten, die eingestrahlte Energie von dem schwarzen Rauch aufgefangen und in der Lufthülle absorbiert, daß nach klimatologischen Untersuchungen eine drastische Klimabeeinflussung erwartet werden muß."* Bei einem Ölbrand in Kuweit entstünden auch ohne Einsatz von Atombomben ähnliche Verhältnisse wie bei einem nuklearen Winter, neben der Verdunklung weiter Landstriche müsse mit der Veränderung der Windgeschwindigkeiten, mit dem Ausbleiben von Niederschlägen, mit Temperaturstürzen und Ernteeinbrüchen gerechnet werden.

Ähnlich dramatisierte der *„Spiegel"* (3/91): *„In den Ölfeldern des Emirats liegen 94 Milliarden Barrel Öl, das drittgrößte Vorkommen der Erde."* Der in Amerika arbeitende Wissenschaftler Abdullah Toukan habe gewarnt, *„daß Saddam die Ölfelder vermint hat und entzünden könnte"*. Der *„Spiegel"* bezog sich auch auf den Leiter des Max-Planck-Instituts für Chemie, Professor Paul Crutzen. Dieser hatte Anfang der achtziger Jahre als erster Forscher die Effekte eines *„nuklearen Winters"* berechnet. Er hatte aufgezeigt, daß beim Einsatz der Hälfte aller damals weltweit verfügbaren Nuklearwaffen mit kilometerdicken Aschewolken, monatelanger Finsternis und rapiden Temperaturstürzen zu rechnen sei. *„Wenn Hussein nun den Ölreichtum von Kuwait abfackelt"*, rechne er mit einem ähnlichen globalen Desaster.

Auch der *„Spiegel"* präsentierte ein Szenario: *„Als Berechnungsgrundlage dient Crutzen diesmal das Abbrennen von zehn Millionen Barrel (1,6 Millionen Tonnen) Öl pro Tag."*. Davon gehe auch Toukan aus. *„Insgesamt würden täglich 100 000 Tonnen Ruß aufsteigen. Die schwarzen Partikel würden vom Wind so rasch und gleichmäßig verteilt, daß die Wolke täglich eine Million Quadratkilometer größer wird."*

Ozonschicht wird zerstört, Temperaturen sinken

Das sei *„ein Wahnsinn"*, es sei *„die Hölle los"*, und das nicht nur am Persischen Golf. Der dunkle Teppich könnte einen großen Teil der nördlichen Halbkugel bedecken und einen Temperatursturz von durchschnittlich zehn Grad bewirken. *„Das bedeutet einen Ernteausfall auch in Europa, nimmt Crutzen besorgt an, weite Gebiete würden unbewohnbar."* Es käme aber noch schlimmer. *„Die Rußteilchen und Gase erwärmen die Stratosphäre und lösen die schützende Ozonschicht auf."* Bis zu 60 Prozent des Ozons gingen verloren. Das Ergebnis: *„Draußen ist es dunkel, aber niemand darf raus."*

Auch die *„tageszeitung"* wußte am 12. Januar 1991 Schreckliches zu berichten. Sie ließ einen Vertreter von *„Robin Wood"* zu Wort kommen: *„Die weltweiten ökologischen Folgen gingen weit über das Tschernobyl-Desaster hinaus und seien in ihren langfristigen Konsequenzen nicht übersehbar."* Setze der Irak die nahezu 1 000 kuweitischen Ölquellen in Brand, würde diese riesige Fackel zwischen sechs und neun Monaten lodern bevor sie gelöscht werden könnte. *„In weiten Gebieten der Erde müsse durch die monatelange starke Rauchentwicklung und Sonnenverdunklung mit Temperaturstürzen bis 20 Grad gerechnet werden."* Das Weltklima werde *„Achterbahn fahren"*. *„Für Millionen Menschen in Asien würden die überlebensnotwendigen Regenfälle gefährdet. Auch in Europa und Nordamerika seien Mißernten durch die Störungen des Wachsturmszyklus möglich."* Auch müsse man damit rechnen, daß der Treibhauseffekt um mindestens dreißig Jahre beschleunigt werde.

Der *„stern"* berief sich am 17. Januar auf den Briten John Cox und den Münsteraner Wilfried Bach. Cox ging von *„einer halben Milliarde Liter Öl"* aus, die in Flammen aufgingen, Bach rechnete mit einer Million Tonnen Ruß pro Monat. Der *„stern"*: *„Dann kann sich in Europa der Himmel trüben."* Die entstehenden *„zwölf Millionen Tonnen Ruß in der Atmosphäre"* könnten rund ein Viertel der Erdoberfläche *„verfinstern"*.

Dem Leser, der mit den Zahlen und Bedingungen, die den Szenarien zugrunde liegen, nichts anzufangen wußte, wurde so suggeriert, der Weltuntergang stünde bevor. Hierzu trugen Graphiken bei, die der *„Stern"* (4/91) und verschiedene Fernsehanstalten veröffentlichten. Da erhoben sich dunkelbraune Rußwolken am Golf, kreisten einmal um die Erde und senkten sich über Europa nieder. Am Ende hüllten sie den gesamten Erdball ein, ein schwarzer Ball, in dem alles zu ersticken drohte. Zahlreiche andere Zeitungen transportierten diese Vorhersagen weiter. Die Panikmache zeigte Wirkung und wurde sogar von trivialen Sendungen übernommen: So äußerte die schwangere Anna Ziegler in der WDR-Serie *„Lindenstraße"* ihre Angst davor, Mutter zu werden – wegen der Giftgasgefahr aus dem Tausende Kilometer entfernten Krieg.

Nur in den wenigsten Fällen wiesen die Zeitungen und Sendeanstalten ausreichend darauf hin, wie spekulativ, willkürlich oder gar politisch die den Berechnungen zugrundeliegenden Zahlen und wie unsicher die Szenarien sind. Nicht einmal krasse Abweichungen bei den zugrundeliegenden Zahlen ließen die Journalisten vorsichtig werden. Bei den Bohrlöchern kursierten beispielsweise Zahlen zwischen 343 und 1 000, und die täglich entstehende Rußmenge wurde je nach Wissenschaftler zwischen *„unbedeutend"* und 100 000 Tonnen angegeben. Völlig abweichend waren die Angaben darüber, wieviel Menge Öl überhaupt – unter welchen fördertechnischen oder chemikalischen Voraussetzungen – entzündet werden könnten, in welchen Zeiträumen gelöscht würde oder welche klimatischen Bedingungen welchen Effekt hätten. Ganz abgesehen von politischen und militärischen Entwicklungen und Unwägbarkeiten.

Auch über die immer wieder zitierten Wissenschaftler Cox, Bach, Crutzen und Toukan erfährt man wenig, obwohl hier und da Zweifel an der Zuverlässigkeit ihrer Aussagen angebracht waren.

So hatte Bauch am 10. März 1989 in einem Interview mit der *„tageszeitung"* gesagt: Man müsse bei solchen Diskussionen davon ausgehen, daß in manchen Fällen *„politische Zahlen"* ohne wirkliche Relevanz benutzt würden. *„Da werden Prozent und Zahlen proklammiert und niemand weiß, warum und wieso."* Auch Bach verfolgt mit seinen Zahlen offenbar ein konkretes Anliegen. Denn auf die Frage, wie man den CO2-Ausstoß reduzieren könne, sagte er: *„Zunächst ist es wichtig, daß solche Reduktionspläne überhaupt aufgestellt werden. Ich bin kein Freund davon, immer nur den Teufel an die Wand zu malen. Vielmehr geht es mir darum, die Probleme im Vorfeld durch konkrete Maßnahmen erst gar nicht aufkommen zu lassen."* Und dann: *„Man muß hier konkret werden, dann hören die Politiker auch wieder hin."* Es läßt sich also keineswegs bestimmen, ob die Grundlagen von Bachs Szenarien überhaupt realistisch sind.

Schlecht einzuschätzen ist auch der mehrfach zitierte Brite John Cox. Er hatte im Januar 1991 die Katastrophendiskussion auf einer Konferenz in London begonnen. Der Klimaforscher und Direktor des *„Instituts für Meteorologie und Geophysik"* der Frankfurter Universität, Professor

Christian-Dietrich Schönwiese, sagte am 18. Januar in der *„Welt"* über ihn: *„Es ist leider immer wieder so, daß sich jetzt viele selbsternannte Wissenschaftler äußern ... Ich kenne ihn also schlicht nicht. Es passiert häufiger, daß ich Meinungsäußerungen höre zu Klimaproblemen von Leuten, die mir aus der klimatologischen Wissenschaft her vollkommen unbekannt sind."* Cox ist nach Angaben mehrerer Zeitungen Berater der britischen Grünen sowie von Friedens- und Abrüstungsgruppen.

Mit Vorsicht müssen wohl auch die Angaben des immer wieder zitierten Abdullah Toukan genossen werden. Denn er ist unter anderem auch wissenschaftlicher Berater des jordanischen Königs Hussein und dürfte somit politisch nicht ganz unbeteiligt sein.

Wissenschaftlich unumstritten ist auf der Seite der Mahner offenbar lediglich der Mainzer Professor Crutzen. Doch es ist keineswegs sicher, ob seine Berechnungen der nuklearen Katastrophe so einfach auf die Verhältnisse am Golf übertragbar sind. Vor allem scheint er in vielen Berichten nicht vollständig zu Wort kommen zu können. Denn während die möglichen Szenarien Crutzens von den Medien immer wieder gerne als Aufhänger benutzt werden, gehen relativierende Aussagen, wie er sie in einem Interview mit der *„Süddeutschen Zeitung"* (17. Januar) machte, völlig unter. Auf die Frage, wie groß die Risiken einer Klimaveränderung durch den Krieg sein können, sagte er beispielsweise: *„Die Antwort auf ihre Frage hängt von vielen militärischen und wissenschaftlichen Unbekannten ab, so daß nur der Teufel sie beantworten kann."* Er beteuerte, daß die beschriebenen Szenarien eben nur unter den genannten Bedingungen eintreten *„könnten"*. Ob diese überhaupt realistisch sind, blieb offen.

Warnungen vor Spekulationen

Viele andere in den Medien weit weniger genannte Wissenschaftler bezweifelte in der Tat die verbreiteten Katastrophenmeldungen. So sei es keineswegs wahrscheinlich, daß sämtliche Ölquellen brennen könnten, sagte der Klimaforscher John Pike vom *„Bund amerikanischer Wissenschaftler"* zur Nachrichtenagentur *„Reuter"*. Auch hielt er es für wahrscheinlich, daß entstehender Rauch mit all seinen Schadstoffen schnell wieder als saurer Regen herunterkommt. Großbritanniens Energieminister John Wakeham sagte zur selben Agentur, es sei absolut unmöglich, Kuweits riesige Ölvorkommen von rund 65 Milliarden

Barrel zu entzünden. Es könne nur soviel in Brand gesteckt werden, wie aus den Bohrlöchern – ohne gepumpt werden zu müssen – austrete. Das seien *„höchstens einige wenige Prozent"*.

Auch Professor Harmut Graßl vom Max-Planck-Institut für Meteorologie in Hamburg hielt die genannten Zahlen für nicht haltbar. Erst am Ende eines großen Artikels über *„gefährliche Klimaveränderungen"* schrieb die *„Berliner Morgenpost"* (13. Januar): Graßel *„weist Katastrophen-Spekulationen zurück, da die Datenlage unsicher sei. Eine Vorstufe zum nuklearen Winter mit massiven Kälteeinbrüchen sei zwar theoretisch denkbar. Nach realistischen Einschätzungen sei eine globale Wirkung eher unwahrscheinlich."*

Einen der wenigen Artikel, in denen entwarnende und zu Bedacht mahnende Wissenschaftler angemessen zu Wort kamen, druckte die *„Welt" am* 18. Januar. Hierin sagte Professor Schönwiese, auf die Klimaszenarien angesprochen: *„Das halte ich für äußerst spekulativ, auch für sehr unwahrscheinlich."* Aufs Ozonloch angesprochen, sagte Schönwiese: *„Mit dem Ozonloch hat das gar nichts zu tun, höchstens mit dem Treibhauseffekt. Durch die Verbrennung wird Kohlendioxid (CO2) freigesetzt. Durch die Energienutzung, indirekt auch durch die Brandrodung, werden jährlich 26 Milliarden Tonnen dieses Treibgases freigesetzt. Ich schätze, daß in Kuwait nur etwa ein Tausendstel dessen entstehen könnte."* Zu den Annahmen, es könnten weltweite Klimakatastrophen ähnlich dem nuklearen Winter kommen, sagte Schönwiese: *„Wenn ich das Szenario ‚Weltatomkrieg' jetzt mit dem Golfkrieg vergleiche, so ist im Falle des Golfkrieges das Ausmaß sehr viel geringer, entsprechend gering ist auch der Einfluß auf das Weltklima. Ich meine: Die durch einen Golfkrieg verursachten Klimaänderungen sind verschwindend gering, wenn überhaupt welche auftreten."*

„taz": Die These schein widerlegt

Die *„Neue Zürcher Zeitung"* fügte am 26. Januar einige *„enge physikalische Bedingungen"* hinzu, die von den Katastrophenbeschwörern übersehen worden seien. So können Rohöl und seine Produkte ohne Sauerstoff und somit unter der Erde nicht brennen. Dazu müsse es erst an die Oberfläche, was jedoch bei den meisten Bohrstellen nicht so einfach möglich sei. So gebe es tief in der Erde kaum zu entfernende Sicherheitsventile. Und selbst wenn es gelänge, alle (die NZZ spricht im Gegensatz zu anderen Publikationen von 343 Bohrlöchern) Anlagen in Brand zu setzen, könnten *„nicht mehr als 2 Millionen Faß pro Tag verbrennen"*. Für eine globale Katastrophe sei das viel zu wenig. Selbst die *„taz"* gab in einem Kommentar (Gerd Rosenkranz) Ende Januar zu: *„Die These, daß ein ‚nuklearer Winter' wie nach einem umfassenden Atomkrieg eintritt, scheint inzwischen widerlegt."* gka

(MK 6/91, 4. 2. 1991)

Umweltschutz

Ozon-Alarm – alles klar?

Eine Medienkampagne mit Ungereimtheiten

„Bild" hatte wieder einmal einen Riecher für Kommendes. Noch bevor die große Sommerhitze ausbrach, schlug das Blatt auf die Pauke: *„Ozon-Alarm! Das wird ein mörderischer Sommer"* (15. Juni 1990). In nicht zu übertreffender Schlichtheit beschrieb das Blatt die *„Gefahr Nr. 1"*: *„Durch das riesige Ozon-Loch am Himmel dringen gefährliche UV-Strahlen der Sonne ungehindert zur Erde, lösen Hautkrebs aus und können sogar töten. Ihr erstes Opfer wurde jetzt eine 37jährige Frau in Tucson/Arizona. Sie schlief in der Sonne ein. Sechs Stunden später war sie tot. Die Strahlen hatten ihre Haut völlig verbrannt. Das Herz setzte aus. Das kann in diesem Sommer auch überall in Deutschland passieren."*

Die *„Gefahr Nr. 2"*: *„Durch die warme Sommersonne verwandeln sich die Abgase in unserer Luft in das Gas Ozon. Das Bundesgesundheitsamt: Je öfter die Sonne scheint, desto mehr Ozon atmen wir ein. Die Folge: Lungen- und Herzkrankheiten, Asthma und andere Beschwerden nehmen drastisch zu."*

„Das Gift des Sommers"

Soweit wie *„Bild"* ging die *„Zeit"* (10. August 1990) in der Darstellung der Gefahren des Ozons nicht:

„Die Umweltminister warnen und tun, was sie immer tun, wenn eine Umweltgefahr droht: Sie lassen Grenzwerte setzen. Für die Überschreitung des

Ozonanteils in der Atemluft sind für uns als magischer Grenzwert 180 Mikrogramm pro Kubikmeter festgelegt. Bei höheren Werten sollen die Leute in der Sommerhitze zu Hause bleiben und sich ruhig verhalten, denn bei körperlichen Anstrengungen, wie etwa Radfahren oder Joggen, muß der Mensch, weil er mehr Luft braucht, tiefer atmen." Ozon könne auch bei gesunden Menschen schon nach sehr kurzer Einwirkung zu einer Überempfindlichkeit der Luftwege führen.

Der *„Spiegel"* (6. August 1990) schlug in die gleiche Kerbe: *„... Nicht nur im Süden der Republik klagen Asthma-Anfällige über Atemnot, sahen Eltern besorgt nach ihren auf dem Spielplatz herumtobenden Kindern: Das stabile Nordseehoch ‚Detlev', das landauf, landab für wolkenfreie dunstige Wärme sorgte, trieb zwischen Alpen und Nordsee die Meßwerte für das Umweltgift Ozon in bedenkliche Höhen."*

„Die Lust am Autofahren nehmen"

„Das Gift des Sommers" („Hamburger Abendblatt") war kreiert. Der *„Spiegel"* interviewte den unvermeidlichen Professor Otmar Wassermann, der im Fernsehen und in den Print-Magazinen immer dann ins Bild und zu Wort kommt, wenn Rot/Grün der Nation eine kollektive Vergiftung prophezeit. Und der Kieler Toxikologe hielt auch diesmal, was von ihm zu erwarten war: *„An einem Grenzwert von 120 führt kein Weg vorbei; ich denke, daß der wirklich noch sichere Anteil zwischen 70 und 80 Mikrogramm liegt ... Die Empfehlung an ältere Menschen und Kinder, sich weniger im Freien aufzuhalten und die körperliche Betätigung an frischer Luft zu beschränken, ist sicher richtig."* Nur durch politisch einschneidende Maßnahmen, *„etwa gegen die chemische Industrie oder den Autoverkehr"*, sei das Problem zu lösen.

Und dies verlangen natürlich auch die Öko-Institute, Greenpeace, der Deutsche Naturschutzring sowie der Bund für Umwelt und Naturschutz. Auch der nordrhein-westfälische Umweltminister Klaus Matthiesen verlangte, wie die *„Frankfurter Rundschau"* (7. August 1990) berichtete, massive Maßnahmen gegen den Verkehr: eine Erhöhung der Mineralölsteuer und *„verkehrslenkende Maßnahmen aller Art"*, um den *„Autofahrern die Lust am Autofahren zu nehmen"*.

Greenpeace handelte bereits: Beantragt wurde beim Verwaltungsgericht München der Erlaß einer einstweiligen Verfügung (die inzwischen abgelehnt wurde), mit der das Land Bayern exemplarisch zu einem

Ozon-Fahrverbot gezwungen werden sollte. Die *„Frankfurter Rundschau"* (16. August 1990) berichtete: *„Nach Mitteilung der Organisation stützt sich der Antrag auf Gutachten von Fachleuten, nach denen eine Verminderung des Autoverkehrs auch kurzfristig die Ozonbelastung verringern könne. Bundesumweltminister Klaus Töpfer hatte am Vortag erklärt, er sei ebenso wie die Länder der Überzeugung, daß der sogenannte Sommersmog nur mit langfristigen Maßnahmen und nicht mit einem Fahrverbot bekämpft werden könne."* Ein Fahrverbot wäre nur wirkungsvoll, wenn es mehrere Tage vor einer Schönwetterperiode und im gesamten Bereich des Hochdruckgebietes ausgesprochen würde, meinte Töpfer.

Im Gegensatz zu Töpfer will Hamburgs Umweltsenator Jörg Kuhbier (SPD) die hohen Ozonkonzentrationen durch ein vorbeugendes Fahrverbot bekämpfen. Er könne sich vorstellen, bei von Meteorologen vorhergesagten Ozon-Wetterlagen in Norddeutschland tageweise abwechselnd ein Fahrverbot für private Autos mit geraden oder ungeraden Kennzeichennummern auszusprechen.

Eine weitere Variation schlug der Kieler Umweltminister Professor Berndt Heydemann vor. Der *„Frankfurter Rundschau"* zufolge sollen Hamburg und Schleswig-Holstein gemeinsam in und um Hamburg, wo bislang die höchsten Ozonwerte gemessen wurden, teilweise Fahrverbote aussprechen. Zum zweiten möchte Heydemann in Schleswig-Holstein (in Landesteilen mit erhöhten Ozonkonzentrationen) zusammen mit Kommunen einen Modellversuch starten, in dem die *„kleinräumige Verteilung der Ozonkonzentrationen"* untersucht werden soll. Dabei sollen Vergleiche angestellt werden zwischen einem Bereich mit *„vollem Fahrzeugverkehr"* und einem Bereich mit beispielsweise nur auf Kat-Fahrzeuge beschränktem Verkehr.

Selbst die *„Frankfurter Allgemeine Zeitung"* (31. Juli 1990) stieß in dieses Horn. Caroline Möhring forderte in ihrem Leitartikel *„Ozon – zu wenig und zu viel"* eine kleine Kulturrevolution:

„Gefordert ist auch die Verkehrspolitik. Große Teile des Straßen- und Flugverkehrs müssen auf umweltschonendere Verkehrsmittel verlagert, der Verkehr insgesamt muß verringert werden. Neue verkehrspolitische Konzepte sind nötig, und wohl auch ein Stück Verzicht und Bescheidenheit – damit wir uns solch sommersonniger Tage wieder einfach freuen können."

Ozon – halb so schlimm?

Wer alle diese Schreckensmeldungen gelesen hat, kommt aus dem Staunen nicht heraus, wenn er das Interview liest, das die *„Süddeutsche Zeitung"* (27. Juli 1990) mit Professor Helmut Greim, Direktor des Institutes für Toxikologie der Gesellschaft für Umwelt- und Strahlenforschung in München, geführt hat. Zur Entstehung von Ozon erklärte er:

„In Höhen von 15 bis 25 km durch die Bestrahlung von Sauerstoff mit UV-Strahlen. In unseren Bereichen entsteht es durch andere Mechanismen, zum Beispiel durch UV-Bestrahlung in Gegenwart von Stickoxiden, wie sie in Auto- und Industrieabgasen vorkommen. Doch Ozon entsteht nicht nur in Großstädten, sondern auch in sogenannten Reinluftgebieten, dort sogar in oft höherer Konzentration, durch das Zusammenwirken von Sauerstoff, UV-Bestrahlung und Stoffen, die vor allem von Nadelbäumen in die Luft abgegeben werden. Gerade durch die Waldschadensforschung kam heraus, daß schon immer in den Sommermonaten hier Ozon in der Konzentration von 40 bis 300 Mikrogramm pro Kubikmeter Luft entstanden ist."

Die *„Süddeutsche Zeitung"* fragte den Wissenschaftler: *„Von welchem Wert an ist Ozon für welche Menschen schädlich?"* Darauf Professor Greim in krassem Gegensatz zu Professor Wassermann:

„Schädlich mit Langzeitwirkung und Spätfolgen sind Konzentrationen ab 1 000, besonders ab 4 000 Mikrogramm pro Kubikmeter. Solche Mengen aber entstehen nicht in der Umwelt, sondern schlimmstenfalls bei Unfällen oder unvorsichtigem hantieren am Arbeitsplatz. Schweißer beispielsweise sind hier sehr gefährdet. Sie leiden ab 600 Mikrogramm manchmal an Kopfschmerzen und Engegefühl in der Brust, was aber bei Verringerung der Ozon-Konzentration wieder verschwindet. Ab 4 000 Mikrogramm aber können die Lungenbläschen geschädigt werden, und es kommt zum lebensbedrohlichen Lungenödem."

„An heißen Nachmittagen kein Marathon..."

Welche Menschen sind durch Ozon in der Luft gefährdet? Greim: *„Es gibt Untersuchungen, denen zufolge Langstreckenläufer, die nicht an Ozon gewöhnt sind, ab 200 Mikrogramm pro Kubikmeter Leistungseinbußen verspüren. Der Grenzwert von 240 Mikrogramm gilt als Vorsorgewert für Personen, die Asthma oder Kreislaufprobleme haben. Dies trifft für Kinder und Erwachsene gleichermaßen zu. Solche Menschen sollen sich bei höherer*

Ozon-Konzentration nicht über längere Zeit im Freien körperlich anstrengen. Ein anderer Grenzwert liegt bei 360 Mikrogramm. Er gilt – ebenfalls als Vorsorgewert – für die allgemeine Bevölkerung mit der gleichen Empfehlung."

Sieht Professor Greim die Ozon-Belastung als ein in Zukunft immer drängenderes Problem an? Die Antwort: *„Eigentlich nicht, denn Ozon war schon immer da. Wenn sich im Automobilverkehr endlich der Katalysator durchsetzt, müßte das Problem künftig sogar geringer werden."*

Im Tenor ähnlich klingt, was der Hamburger Lungenspezialist und Leiter einer Spezialklinik für Atemwegserkrankungen, Professor Helge Magnussen, gegenüber der *„Frankfurter Rundschau"* (14. August 1990) äußerte. Ozon-Konzentrationen von 120 bis 180 Mikrogramm pro Kubikmeter, die an heißen Tagen häufig kurzfristig überschritten werden, *„führen aber nicht zu Beschwerden"*. Der Tip des Professors für heiße Nachmittage: *„Lauft keinen Marathon, spielt nicht bis zur Erschöpfung Tennis, sondern bewegt Euch ganz normal, und es passiert nichts."*

„Warum sind in Los Angeles nicht alle tot?"

Leserbrief-Autor Rolf Siegrist aus Allschwil hatte offenbar genug von den Widersprüchen. In der *„Neuen Zürcher Zeitung"* (14. August 1990) fragte er: *„Wie kommt es, daß man uns rät, zu Hause zu bleiben und auf sportliche Leistungen zu verzichten, während gleichzeitig Spitzensportanlässe wie Fußballweltmeisterschaft, Tour de France, Fünf-Satz-Tennisspiele abgehalten werden? Oder die Olympischen Spiele in der sommersmogbelastetsten Stadt der Welt, Los Angeles? Und das alles offensichtlich mit Glanzleistungen und ohne Probleme. Erstaunlich, daß in Los Angeles überhaupt noch jemand überlebt bei Ozongrenzwerten 3,5 mal höher als bei uns, die (wie mir anläßlich eines Besuches an Ort bestätigt wurde) häufig überschritten werden?*

Vor einigen Jahren noch stöhnte alles unter der gewitterschwülen Hitze, von Ozon war keine Rede. Heute wird genau gleich gestöhnt, aber nicht mehr Temperatur und Luftfeuchtigkeit sind schuld, sondern das Ozon. Ich merke jedenfalls, obwohl älter geworden, keinen Unterschied und frage mich manchmal, ob hier nicht nachträgliche Rechtfertigungen für politische Überreaktionen (zum Beispiel beim Individualverkehr) gesucht werden, statt die wirklichen Probleme zu lösen, oder, da keine gefunden werden konnten, ein Sündenbock konstruiert wurde."

Kritisch und mokant äußerte sich auch die *„Süddeutsche Zeitung"* (16. August 1990) in ihrem *„Streiflicht"*:

„Ja, das Ozon! Steht Gewehr bei Fuß, den diesjährigen Ambivalenz-Preis zu erringen. Oben ist es gut und hält uns die liebe Sonne vom Hals; unten ist es in Zusammenarbeit mit jener einstmals göttlichen (auch: güldenen) Sonne schlecht, neuerdings. Und während unsere Vorväter beim Erreichen der Sommerfrische in vollkommener Verkennung verschiedener Sachlagen noch ergriffen seufzten oder schriftstellerten: Ahh, der gute Ozon! – wußte Brockhaus schon im Jahre 1885, daß das O. auf Schleimhäute und Atmungswege irritierend und katarrhalisch stimulierend wirkte, weshalb die Berufung eines Kurortes auf hohen Ozongehalt nachgerade lächerlich sei. Andererseits unsere englischen Freunde. Lästern auf ihrer gut durchlüfteten Insel, die hypochondrischen Deutschen hätten bloß einen neuen, nabelbeschaulichen Grund zum Jammern entdeckt. Nun wieder wir selbst: Wo eigentlich waren die hohen O-Konzentrationen vor drei, fünf Jahren?"

„Katastrophengeilheit"

Die Situation erinnert an die Tschernobyl-Zeit. In unverantwortlicher Weise wurde damals die Bevölkerung im Zusammenspiel zwischen Politikern, Experten und Medien in Schrecken versetzt. Zu erinnern ist in diesem Zusammenhang an die *„verseuchte Molke"*, von der keine Gefahr ausging und die noch heute Millionen an sinnlosen Kosten verursacht.

Zu verstehen ist diese Desinformationspolitik nur, wenn man die Ideologisierung der Umweltpolitik in Rechnung stellt. In der *„Neuen Zürcher Zeitung"* gab es zu dieser Problematik einen interessanten Beitrag (17./18. Juni 1990) unter der Überschrift *„Neuer Krieg zwischen alten Fronten"*. Nach dem Scheitern des Sozialismus und des Klassenkampfes um das Sozialprodukt habe die Linke den Umweltschutz zu ihrer Sache gemacht, sozusagen zu einer neuen klassenkämpferischen Version der Auseinandersetzung zwischen links und rechts. Die NZZ:

„Die teilweise Substitution der sozialen durch die ökologische Problematik auf der Linken hat zweifellos zu tun mit deren Selbstverständnis als einer politischen Kraft, welche die Anliegen der Schwachen wahrzunehmen gewillt ist. Sie bot sich an als Sammelbecken für Leute, die plötzlich der negativen Auswirkungen des Wohlstandes gewahr wurden, vielleicht für eher ängstliche Menschen, aber auch für sensible, nicht zuletzt auch für junge, die von jeher zu gesellschafts- und kulturkritischem Denken neigten. Damit wurde die Linke aber auch zu einem Kristallisationspunkt unserer Wehleidig-

keitsgesellschaft, welche mit Vorliebe die negativen Aspekte der technischen Zivilisation an der Utopie einer heilen Welt mißt und damit die eigene Frustration programmiert. Das Ergebnis ist ein widersprüchliches Gemisch von Konsumentenegoismus, der die unversehrte Umwelt wie ein Produkt aus dem Supermarkt erwerben möchte, und jammert über die Umweltschäden. Der bis zu einem gewissen Maß berechtigte Pessimismus wird im Extremfall zur ‚Katastrophengeilheit', die stets der Unheilsbotschaft vor der freundlichen Botschaft den Vorzug gibt, weil sie die eigenen apokalyptischen Erwartungen zementiert. Mit solchen Regungen wird heute namentlich seitens der Linken und der Grünen ziemlich bedenkenlos, mediengerecht und zum Teil auch erfolgreich politisiert ..." Und dies nicht zuletzt dank der opportunistischen Anpassung mancher konservativ-liberaler Politiker. sp

(MK 35/90, 27. 8. 1990)

Klima

Mixturen aus Wahrheit und Unsinn

Zur Berichterstattung der Medien über die Frühjahrsstürme

Kaum waren die Stürme in den ersten Monaten dieses Jahres über den westlichen und mittleren Teil Europas hinweggefegt, da brach der Sturm in bundesdeutschen Redaktionen los. Ein förmlicher Wettlauf setzte ein. Man schien zu streiten, wer denn nun die katastrophalste Sicht der Ereignisse präsentieren konnte. Stimmen, die zur Nüchternheit mahnten, waren vor allem in der Tagespresse präsent. Sie konnten die wuchtige Bilderflut des Fernsehens aber nicht konterkarieren.

Die Nase vorn hatten Dagny und Imre Kerner. Schon am 23. Oktober 1989 hatten sie in der ARD unter dem Titel *„Droht der Klimakollaps?"* eine Sendung im Programm, die der Angstmache freien Raum gab. *„Wir zerstören das Gesicht der Erde"*, so ihre Schlußfolgerung.

Doch so richtig in die Schlagzeilen kam das Thema erst im Januar. Da schlugen die Sendeanstalten reihenweise zu. Soweit jetzt noch feststellbar, haben sich Anfang 1990 nicht weniger als elf Sendungen bei

ARD und ZDF und den Privaten relativ ausführlich mit der *„Klimakatastrophe"* befaßt. Hier eine Auswahl:

22. 1.: *„Wege zur Sonne"* (ARD), 30. 1.: *„Telemotor"* (ZDF), 4. 2.: *„Globus"* (ARD), 5. 2.: *„Am Amazonas"* (ZDF), 19. 2.: *„Masai Mara"* (ZDF), 15. 2.: *„Abenteuer Forschung"* (ZDF), 19. 2.: *„Unendliche Vorräte"* (ARD), 28. 2.: *„Im Brennpunkt"* (ARD), 4. 3.: *„Globus"* (ARD), 4. 3.: *„Talk im Turm"* („Sat 1"), 6. 3.: *„Report"* (ARD).

Widersprüche häufen sich

Am ausführlichsten nahm sich der *„Brennpunkt"* des NDR am 28. Februar 1990 unter der Leitung von Joachim Wagner des Themas an. Doch die Sendung widersprach sich selbst. So schwere witterungsbedingte Katastrophen *„hat es in diesem Jahrhundert noch nicht gegeben"*, wurde erklärt. Wenig später hieß es dann in einem Filmbeitrag, die Sturmflut in Hamburg sei allerdings nur *„die drittschwerste Sturmflut dieses Jahrhunderts"* gewesen.

Als wissenschaftliche Kronzeugen hatte sich die Redaktion Professor Dr. Klaus Hasselmann vom Max-Planck-Institut für Meteorologie (Hamburg) und den Geophysiker Wilhelm von Braunmühl eingeladen, der beim *„Bund für Umwelt und Naturschutz"* (BUND) für Energie- und Klimaforschung zuständig ist.

Während sich Hasselmann bemühte, die Relationen zurechtzurücken und auch keine signifikante Zunahme der Sturmhäufigkeit zu erkennen mochte, wollte Braunmühl solche Argumente nicht anerkennen. Er wisse zwar nicht, so Braunmühl, wie der Beweis aussehen solle, daß es sich bei den Frühjahrsstürmen aber um Vorboten der Klimakatastrophe handele, sei für ihn klar. Wenn man Beweise abwarte, sei es möglicherweise zu spät.

Auffallend war, daß ausländische Experten die Dinge wesentlich gelassener sahen. In einem *„Brennpunkt"*-Überblick konstatierte der amerikanische Professor Dr. Alan Robok, Hurrikane hätten die USA schon immer erlebt. In den dreißiger Jahren seien sie weitaus verheerender als in diesem und im letzten Jahr gewesen. Der Berner Professor Dr. Christian Pfister erklärte, das letzte Drittel des 16. Jahrhunderts sei besonders kalt und niederschlagsreich gewesen. Dagegen seien die Jahre 1514 und 1529/30 mit etwa zehn Monaten Mittelmeerklima besonders warm gewesen.

Die Sendung *„Report"* aus Baden-Baden, deren Beitrag wiederum von Dagny und Imre Kerner verfaßt worden war, hatte sich vorsichtshalber erst gar nicht auf den Dialog mit Wissenschaftlern eingelassen und begnügte sich mit kurzen Statements des saarländischen Wirtschaftsministers Hans-Joachim Hoffmann (SPD) und des Vorsitzenden der Enquête-Kommission *„Vorsorge zum Schutz der Erdatmosphäre"* des Bundestages, Bernd Schmidtbauer (CDU).

Vieles ist noch ein Rätsel

Auch der *„stern"* ließ sich das schlagzeilenträchtige Thema nicht entgehen und beschäftigte sich am 15. Februar auf elf und am 8. März auf fünf Seiten mit dem Klima. Da bog sich der Kölner Dom auf einer Fotomontage, da sehnte man sich nach Zeiten, *„als auf den Frost noch Verlaß war"* und sagte eine *„dramatische Klima-Wende"* voraus. Nachdem alle Ereignisse der Frühjahrsunwetter in epischer Breite dargelegt waren, folgerte der *„stern"*: *„Um die Welt vor dem Klima-Kollaps zu bewahren, muß endlich Wind- und Sonnenenergie massiv gefördert werden. Und die Herstellung von FCKW muß sofort verboten werden."*

Die Förderung von Wind- und Sonnenenergie soll zur Vermeidung von Kohlendioxid (CO2) beitragen, doch die *„Zeit"* meldete am 6. April: *„Den Klimaforschern ist es ein Rätsel: Ein beträchtlicher Teil des von Menschen erzeugten Kohlendioxids sammelt sich nicht in der Atmosphäre an, sondern verschwindet spurlos."*

Auch beim *„Talk im Turm"* bei „Sat 1" am 4. März unter der Moderation von Heidi Schüller und Erich Böhme ging es um das Klima. Versammelt waren: Monika Griefahn (Greenpeace), Ex-ZDF-Wetteransager Elmar Gunsch, Professor Dr. Franz Nader (Verband der Chemischen Industrie), Hans v. Storch vom Hamburger Max-Planck-Institut für Meteorologie und der Astronaut Professor Dr. Reinhard Furrer. Während sich Nader, v. Storch und Furrer bemühten, eine objektive Sicht der Dinge zu geben (Furrer: *„Die Balance unseres Klimas war schon immer instabil"*), mußten sie doch bald resignieren, denn sie wurden von der Greenpeace-Aktivistin Monika Griefahn, den Moderatoren und einem Teil des Publikums verbal in die Ecke gedrängt.

„Alle Klimaforscher sind sich einig"

Nochmal zurück zum NDR-Brennpunkt. Da wurde abschließend behauptet: *„Alle Klimaforscher sind sich einig. Unser Planet wird seit über hundert Jahren in einem Ausmaß und einer Geschwindigkeit aufgeheizt, die es noch nie gegeben hat."*

Doch dem ist nicht so. Die *„Welt"* fragte unter der Titelzeile *„Unterschiedliche Bewertung durch die Experten"*: Sind die Orkane Beweis für einen Klimawechsel? Sie schreibt: *„Ausgangsbasis dieser Berechnungen sind jedoch Daten, die in Wirklichkeit nicht immer auf Meßwerten beruhen. Die ungleiche Verteilung der Boden-Wetterstationen über den Globus, die manchmal recht ungenauen Messungen der Wettersatelliten und die nur spärlich gewonnenen Daten aus der Atmosphäre durch Ballon-Radiosonden zwingen die Wissenschaftler dazu, mit mathematischen Kunstgriffen aus den tatsächlich gemessenen Werten die restlichen zu ‚erschließen'.*

... Zeitlich und örtlich begrenzte Kapriolen sind aber nichts mehr als kleine Launen der Natur, wirken sie auch noch so katastrophal. Ein außergewöhnlicher Winter in Nordeuropa ist eben nicht mehr als eine Momentaufnahme im jahrtausendlangen Klimageschehen."

Der *„Rheinische Merkur"* zitierte den Berner Klimaforscher Christian Pfister: *„Er berichtet ... vom extrem warmen Winter 1529/30: Im elsässischen Guebweiler arbeitete man den ganzen Winter im Hemd, Anfang März fingen die Kirschbäume zu blühen an. Doch am 2. Februar 1572 war der Bodensee ganz mit Eis geschlossen und fast 60 Tage begehbar."*

Unwetterkatastrophen in der Vergangenheit

Daß die Orkane mit *„bisher unbekannter Windstärke"* geweht haben, wie in *„Report"* behauptet, läßt sich schon an zwei Ereignissen jüngeren Datums widerlegen. Man denke nur an die große Sturmflut des Jahres 1953, die Küstengebiete in England und den Niederlanden verwüstete. Allein in Holland starben 1 487 Menschen, 200 000 Hektar Ackerland wurden überschwemmt. 1962 suchte eine schwere Sturmflut zur Karnevalszeit die deutsche Nordseeküste heim. In Hamburg starben 300 Menschen, 75 000 wurden obdachlos.

Die *„Kölnische/Bonner Rundschau"* hatte in ihrer Ausgabe vom 1. März 1990 alle außergewöhnlichen Wetterlagen seit Kriegsende aufgelistet. Resultat: 1947 war der Niederrhein auf über 70 Kilometer zugefroren. 1949: Der ungewöhnlich trockene Sommer ging erst im November zu Ende. Ein Orkan über Westdeutschland forderte 23 Tote. 1954: Ein 60stündiger Wolkenbruch setzte große Teile Bayerns unter Wasser.

20 000 Menschen wurden obdachlos. Viehherden ertranken. Lawinen töteten an einem Tag in den Alpen 150 Menschen. 1956: Schwerer Orkan über der Nordsee. Die Halligen meldeten Land unter. Dem kalten Winter folgte ein Sommer, so kalt wie seit 40 und so naß wie seit 100 Jahren nicht mehr.

1963: Im Februar wurden in Berlin 36 Grad minus gemessen. Der Bodensee fror zu. 1972: Im März trocknete der Rheinfall bei Schaffhausen fast ganz aus. 1975: Nach dem heißesten und trockensten Sommer seit Menschengedenken brannte die Lüneburger Heide auf 4 000 Hektar. Elf Menschen starben. 1978: Auf den seit Jahren kältesten Winter folgte ein verregneter Sommer. Im Dezember erstickte Norddeutschland im Schnee. 1979: Im Januar fegten die stärksten Schneestürme seit über 100 Jahren über Deutschland hinweg. 1983: Das schlimmste Hochwasser seit 36 Jahren setzte Köln und Bonn unter Wasser. 1984: Eines der schlimmsten Unwetter seit Jahrzehnten tobte über München und Oberbayern. Hagelkörner in Tennisballgröße richteten unermeßliche Schäden an.

Vor unseriösen Prognosen hüten

In derselben Ausgabe merkte die *„Kölnische/Bonner Rundschau"* in einem Leitartikel an: *„Politiker sollten sich um ihrer Glaubwürdigkeit willen hüten, Tatsachenbehauptungen aufzustellen, die sich allenfalls auf gut gemeinte, aber nichtsdestoweniger unseriöse Prognosen einzelner Klimaforscher stützen."*

In der *„Frankfurter Allgemeinen Zeitung"* griff Professor Dr. Christian Schönwiese vom Institut für Meteorologie und Geophysik der Universität Frankfurt auf eine Zeit zurück, in der es weder eine FCKW- noch eine CO2-Problematik gab. Er schrieb:

„Berühmt-berüchtigt ist beispielsweise die Sturmflut des Jahres 1212, die in den Niederlanden 300 000 Menschen das Leben gekostet haben soll. Erst in dieser Zeit sind die Friesischen Inseln vom Festland abgetrennt worden, entstanden der Jadebusen und die holländische Zuijder-See."

Schönwiese folgerte: *„Man darf keinesfalls müde werden, Maßnahmen zum Schutz von Klima und Umwelt zu fordern. Nur sollte man dies nicht mit falschen Argumenten tun. Und man sollte zur Kenntnis nehmen, daß auch die Natur immer wieder Katastrophen zustande bringt ... Leider bleiben aller-*

dings die naturwissenschaftlichen Tatsachen oft auf der Strecke, werden Mixturen aus Wahrheiten, Halbwahrheiten und Unsinn weitergereicht. Wie aber soll man angesichts dieser Irrungen und Wirrungen zu Einsichten und sachgerechten Beurteilungen kommen?"

„Die Katastrophe lassen wir uns nicht nehmen"

Eine Antwort lieferte die *„Süddeutsche Zeitung"* am 20. Februar in einem *„Streiflicht"*, worin journalistische Arbeitsweise selbstkritisch unter die Lupe genommen wurde: *„Die Klimakatastrophe lassen wir uns nicht mehr nehmen ... denn jeder Regentropfen zuviel, jede Schneeflocke zu wenig, jeder Sturm ist uns ja sowieso nichts als ein Beleg für den nahenden Untergang der Erde. Wir brauchen keine Experten mehr, keine Zahlen, Fakten, Daten. Wir haben unsere Katastrophen, und wir haben unsere Phantasie."* WvL

(MK 16/90, 17. 4. 1990)

Umweltschutz

ARD-Katastrophenbeschwörung

Neue wissenschaftliche Erkenntnisse nicht berücksichtigt

Schon in der Auftaktsendung zum ARD-Schwerpunktthema *„Umwelt"*, die im Oktober 1989 ausgestrahlt wurde, jagten sich die Katastrophen. Die Autoren Dagny und Imre Kerner vom WDR ließen in ihrer Dokumentation *„Droht der Klimakollaps?"* (23. Oktober 1989) kein Horrorszenario aus. Sätze wie *„Die Klimakatastrophe gefährdet unsere Existenz schlechthin"*, *„Aus für unsere Landschaft"* und *„Die Erde wird ihr Gesicht verlieren"* avisierten die angebliche Unausweichlichkeit menschlicher Selbstzerstörung.

Die Sendung wirkte so, als hätte sie ihr Drehbuch vom *„Spiegel"* bezogen, der am 17. Juli 1989 eindringlich ausgemalt hatte, was der Menschheit alles bevorstehe. Sie stünde vor Klimaumwälzungen, vom Menschen selbst hervorgerufen, die, zumindest für Generationen, nicht mehr umkehrbar sein dürften. Nach zwei Jahrhunderten Industrialisierung und Bevölkerungsexplosion gerate die Erdatmosphäre aus ihrem chemischen und physikalischen Gleichgewicht. Millionen Tonnen Kohlendioxid, erzeugt beim Verfeuern von Kohle, Öl, Erdgas und Holz, dazu Millionen Tonnen Methan, die bei der Erdgasgewinnung oder über Asiens Reisfeldern aufsteigen, hätten die Lufthülle des Erdplaneten in eine Hitzefalle verwandelt: Die gigantischen Gasschwaden wirkten wie Treibhausfenster – sie hielten einen immer größeren Teil der von der Erde reflektierten Sonnenstrahlen zurück und heizten so das Erdklima auf.

Verstärkt werde der Treibhauseffekt durch riesige Mengen der Flurchlorkohlenwasserstoffe (FCKW), die in den höheren Atmosphäre-Schichten den Ozonschild zerstörten, der das Leben auf der Erde vor der gefährlichen UV-Strahlung schütze.

Kerner klagte an. Ausgebreitet wurden die Katastrophenszenarien: Klimazonen werden sich verschieben, Dürren und Überschwemmungen zunehmen. Durch die Erwärmung der Ozeane werde der Meeresspiegel weiter ansteigen. Der Lebensraum von vielen hundert Millionen Küstenbewohnern sei bedroht, wenn die fruchtbaren und dichtbesiedelten Flußlandschaften in aller Welt überflutet werden. Da die schützende Ozonhülle nicht mehr bestehe, werde sich der Hautkrebs rapide ausbreiten.

Auch die Schuldzuweisung fehlte nicht: *„In Bonn nur Schweigen und Leere."*

„Kahlschlag. Der Wald-Report 2010" von Joachim Faulstich, eine Produktion des HR, folgte als zweiter Beitrag (26. Oktober 1989) und wirkte schockierend. Die Sendung bediente sich eines neuartigen elektronischen Fotomontageverfahrens, das in dieser Art erstmalig im Fernsehen eingesetzt wurde. So konnte in realistischer Weise bewaldete Landschaft als entwaldet dargestellt werden, um den Vergleich zwischen 2010 und heute drastisch vorzustellen: Schloß Neuschwanstein auf einem kahlen Felsen, die Alpenlandschaft bei Garmisch grauschwarz verkarstet, der Schwarzwald kahl. Die Hauptaussage: 1989 hätte man wissen können, was uns bevorsteht. Die *„Frankfurter Rundschau"* (30. Oktober 1989) schrieb:

„Der Wind pfeift durch kalt aufragende Baumleichen, ein langer verhallender elektronischer Bläserton verbreitet wie ein Nebelhorn Tristesse. Der Hochschwarzwald ist eine Steppe, grau-braun vertrocknet, die romantischen Fach-

werkhäuser verfallen, die Hotels sind stillgelegt. In den Alpen bedrohen Schlamm- und Geröll-Lawinen die Dörfer. Köln versinkt Jahr um Jahr in Hochwasserkatastrophen. Die Seen der Talsperren sind vergiftet, die Böden versäuert. ‚Tote Wälder speichern kein Wasser'. Die Wurzeln halten den Boden nicht mehr, nach der Holzflut der gefällten schwerkranken Bäume gibt es nun Holzmangel, denn auf der Erde steht nur noch die Hälfte der Waldgebiete von heute."

Beide Sendungen müssen sich den Vorwurf gefallen lassen, agitatorisch angelegt worden zu sein. Sie berücksichtigten nicht neuere wissenschaftliche Erkenntnisse, wie sie beispielsweise von Dr. Hans Schuh in der *„Zeit"* vorgestellt worden sind.

„Das nebulöse Treibhaus"

Unter der Überschrift *„Das nebulöse Treibhaus"* berichtete das Blatt am 22. September 1989: Die Auswirkungen des Treibhauseffekts seien bisher stark übertrieben worden. Statt von vier oder mehr Grad globaler Temperaturerhöhung ist eher noch von zwei Grad die Rede. *„Hauptgrund für die gedämpfteren Töne sind realistischere Klimamodelle zur Beschreibung des Treibhauseffekts. Wurde früher fast ausschließlich die Atmosphäre berücksichtigt, die sich relativ rasch aufheizt, so beginnen die Klimatologen zunehmend, die Wettermaschine namens Ozean mit ins Kalkül zu ziehen."*

Schwierigkeiten bereite neben dem Koppeln der Zirkulationsmodelle für Luft und Ozean auch die Berechnung der Wolkenbildung. *„Ohne genaue Kenntnis der Wolken, die je nach Struktur den Treibhauseffekt verstärken oder mildern können, bleiben Temperaturprognosen problematisch. In groben Umrissen deutet sich jedoch an, daß die bessere Berücksichtigung der Meere in den Rechnungen sowohl das Ausmaß des Temperaturanstiegs als auch die Geschwindigkeit dämpft, mit der sich der Treibhauseffekt bemerkbar macht."*

Nach allem, was die Klimaforscher derzeit wissen, sei ein Anstieg des Meeresspiegels um mehrere Meter in den nächsten hundert Jahren äußerst unwahrscheinlich. Mit einem Abschmelzen der Polkappen sei nicht zu rechnen. *„Die meisten Fachleute erwarten deshalb in den nächsten fünfzig bis hundert Jahren höchstens eine Anhebung im Bereich weniger Dezimeter. Dies bietet keinen Nährboden für Horrorszenarien."*

Der öffentlich erweckte Eindruck, der Treibhauseffekt sei mit hoher

Gewißheit nachweisbar, sei irreführend. Vielmehr liege diese Gewißheit nach derzeitigem Erkenntnisstand *„nahe bei Null"*.

„Große Löcher im Ozon-Puzzle"

Neue wissenschaftliche Theorien gibt es auch über das Ozon in der Atmosphäre. Die *„Zeit"* (1. Dezember 1989): *„Große Löcher im Ozon-Puzzle."* Die laufenden Forschungen hätten bisher nicht mehr Klarheit gebracht, sondern immer neue Fragen aufgeworfen. Zum Beispiel diese: *„Die offenkundige Schwierigkeit, sowohl die Tiefe als auch die Dauer des alljährlich am Südpol auftauchenden Ozon-Minimums vorherzusagen, dokumentiert die massiven Kenntnislücken, mit denen sich die Forscher nach wie vor herumschlagen. Zwar hat sich inzwischen ein einigermaßen konsistentes und weitgehend akzeptiertes Bild herausgeschält, wie der Ozonabbau vor sich gehen könnte. Doch der langjährige Streit zwischen den ‚Dynamikern' einerseits, die primär meteorologische Gründe ins Feld führen, und den ‚Chemikern' andererseits, die vor allem menschliche Aktivitäten für das Schwinden des Ozons verantwortlich machen, ist keineswegs entschieden."*

In der Ozontheorie gebe es ein weiteres grundlegendes Loch: *„Was als akute Gefahr für die Menschheit und ihre Umwelt immer wieder an die Wand gemalt wird, nämlich ein mit dem Ozonverlust einhergehender drastischer Anstieg der Ultraviolettstrahlung, läßt sich zumindest für die Nordhalbkugel nicht nachweisen – vielmehr wird eine gegenteilige Tendenz beobachtet!"*

Es bestehe kein Anlaß zu Hektik oder gar Panik: *„Die immer wieder auftauchende Behauptung, die stark steigenden Hautkrebsarten, insbesondere in Brasilien oder Australien, gingen auf das Konto des Ozonlochs, ist medizinisch haltlos. Erst seit wenigen Jahren wird ein Ozonrückstand über besiedelten Gebieten vermutet, Hautkrebs dagegen entwickelt sich erst im Laufe von zwei oder mehr Jahrzehnten. Hier wird die primäre Ursache, der ebenso unsinnige wie gefährliche Bräunungskult, in unzulässiger Weise verharmlost."*

Generell sei auch jenen vermeintlichen *„Experten"* zu mißtrauen, die den Ozonabbau eindeutig dieser oder jener Ursache zuordnen wollten: *„In dem Ozondrama wirken mehr als dreißig verschiedene Substanzen in über 160 chemischen Reaktionen mit. Die Abläufe beeinflussen sich nicht nur gegenseitig, sie sind auch stark abhängig von der Temperatur und dem Luftdruck. Hinzukommen extrem schwer kalkulierbare Faktoren wie Klimaschwankungen, Änderungen der Sonnenaktivität, Luftströmungen,* *vulkanische Aktivität oder Größe und Säuregehalt von Dunsttröpfchen bzw. Eiskristallen ... Bis dieses komplexe System aufgeklärt ist, wird noch viel Forscherschweiß fließen ...“*

„Hier Waldsterben, da Waldwuchern“

Kritisches hatte die *„Zeit“* (17. November 1989) auch zur Entwicklung der Waldschäden anzumerken: *„Hier Waldsterben, da Waldwuchern – Abgase machen den Wald teils krank, als Dünger lassen sie ihn andererseits schneller wachsen.“*

Die diesjährige Waldschadenserhebung sei ein Musterbeispiel dafür, wie grundlegende wissenschaftliche Erkenntnisse unter den Teppich gefegt werden, weil sie unbequem seien. *„Alle politischen Parteien versuchen derzeit, sich auf dem populären Felde des Umweltschutzes gegenseitig zu überbieten – und deshalb wagt kein Politiker zu formulieren, was die Spatzen längst von den Dächern der forstwirtschaftlichen Institute pfeifen: Das Ausmaß der Waldschäden wurde in den vergangenen Jahren überschätzt, das Bild von bundesweit dahinsiechenden Forsten ist korrekturbedürftig.“*

Vielerorts treffe sogar das Gegenteil zu: *„Infolge der Düngung via Luftverschmutzung wächst der Wald so üppig wie nie zuvor. Die Emmissionen aus Industrie, Verkehr und Landwirtschaft treiben die Forste in eine Wachstumsschere: Während karge und basenarme Böden zunehmend versauern (vor allem in den Höhenlagen), und dort der Wald in alarmierender Weise dahinsiecht, wachsen die Bäume im Vergleich zu früheren Jahrzehnten auf vielen ehemals stickstoffarmen Standorten im Rekordtempo.“*

Überraschend erholt habe sich vor allem die Fichte, der zahlenmäßig weitaus wichtigste Baum in deutschen Forsten: Zeigten 1985 23,9 Prozent aller Fichten deutliche Krankheitssymptome, so ist deren Anteil in den letzten vier Jahren kontinuierlich auf nunmehr 13,5 Prozent gesunken. Diese Erholung sei ebenso rätselhaft wie der Umstand, daß sie auch in diesem Jahr weiterging – trotz des heißen und vielerorts sehr trockenen Sommers. Die Fichten zeigten Volumenzuwächse, die 20 bis 40 Prozent über dem früher üblichen Niveau liegen.

Der raschere Zuwachs sei keineswegs auf die Fichte begrenzt. Die oft als aussterbend apostrophierte Tanne wachse sogar seit einigen Jahren sowohl in den Vogesen als auch im Schwarzwald vielerorts dermaßen rasch, daß Forstwirtschaftler verdattert von einer *„Wachstumsexplosion“* redeten. Ähnliches gelte auch für die Kiefern. Herausgestellt habe sich, daß die einzelnen Schadstufen neu bewertet werden müßten: bis zu rund 30 Prozent Nadel- und Blattverlust wirkten sich nicht auf das Wachstum des Baumes aus. *„Wie fragwürdig die Einstufung nach Blattverlusten sein kann, mag ein Beispiel verdeutlichen: Wenn Buchen und Eichen wie in diesem Jahr viele Bucheggern und Eicheln bilden, dann geht dies teilweise auf Kosten der Belaubung. Die Bäume stecken einen Teil ihrer Kraft nicht in (überschüssiges) Blattwerk, sondern in die Frucht – und werden dafür als weniger gesund eingestuft als im Vorjahr."*

Schlußfolgerung: *„Grundsätzlich läßt sich sagen, daß die intensive Waldschadensforschung zwar viele interessante Informationen gebracht hat, aber daß weiterhin noch große Wissenslücken klaffen. Bezeichnend war zum Beispiel die heftige Abschlußdebatte auf dem internationalen Waldschadenskongreß Anfang Oktober in Friedrichshafen, welche Mechanismen dazu führen, daß ein Baum seine Nadeln verliert ... ‚Wir wissen es nicht'. Die Physiologie des Baumes ist noch viel zu wenig erforscht, und dies erschwert die Erklärung der Waldschäden ungemein."* sp

(MK 51-52/89, 18. 12. 1989)

Klimaforschung

Treibhauseffekt – immer mehr Fragezeichen

Prognosen auf brüchigem Tatsachenfundament

Der Treibhauseffekt ist in aller Munde. Selbst höchstrangige Politiker wie die Präsidenten der USA und Frankreichs sprechen über ihn, in den Medien wird immer wieder die durch den Treibhauseffekt drohende Klimakatastrophe beschworen, mit allen ihren fürchterlichen Folgen. Doch allmählich kristallisiert sich heraus: Man weiß noch nichts Genaues über den Treibhauseffekt. Die Wissenschaft entdeckt immer neue Fragezeichen in der Beweisführung gegen die beschuldigten *„Treibhausgase"*. Von den Medien werden diese Zweifel jedoch kaum zur Kenntnis genommen.

Zur Kenntnis genommen werden sie dort, wo es darauf ankommt, potentiell bedrohliche Umweltphänomene zu registrieren und zu prüfen, ob sie real sind: im Bonner Bundesforschungsministerium. Dort reagiert man auch mit einem neuen Forschungsprogramm, einem *„Förderschwerpunkt"* zum *„Treibhauseffekt"*. Doch es wirkt zumindestens befremdend, wenn Bundesforschungsminister Dr. Heinz Riesenhuber, selbst Naturwissenschaftler, gleichzeitig betont, daß ein *„nicht vollständiges Wissen uns nicht vom Handeln abhalten darf"*. Offenbar kommt es nur auf das Handeln an, auf einen öffentlichkeitswirksamen Aktionismus – ohne Rücksicht darauf, ob das Handeln in die richtige Richtung geht. Pläne für eine Steuer auf Kohlendioxidemissionen, mit denen auch die parlamentarische Opposition sich dem treibhausverschreckten Wähler als umweltfreundlich empfehlen will, deuten an, wie weit das Handeln gehen könnte.

Vermutungen

Es zielt dabei auf das Kohlendioxid, das zu gut 50 Prozent die Aktivität der Treibhausgase in der Atmosphäre ausmacht. Ob und wieweit diese Treibhausgase jedoch wirklich einen klimawirksamen Treibhauseffekt auslösen und wieweit menschliche Aktivitäten (lies: die Verbrennung fossiler Energierohstoffe wie Öl und Kohle) dazu beitragen: Das ist offener denn je.

Wir rekapitulieren: Das feste Fundament des Glaubens an den Treibhauseffekt besteht vor allem in der Tatsache, daß der Gehalt der Erdatmosphäre an Kohlendioxid seit rund einem Jahrhundert um rund 25 Prozent gestiegen ist.

Nur Vermutung ist es, daß dieser Anstieg durch den immer schnelleren Verbrauch fossiler Brennstoffe in dem gleichen Zeitraum hervorgerufen sein müsse. Zwar gibt es ausreichend Rechenbilanzen, die das beweisen, doch mit der Einschränkung, man könne in die Rechnungen den Austausch von Kohlendioxid zwischen Atmosphäre und Meer nicht einbeziehen, weil man die Austauschvorgänge nicht kenne. Hält man sich vor Augen, daß der Kohlendioxidgehalt des Meeres mindestens das 50fache des Gehalts der Atmosphäre ausmacht und nach neuesten – vorläufigen – Messungen mit modernsten Geräten möglicherweise das 500fache oder gar Tausendfache, und bedenkt man, daß das Meer überall auf der Oberfläche Kohlendioxid aufnimmt oder abgibt, dann erscheint es als reichlich gewagt, die Ursache der Steigerung des Kohlendioxidgehalts der Atmosphäre heute schon kennen zu wollen. Die Möglichkeit, daß umgekehrt hydrographische Veränderungen die Ursache der Zunahme des Kohlendioxidgehalts sein könnten, ist bisher noch gar nicht ernsthaft diskutiert worden.

Ebenso ist es eine Vermutung, wenn man eine Erwärmung der Erdatmosphäre im letzten Jahrhundert um rund ein halbes Grad Celsius als Beweis dafür heranzieht, daß ein Treibhauseffekt bereits wirkt. Der Parallelverlauf von Kurven ist ohne Kenntnis der Zusammenhänge stets ein fragwürdiger Beweis. Denn: Diese Erwärmung des Erdklimas kann durchaus von anderen Faktoren bewirkt worden sein, wie eine renommierte *„Denkfabrik"* in den USA, das *„George C. Marshall-Institute"* (Washington), in seiner Studie *„Scientific Perspektives of the Greenhouse Problem"* darlegt: Zum einen sei zu bedenken, daß dieses halbe Grad ohnehin im Schwankungsbereich des Erdklimas liege. Zum anderen: Dieser Temperaturanstieg sei mit großer Wahrscheinlichkeit auf eine Zunahme der Sonneneinstrahlung zurückzuführen.

Starker Einfluß der Sonnenflecken

Denn unsere Sonne sei ein variabler Stern. Schwankungen ihrer Leuchtkraft um 0,1 Prozent (die auf der Erde eine Temperaturänderung um etwa 0,1 Grad bewirken würden) sind im letzten Jahrzehnt bereits gemessen worden. Fixsterne mit den gleichen Dimensionen und Eigenschaften wie die Sonne zeigen Leuchtkraftschwankungen um 0,5 Prozent und mehr. Die Leuchtkraftschwankungen sind gekoppelt mit der Sonnenfleckenaktivität, die man zeitlich rückwärts verfolgen kann.

Die Sonnenfleckenaktivität hat sich im letzten Jahrhundert enorm gesteigert: von einem Durchschnitt von etwa 40 Flecken im Jahr 1880 auf 70 Flecken 1985. Die Kurve des Anstiegs verläuft parallel der Kurve der Steigerung der Globaltemperaturen – und zwar *„paralleler"* als die Kurve der Steigerung des Kohlendioxidgehalts der Atmosphäre: Ein Hochstand und ein Rückgang zwischen 1940 und 1965 sind erkennbar, die durch die CO_2-Kurve nicht erklärt werden können.

Mit anderen Worten: Die Erwärmung der unteren Erdatmosphäre seit dem vorigen Jahrhundert ist mindestens zum größeren Teil der Sonne anzulasten und nicht den Autoauspuff- und Kraftwerksabgasen oder einer vom CO_2-Austausch Meeratmosphäre bewirkten Erhöhung des CO_2-Gehalts der Atmosphäre.

Die Kassandrarufe der Anhänger des Treibhauseffekts basieren also auf einem brüchigen Tatsachenfundament.

Welche Rolle spielt die ~~Bevölkerung~~ Wölkung?

Dieses Fundament wird dadurch noch wackliger, daß es absolut offen ist, in welchem Umfang ein Treibhauseffekt wirklich zum Tragen kommt und wieweit er durch die Bewölkung der Atmosphäre abgeschwächt oder auch verstärkt wird. Denn eine Erwärmung der Erdatmosphäre muß zu Mehrverdunstung von Wasser und wird wahrscheinlich auch zur Zunahme der Bewölkung führen.

Wolken können die Sonneneinstrahlung auf die Erde soweit abblocken, daß die Erde abkühlt und damit die Erwärmung wieder reduziert wird, wenn es sich um niedrige Wasserdampf-Tröpfchen-Wolken, um Stratus- und Kumulus-Wolken handelt. Sie können aber auch einen Treibhauseffekt verstärken, indem sie als lose Eiswolken in großen Höhen Infrarotstrahlung zur Erde zurückspiegeln, wenn es sich um hohe Cirruswolken handelt. Eine andere mögliche Variante der Auswirkung des Treibhauseffektes: Die Erwärmung der Erdatmosphäre mindert die Wolkenbildung, weil wärmere Luft mehr Feuchtigkeit aufnimmt, ohne sie in Tröpfchenform auszuscheiden.

Diese Unsicherheit der Auswirkung des *„Wolkenfaktors"* ist neben anderem mit dafür verantwortlich, daß die verschiedenen Rechenmodelle der verschiedenen mit der Klimavorhersage befaßten Gruppen zu so unterschiedlichen Resultaten kommen: Ihre Prognosen schwanken zwischen Eintritt einer Erwärmung um ein Grad und fünf Grad im Laufe des nächsten halben Jahrhunderts. Der unterste Wert wäre fast irrelevant, weil er im Bereich der natürlichen Klimaschwankungen der letzten Jahrhunderte liegt, der oberste Wert könnte bedrohliche Auswirkungen für die menschliche Umwelt haben.

Neue Forschungsobjekte

Um zu brauchbaren Klimavorhersagen zu kommen, wird man die Großcomputer der Klimarechenzentren zunächst mit Daten über die Dimensionen und Vorzeichen des *„Wolkenfaktors"* füttern müssen. Ein internationales Programm für diese Arbeit läuft schon in den ersten Stadien an: Unter dem Titel *„ISCCP"* – Internationales Satelliten-Wolken-Klimaprojekt – werden die beiden wichtigsten Wolkentypen und ihre Strahlungseigenschaften erforscht. Regionale Programme sollen dem großen internationalen Programm zuliefern.

In den USA läuft ein Regionalprojekt *„Fire"* (*„First ISCCP Regional Ex-*

periment"), das in erster Linie die *„warmen"* aus Wassertröpfchen bestehenden tiefen Stratus- und Kumulus-Wolken erforscht. In Europa haben sich Schweden, Frankreich, England und Westdeutschland zusammengetan, um das Projekt *„Ice"* (*„International Cirrus Experiment"*) durchzuführen, die Erforschung der hohen *„Federwolken"*, die aus Eiskriställchen bestehen.

Das *„Ice"*-Experiment, unter Koordination des Kölner Meteorologen Professor Dr. Ehrhard Raschke, wird immerhin eine *„Wolkenjägergruppe"* von fünf Flugzeugen fast fünf Wochen lang über der südlichen Nordsee beschäftigen, begleitet von einem sechsten Flugzeug aus der Stratosphäre, von einem Forschungsschiff, einem Satelliten und Laser-Radar-Stationen rings um die südliche Nordsee.

Austauschvorgänge Atmosphäre-Meer unbekannt

Während man absehen kann, daß die Wolkenerforschung einen Teil der Wissenslücken (oder besser gesagt Datenlücken) der Klimacomputer in der absehbaren Zeit von wenigen Jahren schließen könnte, klafft vorläufig die zweite große Lücke auf kaum absehbare Zeit: Die Austauschvorgänge der Treibhausgase – im Vordergrund CO_2 – zwischen Atmosphäre und Meerwasser sind so gut wie unbekannt. Doch ohne deren Kenntnis kann weder Treibhausgasen bestimmter Herkunft eine Schuld zugewiesen, noch können Maßnahmen verantwortlich eingeleitet werden. Denn es wäre völlig absurd, nur aus Aktionismus irgendwelche Kohlendioxiderzeuger zu belasten oder Energieerzeugungstechniken zu forcieren, die zwar kein Kohlendioxid liefern, doch andere möglicherweise weit üblere Umweltschäden bewirken, wenn man den natürlichen Kohlendioxidkreislauf nicht quantitativ kennt.

Bisher laufen international keine Forschungsprogramme zu seiner Erforschung. Ein erster Ansatz ist jedoch wenigstens erkennbar, der die Methodik andeutet, wie man diese Frage in den Griff bekommen will. Das Kieler *„Institut für Meereskunde"* arbeitet zur Zeit unter Leitung von Professor Dr. Jan Duinker ein Projekt aus, um die Kohlendioxid-Partialdruckdifferenzen an der Grenzfläche Meer-Atmosphäre in ausgewählten Gebieten des Weltmeeres zu messen: Diese zeigen an, ob das Meerwasser dort Kohlendioxid aufnimmt oder abgibt – je nachdem, ob sie negativ oder positiv sind.

Mit dieser eleganten Methode sollte es möglich sein, einen Überblick über diesen Austauschprozeß zu bekommen, der entscheidend sein kann für Veränderungen des Kohlendioxidgehalts der Atmosphäre, falls er höhere Größenordnungen erreicht. Dann könnte die Klimaforschung ihre Rechnungen über den Kohlendioxidkreislauf in absehbarer Zeit auf eine realistische Grundlage stellen.

Treibhauseffekt könnte sogar nützlich sein

Diese Rechnungen können überraschende Resultate liefern, falls es möglich wird, schon die Resultate der *„historischen Klimaforschung"* mit einzubeziehen, also den Klimarhythmus der vergangenen Erdgeschichte zu berücksichtigen. Ein großangelegtes Tiefbohrprojekt in Grönland soll solche Daten liefern.

Dort sind zwei Eisbohrungen in der Mitte des Inlandeises geplant – eine durch die USA, eine durch eine europäische Gruppe unter Koordination des Berner Physikers Professor B. Staufer –, die je 3200 Meter tief führen und 1990 beginnen sollen. Sie sollen höchstwertige Daten über die Klimaentwicklungen der letzen 100 000 bis 200 000 Jahre liefern und werden damit auch die Klimaschwünge des letzten Jahrtausends aufzeigen.

In diesen Jahrtausenden habe sich – so der Bericht des *„George C. Marshall-Institute"* –, wie aus Variationen der von der Sonnenaktivität gesteuerten kosmischen Höhenstrahlung zu schließen sei, ein Wechsel wärmerer und kälterer Jahrhunderte im 200-Jahresrhythmus abgespielt. Relativ kalt seien daher das 13., 15., 17. und 19. Jahrhundert gewesen. Für das 21. Jahrhundert dürfe man wieder ein kühleres Klima erwarten, als Folge natürlicher Einflüsse. Schließe man aus den vorliegenden Daten, so dürfte die Erde um rund ein Grad kälter sein als in dem jetzigen Jahrzehnt.

Falls ein vom Menschen erzeugter Treibhauseffekt wirksam werde, so könne er – nehme man die 0,5-Grad-Erwärmung im letzten Jahrhundert als Maßstab, die nach den Untersuchungen des genannten Instituts doch nur zum kleinen Teil auf diesen Effekt zurückgehen – kaum mehr als ein Grad innerhalb eines Jahrhunderts erreichen. Das heißt, daß er ausreichen würde, um die natürliche Klimaverschlechterung aufzufangen.

„Das Gleichgewicht der vom Menschen bewirkten und des von natürlichen Kräften erzeugten Klimawechsels würde dann das Erdklima innerhalb einer Schwankung von vielleicht einem Grad in dem heutigen Temperaturbereich belassen" – das ist die bemerkenswerte Folgerung, die das *„George C. Marshall-Institute"* aus diesen Fakten zieht.

Der Treibhauseffekt als nützlicher Stabilisator des Erdklimas – das ist ein neuer und bemerkenswerter Gedanke für die künftige Diskussion.

Diese Überlegungen sollten die Notwendigkeit unterstreichen, keine voreiligen Entscheidungen aufgrund ungenauer und möglicherweise fehlleitender Vorhersagen zu treffen. Bei ausreichender Stärkung der Forschung könnten in drei bis fünf Jahren Daten hinreichender Genauigkeit für politische Entscheidungen zur Verfügung stehen. HS

(MK 37/89, 11. 9. 1989)

ZDF-„Verkehrsinfarkt“

Ideologie schlug Sachlichkeit

Einseitige Polemik gegen das Auto – Alternativen fehlten

Verkehrsinfarkt und Stau sind Stichworte, die nicht erst seit Maueröffnung und Vereinigung immer mehr an Bedeutung gewinnen. Die Grenzen unseres Verkehrssystems wurden dadurch nur noch schneller deutlich. Das ZDF bedachte diesen Umstand am 28. Mai 1991 mit einem Programmschwerpunkt. Dieser hätte die Chance geboten, zu der im öffentlich-rechtlichen Auftrag verankerten Meinungsbildung beizutragen und verschiedene, auch widersprüchliche Lösungsmodelle darzustellen. Doch das ZDF verteufelte in provokativen Filmbeiträgen einseitig den Straßenverkehr.

Ideologie war gefordert: *„Wo liegen die Blockaden, wo sitzen die Verhinderer einer ökologisch orientierten, menschengerechten Verkehrsstruktur?“*, fragte die Sendung. So unausgewogen wie das Vorhaben war auch die Studiorunde besetzt. Der VW-Manager Daniel Goeudevert, ein untypischer Vertreter seiner Zunft, bestätigte in vielen Punkten die Thesen des *„Systemdenkers“* Frederic Vester. Der Direktor des Instituts für Europäische Umweltpolitik, Ernst-Ulrich von Weizsäcker, erklärte fast alles mit dem Dilemma zwischen Marktwirtschaft und Umweltzerstörung. Und natürlich vertrat auch Bundesbahn-Chef Heinz Dürr den öffentlichen Verkehr und ließ den Bundesverkehrsminister Günther Krause alleine versuchen, die Notwendigkeit des Straßenverkehrs, seine Bedeutung für die Volkswirtschaft und nicht zuletzt die Prioritäten der Bürger zu erklären.

Verstopfte Straßen und Städte

In den Berichten über den Straßenverkehr ging es dann auch immer nur um eins: Bilder von Staus wurden aneinandergereiht, verstopfte Autobahnen und Städte, auf deren Straßen alles stand, wurden gezeigt. Der polemische Kommentar zum Automobil: *„Ja, ja, sein eigener Herr sein; frei und unabhängig, dabei sind wir längst Gefangene des Autos, dem Auto verfallen“*; und der Kommentar zur Straße: *„Hier staut sich, was zusammengehört, leben auf der Straße… Die automobile Immobilität macht uns zur Schnecke.“*

Es entstand der Eindruck, als ginge auf deutschen Autobahnen und in den Städten – auch außerhalb der Urlaubszeit oder der Rush-hour – nichts mehr. Mehr noch. Mit der Unfallstatistik appellierte man direkt an das Gewissen der Zuschauer, diesem Wahnsinn doch endlich ein Ende zu machen: *„Dennoch, wir zahlen Blutzoll, Autokalypse, 12 000 Verkehrstote allein im letzten Jahr, eine halbe Million Verletzte, ... Menschenopfer für Automobilitätswahn?"* Da ist es doch an der Zeit, Alternativen aufzuzeigen, doch welche sind das?

Daß die Industrie an Lösungen arbeitet, sprach Ulrich Rothaus, einer der Autoren der ZDF-Sendung, nur ganz kurz an. Er zeigte als Beispiel die Versuche von VW mit dem computergestützten *„Konvoi-Verkehr"*. Doch anfreunden mochte er sich damit nicht: *„Im Auto reisen wie im Zug, aber warum dann eigentlich noch die vielen Autos?"* Als Gegenmodell wurde die Berliner Initiative des *„Stadtautos"* angeführt, wo sich etwa 150 Personen 25 Autos teilen. Das ist freilich nur in der Stadt möglich, aber, so ein Vertreter der Initiative, für *„alle Wenigfahrer"* ist das Modell *„eine vollkommene Alternative"*. Wie viele dieser *„Wenigfahrer"* ihr Auto in der Hauptsache nur für Fernfahrten benutzen, es also den Rest des Jahres sowieso meistens stehenlassen, untersuchte der Autor nicht.

Auch ein weiteres Beispiel wies deutlich Lücken auf. Der Schweizer Tüftler Max Horlacher durfte seine elektrisch betriebenen Stadtmobile präsentieren, immerhin, *„sie geben die Richtung an"*. Mit Recht wies der VW-Manager Goeudevert in der Diskussion darauf hin, daß diese Alternative nur dazu geeignet ist, gewisse *„Infarkt-Schwerpunkte"* in den Städten zu mildern. Denn dieses Konzept läuft auf zwei Fahrzeuge pro Nutzer hinaus – ein kleines, elektrogetriebenes für die Stadt und ein zweites für Fernfahrten. Dies allerdings dürfte zu einer weiteren Verknappung von Parkplätzen führen und damit wohl auch nicht im Sinne der Verkehrsideologen sein.

Andere Modelle wie elektronische Leitsysteme, die den Verkehrsfluß beschleunigen und Unfallzahlen senken sollen, kamen gar nicht erst zur Sprache. So existiert am bayerischen Spitzingsee seit Anfang des Jahres eine *„Temex"*-Anlage, die den Ausflugsverkehr staufrei lenken soll. Oder das Verkehrsleitsystem auf der A5 bei Frankfurt: Auf der Strecke gingen 1990 die Unfallzahlen um 18,8 Prozent zurück, auf allen anderen hessischen Autobahnen stiegen sie um acht Prozent. Nicht informiert war der Redakteur wohl auch über das von BMW und Philips entwickelte *„Navigationssystem Carin"*, das ab 1992 im Norden

Münchens eingerichtet werden soll. Darüber hinaus entwickelten viele Städte (zum Beispiel Bremen) erfolgreich moderne Parkleitsysteme.

Automobilitätswahn auch im Osten

Außer mit dem verworfenen Versuch des Konvoi-Verkehrs, wurden für den Fernverkehr keine Alternativen aufgezeigt. Der scheint für Rothaus nur ein Aufhänger seiner Polemik gegen das Auto gewesen zu sein. Auch in dem Beitrag von Wolfram Papel über die neuen Bundesländer änderte sich das nicht. Der Autor quälte sich mit seinem Wagen vom Westen durch das Verkehrschaos nach Rostock. Die Schuld dafür wurde allein den Ostbürgern zugeschoben. Sie würden den westlichen Automobilitätswahn importieren. *„Seit dem November 1989 sind in den neuen Bundesländern 1,5 Millionen Kraftfahrzeuge neu zugelassen worden. Das sieht und hört man."*

Die Frage, ob bessere Straßen die Lösung brächten, die der Moderator Joachim Braun einleitend gestellt hatte, tauchte nicht mehr auf. Lediglich die Forderung des Ökologen von Weizsäcker, Umweltverträglichkeitsprüfungen beim Bau neuer Straßen nicht einzuschränken, streifte das Thema noch einmal. Der Wille der Bevölkerung zählte für die Filmmacher nicht: Immerhin sprechen sich inzwischen zwei Drittel der Bürger im Osten wie im Westen für eine schnellere Verkehrsplanung aus, wie aus einer Umfrage von *„infas"* hervorgeht.

Daß sich die Bürger in vielen Fällen für einen weiteren vernünftigen Ausbau einsetzen, beweisen auch die Reaktionen auf den Beschluß der rot/grünen Landesregierung in Hessen, den Bau der Autobahn 49 von Homberg/Ohm nach Borken zu stoppen. Hier hat sich eine starke Initiative durch alle Parteien gebildet, die für den Weiterbau eintritt, berichtete die F.A.Z. am 27. Mai.

All das war für *„ZDF-spezial"* kein Thema. Man trat betont einseitig auf und propagierte die Abkehr vom Auto. Andere Modelle der Verkehrsentlastung existierten für die Macher nicht. Die *„Neue Zürcher Zeitung"* beklagte am 1. Juni: *„Daß die Schwierigkeiten einer umwelt- wie gesellschaftsverträglichen Verkehrspolitik oft sehr tief und in den komplexen Details liegen, kam nicht zum Ausdruck."* db

(MK 24/91, 10.6.1991)

„Einfach dichtmachen“

Eine ARD-Sendung malte ein Horrorszenario zum Thema „Auto“

Wer hat nicht schon einmal im Stau gestanden – und sich geärgert. Über zuviele Autos, über Auspuffgase, über Streß. Auch, daß die Straßen vieler Großstädte – vor allem während der Zeit des Berufsverkehrs – oft schrecklich überlastet sind, wird keiner bestreiten.

Eines ist klar: Lösungen für den Großstadtverkehr müssen gefunden werden. Doch sie müssen sinnvoll, durchdacht und pragmatisch sein. Überreaktionen, Radikalkonzepte und eine einseitige Verteuflung des Autos verkennen die Realität. Sie entsprechen nicht dem Wunsch und dem Bedürfnis der Menschen nach Mobilität und mißachten die Notwendigkeiten einer modernen Infrastruktur.

Stinkender Kanal für Exkremente

Was der Journalist Samuel Schirmbeck in der ARD-Sendung *„Stadt statt Auto“* am 2. November 1989 ablieferte, war einseitig und völlig überzeichnet. Zwar stellte er Ansätze von Verkehrskonzepten vor, die in Zürich und Bologna den Straßenverkehr beruhigt haben sollen. Doch die Vorschläge für Frankfurt – ist die Stadt überhaupt mit Bologna oder Zürich vergleichbar? – basierten auf einem Auto-Horrorgemälde.

Einige Textpassagen über die Mainmetropole sprechen für sich:

– *„Heute ist die Stadt ein stinkender Kanal für die Exkremente der autogerechten Stadt. Abgase legen sich als Giftglocke über Wohnhäuser, Garagenluft füllt die Zimmer. Moderne Clocharierung eines Wohngebietes.“*

– *„Wenn jeder Schadstoffproduzent auf schnellstem Weg mit höchstem Giftausstoß an jeden Ort gelangen soll, heißt das ‚autogerechte Stadt‘. Auf Kosten aller anderen … Jeder weiß, daß es nicht geht.“*

– *„Selbst die Autofahrer scheinen zu denken – nur weg aus dieser versifften Ecke. Doch noch immer gibt es die unvermeintlichen Fußgänger – und die Radfahrer. Potentielle Selbstmörder.“*

- *„Die Friedberger Landstraße wird vom Stadtboulevard zum Pendler-*

Durchgangskanal. Die Kernstadt wird zum Fußabtreter für das Umland. Rest von Stadtleben werden von der Pendler-Lawine erdrückt. Nichts wie raus aus dem Dreck, müßten die Bewohner sagen und den Stau der Pendler vergrößern."

– *„Eine Lehrerin und ihr Sohn ... Aromatische Kohlenwasserstoffe umschweben sie. Samt Krebsrisiko. Girlanden stechenden Stickstoffdioxids legen sich um den Hals. Zwischen Schüben von Bleistaub und Benzol zwei Sekunden, die nach nichts riechen. Erinnerung an Luft."*

Schirmbeck wußte praktischen Rat aus diesem Chaos. *„Das alte Tor oben an der Straße in ein modernes Tor zum Schutz der Stadt verwandeln. Nach 40 000 Autos sagen – Schluß ... Die Stadttorpolizei läßt nur Autos mit Cityausweis hinein – Einwohner, Zulieferer, Geschäftsleute."* Dann verwies der Autor auf Bologna, wo eine derartige Radikalkur Ruhe brachte.

Andere Politiker wählen

Vor allem dominierte eines: Der Journalist versuchte, vom Berichterstatter zum politisch Handelnden zu werden. Er glaubte, dem Bürger Ratschläge für dessen Verhalten geben zu müssen. So forderte Schirmbeck den Zuschauer auf, endlich politische Konsequenzen zu ziehen. *„Allmorgendlich von Köln bis nach Kalkutta millionenfach erneut Dreck in die Atmosphäre abzulassen. Jeder Erstkläßler, der sein 1 x 1 nicht lernt, fällt durch. Politiker, die diesen Lernprozeß verweigern, machen Karriere ... Wir sind doch volljährig, können uns, weil wir es allein nicht schaffen, Politiker mit dem Mut für Sofortmaßnahmen wählen".*

Als politische Macher mit mutigen Lösungen wurde Lutz Sikorski (Die Grünen) zitiert. Zur Friedberger Landstraße, einer wichtigen Innerstädtischen Verkehrsader, schlug der Kommunalpolitiker vor: *„Die Straße, die muß dichtgemacht werden. Hier kann ja keiner mehr leben, das ist klar. Das heißt, wir machen die Straße dicht von da oben, vom Nibelungenplatz bis runter zur Konstabler Wache."* So, als sei ein Problem gelöst, wenn man einfach alles absperrt. Und immer wieder: *„Die Züricher Stadtregierung würde hier eingreifen."*

„Fußgängerjagdzeitalter"

Daß sich die Menschen im *„Fußgängerjagdzeitalter"* nicht mit den Verhältnissen abfinden, sondern durch Eingriffe in die Straßenverkehrsordnung aktiv werden sollen, demonstrierte Schirmbeck anhand einer Bürgerinitiative. Sie stoppte die Autos und klebte sich selbst einen Zebrastreifen quer über die Fahrbahn. „*Das Jagdwild traut dem Wechsel noch nicht recht. Doch siehe da, die Jäger stoppen. Gilt eine Regelung erst einmal für alle, tut der Einzelne, was er allein fast niemals täte.*"

Und weiter: „*Sich selbständig fortbewegen können. Ein Trieb des Menschen von Kindesbeinen an. Doch alle Triebe gehören zivilisiert. Auch der Autotrieb.*"

Der Autor teilte die Gesellschaft in schwache, unterdrückte Großstädter und mächtige, rücksichtslose Lobbyisten ein, wobei die zweite Gruppe die erste tyrannisiere. „*Wer hier U-Bahn fährt, hat noch kein Auto.*" So, als wären die meisten Fußgänger nicht auch Autofahrer, dessen Bedürfnis es ist, sich individuell auch über weitere Strecken fortzubewegen. Das Auto im Beitrag ist alleine Giftspritze, Krachmacher und Waffe in den Händen triebhafter Verrückter.

Stellt sich die Frage, wie Schirmbeck nach den Dreharbeiten zurück ins Studio gekommen ist. Vielleicht hat er die schwere Kamera von seinem Kameramann schleppen lassen? Der Hessische Rundfunk liegt ja, wie Tausende anderer Arbeitsplätze auch, zentral in der Stadt. Doch wie ist das Team nach Zürich und Bologna gekommen? gka

(MK 46/89, 13.11.1989)

„Automobile Gesellschaft"

„Auto-Horror" wird beschworen

Anmerkungen zur Berichterstattung über die 53. IAA

Wieder einmal wurde der „*Spiegel*" seiner meinungsbildenden Leitfunktion für „*kritische*" Journalisten gerecht. Rechtzeitig zur 53. IAA in Frankfurt (14. bis 24. September 1989) erschien er mit der Titelgeschichte „*Der PS-Wahn. Umweltschädling Auto*" (11. September 1989). Und wie er in den Medien-Wald hineinrief, so tönte es aus Radio,

Fernsehen und aus so mancher Zeitung zurück. Das Ceterum censeo des *„Spiegel"* in leicht variierten Metaphern, das in ähnlicher Form in An- und Abmoderationen der elektronischen Medien zu Berichten über die IAA häufig wiederkehrte:

„Auf der Frankfurter Automesse gibt sich eine Industrienation ihrem PS-Wahn hin."

„Der Straßenverkehr ist längst der schlimmste Umweltschädling."

„In Frankfurt präsentiert sich eine Branche im PS-Wahn und im Geschwindigkeitsrausch."

„Das Land scheint autoverrückt."

„Der Alptraum Auto ist vor der IAA zu besichtigen."

„Eine Gesellschaft im Autodelirium... Städte versinken im Verkehrschaos..."

„PS-Wahn bei den einen, Auto-Horror bei den anderen."

„Keine andere Technologie fordert soviel Menschenopfer."

„Ganz allmählich wächst der Widerstand gegen den automobilen Wahnsinn."

„Ein brutaler Umweltschädling... der schlimmste Schädling."

„Sondermüll auf Rädern."

Aufforderung zum Abgewöhnen

Abgewöhnen möchte der *„Spiegel"* den Deutschen das Autofahren, zumindest vermiesen. Die *„Frankfurter Rundschau"* (14. September 1989) folgte ihm in ihrer Vorankündigung zur ZDF-Sendung *„Die Zukunft des Autos"* vom selben Tag. Angelehnt an die *„Spiegel"*-Argumentation stand da zu lesen:

„... Das Automobil ist hierzulande längst kein Fortbewegungsmittel mehr, sondern Fetisch, ein Statussymbol, Indiz für den Zustand der Gesellschaft, Reizgegenstand. Denn die Nachteile, die mit der totalen Automobilisierung seit Anfang des Jahrhunderts in Kauf genommen werden müssen, sind erschreckend: Tausende von Verkehrstoten alljährlich, Hunderttausende von Verletzten, mit den Sorgen für den einzelnen und den Kosten für die Gemeinschaft. Straßenbau um jeden Preis, Betonisierung der Landschaft mit den Nachteilen für die Natur und den katastrophalen Folgen für die Umwelt. Raubbau an den Ressourcen, Verpestung der Luft, ungehemmter Verbrauch des Erdöls. Dazu der Lärmstreß in den Städten und die Staus auf übervollen Straßen."

ZDF-Moderator Michael Jungblut, Leiter der Hauptredaktion Wirtschaft, Soziales und Umwelt, schloß sich dieser Beschwörung des *„Auto-Horrors"* in seiner Anmoderation zur *„Zukunft des Autos"* an:

„Guten Abend, verehrte Zuschauer. Noch nie war es so leicht zu erklären, worum es bei einer Sendung geht, denn das wissen Sie selbst am besten, einfach, weil Sie es jeden Tag, fast jeden Tag erleben: Staus, Parkplatznöte, Unfälle, verpestete Luft durch Abgase, Lärm, Verspätungen und ähnliches. Und dennoch können wir alle vom Auto nicht lassen oder wollen es nicht. Und das beste Beispiel für dieses Spannungsverhältnis erleben wir hier auf der IAA. In der Halle Traumautos, vor der Halle, vor dem Messegelände der tägliche Alptraum des Verkehrs."

Die *„taz"* (16. September 1989) steuerte zur IAA-Kritik eine originelle Formulierung bei: *„Ist dies nun der Kirchentag einer fanatisierten Sekte, die um ihren Fetisch tanzt...?"* Schlichter äußerte sich HR-Berichterstatter Uwe Günzler in der ARD/HR-Sendung *„Auto '89"* (16. September 1989): *„Ist das der Tanz um das Goldene Kalb...?"*

Ist das Auto noch zu retten, vielleicht durch den Drei-Wege-Katalysator? Der *„Spiegel"* verneinte dies: *„Die vermeintlich sauberen Kat-Kraftwagen stoßen nicht weniger Kohlendioxid aus als Wagen ohne Abgasreinigung. Das Kohlendioxid aber ist jener Stoff, der entscheidend für den Treibhauseffekt verantwortlich ist. Wird die Produktion von Kohlendioxid, $C0_2$, nicht drastisch verringert, wird die Erde weiter aufgeheizt bis hin zur Klimakatastrophe."*

Mitschuldig an der „Klimakatastrophe"?

Und apodiktisch setzte das Nachrichtenmagazin hinzu: *„Unter Wissenschaftlern ist inzwischen unstrittig, daß der Kohlendioxyd-Ausstoß weltweit drastisch verringert werden muß, will die Menschheit einer Klimakatastrophe noch entkommen..."*

„Spiegel"-Redakteur Dr. Wolfgang Kaden, verantwortlich für die IAA-Titelgeschichte, war Gast im ARD/WDR-*„Presseclub"* (17. September 1989). Leider fragte ihn dort niemand, warum er nicht den *„Spiegel"*-Beitrag unter dem Titel *„Spurensuche im Klima-Labyrinth"* vom 7. August 1989 berücksichtigt habe, in dem auf erhebliche Meinungsverschiedenheiten unter Wissenschaftlern im Hinblick auf Treibhauseffekt und Klimakatastrophe hingewiesen wurde.

In der Story war Professor Dr. Klaus Hasselmann, Leiter einer Klima-Forschungsgruppe des Hamburger Max-Planck-Instituts für Meteorologie, so zitiert worden: *„Von der richtigen Darstellung der kommenden Veränderungen sind wir bestimmt noch acht bis zehn Jahre entfernt."* Über die Erwärmung der Atmosphäre könnten die Klimaforscher *„bisher nur grobe Schätzungen angeben"*. Die *„Sensitivität"*, die Empfindlichkeit des im Rechner nachgestellten Weltklimas gegenüber einem steigenden Gehalt an Treibhausgasen, *„basiert mehr auf den Annahmen der einzelnen Forscherteams als auf soliden Messungen"*. Alle detaillierten Voraussagen seien, so zitierte der *„Spiegel"* einen führenden amerikanischen Klimatologen, bisher nur *„pure Kühnheit"*. Denn nicht berechenbar seien bisher die Rolle der Wolkenbildung, die Wechselwirkung zwischen den Wind- und Meeresströmungen und schließlich die Reaktion der Biosphäre auf den Klimawandel (siehe hierzu MK Nr. 37/11. September 1989).

Anzeigengeld stinkt nicht

Gefragt wurde Kaden allerdings von einem englischen Kollegen, wie es denn um die *„Spiegel"*-Moral bestellt sei, wenn in einer Ausgabe, die zu einem Verzicht auf das Autofahren aufrufe, gleichzeitig für Autos und Benzin geworben werde. Auf 21 vollen Anzeigenseiten werben in dieser Ausgabe des *„Spiegel"* neun Auto- und zwei Benzinfirmen für ihre Produkte. Und zwar mit recht flotten Sprüchen wie beispielsweise Lancia: *„Möglichst schnell soll er sein... 225 km/h Spitze."* Der Opel-Omega (*„Technik, die begeistert"*) wird so angepriesen: *„...Sie fühlen sich praktisch so sicher wie auf Schienen."* Der Jaguar *„mit dem neuen Vier-Liter-Motor"* verkündet: *„Zur Freude von Margaret Thatcher... verbindet er raubtierhafte Kraft mit katzenhafter Geschmeidigkeit"*. Klimakatastrophe hin, Klimakatastrophe her – pecunia non olet.

Worauf wollen die Beschwörer des Auto-Horrors letztlich hinaus? In dem *„Zeit"*-Artikel *„Die Rückkehr des Raumes – Deutschland steht vor dem Verkehrsinfarkt"* (15. September 1989) von Heinz Blüthmann gab es eine klare Antwort: *„Einschränkung des individuellen Autoverkehrs."*

Zitiert wurde Professor Dr. Eckhard Kutter, Verkehrsplaner an der TU Berlin:

„Wir müssen den Autoverkehr bewirtschaften." Das bis heute akzeptierte Dogma von der *„freien Wahl des Verkehrsmittels"* halte er für eine riesige Verschwendung. In Berlin ebenso wie im rot-grün regierten Frankfurt traue man sich eine totale Aussperrung des privaten Personenkraft-

wagens aus den Innenstädten und ein Monopol für Busse und Bahnen zwar noch nicht zu, *„aber das bundesweit, wenn auch nicht einheitlich, praktizierte Tempo 30 ist ebenfalls Bewirtschaftung..."*

„Das Massenprivileg einschränken"

Ähnlich argumentierte der *„Spiegel"* in seiner Titelgeschichte: *„Die Konsequenz einer umweltorientierten Verkehrspolitik wird nur ungern ausgesprochen, ihr haftet allzu sehr der Geruch des Elitären an. Doch nichts führt daran vorbei: Wer die Natur vor dem Automobil retten will, muß das Massenprivileg einschränken, jederzeit und zu subventionierten Preisen mit dem eigenen Wagen herumzukutschieren..."*

Die notwendigen Verzichtsleistungen erforderten nichts Unmenschliches. Rund die Hälfte der mit dem Auto zurückgelegten Wege sei kürzer als fünf bis sechs Kilometer. *„Ein Großteil dieser Fahrten"*, so wurde das Umweltbundesamt zitiert, *„könnte umweltschonender zu Fuß oder mit dem Fahrrad erledigt werden."* Der *„Spiegel"* weiter: *„Noch bemerkenswerter: Mehr als die Hälfte des automobilen Personenverkehrs dient dem Vergnügen, ist Freizeit- und Urlaubsverkehr. Höhere Abgaben aufs Auto würden mithin vor allem die Deutschen nach Feierabend treffen, würden zu einer Umorientierung im Freizeitverhalten zwingen."* Mit einem Tempolimit 100 auf Autobahnen und Tempo 80 auf Landstraßen könnte man Fernreisende in den Intercity *„treiben"*.

Individualität ist suspekt

Bewirtschaftung und drastische Reduzierung des Autoverkehrs durch Steuern, Abgaben, Verbote und Tempolimits, das sind die erklärten Ziele der Auto-Horror-Visionäre. In der *„Frankfurter Allgemeinen Zeitung"* (14. September 1989) bewertete Wolfgang Peters in dem Wirtschafts-Leitartikel *„Das Auto erregt wieder die Gemüter"* diese Absichten so:

„Das Auto ist zudem suspekt als Ausdruck eines freiheitlichen, auf individuelle Entscheidung und Leistungsfähigkeit abgestellten Lebensstils. Alle noch so erfolgreichen Versuche, mit Hilfe der Technik die unbestreitbar vorhandenen negativen Auswirkungen der motorisierten Mobilität zu minimieren, sind den Eiferern wider das Auto nicht ausreichend. Nur kein Auto ist nach ihrer Meinung ein gutes Auto."

Dabei gehe es jenen Politikern, die sich gern mit dem Beiwort *„alternativ"* schmücken, nur vordergründig um das Zurückdrängen dieses individuell verfügbaren Verkehrsmittels. Das Auto, so meinen sie, könne durch noch so ausgefeilte Technik den Makel eines Umwelt-Schädlings nicht ablegen. Deshalb müsse es langfristig durch öffentliche Verkehrsangebote ersetzt werden. Und in einer gewissen Übergangsphase solle das Autofahren mit voller Absicht so verteuert werden, bis es nicht mehr attraktiv genug sei.

Peters weiter: *„Autofahren und damit individuelle Bewegungsfreiheit werden also reglementiert, eingeschränkt, zugeteilt, rationiert. In der Praxis bedeutet das die Beschränkung auf bestimmte Fahrtmengen, auf eingegrenzte Fahrzeiten, auf genehme Fahrtziele... Gezielt wird auf das Auto, gemeint aber sind in vielen Fällen die freiheitliche Gesellschaftsform und eine nach den Gesetzen des Marktes funktionierende Wirtschaft. Die Strukturen dieser Gesellschaft, mit der prinzipiellen Möglichkeit, das jeweilige Verkehrsmittel frei wählen zu dürfen, sollen gesprengt werden..."*

Joschka Fischer, der in der ZDF-Sendung *„Die Zukunft des Autos"* das große Wort führte, hat unmißverständlich ausgesprochen, worum es beim *„Abschied von der Hegemonie des Automobils in den modernen Industriegesellschaften"* geht: um eine *„ökologische Kulturrevolution"*. sp

(MK 39/89, 25.9.1989)

Gentechnologie

Dramatik statt Sachkunde

Professor Kepplinger befragte Wissenschaftler und Journalisten

Die Gentechnik gilt als einer der zukunftsträchtigsten Forschungszweige. Dies betrifft ihren Beitrag zur Diagnose und Heilung angeborener Schäden und schwerer Krankheiten, zur Herstellung von Impfstoffen und Heilmitteln, zur Züchtung von Pflanzen und Tieren sowie ihre Anwendung im Bereich des Umweltschutzes. Dennoch ist die Gentechnik besonders massiver Kritik ausgesetzt. Die Veränderungen am Erbgut von Mikroorganismen, Pflanzen, Tieren und Menschen lassen sie als besonders gravierenden Eingriff in die vorgegebene Natur und damit als bedrohlich erscheinen.

Professor Dr. Hans Mathias Kepplinger befragte 30 Fachwissenschaftler (in leitenden Funktionen an Universitäten, Max-Planck-Instituten sowie in Unternehmen), 30 Wissenschaftsjournalisten und 30 politische Redakteure zur Berichterstattung in den Medien. Das Ergebnis stellte er bei einer Tagung des schweizerischen Fachdienstes *„Forum Medien kritisch"* in Bern vor.

Mehr als drei Viertel der Wissenschaftler und mehr als zwei Drittel der Wissenschaftsjournalisten waren der Ansicht, daß die Mehrheit der Bevölkerung eine eher negative Einstellung zur Gentechnik hat. Dieses Ergebnis wird gestützt von einer repräsentativen Umfrage des Instituts für Demoskopie Allensbach im Dezember 1990 in den alten Bundesländern. Danach schreibt die Bevölkerung der Gentechnologie nach der Atomtechnologie die bei weitem negativsten Folgen zu.

Verzerrung und Dramatisierung

Kepplinger fragte die Wissenschaftler, ob das Bild, das die Medien der Öffentlichkeit von der Gentechnik vermittelten, alles in allem richtig oder falsch sei. Knapp zwei Drittel der Wissenschaftler waren der Ansicht, daß das Bild *„überwiegend falsch"* sei, knapp ein Drittel meinte, daß das Bild *„zum Teil richtig, zum Teil falsch"* sei.

Diejenigen Wissenschaftler, die das Bild der Gentechnik in den Massenmedien als überwiegend oder teilweise falsch bezeichneten, wurden gebeten, die häufigste Fehlerquelle zu nennen. Den Wissenschaftlern wurden fünf Fehler vorgegeben, deren Auftreten sie als *„häufig"*, *„selten"* oder *„nie"* einstufen sollten. Fast alle Befragten waren der Ansicht, daß die *„Dramatisierung der Risiken"* ein häufiger Fehler ist, fast ebenso viele Wissenschaftler stuften auch *„falsche Bewertungen"* als häufigen Fehler ein. Drei Viertel der Befragten bezeichneten die *„falsche Gewichtung von Themen"* als häufigen Fehler. Rund die Hälfte nannte das Vorkommen *„falscher Tatsachenbehauptungen"* als häufigen Fehler. Die Wissenschaftler sahen damit als Ursache der falschen Darstellung der Gentechnik vor allem die Verzerrung von Sachverhalten.

Befragt nach Risiken, die in der Darstellung der Medien dramatisiert werden, nannten knapp zwei Drittel der Wissenschaftler, die das Bild der Gentechnik in den Massenmedien als überwiegend oder teilweise falsch bezeichneten, die – beabsichtigte oder unbeabsichtigte – Freisetzung gentechnisch veränderter Organismen und die davon abgeleiteten Gefahren für Mensch und Umwelt. Zirka ein Drittel der Befragten führte die Manipulation am menschlichen Erbgut an.

Auf die Frage nach falschen Tatsachen-Aussagen nannten die Wissenschaftler eine Fülle verschiedener Beispiele: daß gentechnisch veränderte Organismen in der Umwelt gut überlebensfähig seien, daß das AIDS-Virus im Rahmen gentechnischer Arbeiten produziert worden sei, daß das Ziel der Gentechnik die *„umfassende Neugestaltung des Menschen"* sei. Weiterhin führten die Wissenschaftler die Vermischung von Gentechnik und anderen Techniken, etwa der Reproduktionsmedizin, an. Beispielhaft nannte ein Wissenschaftler die *„Schiege"* und die *„Tomoffel"*, die in einzelnen Medien fälschlicherweise als Produkte der Gentechnik bezeichnet wurden .

Urteile über einzelne Medien

Man kann davon ausgehen, daß sich die Berichterstattung verschiedener Medien unterscheidet. Um zu ermitteln, welche Zeitungen, Zeitschriften und Fernsehsendungen nach der Einschätzung von Wissenschaftlern und Wissenschaftsjournalisten besonders zutreffend oder besonders unzutreffend über Gentechnik berichten, wurde gefragt: *„Gibt es Zeitungen oder Zeitschriften (der Tages- und Wochenpresse) / Fernsehsendungen / populärwissenschaftliche Zeitschriften, die nach Ihrer Kenntnis über die Gentechnik besonders zutreffend (bzw. unzutreffend) berichten?"*

Im Urteil über die qualitativ hochwertigen Publikationen der Tages- und Wochenpresse zeigen sich bemerkenswerte Gemeinsamkeiten zwischen Wissenschaftlern und Wissenschaftsjournalisten: Bildet man eine Rangliste derjenigen Organe, deren Berichterstattung über Gentechnik als besonders zutreffend beurteilt wurde, so steht für beide Gruppen die *„Frankfurter Allgemeine Zeitung"* mit 26 bzw. 23 Nennungen an erster Stelle. Die *„Frankfurter Allgemeine Zeitung"* besitzt damit nach Ansicht der befragten Wissenschaftler und Wissenschaftsjournalisten eine herausgehobene Stellung. Mit einigem Abstand folgen *„Die Zeit"* und die *„Süddeutsche Zeitung"*, wobei beide Organe von den Wissenschaftsjournalisten häufiger genannt wurden als von den Wissenschaftlern.

Im Urteil über Publikationen, die die Gentechnik besonders unzutreffend darstellen, unterschieden sich die Ansichten der Wissenschaftler und Wissenschaftsjournalisten zum Teil ganz erheblich . Während die Wissenschaftsjournalisten sehr zurückhaltend in ihrem Urteil waren und nur vereinzelt bestimmte Organe nannten, führten dreizehn Wissenschaftler den *„stern"*, zwölf den *„Spiegel"* sowie sieben die *„Süddeutsche Zeitung"* und *„Die Zeit"* an. Jeweils sechs Wissenschaftler nannten die *„tageszeitung"*, die *„Frankfurter Rundschau"* und *„Bild"*.

Übereinstimmende Kritik an „Monitor"

Über die Darstellung der Gentechnik im Fernsehen konnten nur bedingt Aussagen gemacht werden. Nur wenige der Wissenschaftler waren in der Lage, einzelne Fernsehsendungen konkret zu benennen. Eine bemerkenswert hohe Zahl an Nennungen ist nur in einem Fall zu verzeichnen: Ein Fünftel der Wissenschaftler führte das politische Magazin *„Monitor"* als Sendung an, *„die ... über die Gentechnik besonders häufig unzutreffende Beiträge"* enthält.

Natürlich hängt die Darstellung der Gentechnik in Presse, Hörfunk und Fernsehen in hohem Maße von der subjektiven Sichtweise der Journalisten ab.

Diese Einstellungen wurden mit der Frage ermittelt: *„Wie denken Sie persönlich eigentlich über die Gentechnik? Bewerten Sie sie insgesamt eher positiv oder negativ?"* Mehr als zwei Drittel der Wissenschaftsjournalisten erklärten, daß sie die Gentechnik positiv beurteilen. Ein ganz anderes Bild vermittelten die Antworten der politischen

Redakteure. Nahezu die Hälfte beurteilte die Gentechnik negativ. Die politischen Redakteure standen der Gentechnik damit erheblich ablehnender gegenüber als die Wissenschaftsjournalisten.

Die öffentliche Kontroverse um die Gentechnik geht im Kern um die Frage, ob die Chancen die Risiken überwiegen, und ob die Forschung deshalb vorangetrieben oder eingestellt werden sollte. Die Befragung ermittelte auch hierzu die Ansichten der Journalisten und Wissenschaftler: *„Über die Chancen und Risiken der Gentechnik kann man verschiedener Ansicht sein. Welcher Meinung stimmen Sie eher zu? Erstens: Die Gentechnik bietet so viele Chancen, daß man bereit sein muß, ihre Risiken in Kauf zu nehmen. Zweitens: Die Gentechnik birgt so viele Risiken, daß man darauf verzichten muß, ihre Chancen zu nutzen."* Vier Fünftel der Wissenschaftler, die Hälfte der Wissenschaftsjournalisten, jedoch nur ein Drittel der politischen Redakteure waren der Ansicht, die Gentechnik biete so viele Chancen, daß man ihre Risiken in Kauf nehmen müsse.

Damit, so Kepplinger, sei man bei einem zentralen Problem der Berichterstattung über Naturwissenschaft und Technik angelangt. In der tagesaktuellen Berichterstattung kämen Wissenschaftsjournalisten kaum zu Wort. Dies sei das Ergebnis einer umfangreichen Analyse der Berichterstattung über die Gentechnik in der Presse. Der Schwerpunkt der Berichterstattung liege im politischen Teil der Blätter, und die Urheber der Beiträge seien meist fachlich nicht spezialisierte Generalisten.

Kepplinger: *„Möglicherweise nehmen die politischen Redakteure den Wissenschaftsjournalisten die Berichterstattung über Gentechnik aus der Hand, sobald Gentechnik vom rein wissenschaftlichen zum allgemein interessierenden Thema wird. Ob dies zutrifft, haben wir mit der Frage ermittelt: ‚Die Darstellung von Wissenschaft und Technik in den Massenmedien wird häufig als unzutreffend kritisiert. Hierzu möchte ich Ihnen eine Ansicht vorlesen. Bitte sagen Sie mir, ob diese Ansicht völlig, teilweise oder nicht stimmt. Die Ansicht lautet: Die Mängel der Darstellung von Wissenschaft und Technik beruhen weniger darauf, daß die Wissenschaftsjournalisten zu schlecht ausgebildet und informiert sind. Sie beruhen vielmehr darauf, daß sie in der tagesaktuellen Berichterstattung kaum zu Wort kommen, weil ihnen die politischen Redakteure jedes allgemein interessierende Thema aus der Hand nehmen'."*

Knapp zwei Drittel der Wissenschaftsjournalisten und der Wissenschaftler stimmten der Ansicht zu, daß die Mängel der Darstellung von Wissenschaft und Technik vor allem darauf beruhen, daß die sachlich kompetenten Fachredakteure in der aktuellen Berichterstattung zu wenig zu Wort kommen. Von den politischen Redakteuren widersprach dagegen eine ähnlich große Gruppe dieser Ansicht.

Folgen der öffentlichen Meinung

Welche Auswirkungen haben die Art der Berichterstattung und die negative Einstellung der Bevölkerung zur Gentechnik? Die Wissenschaftler sind nahezu einhellig der Ansicht, daß der wissenschaftliche Fortschritt auf dem Gebiet der Gentechnik in Deutschland durch die öffentliche Diskussion über dieses Thema massiv behindert wird. Die Mehrheit der Wissenschaftler ist darüber hinaus der Ansicht, daß die öffentliche Diskussion negative Auswirkungen auf die Ausbildung des wissenschaftlichen Nachwuchses besitzt. Als mögliche Konsequenz der Behinderungen sehen sie vor allem die Abwanderung der gentechnischen Forschung und Produktion ins Ausland und – damit verbunden – die Wandlung der Bundesrepublik zum gentechnischen *„Entwicklungsland"*. gka

(MK 30/91, 22.7.1991)

Embryonenschutzgesetz

Zukunftstechnologie vernachlässigt

Medien übergingen das verabschiedete „Jahrhundertgesetz"

Nach fünf Jahren Diskussionen und Streitereien um die Gentechnologie passierte im Oktober und November 1990 das Embryonenschutzgesetz Bundestag und Bundesrat. Experten sprachen von einem *„Jahrhundertgesetz"*. Doch den meisten Tageszeitungen und Magazinen war dies keine Meldung mehr wert, die veröffentlichte Meinung nahm kaum Notiz davon. Die Medien hielten es nicht für nötig, ihre Leser über die Zukunftstechnologie zu informieren.

Das war einmal anders. Als die Gentechnologie Anfang Januar 1990 in einem Bundestagshearing erörtert wurde, stiegen viele Medien schon im Vorfeld in die Diskussion ein. So berichtete das Nachrichtenmagazin *„Der Spiegel"* ausführlich über die Nachteile der Genetik – ohne die Vorteile zu erwähnen; andere Zeitungen berichteten über die Vorteile, ohne die Leser über Nachteile zu informieren. Nachdem die Schlacht nun geschlagen ist, und im Bundestag nach langen Diskussionen Kompromisse gefunden wurden, herrscht bei den Medien Funkstille: Die meisten Redaktionen scheinen davon auszugehen, daß die Leser nur Streit interessiert, aber keine Fakten.

Was wird nun im neuen Gesetz geregelt? Die ausführlichsten Informationen gab es am 31. Oktober in der *„Woche im Bundestag"* – ein Periodikum, das für viele Leser allerdings schwer zugänglich ist. Dort hieß es: *„Die Anwendung neuer Methoden der Befruchtung, vor allem die künstliche Insemination und die Reagenzglasbefruchtung, werden gesetzlich geregelt. Mit dem neuen Embryonenschutzgesetz wird die Erzeugung von Ersatzmutterschaften bei Freiheitsstrafe verboten. Die mißbräuchliche Verwendung und der Kauf menschlicher Embryos wird unter Strafe gestellt. Die Geschlechtsauswahl wird bis auf eine genau festgelegte Ausnahme verboten, die künstliche Veränderung menschlicher Keimbahnzellen sowie das Klonen von Embryos und die Herstellung von Chimär- und Hybridwesen wird unter Strafe gestellt."*

Keine Resonanz bei den Regionalzeitungen

Den überregionalen Tageszeitungen war dieses am 24. Oktober verabschiedete Gesetz an den folgenden Tagen immerhin noch jeweils einen Artikel wert. Während die *„Süddeutsche Zeitung"* und die *„Frankfurter Rundschau"* die technischen Einzelheiten mit Kurzstatements aus der Bundestagsdebatte ergänzten, erwähnten die *„Frankfurter Allgemeine Zeitung"* und die *„Neue Ärztliche"* noch den sogenannten Arztvorbehalt. Danach darf nur ein Arzt die künstliche Befruchtung vornehmen, einen menschlichen Embryo auf eine Frau übertragen oder eine Eizelle konservieren, in die bereits eine Samenzelle eingedrungen ist. Diesen Arztvorbehalt hatten die zuständigen Bundestagsausschüsse nach langen Diskussionen gegenüber dem Regierungsentwurf eingeführt.

Während die großen Blätter also zumindest der Berichterstatterpflicht nachkamen, gab es bei den Regionalzeitungen so gut wie keine Resonanz. Lediglich die *„Westdeutsche Allgemeine Zeitung"* und die *„Westfä-*

lischen Nachrichten" berichteten über die Verabschiedung des Gesetzes, wobei die WAZ das Gesetz noch kommentierte – als einzige Zeitung überhaupt.

Umfangreich ging zwar die *„tageszeitung"* auf das Gesetz ein – sie interviewte schon am 23. Oktober den Vorsitzenden des Bundestagsausschusses für Forschung und Technologie, Wolf-Michael Catenhusen (SPD), und brachte zwei Artikel – doch entsprechend ihres linksalternativen Selbstverständnisses schrieben die Autoren nur einseitig kritisch.

Kommentare dominierten

So meint Ulrike Helwerth unter der Überschrift *„Das Embryo und sein fötales Umfeld": „Der Entwurf setzt sich mit keiner Zeile kritisch mit den neuen Fortpflanzungstechniken auseinander, deren negative gesellschaftliche Folgen die Enteignung der Frau von ihrer Leibesfrucht, die zunehmende (Qualitäts-)Kontrolle der Reproduktion durch Staat und ‚Technodocs' – vor allem grüne und feministische GegnerInnen von Gen- und Reproduktionstechniken seit Jahren beschwören. Im Gegenteil: Die künstliche Befruchtung gilt inzwischen als die Methode, Millionen von unfruchtbaren Frauen und Paaren ihren Kinderwunsch zu erfüllen.*

Dabei wird der Öffentlichkeit verschwiegen, daß die Techniken bis heute aus dem Experimentierstadium noch nicht herausgekommen und die Erfolgszahlen weltweit sehr gering sind. Die ReproduktionsmedizinerInnen und GenklempnerInnen sagen auch nur unter sich, daß diese Techniken lediglich am Rande für die Eindämmung der Unfruchtbarkeit da sind, daß sie vor allem an der Gewinnung von menschlichem Erbmaterial für Forschung und Technologie interessiert sind."

Nur Kritik hat auch Gerd Nowakowski für das Gesetz übrig: *„Das Gesetz, mit dem auch die künstliche Befruchtung erlaubt wird, ist zugleich Ausdruck eines Scheiterns. Denn von dem Versuch einer umfassenden Regelung der Fortpflanzungstechnologie, über die die für das Gesundheitsrecht eigentlich zuständigen Bundesländer jahrelang debattierten, ist wenig geblieben. So unüberbrückbar waren die Gegensätze, daß nunmehr lediglich die gesetzlichen Fragen geregelt werden, die in Bundeskompetenz fallen. Herausgekommen ist dadurch ein reines Strafgesetz – und dazu noch ein schlechtes, denn die entscheidende Frage der Verbotskontrolle ist überhaupt nicht geregelt."*

In dem Gesetz scheint also noch viel Sprengstoff verborgen zu sein. Umso wichtiger wäre es gewesen, wenn die Medien umfassend über das *„Jahrhundertgesetz"* informiert hätten. Vor allem sachliche Analysen und fundierte Stellungnahmen von Wissenschaftlern wären gefragt. Eine objektive, sachliche Berichterstattung über Chancen und Risiken gleichermaßen fand aber in den Medien kaum statt. MKl

(MK 51/90, 17.12.1990)

Verhaltensforschung

Genetische Ungleichheit wird tabuisiert

Medien verschweigen wissenschaftliche Erkenntnisse

Die politische Brisanz des Themas ist groß. Wenn die These stimmt, Intelligenz und wichtige psychische Eigenschaften der Menschen seien genetisch programmiert, dann wäre beispielsweise ein guter Teil der bisherigen Bildungsreform ein Irrweg gewesen. Beherrscht werden Bildungspolitik und viele weitere Bereiche der Gesellschaftspolitik aber nach wie vor von der sogenannten *„Milieutheorie"*. Ihr zufolge werden die Menschen nicht primär durch ihre Erbanlagen, sondern durch die Umwelt geprägt. Von Geburt an seien alle Menschen gleich veranlagt, und alle Unterschiede, etwa im Verhalten der Geschlechter oder zwischen den Vertretern verschiedener Völker und Kulturkreise, seien auf unterschiedliche Erfahrungen zurückzuführen. Durch Erziehung, so meinen die linksintellektuellen Gesellschaftsreformer, ließe sich dem Menschen jede gewünschte Verhaltensweise oder Werthaltung beibringen.

Jetzt berichtete Rolf Degen im Wissenschaftsteil der *„Frankfurter Allgemeinen Zeitung"* (22. August 1990) unter der Überschrift *„Liegt unser Wesen in den Genen"* über neue Ergebnisse der genetischen Verhaltensforschung, die keinen Zweifel an der Erblichkeit psychischer Eigenschaften lassen. Wie aus Zwillings-, Adoptions- und Familienstudien hervorgeht, die der amerikanische Psychologe Robert Plomin und der Münchener Psychologe Jens Asendorpf präsentieren, werden sozialemotionale Wesensmerkmale, die das innerseelische Empfinden und das zwischenmenschliche Verhalten widerspiegeln, zu 40 bis 50 Prozent durch die Information in den Erbmolekülen bedingt.

Degen: *„Dieser Wert, der sich wie ein roter Faden durch alle untersuchten Attribute wie Extraversion, Neurotizismus, Durchsetzungsvermögen, Aggressivität und Hilfsbereitschaft – zieht, wird besonders durch den Vergleich von leiblichen und Adoptivgeschwistern gestützt."*

„Eine kopernikanische Wende"

Mit einer Radikalität, die einer kopernikanischen Wende unseres Selbstverständnisses gleichkomme, meint Plomin, stellen die neuen Erkenntnisse der Wissenschaftler, zu denen auch Thomas Bouchard und David Lykken gehören, die Ergebnisse der gesamten klassischen Sozialisationsforschung auf den Kopf. Wie Plomin erläutert, bleiben Adoptivgeschwister ohne gemeinsames Erbgut auch nach Jahren gemeinsamer Erziehung nahezu völlig unähnlich. Im Gegensatz dazu büßen erbgleiche Zwillinge, selbst wenn sie in unterschiedlichen Milieus aufwachsen, fast nichts von ihren kennzeichnenden Übereinstimmungen ein. Das unterschiedliche Umwelt-Milieu ist danach für die Ausprägung von Persönlichkeitsmerkmalen ohne Bedeutung. Degen: *„Die Studien an eineiigen Zwillingen zeigen noch mehr. Selbst erbgleiche Zwillinge nämlich stimmen nicht in allen Wesensmerkmalen überein. Der Grad ihrer ‚Unähnlichkeit' aber entwickelt sich unabhängig davon, ob sie in derselben Familie oder getrennt aufwachsen."* Hinzu komme, daß leibliche Kinder von ihren Eltern nicht nur deren Gene, sondern auch die durch diese Gene geprägten Umweltbedingungen *„erben"*, das heißt sie streben nach Umweltbedingungen, die zu ihrer Veranlagung *„passen"*.

Der verstorbene Wissenschaftler und Publizist Professor Dr. Hoimar von Ditfurth schilderte in einem Fernsehbericht unter dem Titel *„Marionetten der Gene – Ist unser Schicksal angeboren"* am 8. Mai 1983 im ZDF das Schicksal der eineiigen Zwillingsbrüder Rodger und Tony, die bereits eine Woche nach ihrer Geburt durch Adoption getrennt worden waren. Beide wuchsen über viele Jahre in völlig unterschiedlichen Milieus auf: Tony wohlbehütet in einer intakten, gutsituierten italienischen Einwandererfamilie, Rodger kam dagegen gleich als Säugling in ein Heim. Er brachte elf Heime hinter sich, sechsmal wechselte er die Schule, nach der Milieutheorie müßte er eigentlich ein seelisches Wrack sein. Doch Ditfurth berichtete: *„Tatsächlich ist Rodger aber genauso ausgeglichen und sozial genauso erfolgreich wie sein Bruder Tony."* Der Autor resümierte:

„Der Fall dieser beiden gleichen Brüder mit ihrer so unterschiedlichen Lebensgeschichte belegt unübersehbar die Tatsache, daß nicht allein die Umweltbedingungen, in denen man aufwächst, über die Persönlichkeit entscheiden, die dabei herauskommt. Eben dieses aber predigen radikale Milieu-Theoretiker bis auf den heutigen Tag. Und sie finden damit in der Öffentlichkeit Gehör, weil sie nicht nur den ‚gesunden' Menschenverstand auf ihrer Seite haben, sondern auch, so scheint es jedenfalls im ersten Augenblick, Menschlichkeit und Moral. Denn, wenn die Umwelt darüber entscheidet, was aus einem wird, dann kann es nur an dieser Umwelt liegen, wenn es immer noch Asoziale, Kriminelle, dumme oder süchtige Menschen gibt. Die unabweisbare Logik dieses Argumentes löste bekanntlich einen wahren Schub idealistischer Reformen aus, in deren Zentrum verständlicherweise das Schulsystem stand."

„Eisernes Denkverbot"

Einleitend schrieb Degen in seinem Artikel: *„Allein die schiere Erwägung, daß die menschliche Persönlichkeit dem Einfluß der biologischen Mitgift unterliegt, hätte noch vor wenigen Jahren einen empörten Aufschrei heraufbeschworen. Die Berichte über spektakuläre Wesensähnlichkeiten getrennt aufgewachsener erbgleicher Zwillinge, die in allen Medien zu finden waren, zeugen von einer bemerkenswerten Wandlung des kulturellen Zeitgeistes. Das Eingeständnis, daß unsere Psyche ‚mit einem Bein' in der Tür der Genetik steht, ist zunehmend salonfähig geworden."*

Unserer Beobachtung nach stimmt dieses Urteil nur teilweise. Die genetische Programmierung geistert zwar gelegentlich durch die Wissenschaftsteile der Medien, die Redaktionen für Politik und Kultur haben bisher von den neuen Erkenntnissen jedoch kaum Kenntnis genommen. Von einer Thematisierung dieser Problematik kann jedenfalls keine Rede sein. Noch immer gilt, was *„Zeit"*-Autor Dieter E. Zimmer schrieb (30. Juni 1989):

„Man kommt sich in Deutschland mit einer solchen Meinung ziemlich einsam vor. Die Intellektuellen haben sich in diesem Punkt ein eisernes Denkverbot auferlegt. Es zu brechen, trägt einem den Ruf ein, ein Quasi-Faschist und damit das Gegenteil eines Intellektuellen zu sein. Auch wenn man nur gesagt hat, was nach Ansicht der Mehrheit sachkundiger Wissenschaftler der Fall ist – mit einem großen Platsch fällt man plötzlich aus dem, was heute ‚Diskurs' heißt (und was die Kunst ist, über die Fragen der Saison in den Begriffen der Saison zu reden), ja aus der Gemeinschaft der anständigen Leute. Gefragt ist man nur noch, wenn bei irgendeiner Schaudiskussion ein Buhmann gebraucht

wird, und selbst die sichtlich Uninformiertesten halten sich für berechtigt, einen einmal so richtig feucht anzuspucken... die Hundert-Prozent-Futuristen ... weisen jeden Gedanken, daß auch die Gene mitzureden haben, empört von sich."

Zimmer berichtete von dem Ergebnis einer amerikanischen Untersuchung darüber, wie sich die Medien in ihrer Berichterstattung über die genetische Programmierung verhielten: Sie hätten alle Objektivitätsgebote in den Wind geschlagen und absichtlich oder unabsichtlich den wissenschaftlichen Erkenntnisstand tendenziös verzerrt und entstellt. Daß es angeborene individuelle Unterschiede geben soll, sei mit den egalitären Wertvorstellungen der entscheidenden Medien-Macher nicht zu vereinbaren.

Politiker fürchten Diffamierung

In diesem Zusammenhang schrieb Professor Dr. Irenäus Eibl-Eibesfeldt in seinem Buch *„Der Mensch – das riskierte Wesen"*: *„Die Vorstellung, daß der Mensch als unbeschriebenes Blatt zur Welt komme und daß alle Menschen gleich seien, geistert durch die populäre psychologische und soziologische Literatur, und sie bestimmt als Doktrin das Verhalten vieler Politiker. Es gehört Mut dazu, dagegen aufzutreten. Denn die Antwort besteht nicht in sachlichen Argumenten, sondern in Diffamierung. Viele Politiker sind daher auch gegen besseres Wissen ‚Mitläufer', die nicht auszusprechen wagen, was sie wirklich denken."*

Daß Gene der Hauptfaktor bei der Bestimmung des Charakters und der Intelligenz sind, daß sie uns mit Gefühlen, mit Leidenschaften, mit Motiven ausstatten, das ist für jene unerträglich, die dem Milieu und damit der Gesellschaft alle Verantwortung für den Menschen zuschieben. Ein Beispiel dafür, wie stark die Aversion der Medien gegen die Ergebnisse der Zwillingsforschung war und auch noch ist, beschrieb Rolf Degen in der *„Frankfurter Allgemeinen Zeitung"* (13. Juni 1990) in einem früheren Beitrag unter der Überschrift *„Die wiedergefundene Ehre eines Psychologen"*. Der Londoner Psychologe Sir Cyril Burt (1883–1971) trug mit seinen zahlreichen Publikationen entscheidend zur Entwicklung der Intelligenzmessung bei und errang mit seinen Beobachtungen an getrennt aufgewachsenen eineiigen Zwillingen großes Aufsehen. Er wurde in den Ritterstand erhoben und genoß hohes öffentliches Ansehen.

Rehabilitierung totgeschwiegen

Degen: *„Nach Burts Tod im Jahr 1971 jedoch wurde bereits der Hinweis auf die Erblichkeit menschlicher Eigenschaften vom gewandelten Zeitgeist als ein Affront gegen das Prinzip der Gleichheit und als Legitimation sozialer Ungerechtigkeit verschmäht. Der einstige Neuerer fand sich posthum auf der Seite der Reaktionäre wieder. In diesem veränderten kulturellen Klima griff 1976 ein britischer Journalist ein paar kursorisch hingeworfene Kritikpunkte von Fachkollegen am Werk des verstorbenen Psychologen auf und bereitete daraus einen folgenschweren Artikel, in dem er von Burt vorgelegte Daten als gefälscht bezeichnete."* Eine Kampagne kam in Gang, die Burt als überführt ansah, eine der spektakulärsten wissenschaftlichen Betrügereien verübt zu haben. *„Viele Intellektuelle, denen der Gedanke an die Erblichkeit des Seelischen zuwider ist, leiten aus dieser vermeintlichen ‚Erbsünde' noch heute ihren Argwohn gegen die Ergebnisse der verhaltensgenetischen Forschung ab."*

Die Rehabilitierung des toten Gelehrten erfolgte durch einen Kollegen, den Psychologen Robert W. Joynson, der in einem Buch *(„The Burt Affair")* die gesamte Indizienkette widerlegte.

Degen: *„Im Gegensatz zu dem ursprünglichen Skandal, der gewaltige Publizität erzielte, könne Joynsons hervorragende Entgegnung kaum mit öffentlicher Resonanz rechnen, schrieb die Zeitschrift ‚Fortune' (1/90) mit Seitenblick auf die (liberalen) amerikanischen Medien."* Tatsächlich wurde das Buch nicht nur in den USA totgeschwiegen. sp

(MK 36/90, 3.9.1990)

Gentechnologie

Unsachlich, emotional, indoktrinierend

Reaktionen auf ein wichtiges Bundestags-Hearing

Die Gentechnologie ist umstritten: Befürworter und Kritiker stehen sich gegenüber, Erwartungen und Ängste werden formuliert. Der Normalbürger bleibt weitgehend uninformiert, die neue Technologie ist Expertensache. Um so wichtiger wäre es, daß die Medien über Vor- und Nachteile informierten. Doch dies ist kaum der Fall: Selbst ein dreitägiges Bundestags-Hearing vom 17. bis 19. Januar 1990 nutzten viele Zeitungen nicht als aktuellen Aufhänger. Und wenn, dann waren viele Berichte einseitig. Wer auch nur einen leichten Einblick ins Thema bekommen wollte, mußte eine große Palette verschiedener Zeitungen und Zeitschriften lesen.

Schon kurz vor dem Bonner Hearing hatte sich der *„Spiegel"* festgelegt. In seiner Ausgabe vom 15. Januar ließ das Nachrichtenmagazin den Genetiker Dr. Philippe Marlière und den Mikrobiologen Dr. Rupert Mutzel ausführlich zu Wort kommen. Ihr Standpunkt war eindeutig: Die Gentechnologie schade der Menschheit. Die beiden Biologen beschäftigten sich in dem Artikel überraschenderweise nicht so sehr mit ihren Fachgebieten, sondern versuchten zu erklären, *„welch ruinöse Folgen die Anwendung molekularbiologischer Praktiken für den demokratischen Rechtsstaat haben kann"*.

„Der Mensch läuft durch zunehmende Anwendung genetischer Analysen Gefahr, seinen Status als freies, gleichberechtigtes und verantwortungsvolles Individuum – und damit seine demokratischen Grundrechte – zu verlieren", betonten die Wissenschaftler. Neben den Grundrechten sorgten die Biologen sich ebenfalls um die Kosten, die zum Beispiel ein durch die Gentechnologie entdecktes lebensverlängerndes Medikament verursacht. *„Wir werden alle sterben und Kosten verursachen, die auch die prädikative Medizin nicht senken kann. Schlimmer noch: Die Zunahme prädikativer – und daraus folgender vorbeugender – Maßnahmen wird sich als schier unerschöpfliche Umsatzquelle für den Medizinbetrieb erweisen."*

An versaute Lebensbedingungen anpassen?

Chancen der Gentechnik erwähnten sie nicht. Statt dessen wurden die Autoren ironisch: *„Überspitzt gesagt, lautet das Versprechen der Humangenetik: Wir können endlich die menschlichen Ressourcen adäquat nutzen und den Menschen an die versauten Lebensbedingungen akklimatisieren, die wir selbst geschaffen haben; wieviel billiger wäre zum Beispiel der Arbeitsschutz in der chemischen Industrie, wenn man die Lösungsmittelresistenz eines jeden einzelnen Chemiewerkers exakt bestimmen könnte!"*

Abschließend resümierten die beiden: *„Wir haben jetzt die Wahl, den einzelnen nach wie vor auch in seinen Schwächen und Behinderungen zu* *respektieren, also sein Genschicksal zu ignorieren – oder eines jeden Wert und Möglichkeiten exakt zu vermessen und ihm danach seinen Platz im Namen des Gemeinwohls und seiner Kosten zuzuweisen. Sollen wir die unmenschlichen Prinzipien der ‚natürlichen Auslese' wieder zulassen oder gar bewußt wieder in Kraft setzen? Die Menschheit hat einen langen Weg durch Unrecht, Wut und Tränen hinter sich. Ihre Geschichte darf nicht wieder zur brutalen Naturgeschichte werden."* Nach einer solchen rein ethischen Argumentation war im *„Spiegel"* für eine positive Sichtweise der Genetik kein Platz mehr.

Auch die Berliner *„tageszeitung"* (taz) wußte allein über Gefahren der Gentechnik zu berichten. Am 19. Januar schrieb Gerd Nowakowski unter der Überschrift *„Wer schützt uns vor dem Schutzgesetz?"* über das *„umstrittenste Gesetz dieser Legislaturperiode"*. Für ihn *„ist noch immer vor allem unklar, wer hier vor wem geschützt werden soll. Die Gentechnik vor dem Bürger oder umgekehrt?"*

In seinem Artikel kamen ausschließlich Kritiker zu Wort. Während die Regierung, gedrängt von der Industrie, den Gesetzentwurf *„mit der heißen Nadel gestrickt"* habe, seien sie und die von ihr eingeladenen Gutachter von den Grünen, die umfangreich vorbereitet gewesen seien, bedrängt worden.

Über erfreuliche Ergebnisse der Gentechnologie berichtete dagegen die *„Stuttgarter Zeitung"* (15. Januar 1990). Die Überschrift: *„Eine neue Generation von Medikamenten entsteht – Mit Hilfe der Gentechnologie lassen sich körpereigene Wirkstoffe in industriellem Maßstab produzieren."* Autor Marcelo Leite stellte darin vier neue Medikamente vor. Zum Beispiel *„Faktor VIII"*. *„So wird das Protein genannt, das Blutern fehlt."* Die Gentechnik sei für dessen Gewinnung wichtig, weil enorme Mengen hiervon produziert werden müssen, um den Kranken zu helfen. Andere Methoden scheiterten, weil *„allein für die Versorgung der drei- bis sechstausend Bluter in der Bundesrepublik dazu vier Millionen Liter Blut jährlich"* nötig wären.

Resolution von 2 000 Wissenschaftlern

Nicht alle Wissenschaftler sehen bei der Gentechnik ausschließlich Gefahren, die nicht beherrscht werden können. Das geht zumindest aus einer Resolution von fast 2000 Wissenschaftlern und Ärzten hervor, die alle mit und in der Gentechnologie arbeiten. Diese Resolution veröffentlichte die *„Frankfurter Allgemeine Zeitung"* am 16. Januar unter der Überschrift *„Schutz vor Gefahren gentechnischer Arbeit hat sich bewährt"* . In dieser Resolution appellierten die Wissenschaftler an Regierung und Öffentlichkeit, durch eine ausgewogene Gesetzgebung dafür zu sorgen, daß der Weiterentwicklung dieser wichtigen Technologie keine unnötigen Hindernisse in den Weg gelegt werden.

Wenig Reelles zum Thema

Wieviele Medien über das Hearing und die Gentechnik berichten würden, ahnte Klaus Bachmann im *„Deutschen Allgemeinen Sonntagsblatt"* (19. Januar 1990). Er zitierte die Forscher Georg Arnold vom Münchener Max-Plank-Institut für Biochemie und Horst Domdey vom Genzentrum München: *„Aus Zeitungen und Rundfunk könne man de facto wenig Reelles über die Gefahren der Gentechnologie lernen, viel hingegen über die Gefahren einer unsachlichen, emotional indoktrinierten Berichterstattung".*

Bachmann fuhr dann fort: *„Nach der Formel , Mehr Wissen ist gleich höhere Akzeptanz' versuchen die Unternehmen, die Bürger auf ihre Seite zu ziehen. Bei dieser Flucht nach vorn suchen sie dann wieder die Hilfe der geschmähten Medien. Es häufen sich Presseseminare, allerorten tauchen Informationsbroschüren und beschönigende Videofilme auf. Ob diese Rechnung aufgeht, bleibt fraglich."*

Die Rechnung kann nicht aufgehen, wenn die Medien nicht bereit sind, ihre Leser möglichst objektiv über Chancen und Risiken der Gentechnologie zu informieren. MKl

(MK 7/90, 12.2.1990)

Gentechnik

Die Tragweite nicht begriffen

Zur Wissenschaftsberichterstattung der Tageszeitungen

Die Gentechnik ist in diesen Wochen wieder ein Thema für die Medien. Nachdem der Bundesrat den von Bundesgesundheitsministerin Ursula Lehr vorgelegten Gesetzentwurf zur Gentechnologie am 22. September zurückgewiesen hatte, war das fast allen überregionalen Tageszeitungen am nächsten Tag einen umfangreichen Artikel im Ressort Politik wert. Ergänzt wurde diese Meldung zumindest in der *„Welt"* und in der *„Süddeutschen Zeitung"* durch einen Kommentar, der bei der *„Welt"* von dem Direktor des Instituts für Erziehungswissenschaften der Universität Bonn, Professor Erich Geissler, verfaßt wurde.

Demgegenüber war bei den lokalen und regionalen Tageszeitungen eine gewisse Zurückhaltung gegenüber dem komplizierten Thema Gentechnik zu beobachten. Selbst der aktuelle Anlaß der Bundesratssitzung zu diesem Thema war vielen Regionalblättern keine Meldung wert. Eine Ausnahme machte dabei unter anderem die *„Rheinpfalz"*, die sich dem Thema sowohl mit einem von der Bonner Korrespondentin des Blattes verfaßten Artikel als auch mit einem Kommentar widmeten.

Die relativ ausgedehnte Darstellung in den überregionalen Zeitungen und die Zurückhaltung in der regionalen und lokalen Presse ist nicht überraschend. Diese Beobachtungen decken sich zumindest mit wissenschaftlichen Erkenntnissen, die die Biologin Ruth Rehbock im September 1988 an der Universität Hohenheim vorgelegt hat. Die Arbeit trägt den Titel *„Wissenschaftsberichterstattung in der Tagespresse am Beispiel Gentechnologie"*.

Aktueller Anlaß für ihre Untersuchung war der Bericht *„Chancen und Risiken der Gentechnologie"* einer Enquete Kommission des Deutschen Bundestages, der am 19. Januar 1987 auf einer Bundespressekonferenz der Öffentlichkeit vorgestellt wurde. Frau Rehbock untersuchte dabei die qualitativen und quantitativen Auswirkungen des Berichtes in überregionalen Tageszeitungen *(„Frankfurter Allgemeine Zeitung", „Süddeutsche Zeitung", „Die Welt")* und in den Tageszeitungen Baden-Württembergs (insgesamt 16 Blätter).

Regionalzeitungen hielten sich zurück

In der Berichterstattung der lokalen und regionalen Tageszeitungen fielen der Autorin *„Gemeinsamkeiten ebenso wie beachtliche Unterschiede"* auf. Gemeinsam war den Zeitungen, daß alle aktuell, *„zeitgleich und in gleicher Form über die Vorstellung des Genberichtes"* informierten. Immer wurde der Artikel im Ressort Politik bearbeitet. *„Entscheidend ist wohl, daß Wissenschaft in diesem Fall als Arbeitsgebiet einer Enquete-Kommission* *zum politischen Thema wurde, unterstrichen noch durch den Rahmen der Bundespressekonferenz".*

Die Unterschiede bei den Tageszeitungen Baden-Württembergs sah sie vor allem in der Aufmachung der Artikel (*„die Hälfte präsentiert ihn auf der Titelseite, die andere Hälfte auf der politischen Seite zwei oder weiter im Innern des Blattes"*). Ein weiterer Unterschied war, daß *„nur fünf Zeitungen in der Gentechnologie das Thema des Tages in Form des Titel-Aufmachers sehen, obwohl kein einheitliches Konkurrenzthema existierte"*.

Frau Rehbock überraschte, daß mehr als die Hälfte der Zeitungen trotz der eher verhaltenen Berichterstattung eigene Kommentare brachten. Viele Journalisten hatten wohl den Eindruck: *„Es läßt sich ohne großes Fachwissen mühelos und anschaulich darüber philosophieren"*.

Anders war die Berichterstattung in den bundesweit verbreiteten Tageszeitungen. Insgesamt genoß die Gentechnologie hier einen *„deutlich höheren"* Stellenwert. Die Meldungen waren bei allen Blätter auf der Titelseite plaziert, es wurde *„bundesweit durchschnittlich mehr als doppelt so oft und dreimal so umfangreich"* berichtet als bei den Lokal- und Regionalblättern. Besser war ferner die Kontinuität der Themenpräsenz. *„Zwei der bundesweiten Tageszeitungen verfolgen das Thema auch noch in der zweiten Untersuchungswoche"*, beobachtete sie.

Agenturmaterial gekürzt, Hintergründe fehlten

Frau Rehbock schloß daraus, daß die Wissenschaftsberichterstattung der lokalen und regionalen Tagespresse unzureichend ist – von wenigen Ausnahmen abgesehen. *„Es wird zwar tagesaktuell berichtet, zu fast 90 Prozent jedoch in referierender Form durch gekürzte Übernahme von Agenturmaterial. Diese Berichte werden immerhin von dreiviertel aller Zeitungen kommentiert, aber damit ist für rund ein Drittel der Blätter das Thema erledigt. Der Rest bringt im Durchschnitt noch ein oder zwei Beiträge, teils als kurze Meldungen oder Nachrichten, teils als ausführliche Berichte."*

Der Biologin fehlten vor allem die Hintergrundinformationen: *„Das Problemfeld Gentechnologie wird wenig hinterfragt, es wird sich kaum kritisch damit auseinandergesetzt, obwohl eine Fülle äußerst interessanter Ansatzpunkte vorhanden sind. Im Durchschnitt wird weder häufig noch besonders umfangreich oder über einen längeren Zeitraum hinweg über dieses Thema berichtet. Es erfährt vorwiegend eine lieblose und routinierte Behandlung."*

Lediglich einige Zeitungen setzten sich von der Masse ab. Besonders positiv war die Berichterstattung beim *„Mannheimer Morgen"* und der *„Badischen Zeitung"*. Als negativen Extremfall hat die Autorin die Rhein-Neckar Zeitung ausgemacht.

In der überregionalen Tagespresse verdient die Wissenschaftsberichterstattung generell zwar eine bessere Bewertung; gut war sie jedoch, so die Autorin, nur bei der *„Süddeutschen Zeitung"*. Dieses Blatt berichtete an fünf verschiedenen Tagen in acht Beiträgen über die Gentechnologie. Bei der *„Welt"* wurde die Berichterstattung nach zwei Tagen abgeschlossen.

Wissenschaftsthemen sind wenig attraktiv

Insgesamt kam Frau Rehbock auch nach der qualitativen Analyse zu einem verheerenden Ergebnis über die wissenschaftliche Berichterstattung in den lokalen und regionalen Tageszeitungen: *„Selbst die gegebene Mischung aus Neuheit, Brisanz und allgemeiner Betroffenheit verleiht einem wissenschaftlichen Thema offenbar nur wenig Attraktivität. Die journalistische Aufmerksamkeit ist schnell erloschen, da sie hauptsächlich an Tagesaktualität und Sensation orientiert ist. Es fehlt an Sensibilität, die Tragweite wissenschaftlicher Entwicklungen rechtzeitig zu erkennen, solange sich diese noch im unspektakulären Bereich bewegen."* Schließlich folgerte sie: *„Die Berichterstattung wird erst im Katastrophenfall wieder die Seiten der Zeitungen füllen"*. MKl

(MK 42/89, 16. 10. 1989)

Horror-Szenarien statt konkreter Information

Sensationsberichterstattung schürt unnötige Angst beim Bürger

Ob Fleisch, Fisch, Obst oder Gemüse, vielen Medien gelingt es immer wieder, dem Verbraucher den Appetit darauf zu verderben. Statt ihren Lesern konkrete Hinweise und Verhaltensmaßregeln für immer neue Lebensmittel-Skandale an die Hand zu geben, warten verschiedene Zeitschriften lieber mit Horror-Szenarien von totgeborenen Ferkeln, verseuchten Fischen oder schadstoffbelastetem Gemüse auf.

Lebensmittel-Skandale werden auf ihre Publikums-Wirkung hin ausgeschlachtet. Informationen über deren tatsächliche Relevanz für die Gesundheit des Verbrauchers fallen dabei der *„Sensationsberichterstattung"* zum Opfer. Der Bürger, dessen einzige Informationsquelle die Medien oft sind, bleibt in letzter Zeit immer häufiger verunsichert mit dem Gedanken zurück, daß er *„jetzt endgültig gar nichts mehr essen kann, ohne Schaden an seiner Gesundheit zu nehmen"*.

Verunsicherung statt Aufklärung

So war im *„Spiegel"* vom 4. März 1991 zu lesen: *„Unter deutschen Zuchtsauen grassiert eine mysteriöse Seuche. Seit einigen Wochen gleichen viele infrarotbeheizte Zuchtställe grausigen Kadaverstätten. Immer mehr Bauern klagen über eine ominöse Plage, die bei den trächtigen Säuen Frühgeburten auslöst. Zwischen vier und zwölf Tagen vor dem regulären Geburtstermin setzen plötzlich die Wehen ein; die Muttertiere werfen tote oder lebensunfähige Nachkommen. Die toten Ferkel, blaß und mit pergamentartiger Haut, sind teilweise bereits in der Gebärmutter vertrocknet, die Experten nennen sie ‚mumifiziert'."*

Ob der Erreger auch dem Menschen gefährlich werden kann, erfuhr der Leser im *„Spiegel"* nicht. Jede Schwangere wird sich folglich beim Lesen dieser Zeilen fragen, ob der Verzehr von Schweinefleisch womöglich ihrem ungeborenen Kind schadet.

Zuviel bleibt unklar

Auch der *„stern"* vom 27. März 1991 griff das „Ferkelsterben" in seinem

Leitartikel *„Nie mehr Fleisch?"* auf. Neben Bildern von Schweinekadavern war dort zu lesen: *„Die Tierärzte stehen vor einem Rätsel. Kein Lehrbuch beschreibt die Krankheit."* Und weiter: *„Müssen wir in Zukunft auf Schweinefleisch verzichten, gar zu Vegetariern werden?"* Hier wurde dem Leser suggeriert, daß der Erreger der Seuche ähnlich gefährlich wie das AIDS-Virus sei und möglicherweise durch den Verzehr von Schweinefleisch übertragen werden kann.

Im Gegensatz zum *„Spiegel"* räumte der *„stern"* aber immerhin in zwei auf fünf Seiten versteckten Sätzen ein: *„Auf den Menschen ist die Seuche nach Ansicht der Forscher nicht übertragbar. Bislang ist weder ein Bauer noch ein Veterinär, der mit infiziertem Vieh in Berührung kam, krank geworden."*

Beide Magazine ließen ihre Leser im unklaren, ob Schweinefleisch nun prinzipiell gemieden werden muß, ob eventuell rohes Schweinefleisch nicht gegessen werden sollte oder ob bei der Zubereitung von Schweinefleisch auf besondere Weise verfahren werden muß. Fragen, die eine gute Reportage hätte klären müssen!

Stattdessen – anscheinend, um den Lesern endgültig den Appetit auf Schweinefleisch zu verderben – wies der *„stern"* dann auf die *„Rückstandsproblematik"* hin: *„Schweinen wird während der Mast ein ganzer Cocktail von Medikamenten verabreicht."* Von Antibiotika, Wachstumsförderern, Thyreostatika, Glucocorticoiden und Psychopharmaka war dann die Rede.

Einiges verschweigen

So konnte man beispielsweise lesen: *„Diese Thyreostatika bremsen die Hormon-Produktion der Schilddrüse. Das macht die Tiere träge, sie verbrauchen weniger Kalorien. Außerdem lagern sie mehr Flüssigkeit im Gewebe ein, ihre Haut wird dicker. Das bringt Gewicht."* Daß Thyreostatika als Fleisch-Rückstände aber schon lange keine Rolle mehr spielen, verschwieg der *„stern"*. Im *„Ernährungsbericht 1988"* war jedoch bereits zu lesen, daß Thyreostatika seit 1983 keine Rolle als Fleischrückstand mehr spielen.

Und Professor Karl O. Honikel berichtete in der Zeitschrift *„Der Klinikarzt"* (Band 19, Nr. 5, 1990): *„In den letzten Jahren häufen sich Berichte in den Medien über bedenkliche Auswirkungen beim Verzehr von Fleisch und Fleischwaren auf die menschliche Gesundheit. Fleisch steht in dem Rufe, ein rückstandsreiches Lebensmittel zu sein. Immer wieder gibt es Skandale.*

Es gibt auch umfangreiche Untersuchungen, die Rückstände nachweisen, aber per se nicht bedeuten, daß die ermittelten Mengen gesundheitlich bedenklich sind. Neben den Konzentrationen sind auch die Verzehrmengen zu berücksichtigen." Doch auch darauf wies der *„stern"* nicht hin.

Dafür aber wurde dem Verbraucher noch schnell der Appetit aufs Geflügel verdorben: *„Auf der ganzen Welt gibt es wohl kaum noch ein Masthuhn, das frei von Salmonellen ist."* Und weiter: *„Zwischen 1985 und 1989 verdoppelte sich die Zahl der registrierten Infektionen (beim Menschen) auf über 63 000."*

Informationen fehlten

Praktische Küchentips zur Vermeidung einer Salmonellen-Infektion wären dem Leser sicherlich lieber gewesen als das Drohen des *„stern"* mit Durchfall, Erbrechen, Fieber, Schüttelfrost, Nierenversagen und lebensgefährlicher Kreislaufschwäche im Falle von *„mangelnder Hygiene bei der Vorbereitung des Geflügels"*.

Eine speziell zur Salmonellen-Problematik herausgegebene Pressemitteilung der Deutschen Gesellschaft für Ernährung (DGE): *„Salmonellen – Drei Regeln für den Schutz"* vom 28. November 1990 scheint der *„stern"*-Redaktion nicht aufgefallen zu sein. Und so erfuh der verängstigte Verbraucher nicht, wie einfach es ist, eine mögliche Salmonellen-Infektion zu vermeiden.

Absolut nichts dran

Auch das Thema *„verseuchter Fisch"* war im März 1991 wieder einmal hochaktuell: In den Medien tauchten Meldungen auf, daß Fische und Fischereierzeugnisse aus dem Choleragebiet Peru erregerbelastet auf den deutschen Küchentisch gelangten.

„Da ist absolut nichts dran", erklärte die Deutsche Gesellschaft für Ernährung (DGE) in einer Pressemitteilung (DGE-Aktuell, Nr. 7/91). *„Der Verbraucher sollte sich den Fischgenuß nicht schon wieder verderben lassen"*, meinte Dr. Helmut Oberritter, wissenschaftlicher Leiter der DGE, da neben den sicheren Kontrollen im EG-Bereich der Fischimport aus Peru kaum ins Gewicht falle. Sein Anteil liege unter einem Prozent, wovon ein großer Teil weiter exportiert wird.

Halbwahrheiten

Die Frauen-Zeitschrift *„Brigitte" (7/91)* diskreditierte schließlich noch den einzigen Ausweg, den andere Zeitschriften dem Verbraucher gelassen haben: die pflanzlichen Lebensmittel. *„Frühjahr, Zeit für Obst und Gemüse. Doch überall finden Lebensmittelprüfer Rückstande durch Umweltverschmutzung und chemische Behandlung."*

Zum Schadstoff Cadmium schrieb *„Brigitte"* beispielsweise: *„Die Cadmium-Werte sind mittlerweile bei nahezu allen getesteten Lebensmitteln bedenklich, mögliche Kombinationswirkungen von Schadstoffen noch gar nicht geprüft."* Und weiter: *„Die Schadstoffmengen mögen zunächst winzig erscheinen – doch auch 0,01 Milligramm Cadmium in Blumenkohl oder Möhren sind bereits bedenklich, vor allem, weil sich die Belastungen im Gemüse ja addieren."*

Dazu nahm die DGE in einer Pressemitteilung vom 11. März 1991 wie folgt Stellung: *„Nur bis zu zehn Prozent der aufgenommenen Blei- und fünf Prozent der Cadmiummengen werden vom Körper resorbiert, der Rest wird wieder mit dem Stuhl ausgeschieden. Die Cadmiumbelastung durch Rauchen ist ungleich höher."* Abwechslungsreiches Essen sei, so die DGE, die erste Gegenmaßnahme gegen zu hohe Schadstoffaufnahmen über Lebensmittel. Blei und anderen Schwermetallen werde man durch gründliches Waschen und Schälen zu einem großen Teil Herr.

Und Dr. Helmut Oberritter, DGE, resümierte: *„Ich will ausdrücklich betonen, daß wir mit unseren Empfehlungen zur individuellen Schadstoffverminderung die Bevölkerung nicht beunruhigen wollen. Dazu besteht kein Grund. Ein bißchen überlegen beim Einkauf und bei der Zubereitung von Lebensmitteln hilft indessen mit, die im Prinzip nicht gefährlichen Belastungen dennoch weiter zu verringern."*

Immerhin ließ *„Brigitte"* seine Leserinnen mit der Angst nicht ganz *„im Regen stehen"* und gab – anders wie *„stern"* und *„Spiegel"* – ausführliche Ratschläge zur Schadstoffverringerung in Obst und Gemüse.

„Die Angst des Verbrauchers vor Rückständen ist zwar verständlich, aber unbegründet. Insgesamt gesehen waren unsere Lebensmittel noch nie so sicher wie heute", so der Präsident der Lebensmittelchemischen Gesellschaft, Dr. Hans Lange, in der *„Frankfurter Rundschau"* vom 2. Oktober 1990 zu dieser Problematik.

Horror statt Wahrheit

Und auch der jüngste *„Ernährungsbericht"* schloß seinen Beitrag über die *„Toxikologischen und mikrobiologischen Aspekte der Ernährung"* mit den Worten: *„Eine Gefährdung des Verbrauchers durch Verzehr rückstandshaltiger und verunreinigter Lebensmittel ist aufgrund der Datenlage nicht zu erkennen. Die Risiken eines ernährungsbedingten Gesundheitsschadens aus anderen Ursachen sind um ein Mehrfaches höher."*

Doch mit der Wahrheit lassen sich nur selten Schlagzeilen machen, und so werden wir sicherlich auch zukünftig immer und immer wieder, wie beispielsweise am 11. Oktober 1990 im *„stern"*, über unser *„vergiftetes Schlaraffenland"* lesen müssen:

„Pestizide würzen unsere Nahrung, das Geflügel aus Tierfabriken ist von Salmonellen befallen, das Kalbfleisch von Hormonen zersetzt. Auf englischem Rasen werden viruskranke Kühe und Schafe verbrannt, in deutschen Landen leukoseverseuchte Rinder notgeschlachtet. Fast täglich erfahren wir, woran wir sterben könnten, nur weil wir essen und trinken. Die Umwelt als Krisenlandschaft. Wann hat unser Körper seine letale Dosis an Giftstoffen gespeichert?"

Wann haben die angesprochenen Medien endlich gelernt, seriös über Lebensmittel-Skandale zu berichten? Wann beginnen sie damit, den Verbraucher zu informieren, statt ihn zu verunsichern? Und wann hören sie endlich damit auf, Horror-Visionen über unser Essen auf ihren Titel-Bildern auszumalen? RS

(MK 16/91, 15.4.1991)

Gesundheit

Verharmlosung auf die Spitze getrieben

„Männer Vogue" empfahl cholesterinreiche Diät

Nachdem der *„Spiegel"* vom 5. November 1990 in seinem Leitartikel *„Freispruch für einen Schurken"* den ungünstigen Einfluß des Cholesterins auf die Entstehung von Herz-Kreislauferkrankungen und Fettstoffwechselstörungen verharmloste, ja sogar in Abrede stellte, riß in der Fach- und Laienpresse die Diskussion um das Cholesterin nicht mehr ab. Die Zeitschrift *„Männer Vogue"* (2/91) ging nun noch einen Schritt weiter als der *„Spiegel"*.

„Männer Vogue" empfahl ihren Lesern, doch einmal eine fett- und damit cholesterinreiche Kost, die sogenannte *„Lutz-Diät"*, auszuprobieren. Iris Pfeifer, die Autorin des Artikels *„Die Fett-Frage: Mythos Cholesterin"*, schrieb: *„Dr. Wolfgang Lutz aus Linz, in Wien habilitiert, Mitglied der ‚New York Academy of Science', bemerkte eines Tages, daß uns unsere Ernährung eher krank als gesund macht. Er wies nach, daß Zivilisationsleiden hauptsächlich von Kohlenhydraten in Brot, Kuchen, Schokolade und Eis verursacht werden. Er experimentierte mit einer Fisch-Fleisch-Fett-Diät und hat seit 20 Jahren viele Patienten kuriert."*

Unhaltbare Aussagen

Und weiter: *„Zumindest eines kann Lutz beweisen – und gerade das mutet revolutionär an: Bei Patienten, die seine Ernährungsregeln befolgen, sinkt der Cholesterin-Spiegel. Es passiert also das Gegenteil dessen, was der hausmedizinische Sachverstand düster prophezeit."*

Doch hier irrte Iris Pfeifer ebenso wie ihr wissenschaftlicher Berater Dr. Ulrich Burkhardt: *„Untersuchungen mit der ‚Lutz-Diät' liegen in wissenschaftlich haltbarer Form – abgesehen von einigen kasuistischen Darstellungen, die von Lutz selbst publiziert wurden – nicht vor"*, betonte Professor Dr. D. Sailer (Erlangen) bereits Anfang 1990 in der *„Wiener Medizinischen Wochenschrift"* (Nr. 9, 1990). Doch davon kein Wort in *„Männer Vogue"*.

Sailer, der sehr bedauert, daß *„nahezu täglich über kritiklose Massenmedien neue Diäten vorgestellt werden"*, nahm zur Lutz-Diät wie folgt Stellung: *„Hierbei handelt es sich um eine kohlenhydratarme, extrem fett- und cholesterin- und auch eiweißreiche Ernährung mit einem sehr geringen Anteil an Ballaststoffen („Leben ohne Brot"). Wegen des Cholesterin- und Fettreichtums ist diese Ernährungsalternative als Dauerernährung nicht geeignet. Sie wirkt atherogen und provoziert frühzeitig atherosklerotische Gefäßveränderungen."*

Die *„Männer Vogue"* verharmloste jedoch, wie zuvor bereits der *„Spiegel"*, diese von einem Übermaß an Cholesterin ausgehende Gefahr: *„Ich schließe mich den Nörglern und Zweiflern an. So riskant kann es wirklich nicht sein, sich vom Cholesterinwahn abzukoppeln"*, meinte Frau Pfeifer und rief statt dessen *„sich mal nicht fettarm und nicht faserreich"*, sondern nach *„einem Speisezettel à la Wolfgang Lutz"* zu ernähren. Jahrelange Bemühungen, der Bevölkerung die gesundheitlichen Vorteile einer cholesterinarmen Ernährung klarzumachen, wurden mit solchen *„Empfehlungen"* in Minuten ad absurdum geführt; der Leser blieb – wie so häufig, wenn Ernährungs-Fragen in den Medien behandelt werden – verunsichert zurück.

Daß es sich bei den Verfechtern der *„Lipid-Theorie"*, die vor überhöhten Cholesterin-Blutspiegeln warnen, nicht einfach um *„Cholesterin-Apokalyptiker"* handelt, und daß gesundheitsbewußte Verbraücher nicht einfach *„Verdummungsopfer der ‚Anti-Cholesterin-Mafia'"* sind, versuchte die *„Deutsche Gesellschaft zur Ernährung"* (DGE) in einer Pressemitteilung klarzustellen:

„Zahlreiche Studien im In- und Ausland belegen eindeutig einen Zusammenhang zwischen hohen Cholesterinwerten und Herz-Kreislauferkrankungen, die bei uns immer noch Todesursache Nr. 1 sind. Allein 1989 starben 160 000 Menschen in der (alten) Bundesrepublik Deutschland an einem Herzinfarkt oder Schlaganfall. Dabei ist ein hoher Cholesteringehalt im Blut noch lange kein frühes Todesurteil. Bei Werten über 200 mg/dl jedoch empfiehlt sich ärztliche Kontrolle."

DGE kritisiert „Spiegel"

„Nach dem Motto ‚Alles halb so schlimm' mischen sich aber immer wieder Verharmloser in die Diskussion", bedauerte Dr. Helmut Oberritter von der DGE.

Werde das Cholesterin von dem Verdacht *„freigesprochen"*, diese Erkrankungen ungünstig zu beeinflussen, kritisierte Oberritter im *„Ernährungsberatungsdienst Haushalt und Heim"* den *„Spiegel"* vom 5. November 1990, so werde dem Verbraucher glaubhaft gemacht, er *„brauche nicht auf die Cholesterinzufuhr mit der Nahrung zu achten, er könne ohne schlechtes Gewissen, das heißt im Prinzip ohne Beschränkung, Eier, Butter, Fleisch, Speck und Wurst essen, er brauche sich nicht verunsichert zu fühlen, wenn sein Cholesterin-Spiegel mäßig über 200 mg/dl liege."*

Mit derartigen Veröffentlichungen schlage man sich *„in Mißachtung etablierter wissenschaftlicher Erkenntnisse auf die Seite derer, die seit langem kontraproduktiv zur offiziellen Ernährungsberatung agieren und damit ihren*

Aussagen der Etablierung einer vollwertigen Ernährung in der Bevölkerung entgegenwirken'", so Oberritter. RS

(MK 8/91, 18.2.1991)

Ernährung

Cholesterin-Problematik sträflich verharmlost

„Spiegel"-Leitartikel verunsicherte die Bevölkerung

In jüngster Zeit wird von einigen Wissenschaftlern die krankmachende Rolle eines Zuviel an Cholesterin in der Nahrung in Frage gestellt. So enthielt die *„Süddeutsche Zeitung"* im Januar 1990 eine Beilage mit dem Titel: *„Cholesterin lüftet sein Geheimnis."* In dieser Broschüre wurde die Cholesterin-Problematik verharmlost und sogar ins Gegenteil verkehrt. Nun schlug auch der *„Spiegel"* mit ähnlichem Tenor in diese sensationsträchtige Kerbe und machte damit die bisher auf diesem Gebiet verrichtete Aufklärarbeit und so manche Bemühung zur Vorbeugung von Herzinfarkt und Arteriosklerose schlagartig zunichte.

Ohne die vielen Fakten aus wissenschaftlichen Untersuchungen der letzten 20 bis 30 Jahre zu berücksichtigen, stellte der Leitartikel des *„Spiegel"* vom 5. November 1990 die Gesundheitsgefährdung durch erhöhte Cholesterin-Blutspiegel in Abrede.

Bestechlichkeit unterstellt

„Freispruch für einen Schurken" lautete die Überschrift des neun Seiten langen Artikels, der nicht nur das Cholesterin-Problem auf sträflichste Weise verharmloste, sondern der auch noch alle, die sich bemühen, die Bevölkerung über diese Problematik aufzuklären, beleidigte oder der Bestechlichkeit bezichtigte.

So war zu lesen: *„Unterstützt von finanzkräftigen Partnern in der Nahrungsmittel- und Pharmaindustrie, haben die Verfechter der Lipidtheorie in den letzten Jahren auf kleinen und großen Kongressen, mit Druckschriften* *und Veröffentlichungen in der Fachpresse ihre Thesen verbreitet. Schlagzeilen in Zeitungen und Zeitschriften (‚Wer richtig ißt, lebt länger') und die Anti-Cholesterin-Sermone etwa des öffentlich-rechtlichen Gesundheitspredigers Dr. med. h.c. Hans Mohl vom ZDF haben in der Bevölkerung Angst geschürt."*

Und weiter: *„Mit sogenannten Consensus-Papieren, die sie in Symposien erarbeiteten, aber auch mit ‚Cholesterin-Aktionswochenenden', zu denen die Pharmaindustrie die ‚Chefredakteure der medizinischen Fachpresse' einlädt (‚Mittagessen mit cholesterinarmen Gerichten'), sucht die Lipidfront immer wieder aufs neue den Eindruck zu erwecken, ihre Thesen seien wasserdicht, nur querulantische Außenseiter stünden noch abseits."*

Bereicherung vorgeworfen

Die Aufklärungsarbeit der *„Nationalen Cholesterin Initiative"* wurde ebenfalls kritisiert: *„Selten ist eine medizinische Kampagne, die der Gesundheit des ganzen Volkes dienen soll, mit solcher Wucht und soviel publizistischem Aufwand vorangetragen worden."* Von *„Cholesterinhysterie"*, *„Cholesterinwahn"* und *„Cholesterinfanatismus"* war da im *„Spiegel"* die Rede.

Der Pharmaindustrie wurde vorgeworfen, sich an Patienten mit erhöhten Cholesterinwerten zu bereichern: *„Der von der Pharmaindustrie erhoffte Breitenverkauf von Lipidsenkern ist auch in Deutschland auf dem besten Wege. Hilfreich ist da der extrem niedrige Grenzwert von 200 mg/dl, wie ihn die deutschen Cholesterinpäpste in ihrem Strategiepapier festsetzten."* Und auch Ärzte und Nahrungsmittelindustrie wurden angegriffen: *„Würde so (bei einem Grenzwert von 200 mg/dl) der überwiegende Teil der Bevölkerung krank diagnostiziert, ginge es Ärzten, den Pharmafirmen und der Nahrungsmittelindustrie gut."*

Keine Differenzierung

Hätte der Autor des *„Spiegel"*-Artikels das Strategiepapier der *„Nationalen Cholesterin Initiative"* richtig gelesen, so hätte er festgestellt, daß Patienten mit grenzwertigem Cholesterin-Spiegel keineswegs eine *„unzumutbare, kasteiende Diät"* und schon gar keine Medikamente empfohlen werden. Patienten mit leicht erhöhtem Cholesterin-Spiegel werden lediglich der *„ärztlichen Aufmerksamkeit"* anbefohlen.

Ferner sollten sie sich auf *„eine gesunde und ausgewogene Ernährung, die sich als angemessen und geeignet für die gesamte Bevölkerung herausgestellt* *hat"*, umstellen, so Professor Schwandt (München) in der Zeitschrift *„Therapie der Gegenwart"* (Band 128, Nr. 9, 1989). Die *„strenge Lipidiät"*, erläuterte Schwandt, sei lediglich der Behandlung schwerer Hyperlipidämien vorbehalten. Doch diese Differenzierung traf der *„Spiegel"* nicht. Und *„erst nach Ausschöpfung aller diätetischen Maßnahmen einschließlich Steigerung der körperlichen Aktivität besteht die Indikation zur Pharmakotherapie"*, betonte Professor Sailer (Erlangen) in der Zeitschrift *„Klinikarzt"* (Band 19, Nr. 5, 1990).

Sailer bedauerte Veröffentlichungen, wie der *„Spiegel"* sie nun machte: *„In unserem Lande finden die Zweifler immer noch offene Ohren in den Medien. Cholesterin wird auf Hochglanzpapier verharmlost; z. T. wird das Geschäft mit der Angst gemacht. So sollen tiefe Cholesterinkonzentrationen Karzinome induzieren. Eine Behauptung, bei der wohl Ursache und Wirkung verwechselt werden."*

Doch auch dieses *„Geschäft mit der Angst"* ließ der *„Spiegel"* nicht aus: *„Noch lange nicht ausgeräumt ist auch der Verdacht, daß eine erhöhte Krebsanfälligkeit mit der drastischen Senkung des Cholesterinspiegels verbunden sei"*, war da zu lesen. Kein *„Cholesterin-Gegner"*, beispielsweise die Lipid Liga oder die Deutsche Gesellschaft für Ernährung – Gremien die sich schon seit Jahren um die Ernährungsaufklärung der Bevölkerung bemühen –, kam zu Wort.

Es ist bedauerlich, daß der *„Spiegel"* dem Aufruf des amerikanischen Cholesterin-Erziehungsprogramms *„Laßt uns nicht die Leute verwirren, laßt uns mit einer Stimme sprechen"* nicht nachkommen wollte, statt dessen eine mit großem Aufwand angefertigte Sammlung von Halbwahrheiten auftischte und damit maßgeblich zur Verunsicherung der Bevölkerung beitrug. Jede seriöse Berichterstattung über die Cholesterin-Problematik müßte viel mehr die Verringerung der Cholesterinzufuhr mit der Nahrung zum Ziel haben. RS

(MK 49/90, 3.12.1990)

Medien wecken falsche Hoffnungen

Krebskranke und deren Angehörige werden enttäuscht

Häufig berichten Presse, Funk und Fernsehen über Krebs und dessen Therapie. Nicht selten propagieren einige Medien dann die Wirksamkeit einer alternativen Behandlungstherapie, ohne daß jedoch gesicherte Erkenntnisse über die Wirksamkeit der betreffenden Therapie vorliegen. Dies weckt bei Krebspatienten falsche Hoffnungen und führt zwangsläufig zu schweren Enttäuschungen.

Statt über die vielen alternativen Methoden in der Krebsbehandlung aufzuklären, stellen einige Medien immer wieder alternative Medikamente oder obskure Krebsdiäten als Heilungsmöglichkeit dar. So versprach *„Gesundheit Heute"* (Nr. 3/90) bei Anwendung der *„Krebsdiät nach Dr. Moerman"* eine 75prozentige Krebsheilungsrate: *„Nach einer bereits im Jahre 1983 von der ‚Sikon' (Stichting Interdisciplinair Kanker-Onderzoek Nederland) durchgeführten Untersuchung wurden von 150 erfaßten Krebspatienten insgesamt 115 mit Hilfe der Dr. Moerman-Diät und -Therapie geheilt."*

Auf rund fünf Seiten beschrieb *„Gesundheit Heute"* die *„Diät"*, bei der beispielsweise Fisch, Kartoffeln, Joghurt und Trinkwasser verboten, hingegen Sahnebutter und Rote-Beete-Saft vorgeschrieben sind. Begründet wurde diese willkürlich anmutende Ge- und Verbotsliste dann so: *„Die ganze Therapie zielt darauf ab, den Stoffwechsel des Patienten in einen optimalen Zustand zu bringen, so daß sich in seinem Körper Abwehrstoffe gegen den Krebs aufbauen."* Es folgte die Versprechung: *„Der klinische Zustand des Patienten wird sich schnell verbessern, und in verschiedenen Fällen wird Genesung eintreten."*

Wirksamkeit nicht bewiesen

Dem entgegnete die *„Deutsche Gesellschaft für Ernährung"* (DGE) in ihrem *„Ernährungsbericht"*, der im Abstand von vier Jahren im Auftrag der Bundesregierung erstellt wird: *„Es liegen bisher keine Beweise dafür vor, daß mit einer bestimmten Kostform (‚Tumordiät', ‚Krebsdiät') bösartige Tumore geheilt beziehungsweise deren Wachstum beim Menschen verzögert werden kann. Alle Befürworter der auf den verschiedensten Vorstellungen* *beruhenden ‚Krebsdiäten' stellen Behauptungen auf und berichten von zum Teil spektakulären Heilerfolgen, ohne auch nur Ansätze von Bemühungen um eine exakte Beweisführung zu zeigen. Sämtliche Mitteilungen über Heilerfolge mit sogenannten ‚Krebsdiäten' beruhen derzeit auf Spekulationen, unzureichend dokumentierten Fallberichten und falsch interpretierten biochemischen beziehungsweise tierexperimentellen Befunden."* Diese Tatsachen verschwieg *„Gesundheit Heute"* allerdings dem Leser.

Kuriose Ratschläge

In einer kürzlich veröffentlichten Informationsschrift zum Thema *„Essen und Trinken für Krebskranke"* kritisierte die DGE die Medienberichterstattung wie folgt: *„Auch die Bildung von Tochtergeschwülsten (Metastasen) kann durch eine ‚Krebsdiät' nicht verhindert werden. Leider tragen Presse, Funk und Fernsehen, aber auch Personen, die sich dazu berufen fühlen, dazu bei, diese Hoffnungen noch zu verstärken. Krebskranke sind besonders empfänglich für viele, selbst kuriose Ratschläge und sind bereit, diese auszuprobieren."*

Ein besonders auffälliges Beispiel für unseriösen Medizinjournalismus auf diesem Gebiet fand sich in der Zeitschrift *„Gesunde Medizin"* (2/90; Mai/Juni/Juli). Dort propagierte Dr. med. Heinrich Nehus (Wilhelmshaven) die *„Ganzheits-Zell-Regenerationstherapie nach Stahlkopf"* als *„Anti-Krebstherapie"*. Eine Antwort auf die Frage, was darunter exakt zu verstehen ist, blieb der Arzt in seinem drei Seiten langen Artikel schuldig. Setze die Therapie rechtzeitig ein, so Nehus, könne *„der Patient noch gerettet werden, weil über die umfassende Blut- und Lymphentgiftung der angeführte Entstehungsprozeß von Metastasen hin zum Primärtumor völlig schädigungsfrei und damit echt zellregenerativ zurückgeführt werden kann."*

Was unter Blut- und Lymphentgiftung zu verstehen ist, erklärte Nehus wiederum nicht. Statt dessen diffamierte er die Schulmedizin: *„Ursache des Neuzeitkrebses ist also in erster Linie der verhängnisvolle Irrweg der modernen Medizin in Bezug auf fehlgeleitete Aktivierung des Immunsystems durch zunehmende Massenimpfungen gegen praktisch alle Krankheiten."* Neben den Impfungen gab er auch *„Medikamentenschäden"* als Krebsursache an. Behauptungen blieben – wie nicht selten in der medizinischen Laienpresse – unbewiesen und ohne Erläuterungen.

Auch in der ZDF-Sendung *„Die Mistel in der Krebsbehandlung"* von Uschi

Madeisky und Klaus Werner, die am 7. April ausgestrahlt wurde, war das nicht anders. So stellte der Film mehrere Krebspatienten vor, die ausschließlich Positives über die *„Antikrebstherapie“* mit dem aus der Mistel gewonnenen Präparat *„Iscador“* zu berichten hatten. Eine Patientin mit inoperablem Bauchspeicheldrüsenkrebs sagte: *„Man hat mir nur noch kurze Zeit gegeben und jetzt, nach nicht mal einer Woche (unter Iscador-Therapie) geht es mir schon viel besser.“*

Wunschträume statt Realität

Diese und ähnliche Aussagen todkranker Menschen, die von der Schulmedizin bereits aufgegeben wurden, lassen den in medizinischen Fragen unversierten Zuschauer glauben, daß mit *„Iscador“* in der Tat ein Heilmittel gegen Krebs gefunden wurde. Daß es sich bei der angeblichen Wirksamkeit von *„Iscador“* jedoch lediglich um einen Wunschtraum einer kleinen Gruppe von Anthroposophen handelt, machte Dr. med. S. P. Hauser in der *„Münchner Medizinischen Wochenschrift“* (Band 131, Nr. 35, 1989) deutlich: *„Die heutige Verwendung von Mistelpräparaten als ‚Antikrebsmittel‘ geht auf Äußerungen von Rudolf Steiner im Jahre 1920 zurück. Die von anthroposophischer Seite angeführte, angeblich belegte Wirksamkeit der Mistelpräparate bei Krebserkrankungen beruht auf Untersuchungen, die gravierende Mängel aufweisen und bei Anwendung objektiver Maßstäbe einer kritischen Analyse nicht standhalten. Aufgrund von mehrfach publizierten Daten und wiederholten Übersichtsarbeiten wird ein Bild aufgebaut, daß Mistelpräparate aufgrund zahlreicher Untersuchungen eine Wirksamkeit bei Krebserkrankungen hätten. Die Schlußfolgerung einer statistisch gesicherten besseren Überlebenszeit mit ‚Iscador‘ ist fragwürdig.“*

Bewußte Täuschung?

Derartige Einwände von Seiten der Schulmedizin wurden im ZDF-Film verschwiegen. Dabei kann den Autoren die Flut von wissenschaftlichen Publikationen zum Thema *„Mistel in der Krebsbehandlung“* mit ähnlichem Tenor unmöglich entgangen sein. Der Zuschauer – dieser Eindruck bleibt nicht aus – wurde aber unverantwortlicherweise in dem Glauben gelassen, daß *„Iscador“* Krebs zu heilen vermag oder doch zumindest Überlebenszeit und Wohlbefinden der Erkrankten deutlich verbessern kann. RS

(MK 21/90, 21.5.1990)

Fehlende Kompetenz

Versandhauskatalog als „Gesundheitsmagazin“ getarnt

Das Gesundheitsbewußtsein der bundesdeutschen Bevölkerung ist in den letzten Jahren stark gestiegen. Ein sicherlich begrüßenswerter Trend, wären da nicht die vielen populärwissenschaftlichen Zeitschriften für *„gesunde Medizin und natürliche Lebensweise“*, die auf dieser *„Gesundheitswelle“* mitschwimmen und den Leser mit ihrer unseriösen Berichterstattung über alternative Heilmethoden verunsichern.

Mit Schlagzeilen wie *„Harmonische Schwingungen gegen Rheuma“*, *„Immun-Diät rettet Unheilbare“* oder *„Geistheilung – wie und warum sie funktioniert“* versprechen sie dem in medizinischen Fragen meist unversierten Bürger Wohlbefinden, Lebensqualität und die Heilung aller nur erdenklichen Krankheiten auf *„sanfte, natürliche Weise“*.

Stellvertretend für die vielen obskuren *„Gesundheitsmagazine“* analysierte *„Medien-Kritik“*, *„Bio spezial“*, das *„Magazin für Naturheilkunde, Lebenskunst, Umweltfragen, Ernährung und Fitness für die ganze Familie“*. *„Bio spezial“*, immerhin schon seit sechs Jahren auf dem Markt, erscheint im Bio-Verlag Ritter, einem Familienunternehmen, das neben der Zeitschrift noch diverse *„Gesundheits-Cassetten“*, *„Psycho-Trainingskurse“*, *„Glücks-Pyramiden“*, Pendel und ähnliche Dinge *„für das sich Wohlfühlen an Körper, Geist und Seele“* verkauft. Herausgabe, Chefredaktion, Redaktion und Leserservice von *„Bio spezial“* liegen in den Händen von Monica Ritter und ihren beiden Söhnen Andreas und Florian Ritter. Keiner von ihnen erlernte einen Heilberuf.

„Bio spezial“ erscheint alle zwei Monate, der Verlag gibt die Auflage mit 60 000 an. In unregelmäßigen Abständen wird außerdem ein Sonderheft publiziert. Als Zielgruppe wird der *„gesundheitsbewußte normale Leser“* genannt. Der Vertrieb erfolgt hauptsächlich über die Zeitschriften-Abteilungen der Super-Märkte.

Das Heft präsentiert sich als Mischung aus *„Ratgeber für alle Lebenslagen“* und Versandhauskatalog, in dem fast alles, was zuvor in den einzelnen Berichten angepriesen wurde, dann auch – in der Regel gegen Vorauszahlung – bestellt werden kann. So war im aktuellen *„Bio spezial Sonderheft“* zu lesen: *„Qi-Gong, das Training mit den ‚magischen*

Kugeln' der chinesischen Kaiser, kann heute auch bei uns jeder ganz leicht durchführen. Auch wenn mancher zunächst skeptisch den Kopf schütteln mag: Die Wirksamkeit dieser Technik bei den verschiedensten Krankheiten ist heute nachgewiesen. Sie hat ihren Platz in der Behandlung von Krebskranken."

Auch gegen zu hohen und zu niedrigen Blutdruck, Durchblutungsstörungen, Kopfschmerzen, Schwindel und Verspannungen sollen die *„allround"* Kugeln angeblich helfen. Zum Schluß wurde schließlich empfohlen: *„Probieren Sie es selbst. Mit ein bißchen Ausdauer wird sich der Erfolg bald einstellen. Qi-Gong-Kugeln erhalten Sie über den Bio-Versand-Service ab Seite 100."* Hier wurden Unkenntnis und fehlender Sachverstand des Laien ausgenutzt. Der natürliche Wunsch eines jeden nach größtmöglicher Vitalität und Gesundheit wurde mißbraucht. Die Hoffnung auf Heilung löst beim Leser den Kaufwunsch aus und läßt diesen tief in die Tasche greifen.

Aber nicht nur chinesische Heilkugeln, auch wissenschaftlich nicht näher definierte *„Schwingungen"* empfahl *„Bio spezial"* (Nr. 3, Juni/Juli 1990) seinen Lesern: *„Störungen des körpereigenen Schwingfeldes können unglaublich viele Krankheiten auslösen. Die Schwingfeld-Therapie kann dem aus dem Gleichgewicht geratenen Organismus zu neuer Energie verhelfen"*, war da zu lesen.

Mit Hilfe der Behandlung mit dem *„Schwingfeld-Hauptgerät"* sowie dem *„Schwingfeld-Grundgerät"* sei in vielen Fällen eine vollständige Heilung, in anderen eine spürbare Besserung von chronischen Erkrankungen möglich; und bei diesen sei die Schulmedizin, so *„Bio spezial"*, in der Regel machtlos.

Garniert war der Artikel mit vermeintlich physikalischen Fachausdrücken wie *„körpereigene Regulationsspannung"*, *„körperfrequentem Schwingungsfeld"* oder *„Links-Rechts-Spannungsniveau"*. Jeder Physiker kann in Anbetracht dieser Lektüre aus dem Ritter-Verlag nur verständnislos den Kopf schütteln. Der hilflose aber hilfesuchende chronisch Kranke, der von alledem nichts versteht, ist jedoch zwangsläufig beeindruckt. Was liegt also näher als die Anschaffung dieser Geräte oder doch zumindest die Anmeldung zur *„Schwingfeld-Therapie"* beim *„Institut für Schwingfeld-Forschung"* in Bad Wörishofen?

Aber nicht nur Physik und Medizin, auch die Ernährungswissenschaften wurden in *„Bio spezial"* auf den Kopf gestellt. Im neuesten Sonderheft stellte Monica Ritter in der Rubrik *„Das aktuelle Interview“* die Ernährungsmaximen des Zahnarztes Dr. Johann Georg Schnitzer vor. Die sogenannte *„Schnitzer-Intensivkost“*, die ausschließlich aus Rohkost besteht, soll *„Bluthochdruck, Altersdiabetes, Arthritis, Durchblutungsstörungen und andere schwer zu beeinflussende Zivilisationskrankheiten“* heilen können.

Gefährlich statt gesund

Die Deutsche Gesellschaft für Ernährung (DGE) kritisierte diese Behauptung in ihrer Infothek *„Alternative Ernährungsformen“* wie folgt: *„Der Anspruch der Schnitzer-Intensivkost auf Heilung aller Zivilisationskrankheiten ist gefährlich und muß ebenso strikt abgelehnt werden wie das Versprechen, mit dieser Kost allen Erkrankungen vorbeugen zu können.“* Und weiter: *„Ohne Aufnahme tierischer Lebensmittel, wie Fisch oder Fleisch, kann es bei längerem Einhalten dieser einseitigen Intensivkost insbesondere bei Kindern und Jugendlichen zu einer unzureichenden Versorgung mit Eiweiß, Kalzium, Eisen, Jod und Vitamin B12 kommen.“*

Doch diese Einwände der DGE wurden – ob absichtlich oder aus Unwissenheit der Autorin bleibt offen – den Ausführungen von Dr. Schnitzer nicht entgegengehalten. Statt dessen auch hier der Hinweis auf das *„Schnitzer-Institut“*, in dem man die Ernährung nach den Prinzipien von Dr. Schnitzer erlernen kann.

Im selben Sonderheft von *„Bio spezial“* wurde dann sogar eine *„Immun-Diät“* gegen AIDS angepriesen: *„Eine New Yorker Studie beweist: Sogar Krebs und AIDS lassen sich überwinden, wenn wir konsequent natürlich leben.“* Die *„Makrobiotik nach Kushi“*, die unter anderem den weitgehenden Verzicht auf Milch, Milchprodukte, Fleisch und Fisch empfiehlt, wurde dann als lebensverlängernde *„Anti-AIDS-Diät“* auf über zwei Seiten dargestellt.

Doch auch hier verdrehte *„Bio spezial“* ernährungswissenschaftliche Erkenntnisse, denn: *„AIDS-Patienten sollten hochkalorisch und proteinreich ernährt werden. Obst, Gemüse, Milch- und Milchprodukte, Vollkornerzeugnisse und Fleisch sollten verstärkt verzehrt werden“*, berichtete *„Die Neue Ärztliche“* aus der Verlagsgruppe der *„Frankfurter Allgemeinen Zeitung“* von der 12. Jahrestagung der *„European Dietetic Association“* bereits im März 1989. Doch davon kein Wort im *„Bio spezial“*- Bericht.

Bevölkerung verunsichert

Ob die Ernährung überhaupt einen Einfluß auf die Überlebenszeit von AIDS-Patienten hat, ist zur Zeit wissenschaftlich noch gar nicht geklärt. *„Gesundheitsmagazine"* wie *„Bio spezial"* machen AIDS-Kranken mit solchen Berichten nur unnötigerweise falsche Hoffnungen auf ein verlängertes Überleben oder gar auf Heilung. Aber es kommt noch schlimmer: Gesunden wird vorgegaukelt, daß sie keine Angst vor AIDS haben müssen: *„Ein wirklich gesunder Mensch kann mit dem AIDS-Virus erfolgreich fertig werden"*, so ein Zitat des Makrobioten Michio Kushi in *„Bio spezial"*. Solch irreführende Behauptungen untergraben die Bemühungen der AIDS-Aufklärung und verunsichern die in höchstem Maße sensibilisierte Bevölkerung vollends. RS

(MK 28/90, 9.7.1990)

Frauenzeitschriften

Risiken einfach mißachtet

Viele „Schlankheits-Diäten" verschleiern Gefahren

Alles, was über Weihnachten und Neujahr an Pfunden hinzugekommen ist, das muß zu Beginn des neuen Jahres schnellstens wieder abgespeckt werden. Diesen Eindruck zumindest gewinnt man beim Durchblättern der einschlägigen Frauenzeitschriften im Januar. Kaum ein Magazin ist zu finden, das nicht die „optimale Lösung aller Gewichtsprobleme" parat hätte. Doch die Tips sind nicht immer so harmlos, Gefahren drohen.

Ob es sich nun um die *„Ideal-, Erfolgs- oder Prima-Diät"* handelt, alle sind sich einig. Schnell muß es gehen mit dem *„Abspecken"*, gut schmecken muß die Diät und – es klingt paradox – satt muß man auch noch dabei werden. So war im *„Journal für die Frau"* (1/90) zu lesen: *„Abnehmen mit*

Genuß – das können Sie mit der neuen großen Erfolgs-Diät. Und zwar bis zu 20 Pfund in 28 Tagen!" Und *„Vital"* (1/90) schrieb: *„In vier Wochen sollten Sie mit unseren sorgfältig abgestimmten Ernährungsplänen mühelos Ihr Traumgewicht erreichen und auch halten."*

Mit der *„Ideal-Diät"* von *„Für Sie"* (2/90) ist es möglich, *„20 Pfund in vier Wochen"* abzunehmen, und zwar mit *„leckeren, schnellen Gerichten"*. Mit der *„neuen Prima-Diät"* (Prima 1/90) ist es sogar mit Hilfe von exotischen Früchten möglich, *„in weniger als einer Woche rund drei Pfund"* zu verlieren. *„Prima"* beruhigte seine Leserinnen: *„Zugenommen? Hier ist genau das, was Sie jetzt brauchen: Eine Schlankheits-Diät – kurz, wirkungsvoll und auch für Berufstätige praktikabel; ohne großes Zählen, ohne großes Hungern."*

Das Herzinfarktrisiko steigt

Daß Abnehmen aber gar nicht so einfach ist, hat sich – in Anbetracht von 30 Prozent Übergewichtigen in der Bevölkerung – sicherlich auch schon bei den Frauenzeitschriften herumgesprochen. Vom ernährungswissenschaftlichen Standpunkt aus gesehen ist es strikt abzulehnen, daß überflüssige Pfunde schnell bekämpft werden, da außer Wasser insbesondere körpereigenes Eiweiß, nicht jedoch die Fettpolster dabei angegriffen werden. Nicht die *„schnelle Schlankheits-Diät"*, sondern nur die völlige Umstellung der Ernährungsgewohnheiten kann langfristig zu einer Gewichtsreduktion führen, schnell verlorene Pfunde stellen sich sonst schnell wieder ein.

Das von vielen praktizierte Auf und Ab des Körpergewichtes, auch *„Jo-Jo-Syndrom"* oder *„Cycling"* genannt, ist sogar gefährlich. Wie Dr. Hans K. Biesalski von der Universität Mainz in der *„Zeitschrift für Ernährungswissenschaften"* (Band 28, Heft 2, 1989) schrieb, ist die *„langfristige Folge dieses Cyclings eine deutliche Zunahme der Morbidität (Erkrankungshäufigkeit) der Koronaren Herzkrankheit (KHK)"*. Mit anderen Worten: Das Herzinfarktrisiko der Betroffenen steigt. Je größer dabei die Schwankungen des Körpergewichtes, *„desto größer die KHK-Morbidität"*.

Entsprechend den internationalen Empfehlungen zur dauerhaften Gewichtsabnahme sollten nicht mehr als ein bis zwei Pfund pro Woche abgespeckt werden, warnt auch Frau Dr. Ursel Wahrburg (Universität Münster) in der *„Aktuellen Ernährungsmedizin"* (Band 14, April 1989).

Die schnelle Schlankheitsdiät könne langfristig keine Gewichtsreduktion herbeiführen.

Dies den Leserinnen klar zu machen, wäre nicht zuletzt eine sinnvolle Aufgabe für die Frauenzeitschriften. Statt dessen: alle Jahre wieder nach den Festtagen und vor der Urlaubszeit *„Rezepte zum schnellen Schlankwerden"*? Der Grund ist wohl eher nach dem Motto *„Pfunde runter, Umsatz rauf"* bei höheren Verkaufszahlen zu suchen. Denn wer wollte es schließlich nicht noch ein allerletztes mal über den Griff zur Frauenzeitschrift versuchen, schnell, mit Genuß und ohne Hunger abzunehmen? Vielleicht klappt es mit der *„neuen"* Diät ja ausnahmsweise! Unkenntnis und Unvernunft vieler Menschen wird hier gezielt ausgenutzt.

Wie unsinnig und unseriös viele Tips der Magazine sind, machte ein Beitrag im *„Journal für die Frau"* klar. Das Heft empfahl die Journal-Motivations-Cassette *„Hör Dich Schlank"* für 16,10 Mark. Nach der autosuggestiven Methode von Professor Harald Geißler könne man sich nun mit einer Erfolgsquote von 90 Prozent nicht nur *„schlank essen"*, sondern auch *„schlank hören"*! RS

(MK 6/90, 5.2.1990)

Alternative Ernährungsformen

Unkritische und einseitige Darstellung

ZDF und Hessen Drei berichten verharmlosend

„Vollwertkost", *„Vollwert-Ernährung"*, *„Makrobiotik"*, *„Vegetarismus"*: Wer kennt sich da noch aus im Dschungel alternativer Ernährungsweisen? Aufgabe des Fernsehens wäre es hier, Licht ins Dunkel zu bringen, den Zuschauer über die vielen alternativen Kostformen aufzuklären und deren Vor- und Nachteile deutlich zu machen. Statt dessen werden unkonventionelle Ernährungsweisen immer wieder ohne jegliche Kri-

tik und ohne einen Hinweis auf mögliche gesundheitsgefährdende Aspekte im Fernsehen vorgestellt. Allein im Januar geschah dies an vier Sendeterminen.

Ein besonders eklatantes Beispiel dafür lieferte die ZDF-Serie *„Natur und Medizin"* von Klaus Werner und Uschi Madeisky, die seit dem 2. Januar in wöchentlichen Abständen über *„ganzheitliches"* Denken in der Medizin berichtet. In der am 23. Januar ausgestrahlten Folge *„Besser leben trotz Rheuma"* wurde die sogenannte *„Vitalstoffreiche Vollwertkost nach Dr. Bruker"* als heilungsfördernde *„Rheuma-Diät"* angepriesen.

Der durch zahlreiche populärwissenschaftliche Schriften bekanntgewordene Arzt Dr. Bruker erklärte einer Rheuma-Patientin die Prinzipien seiner *„Vollwertkost"* wie folgt: *„Wir vermeiden alle Fabrik-Zuckerarten, Auszugsmehle und Fabrikfette und geben dafür Vollkornprodukte. Eiweiß, das müssen Sie ganz streng meiden. Dazu rechnen wir Milch, Käse, Quark, Eier, Fisch, Fleisch und Wurst."* Empfehlenswerte Lebensmittel seien neben Vollkornprodukten Obst, rohes Gemüse und kaltgepreßte Öle.

Unbewiesene und irreführende Behauptungen

Bei Einhaltung dieser Kost stellte Bruker der Patientin die positive Beeinflussung ihrer rheumatischen Beschwerden in Aussicht: *„Wenn Sie nicht nur eine Symptombehandlung machen, sondern eine Heilbehandlung, dann möchte ich Ihnen garantieren, daß Sie in zwei Jahren nicht und auch nicht in zehn Jahren im Rollstuhl landen."*

Die Deutsche Gesellschaft für Ernährung (DGE) sieht das jedoch ganz anders: *„Dr. Brukers Schriften zur ‚Vollwertkost' enthalten zahlreiche falsche, unbewiesene und irreführende Behauptungen, die aufgrund international anerkannter ernährungswissenschaftlicher Erkenntnisse als unhaltbar abgelehnt werden müssen. Viele seiner Behauptungen können bei Befolgen der Ratschläge gesundheitsgefährdend sein. Energisch abzulehnen ist die Behauptung von Bruker, mit der ‚Vollwertkost' allein zahlreiche Erkrankungen heilen zu können. Alle Fabriknahrungsmittel als ‚gesundheitsschädlich' zu bezeichnen, ist nicht haltbar"*, so die DGE in ihrer *„Infothek Alternative Ernährungsformen"* zum Thema *„Vollwertkost"*.

Falsche Hoffnungen

Und im *„Ernährungsbericht"*, den die DGE regelmäßig alle vier Jahre im Auftrag der Bundesregierung erstellt, war zu lesen: *„Da es eine Er-*

nährungsbehandlung bzw. ‚Rheuma-Diät', die einer wissenschaftlichen Prüfung standhält, nicht gibt, muß vordringliche Aufgabe die Information der Patienten und Aufklärung der Bevölkerung sein, daß mit diätetischen Maßnahmen rheumatische Erkrankungen nicht aufgehalten beziehungsweise geheilt werden können.

Damit kann falschen, zu Enttäuschungen führenden Hoffnungen entgegengewirkt, unnötige finanzielle Belastungen verhindert und die Einhaltung begründeter Therapieverfahren (zum Beispiel Krankengymnastik, orthopädische Hilfsmittel, Antirheumatika, Goldbehandlung und Operationen) gefördert werden." Doch dies alles verschwieg der Film – mit Absicht oder aus Unkenntnis der Autoren?

Nährstoffmangel und Gesundheitsstörungen

Und nicht genug: Am 30. Januar stellten Klaus Werner und Uschi Madeisky in *„Natur und Medizin: Geburt als sanfte Landung"* die *„Vollwertkost"* als optimale Ernährung einer Stillenden dar. Aber gerade stillende Frauen benötigen eine ausgewogene Mischkost.

„Bei einer Einschränkung des Verzehrs von Milch und Milchprodukten, Eiern und bei einem weitgehenden Verzicht auf Fleisch oder auch Fisch kann es, falls die Ernährung nicht sorgfältig geplant wird, zu einem Mangel an Kalzium, Eisen und Jod kommen", sagte die DGE in ihrer Stellungnahme zur *„Vollwertkost"*. Ist die Muttermilch aufgrund der einseitigen Ernährung arm an den genannten essentiellen Nährstoffen, so kann es beim ausschließlich gestillten Säugling zu erheblichen Gesundheitsstörungen kommen. Doch auch hierüber schweigen sich die Autoren aus.

Statt dessen stellte sie in einer weiteren Folge von *„Natur und Medizin"* am 9. Januar 1990 unter dem Titel *„Allergie ist heilbar"* die *„Vollwert-Ernährung"* als Heilmittel der Neurodermitis dar. Die *„Vollwert-Ernährung"* orientiert sich im Gegensatz zur *„Vollwertkost"* unter anderem auch an wissenschaftlichen Erkenntnissen und sollte mit dieser nicht verwechselt werden.

Diät ohne Bedeutung

Doch zur Heilung der Neurodermitis, welche auch als endogenes Ekzem bezeichnet wird, und mit quälendem Juckreiz, Rötung und Schuppung der Haut einhergeht, ist diese Kostform nicht geeignet. So betonte der *„Ernährungsbericht"*, daß *„eine Diät bei fast allen Hauterkrankungen ohne Bedeutung ist. Weder die Schuppenflechte noch das endogene Ekzem oder der Milchschorf können durch Diät gebessert werden."*

„Makrobiotik" verharmlost

Aber nicht nur das ZDF, auch Hessen Drei stellte alternative Kostformen einseitig dar. In der letzten Folge der vierteiligen Serie *„Guten Appetit – Ernährung heute"* von Rainer Wolf und Eugen Alexandrow wurde am 24. Januar 1990 unter anderen alternativen Kostformen auch die *„Makrobiotik"* angesprochen. Obwohl die Serie ansonsten gut durchdacht und konzipiert war, und sie dem Zuschauer sicherlich die Grundzüge einer gesunden, ausgewogenen Kost vermitteln konnte, so wurde doch insbesondere die *„Makrobiotik"* zu unkritisch dargestellt.

Da hieß es zur Definition der *„Makrobiotik"* lediglich: *„Die Lehre von der ‚Makrobiotik' ordnet alle Lebensmittel dem Gegensatzpaar ‚Yin und Yang' zu, das nach dieser Philosophie zusammen gehört wie Tag und Nacht. Die Vertreter der ‚Makrobiotik' sind überzeugt, daß alle Krankheiten durch die makrobiotische Ernährung verhindert werden können."* Was unter *„Makrobiotik"* genau zu verstehen ist, welche Lebensmittel empfohlen und welche abgelehnt werden, wurde nicht exakt erklärt. Auch eine Unterscheidung in die *„Makrobiotik nach Kushi"*, bei der bei sorgfältiger Nahrungsauswahl eine ausgewogene Ernährung bedingt möglich ist, und der *„Makrobiotik nach Ohsawa"*, die aufgrund ihrer Einseitigkeit vor allem für Kinder, Schwangere und Stillende eine Gesundheitsgefährdung darstellt, wurde nicht vorgenommen.

Lebensgefährlicher Ratschlag

Die DGE warnt in ihrer *„Infothek Alternative Ernährungsformen": „Die ‚Makrobiotik nach Ohsawa' ist generell abzulehnen. Eine bedarfsdeckende Ernährung ist durch die betonte Einseitigkeit keinesfalls möglich. Der in der Literatur häufig dargestellte Ratschlag, so wenig wie möglich zu trinken und hohe Salzmengen zu sich zu nehmen, kann lebensgefährlich sein. Es besteht die Gefahr von Nierenfunktionsstörungen. Abzulehnen ist der Anspruch, sämtliche Krankheiten einschließlich Krebs mit der ‚Makrobiotik' heilen zu können."*

So bleibt nur die Hoffnung, daß es dem Fernsehen doch irgendwann einmal gelingt, alternative Kostformen kritisch darzustellen. Und das tut Not, denn alternative Ernährung wird immer beliebter: Drei bis zehn Prozent der bundesdeutschen Bevölkerung ernähren sich – regional verschieden – bereits unkonventionell; Tendenz steigend! RS

(MK 9/90, 26.2.1990)

Die Autoren:

AS	Alfred B.J. Siebers, Wirtschaftspublizist, Niddatal bei Frankfurt am Main
db	Dieter Brockmeyer, Journalist, freier Mitarbeiter am F.A.Z.-Medieninstitut, Frankfurt am Main
FS	Friedrich Schogs, Dipl.-Betriebswirt, seit 1980 Mitarbeiter im Bundesministerium der Finanzen, Bonn
gka	Gero Kalt, als Chefredakteur am F.A.Z.-Medieninstitut u. a. verantwortlich für die „Medien-Kritik“, Lehrbeauftragter an der Universität Siegen, Frankfurt am Main
HDS	Hans-Dieter Sauer, Dipl.-Physiker und Wissenschaftsjournalist, Krailing bei München
HS	Dr. Harald Steinert, freier Wissenschaftsjournalist, Zürich/Kiel
MH	Michael Hanfeld, Mitglied der Redaktion am F.A.Z.-Medieninstitut, Frankfurt am Main
MiV	Michael Vowinckel, PR-Berater und Projektleiter am F.A.Z.-Medieninstitut, Frankfurt am Main
MKl	Michael Klein, freier Medienjournalist, Bonn
RS	Rita Schuh, Dipl.-Oecotrophologin, Wissenschaftsjournalistin, Weinheim
SD	Steffen Delling, Dipl.-Ingenieur, Sachverständiger für Chemieanlagen, Mühlheim
sp	Dr. Peter Sweerts-Sporck, Mitherausgeber des Informationsdienstes „Medien-Kritik“ und ehemaliger Chefredakteur des „Volkswirtes“ und der „Wirtschaftswoche“, Langen/Hessen
ST.	Stefan Telöken, Pressesprecher, Bonner Büro des UN-Flüchtlingskommissars (UNHCR), Bonn
TR	Thorsten Rohé, Medienjournalist, freier Mitarbeiter am F.A.Z.-Medieninstitut, Frankfurt am Main
WvL	Wulf v. Lünen, freier Wissenschaftsjournalist, Oberzissen

Weiterführende neuere Literatur:

Altschull, J. Herbert: Agenten der Macht. Die Welt der Nachrichtenmedien – eine kritische Studie, in: Journalismus, Schriftenreihe der Stiftervereinigung der Presse, Band 28, Konstanz 1989

Beck, Ulrich: Risikogesellschaft – Auf dem Weg in eine andere Moderne, Frankfurt am Main 1986

Beck, Ulrich: Gegengifte. Die organisierte Unverantwortlichkeit, Frankfurt am Main 1988

Bodenstedt, Andreas A./Sigrid Weggemann (Hg.): Medien und Ernährungsverhalten, Schriftenreihe der Arbeitsgemeinschaft Ernährungsverhalten e.V., Band 6, Frankfurt am Main 1989

Boventer, Hermann: Pressefreiheit ist nicht grenzenlos. Einführung in die Medienethik, Bonn 1989

Deutscher Presserat, Schwarz-Weiß-Buch. Spruchpraxis des Deutschen Presserats, Bonn 1990

Eibl-Eibesfeldt, Irenäus: Der Mensch – das riskierte Wesen. Zur Naturgeschichte menschlicher Vernunft, München 1988

Eilingsfeld, Heinrich: Defizite ökologischer Kommunikation. Wie reagiert die Gesellschaft auf Umweltprobleme?, Ludwigshafen 1990

Eilingsfeld, Heinrich: Der sanfte Wahn. Ökologismus Total, Mannheim 1989

Faust, R.: Wirkmessung von Printmedien für die Ernährungsaufklärung, München 1984

Fischer, Ch.: Wirkmessung von Fernsehspots zur Ernährungsinformation, Diss., Freising 1986

Gesellschaft für Reaktorsicherheit (GRS): Deutsche Risikostudie Kernkraftwerke Phase B. Eine zusammenfassende Darstellung, Köln 1989

Hömberg, Walter: Das verspätete Ressort. Die Situation des Wissenschaftsjournalismus, Konstanz 1989

Jungermann, Helmut/ Bernd Rohrmann, Peter M. Wiedemann (Hg.): Risiko-Konzepte. Risiko-Konflikte. Risiko-Kommunikation, in: Monographien des Forschungszentrums Jülich, Band 3, Jülich 1990

Jungermann, Helmut/Peter M. Wiedemann: Ursachen von Dissens und Bedingungen des Konsens bei der Beurteilung von Risiken, Forschungszentrum Jülich, Programmgruppe Mensch, Umwelt, Technik, Arbeiten zur Risikokommunikation, Jülich 1990

Kalt, Gero (Hg.): Wirtschaft in den Medien. Defizite, Chancen und Grenzen. Eine kritische Bestandsaufnahme, Frankfurt am Main 1990

Kepplinger, Hans Mathias: Die Kernenergie in den Massenmedien oder Die Rhetorik der Angst, in: Deutsches Atomforum e.V. (Hg.): Kernenergie heute. Die großen Themen, Bonn 1988

Kepplinger, Hans Mathias: Künstliche Horizonte. Folge, Darstellung und Akzeptanz von Technik in der Bundesrepublik, Frankfurt am Main 1989

Kepplinger, Hans Mathias/Simone Christine Ehmig/Christine Ahlheim: Gentechnik im Widerstreit. Zum Verhältnis von Wissenschaft und Journalismus, Frankfurt am Main/New York 1991

Krüger, Jens/ Stephan Ruß-Mohl (Hg.): Risikokommunikation. Technikakzeptanz, Medien und Kommunikationsrisiken, Berlin 1991

Mathes, Rainer: Die Politisierung und Umbewertung von Technik und technischem Fortschritt in der Bundesrepublik Deutschland. Zum Verhältnis von Technikakzeptanz, Pressedarstellung und neuen intellektuellen und sozialen Bewegungen, in: A. Bamme/E. Katzmann/H. Reschenberg (Hg.): Unverständliche Wissenschaft, Probleme und Perspektiven der Wissenschaftspublizistik, München 1989

Medien-Kritik, wöchentlich erscheinender Informationsdienst der Institut für Medienentwicklung und Kommunikation GmbH in der Verlagsgruppe der Frankfurter Allgemeine Zeitung GmbH, Frankfurt am Main

Noelle-Neumann, Elisabeth/Renate Köcher: Die verletzte Nation, Stuttgart 1987

Revel, Jean-François: Die Herrschaft der Lüge – Wie Medien und Politiker die Öffentlichkeit manipulieren, Wien 1990

Riehl-Heyse, Herbert: Bestellte Wahrheiten. Anmerkungen zur Freiheit eines Journalistenmenschen, München 1989

Röglin, H. C./ K. von Grebmer: Pharma-Industrie und Öffentlichkeit, Basel 1988

Ruß-Mohl, Stephan (Hg.): Wissenschaftsjournalismus. Ein Handbuch für Ausbildung und Praxis, 2. Auflage, München 1987

Scharioth, Joachim/Harald Uhl (Hg.): Medien und Technikakzeptanz, in: Sozialwissenschaftliche Reihe des Batelle-Instituts, Band 12, München 1988

Schuster, H. J. (Hg.): Handbuch des Wissenschaftstransfers, Berlin 1990

Steinbuch, Karl: Die desinformierte Gesellschaft, Herford 1989

Thomas, Hans (Hg.): Die Welt als Medieninszenierung. Wirklichkeit – Information – Simulation, Köln 1988

Voss, Gerhard: Die veröffentlichte Umweltpolitik. Ein sozioökologisches Lehrstück, Köln 1990

Wiedemann, Peter M./ L. Hennen: Schwierigkeiten bei der Kommunikation über technische Risiken, in: MUT-Arbeiten zur Risiko-Kommunikation, Forschungszentrum Jülich, Heft 9, Jülich 1989